L·E·O

Liebe Leserin, lieber Leser,

alle Inhalte dieses Buches wurden gewissenhaft erstellt und sorgfältig geprüft,
die Übungsanleitungen und Vorschläge haben sich in der Praxis bewährt.
Danke, dass Sie in eigener Verantwortung prüfen, inwieweit Sie die Anregungen
umsetzen möchten. Eine Haftung für die Resultate vonseiten der Autorin
bzw. des Verlags und seiner Beauftragten ist ausgeschlossen.

L.E.O. Verlag ist ein Imprint der Scorpio Verlag GmbH & Co. KG,
herausgegeben von Michael Görden

FSC
www.fsc.org
MIX
Papier aus verantwortungsvollen Quellen
FSC® C084279

Illustrationen und Fotos siehe Bildnachweis auf Seite 253
Lektorat: Angela Schneider-Bodien
Umschlaggestaltung: Torge Niemann, WRAGE
Layout & Satz: Torge Niemann
Druck und Bindung: Print Consult, München
ISBN 978-3-95736-073-1

Mehr über unsere Bücher
www.leoverlag.de
www. scorpio-verlag.de

ISABEL ARENDS

fit für flow

Entdecke deine Kreativität!

Die 10 Geheimnisse schöpferischer Kraft

Inhalt

WEITER

Prolog

LASS PEGASUS BEI DIR LANDEN!

Wenn Pegasus mit einem mächtigen Flügelschlag landet, dann kommt die ganze kreative Fülle in Dein Leben. Das weiße Flügelross tritt kräftig auf – und schon sprudelt unter seinen Hufen eine liebliche Quelle hervor: Die Wasser der Kreativität. Das Wasser dieser Quelle hat besondere Kraft. Wer aus ihr trinkt, dessen Schöpferkraft erwacht. Gestärkt vom lebendigen Wasser, machen sich seit Urzeiten Menschen auf den Weg, ihre kleinen und großen Berufungen zu verwirklichen.

Pegasus ist das Künstlerpferd. Es inspiriert uns alle, Lebenskünstler zu werden. Pegasus steht für das Geschenk der unzähligen Möglichkeiten der Schöpferkraft. Pegasus Gespielinnen sind die neun lieblichen Musen. Jede der Musen verkörpert einen besonderen Ausdruck der kreativen Kräfte. Nur von diesen schönen Frauen lässt sich Pegasus gerne necken, zausen und auch reiten. Das Ross der Musen lässt sich nicht zähmen. Es bleibt immer ein göttliches Tier der Freiheit. Die Musen tanzen auf den ewig grünen Wiesen zum zauberhaften Harfenspiel des Gottes Apollo. Apollo, der Gott der Künste, bewacht diesen heiligen Tanz. Denn nur wenn die Musen tanzen, dann fließen die Wasser der Kreativität. Lass Pegasus in Deinem Leben landen und den Tanz der Musen beginnen.

HAPPY IN FLOW – EINE EINLEITUNG

Ein kreatives Leben zu führen ist einfach wunderbar! Es macht glücklich und ist gesund. Es ist keineswegs eine hohe Kunst. Kreativ zu leben entspricht in jeder Hinsicht unserer menschlichen Natur. Kreativer Ausdruck ist pure Lebensfreude. Die Kraft der Kreativität verleiht uns Flügel im Alltag.

Diesen magischen Moment der Kreativität, der uns packt, nennt man Flow. Alles fließt. Wir fühlen uns verbunden mit der Kraft des Augenblicks, sind hoch konzentriert. Gleichzeitig sind wir getragen von einer weiten Empfänglichkeit, die das Kind in uns aktiviert, welches das Leben als freudvolle Spielwiese betrachtet, auf der es sich vollkommen hingeben kann. Flow ist ein hochkreativer Zustand. Dieser schöpferische Fluss kann stark und sanft sein oder die Kraft eines reißenden Stroms haben. Flow ist eine Form von Glücksrausch, der uns Menschen zu Höchstleistungen antreibt. Diese fließende Energie unserer Schöpferkraft ist eine Form purer, aktiver Achtsamkeit. Im Flow zu arbeiten heißt, mit der Kraft eines Samurai zu verschmelzen: höchste Konzentration und tiefe Ruhe. Im Flow sind wir mit unserem Potenzial der Schöpferkraft, des Ideenreichtums und einer tiefen Intelligenz verbunden. Man könnte auch sagen: Wir zapfen direkt die Urquelle des kollektiven Unbewussten an.

> »Jeder Mensch ist ein Künstler.«
> Joseph Beuys (1921–1986)

Das Wort »flow« (englisch: fließen, strömen) wird heute umgangssprachlich als »bleib im flow« im Sinne »immer locker und cool bleiben« verwendet. Es ist eine Art Wellnesswort geworden, das vor allem Leichtigkeit andeuten soll. Aber Flow ist deutlich mehr als das.

Den Begriff Flow definierte zuerst der amerikanische Psychologieprofessor Mihaly Csikszentmihalyi (gesprochen Tschik-sent-mi-hali) in seiner 1996 erschienenen wissenschaftlichen Studie über Gemeinsamkeiten von hochkreativen Menschen.[1] Was sich bei allen gemeinsam zeigte, war der besondere Arbeitsmodus des Flows. Gleich, ob hochkreative Wissenschaftler, Extremsportler, Chirurgen, Musiker oder Künstler – sie alle beschreiben diesen magischen Moment wie folgt: Alles geht leicht von der Hand, es flutscht nur so – gleichzeitig vergisst man Zeit und Raum und ist hoch konzentriert bei der Sache. Csikszentmihalyis Forschungen wurden eine der Grundlagen der positiven Psychologie. Seitdem ist es amtlich: Flow macht glücklich!

Uns Menschen stehen jeden Tag und in jedem Augenblick unzählbare Möglichkeiten zur Verfügung. Wir dürfen wählen! Fließende Schöpferkraft macht glücklich. Wählen wir also Flow, denn er schenkt uns das unnachahmliche Gefühl des Lebendigseins. Wählen wir, mit dem Flow unseres inneren Schöpfers zu gehen. Wählen wir, glückliche Lebenskünstler zu werden.

1 Mihaly Csikszentmihalyi (2007)

Wir dürfen unsere kleine und große Umwelt in lebenswerter Schönheit gestalten. Wir alle sind als Lebenskünstler dazu aufgerufen. Ganz im Sinne von Joseph Beuys' Statement »*Jeder Mensch ist Künstler, ob er nun bei der Müllabfuhr ist, Krankenpfleger, Arzt, Ingenieur oder Landwirt. Da, wo er seine Fähigkeiten entfaltet, ist er Künstler.*«[2]

Davon handelt dieses Buch. Dieses Buch ist die Summe von 20 Jahren Praxisarbeit mit kreativen Menschen aller Berufsgruppen. Es soll Dich darin unterstützen, Kreativität und Flow in Dein Leben zu bringen und so erfüllter und glücklicher zu leben.

Warum ist Kreativität so wichtig?

Als »Kreativität« wird die Fähigkeit bezeichnet, etwas Neues zu schaffen. Kreativität ist eine Eigenschaft, die jeder Mensch hat. Kreativität begleitet uns bei der Verwirklichung kleiner und großer Ideen täglich – ganz gleich, ob Du Dein Fahrrad neu zusammenbaust, ein ungewöhnliches Essen kochst, Schmuck bastelst oder einen neuen Wanderweg entdeckst. Kreativität wird überall dort sichtbar, wo der Mensch mutig Neues wagt.

Kreativität hilft uns Menschen, uns flexibel in unserer Umwelt zu bewegen und uns beständig an Neues anzupassen. Der Mensch kann fremde Nahrung ausprobieren, eine ganz neue, exotische Frucht kosten. Er kann auch neue Gefühle erleben und neue Gedanken denken, die noch nie zuvor in dieser Form gedacht wurden. Wir alle sind irgendwo Erfinder, Tüftler und Bastler – dafür müssen wir keine Einsteins werden. Kreativität erlaubt, Altbekanntes neu zu kombinieren. Kreativität vergleicht Dinge, die unterschiedlicher nicht sein könnten, und findet Gemeinsamkeiten. Unsere Kreativität ermutigt uns zu kopieren. Sie kann aus den Tiefen der Menschheitsgeschichte Nutzbringendes ausgraben und zu neuem Leben erwecken.

Das Reich der Kreativität wird in unserer Gesellschaft gerne in bestimmte Berufsgruppen ausgelagert. Da sind zuallererst die Künstler – sie scheinen einen Kreativfreibrief zu haben. Sie dürfen etwas verrückt sein. Dann folgen kunstnahe Berufsgruppen, so die Schauspieler, Musiker, Fotografen, Modedesigner, Kreativarbeiter der Film- und Fernsehindustrien und verwandte Berufsgruppen. Dann gibt es Berufe wie Architekten und Ingenieure zu deren täglich Brot Kreativität gehört. Lernen wir von den »Kreativberufen«: Woher nehmen sie alle ihre Kreativität im Alltag? Wir können beobachten, dass gewisse Kreativitätstechniken erlernbar sind. So können Flexibilität, Offenheit und Bereitschaft, etwas neu auf den Kundenwunsch zuzuschneiden, zur Berufserfahrung werden.

Die Kreativität nimmt genau in dem Maße ab, in dem wir unsere Gefühle weniger wahrnehmen. Um immer wieder in diese Verbindung zu kommen und in ihr zu bleiben, braucht es Wissen um die Geheimnisse der Kreativität. Die in diesem Buch vorgestellten zehn Geheimnisse sind die wichtigsten Schlüssel, um den Zustand des Flows immer wieder zu erreichen.

2 Volker Harlan (2001), S. 63

DIE RÜCKKEHR DER KREATIVITÄT

Kreativität ist *en vogue,* und das ist gut so! Denn es sind die Fähigkeiten der Kreativität, die wir in großen und kleinen Krisenzeiten dringend benötigen. Kreativität ist die Wunderwaffe gegen alle Krisen. In Zeiten des Umbruchs und der Veränderungen sind es kreative Köpfe, die das notwendige »Know-how« mitbringen, um Krisen verantwortungsbewusst zu meistern.

Dieses Buch handelt von der Form der Kreativität, die sagt: *»Mal sehen, was geht.«* Diese Erfindungskraft erwartet stets, dass es gute Lösungen für alle Beteiligten gibt. Positive Kreativität schafft Win-win-Situationen. Je mehr Menschen Vertrauen zur eigenen Kreativität entwickeln, ihre Schöpferkraft im Alltag leben und sich untereinander austauschen, umso schneller können gute Lösungen für alle geschaffen werden. Die menschliche Schöpferkraft hat ein unglaubliches Potenzial. Wer sie trainiert, kann für sich und seine Lieben viel Gutes bewirken.

Die Sehnsucht nach unserer Schöpferkraft

Wir sind am glücklichsten, wenn wir unsere Talente leben können. Viele träumen still davon, wieder kreativer zu sein. Sie spüren, dass da eine enorme Vielfalt an nicht gelebten Möglichkeiten in ihnen schlummert. Aber die Träume umzusetzen, davor schrecken sie dann doch zurück. Manche Menschen haben ganz konkrete kreative Sehnsüchte, die sie sich gerne erfüllen würden. Sie wollen Aquarell malen, Harfe spielen lernen, Schauspielunterricht nehmen oder ein Buch schreiben. Oft sind die tiefen Sehnsüchte nach gelebter Kreativität diffuser. Dann träumen sie davon, endlich den einen Beruf zu finden, der sie wirklich erfüllt. Sie knüpfen an ihren aktuellen Broterwerb vage den Wunsch nach einer erfüllenden Tätigkeit.

Eine Berufung *kann* mit der Tätigkeit, sprich dem Beruf, zu tun haben. Sie *kann,* aber sie *muss* nicht. Sie hat aber *immer* mit Kreativität zu tun. Schon seit Jahren begleite ich Menschen dabei, ihre Berufung zu finden. Der Weg durch die eigenen Sehnsüchte und Träume ist immer lohnend, denn er schenkt uns Selbsterkenntnis, Klarheit, Einfachheit und Freiheit. Kreativität zu leben ist für mich der Mut, das zu verwirklichen, was wir wirklich sind. Das heißt, die eigene Schönheit, Liebe, Freude und Empathie zu leben und weiterzugeben.

Jetzt bist Du dran!

Du bist einmalig! Niemals wird so ein Mensch wie Du je wieder über diese Erde wandern. Du hast ein unverwechselbares Schneeflockenmuster. Deine Kreativität ist einzigartig. Alles, was Du anfasst, erschaffst, neu lernst oder nur kopierst, bekommt Deinen unverwechselbaren Stempel aufgeprägt. Zurückhaltung ist bei Deinem Wunsch, Dich kreativer zu betätigen, nicht sinnvoll. Deine Kreativität ist Teil der Schöpfung. Sie will gelebt und gezeigt werden.

Deine Schöpferkraft braucht Deine Verantwortung ganz. Du kannst bewusst vom passiven Mitläufer zum aktiven Schöpfer werden. Es ist die Natur des Menschen, zutiefst kreativ zu sein und die Welt um sich herum neu zu gestalten. Finde heraus, wer Du bist und was Dich wirklich glücklich macht.

DIE REGIE GANZ ÜBERNEHMEN

Kreatives Arbeiten erfordert ein gesundes Körperbewusstsein. Deshalb gibt es in diesem Buch viele Übungen, welche unsere Körperwahrnehmung besonders schulen. Je mehr der Körper integriert ist, desto mehr können wir problemlos wagen.

Der Weg des Kreativen ist immer auch ein geistiger Weg. Freier für Dein kreatives Schaffen zu werden heißt, auch mit alten einschränkenden Gedanken, Überzeugungen und Lebensmustern aufzuräumen. Das Buch stellt einige Lebensgeschichten und Fallbeispiele vor, die erlauben, die Ursachen für immer wieder auftretende Kreativblockaden zu verstehen. Ein Schwerpunkt liegt hier darauf, die Gedankenkraft konstruktiv zu nutzen.

WENN DICH DAS LEBEN WIEDER BERÜHRT

Kreativität kann nur funktionieren, wenn Du Dir die Berührung mit Deiner künstlerischen Intuition erlaubst. Die eigenen Gefühle zu kennen, richtig zu verstehen und zu nutzen ist unerlässlich für alle Kreativarbeiter. Hochkreative Menschen sind immer auch Experten für ein gutes Bauchgefühl und eine gewisse Sinnlichkeit. Den Mut zu haben, wieder mehr zu fühlen und wieder berührbarer zu werden, ist der beste Treibstoff für deinen Kreativmotor. Ein Teil des Buches (insbesondere das sechste Geheimnis) widmet sich der Kraft unserer Gefühle. Viele Übungen trainieren die Wahrnehmung unserer Gefühle und schärfen die Sinne. Dieses Buch ist Dir nicht zufällig in die Hände gefallen. Offenbar ist jetzt der Zeitpunkt gekommen, den Blick nach innen zu richten. Hier wartet Dein großes Potenzial, wie ein reifer Obstgarten. Öffne das Gartenzauntürchen, tritt ein, ernte, koste und genieße mit all Deinen Sinnen.

> *»Nie habe ich eine Arbeit kalt gemacht, sondern immer gewissermaßen mit meinem Blut.«*
> Käthe Kollwitz (1867–1945)

IM FLOW – DER TANZ DER MUSEN

In diesem Buch wird zu Beginn jedes Kapitels eine Muse kurz in ihrer Kraft beschrieben und vorgestellt. Die Anrufung der Musen war Tradition in der antik-griechischen Dichtkunst. Am berühmtesten ist die Anrufung von Homer zu Beginn seiner *Odyssee.* Aus ihr geht unzweifelhaft hervor, dass hier die Muse höchstpersönlich durch den Dichter Homer spricht: *»Nenne mir, Muse, die Taten des viel gewanderten Mannes …«.*

ART IN ACTION

Die neun Musen sind die Schutzgöttinnen der »bewegten Künste«. Ihr Reich sind Darbietungen vor einem Publikum, also alle Formen der »Actionkunst«. Der Tanz der Musen ist Symbol für den perfekten Flow, der alle Künste beflügelt.

Das Wort »Muse« (altgriechisch: *Musâ*) hat die Bedeutung »die Sinnende«. Alle neun Musen sind Töchter des höchsten Gottes Zeus und Mnemosynes, der Göttin der Erinnerung. Vom Vater haben sie die Macht, als »göttliche Töchter« zu tun und zu lassen, was sie wollen. Von der Mutter erbten sie die Gabe, sich an alles Wissen immer gut erinnern zu können. Und das ist notwendig für alle Künstler, die auf der Bühne und am Musikinstrument lange Passagen auswendig lernen müssen. Auch heute begleiten uns allerorten die Musen durch unseren Alltag. Ihr Name findet sich überall: Ob wir uns still *»amüsieren«* oder ins Museum gehen.

Im Bild der tanzenden Musen hinterließen uns die alten Hellenen ein großes Geheimnis: Kreativität ist immer mit Bewegung verbunden. Sie ist nie statisch. Kreativität *ist* bewegtes Lebendigsein. Alle Kunstformen, die auf einer lebendigen Interaktion zwischen Publikum und Künstler fußen, werden deshalb auch als »musische« Künste bezeichnet. In der Antike galten Künste wie Musik, Tanz, Theater, Poesie, Heldengesänge und Philosophie als hohe Kunst. Beim Auftritt schenkten die Musen den Künstlern anmutige Bewegung, brillante Eingebungen und künstlerische Improvisation. Wenn ein Künstler besonders gut performte, dann galt das als Zeichen für die Anwesenheit einer Muse.

Kreativität kann zur wirklichen Kunst werden, wenn sie sich der Kraft des Augenblicks stellt. Im Fluss des Hin und Her zwischen Geben, Schenken, Empfangen und Annehmen – diesem lebendigen Spiel zwischen Künstler und Publikum – entwickelt sie ihre größte Schönheit.

DER KUSS DER MUSEN – FLOW HAPPENS

Der Kuss einer Muse war der magische Moment, in dem die besondere kreative Kraft den Künstler berührte. Heute würden wir sagen, es ist der Moment des Flows.

Ähnlich wie die alten Schamanen beim Eingang der Gottheit in Trance verfielen und als Mittler von Botschaften für die Gemeinschaft fungierten, so konnten die Musen die Künstler beseelen. Ihre Küsse galten als geistige Führung und Segen der Götter. Die Musen waren Mittler der olympisch-himmlischen Schönheit. Musengeschenke erforderten vom Künstler eine gewisse Demut, und er hatte die Verpflichtung, das Empfangene weiterzugeben. Dieses Buch ist eine Liebeserklärung an die Kreativität, auch an Deine. Wenn die Musen mit Dir tanzen und Dich küssen wollen – nimm dieses Geschenk des Lebens an: Sei kreativ, gehe mit dem Flow und genieße Dein Leben.

EIN KREATIVES BUCH: EINE KLEINE GEBRAUCHSANWEISUNG

- Dies ist ein **kreatives Buch.** Es darf auch kreativ gelesen werden:
- Von hinten nach vorn, quer oder von unten nach oben. **Folge einfach Deiner Intuition.**
- Alles, was Du gelesen hast, ist Deins. Nimm es **– nutze es –** gib es weiter.
- Ein kreatives Buch spricht und arbeitet still mit Dir. Also sprichst und **arbeitest Du bitte mit ihm.** Das heißt:
- **Malen und Schreiben** sind im Buch ausdrücklich erwünscht.
- Markiere mit **Farben** das, was Du Dir merken möchtest.
- Nutze die Möglichkeit, die Übungen, die Listen und Bilder mit **Deiner Schrift** zu beleben.
- In diesen Momenten, in denen Dein inneres Künstlerkind zum Stift greift und malt, sagt es: **»Meins! Ja! Kann ich auch! Ich will!«**
- Male kleine **Symbole oder Bilder** an die Textränder.
- Schreibe einen eigenen Index, was **Deine Symbole** (z.B. Stern, Dreieck, Kreuz, Punkt) bedeuten.
- Würdige die **Dir wichtigen Seiten** mit Eselsohren.
- **Und vor allem freue Dich.** Beim Lesen, beim Zeichnen, beim Üben. Und dann lass Dich ausgiebig von den Musen küssen.

Das 1. Geheimnis: Anfangen mit dem Anfangen

DIE KREATIVE KRAFT DER BEWEGUNG

TERRY TANZT

»Warum gehen – wenn Du tanzen kannst?« – das ist das Lebensmotto der verführerischen Tänzerin Terry, der Muse des Tanzes. Beim Tanzen fliegen ihre langen Haare, und ihr Tanz reißt alle mit. Immer wieder fällt sie unter ihren Schwestern als Schönste auf. Wenn diese sie eifersüchtig betrachten, ruft sie spielerisch: *»Tanzen macht schön! Bewegt Euch mehr!«*

Terry ist ein Spitzname, eine Abkürzung des langen Namens *»Terpsichore«*. Der altgriechische Name bedeutet *»mit Freude tanzen«*. Da kaum jemand diesen altmodischen Namen richtig aussprechen kann, hat sie es aufgegeben, lange, langweilige Erläuterungen zu geben, und sich einfach den Künstlernamen Terry gegeben. Sie ist überzeugt: *»Das Leben ist einfach. Fang an zu tanzen – dann wird alles möglich.«* Denn Tanz ist der große Rhythmus der Welt. Tanz zu Hause, auf öffentlichen Plätzen und vor allem in der Natur!

Terrys Tanz ist ansteckend! Wer mittanzt, kann kleine und große Wunder erleben. Sie bringt nicht nur Schwung in Dein Leben, sondern auch gleich in das Leben Deiner Freunde. Denn überall dort, wo sie auftaucht, versprüht sie Glück und Lebensfreude. Mit der Freude kommt die Kreativität zurück. *»Freude und kreativer* Flow *sind einfach ein Doppelpack«*, erklärt sie. *»Eins kann nicht ohne das andere.«* Terry bringt das Leben auf eine einfache Formel:

Freude + Kreativität = Lebendigkeit.

Terry kennt beim Tanzen keine Kompromisse: *»Bewege Dich. Fange einfach zu tanzen an. So bewegst Du die große und kleine Welt. Tanz ist ›Art in Action‹, Kreativität pur. Tanze Deine Träume, Deine Ideen und Deine Liebe. Umarme dabei immer wieder Deine neuen Tanzpartner. Sie heißen: Leichtigkeit, Freiheit und Schönheit.«*

IN BEWEGUNG KOMMEN

DEIN AUFTRITT!

JETZT! Du bist dran! Dies ist Dein Auftritt. Der Vorhang ist schon lange aufgegangen. Du stehst bereits mitten auf der Bühne, und Dein Publikum schaut Dich an. Kennst Du Deinen Text? Weißt Du, welche Rolle Du hier spielen sollst?

Es gibt keine Probe für unser Theaterstück, das *Leben* heißt. Es gibt nur eine einzige Aufführung, und die läuft schon eine ganze Weile. Wir dürfen das Beste draus machen und ein großartiges Theaterstück auf die Bühne bringen, das alle glücklich macht.

Jetzt ist Deine Kreativität gefragt. Sie ist der Dirigent aller Deiner Möglichkeiten. Mit Fantasie und Flexibilität kann sie aus verzwickten Situationen großartige Szenen entwickeln. Denn das Stück, das Du spielst, verlangt viel von Dir als Schauspieler: Es ist eine Art Stegreifspiel. Du weißt nie genau, was als Nächstes kommt. Es gibt zwar einen Leitfaden, aber der ist im Großen und Ganzen variabel. Du kennst die Rollenbeschreibung vage: Sie soll möglichst charakterstark ausgestaltet werden und für spielerische Überraschungen sorgen. Das Ganze wird noch herausfordernder: Jeder andere Schauspieler variiert sein Spiel. Und es gibt zudem ein interaktives Spiel mit dem Publikum. Darüber hinaus bewegt sich die Bühne und das ganze Bühnenbild wechselt häufig auf unvorhersehbare Weise. Da hilft nur eins: Werde ein Spitzenimprovisationskünstler!

Wie sieht Dein Leben aus, wenn Du es Dir als Zuschauer anschauen würdest? Gefällt es Dir? Oder würdest Du gerne etwas verändern? Gibt es verborgene Schätze und geheime Schatzkarten, Prinzen, die vom Pferd fallen, und Helden, die Drachen erlegen, weiße und schwarze Schwäne, verirrte Jungfrauen und wilde Witwen, Oasen und Wüsten? Bedenke: In diesem Stück bist Du nicht nur der Schauspieler, Du bist auch Dein Publikum, der Kritiker, der Theaterbesitzer und vor allem der Drehbuchschreiber und der Regisseur. Fang an: Beginne das Drehbuch Deines Lebens bewusst und aktiv selbst zu schreiben und selbst Regie zu führen.

> *»Was immer Du tun kannst oder träumst, es zu können, fang damit an.«*
> Johann Wolfgang von Goethe (1749–1832)

Bedenke dabei: Gute Stücke sind voller Liebe, Dramatik, Überraschungsmomente, Tragik, Humor und unvorhergesehener Wendungen. Am glücklichsten ist das Publikum, wenn die Helden auf der Bühne Wandlungen durchlaufen. Das Publikum weiß natürlich von Anfang an um die Irrwege der Protagonisten. Die Helden machen einen Fehler nach dem anderen, denn sie verstehen die Zusammenhänge nicht. Sie erleiden Qualen, verirren sich auf Reisen und unterliegen Verwechslungen. Erst kurz vor Ende kommt die lang ersehnte Erkenntnis. Der Groschen fällt, das Licht geht ihnen auf, und sie handeln endlich auf eine neue Art und Weise. Das Publikum ist glücklich. Es gibt natürlich ein großes Happy End. Alles findet zusammen, was zusammengehört, alle Irrtümer lösen sich auf, und ein Fest von Liebe mit *Friede – Freude – Eierkuchen* beendet die Aufführung. Nach diesem Drehplan werden erfolgreiche Stücke seit Jahrhunderten aufgebaut.

Wie ist es um Dein Lebensskript bestellt? Deine Schöpferkraft ist eine der Antworten auf diese Frage. Sie sagt: Du kannst! Tu es! Gestalte Dein Leben! Lege einen großartigen Auftritt hin. Du bist ein Wesen der Gegenwart. Beginne aus diesem großen JETZT heraus, Dein Leben neu zu gestalten.

DIE KUNST DER KLEINEN SCHRITTE

Wie beginne ich, ein kreatives Leben zu führen? Es gibt eine uralte kosmische Regel: Das Leben belohnt sofort Bewegung! Es gilt, den ersten kleinen Schritt zu machen. Mit diesem Schritt aktivierst Du ein

> *»Um weit zu kommen, muss man in der Nähe beginnen, und der nächste Schritt ist der Wichtigste.«*
> Jiddu Krishnamurti (1895–1986)

großes Schwungrad. Es ist der berühmte Schlag des Schmetterlingsflügels am anderen Ende der Welt. Wir wissen, er kann alles verändern.

Am Anfang reichen ganz kleine Schritte. Ihnen folgt die besondere Kraft, die jeden Anfang begleitet und vorantreibt. Das ist das Geheimnis des Anfangens. Du wirfst einen Stein in den stillen See, und er bewegt die Oberfläche mit neuen, kleinen Wellenkreisen. Lass Dich darauf ein, mit tiefem Vertrauen Neues zu beginnen. Vertrauen ohne Wenn und Aber bewirkt eine starke Anziehungskraft. Vertrauen ist *die* wichtige Ingredienz für jeden guten Anfang.

TIPP

Verabrede Dich mit dem Theaterkritiker in Dir. Erkläre ihm, dass Du diese kleinen Schritte in Ruhe gehen willst. Und er sich erst mal ohne Kritik ansieht, welche Wirkung sie haben.

Die Kunst der kleinen Schritte entspricht unserer Natur: So hast Du als Kind damals laufen gelernt. Du hast Dich irgendwann vom Krabbeln aufgerichtet, Dich hochgezogen und hast einfach schwankend dagestanden. Und irgendwann hast Du ein paar Schritte gemacht. Nur ein paar Schritte. Pardauz! Du bist hingefallen. Und dann bist Du, ohne zu zögern, wieder aufgestanden und gelaufen. Jeder dieser Schritte war neu – jeder Schritt war ein großartiges Abenteuer und hat sich prächtig angefühlt.

Damals gab es keine Zweifel. Du hast nicht über die Gesetze der Erdanziehungskraft nachgedacht. Du hattest nicht die Evolutionsgeschichte des aufrecht gehenden Menschen studiert.

Du hattest keinen Terminplan zum Laufenlernen. Du hast keine einzelnen Trainingseinheiten zum Muskelaufbau durchgeführt. Du bist einfach immer wieder aufgestanden. Gehen zu lernen ist eine große Sache, die viel Geschicklichkeit erfordert. Denn der aufrechte Gang des Menschen besteht aus einem vielschichtigen Zusammenspiel. Beim Laufenlernen üben wir die komplexen, aufeinander bezogenen Bewegungsabläufe von Arm und Bein, Hüfte und Schulter mit der jeweils gegenüberliegenden Seite.

Wir Menschen sind zuallererst sehr praktische Wesen. Hier liegt unsere große Kraft. Wir lernen vor allem durch Erfahrung. Körperliche Bewegung ist unser erster Lehrer. Albert Einstein brachte es auf die Formel: *»Wissen ist Erfahrung, alles andere ist einfach Information.«* Der Mensch ist kein statisches Wesen. Jede neue Situation erfordert von uns ein Ausbalancieren. Auch innere, kreative Bewegungen benötigen die Ausrichtungen auf einen neuen Schwerpunkt. Körperliche Bewegung hilft, neue Lebenserfahrungen zu integrieren. Wir finden unser Gleichgewicht, indem wir uns ständig bewegen.

Die Erfahrung, aufzustehen und zu laufen, schlummert heute immer noch in Dir. Du darfst den Mut haben, für Deine kleinen und großen Lebensträume immer wieder aufzustehen und erste Schritte zu wagen!

Bewege, was Dich bewegt

Womit würdest Du gerne anfangen? Welchen Teil Deiner kreativen Ideen möchtest Du als Nächstes verwirklichen? Diese Auswahl darf einfach sein: Das, was Dir am Herzen liegt, das, worüber Du viel nachdenkst, Pläne schmiedest und was Du verwirklichen möchtest – das ist auf jeden Fall *jetzt* dran! Die Regel lautet: Bewege was, bewege Dich!

Vielleicht denkst Du, das Projekt ist zu groß? Die gute Nachricht ist: Wir können mehrere Dinge parallel erledigen. Du kannst ein großes Projekt beginnen und hier in Mikroschritten mit der Planung anfangen. Gleichzeitig ist es möglich, an kleineren Kreativprojekten zu arbeiten wie einfach einen Kuchen zu backen, die Wohnung neu zu streichen, ein Bild zu malen oder auszumisten und aufzuräumen.

Inspiration

Trainiere Deinen Erfolgsmuskel. Kleine Projekte, die schneller abgeschlossen sind, trainieren unseren Erfolgsmuskel. Organisiere Dir viele Erfolge!

»Die kleinste Bewegung ist für die ganze Natur von Bedeutung; das ganze Meer verändert sich, wenn ein Stein hineingeworfen wird.«
Blaise Pascal (1623–1662)

Einfach anfangen

Wenn der richtige Zeitpunkt für ein bestimmtes Projekt gekommen ist, dann gilt: Anfangen! Es ist so, als ob etwas mit einem feinen, inneren »Klick« einrastet. Es fühlt sich dann einfach stimmig an anzufangen. Wenn sich dieser Impuls bei Dir meldet, dann solltest Du ihn unbedingt ernst nehmen.

In dieser Zeit des Beginnens geht es nicht mehr ums *Wie* oder ums *Was* – es geht los! Es ist wie bei einer Geburt: Da wird nicht mehr verhandelt – das Baby ist schon auf dem Weg! *Einfach* anfangen ist die Devise! Und das ist wortwörtlich gemeint. Erlaube Dir, Deine ersten Schritte sehr leicht und einfach zu gestalten. Mache heute den inneren Schritt von *»Ich plane«* zum *»Ich habe begonnen«*.

> *»Ich meine: Alles Starke ist einfach!«*
> Robert Musil (1880–1942)

Am Anfang sollte jeder mit dem Strom der kreativen Ideen fließen und so viele Informationen wie möglich sammeln. Wir können auch damit beginnen, kleine Vorarbeiten zu erledigen.

Wenn Du mit anderen Menschen über Deine Projekte reden möchtest, ist das gut! Wähle die Menschen mit Bedacht aus. Es sollten positiv neugierige Begleiter Deiner Arbeit sein, die Dir gerne zuhören. In dieser Phase sind komplizierte Kritiker und Pessimisten nicht an der Reihe. Die Zeit des Beginnens sollte von Freiheit, Kühnheit, Bedenkenlosigkeit und der Leichtigkeit des freien Tanzes getragen sein. Dann liebt Dich die Muse besonders!

Du darfst klein anfangen: Du möchtest eine Wohnung neu renovieren? Dann fang mit dem Umräumen und der Neugestaltung *einer* Schublade an. Ein Sprichwort sagt: *»Große Berge isst man mit kleinen Löffeln.«* Es ist ein weiteres Geheimnis: Wer glücklich beginnt, die Materie im Kleinen zu bewegen, der befindet sich bereits mittendrin in der gewünschten Veränderung!

Übung

VOM »ICH PLANE« ZUM »ICH HABE BEGONNEN«

Wage heute erste Schritte. Beginne mit etwas, das Dir wirklich am Herzen liegt. Du möchtest malen: Gehe Farben kaufen! Du hast bereits seit Jahren Farben im Schrank liegen? Packe sie aus! Lege Dir Papier hin (nicht nachdenken!) und male eine Reihe farbiger Streifen. Oft haben wir im Verzögern und Verhindern mehr Übung als im Handeln. Das sind Gewohnheiten, die Du ablegen darfst.

Du möchtest seit Langem nach Hawaii reisen? Erkundige Dich nach Flügen. Du musst ja nicht gleich buchen. Wichtig ist es, die Informationen zu sammeln. Lass Dich nicht von Deiner Umwelt ablenken! Niemand außer Deinem schöpferischen ICH muss heute von diesem Schritt wissen.

In Bewegung kommen

Es ist ganz einfach: Wo sich nichts rührt, kann sich nichts Neues entwickeln. Die Kreativitätsforschung ist sich darüber einig, dass Kreativität immer auch durch körperliche Bewegung in Gang und zum Fließen kommt.

Schon die alten Griechen nutzten Bewegung, um den Geist auf Trab zu bringen. Die antiken Philosophen disku-

> *»Bewusstsein ist Bewegung.«*
> Annie Besant (1847–1933)

tierten am liebsten ihre Ideen, während sie in den schattigen Wandelgängen der Schulen auf und ab gingen. Mit dieser *»peripatetischen*

Methode« bewegten die Philosophen beim Spazierengehen Schritt für Schritt neue Gedankengänge.

Für unser Gehirn ist die Kombination von körperlicher und geistiger Bewegung ideal. So kann leicht Neues entstehen. Das wussten früher auch die Mönche unserer abendländischen Klöster. Sie waren lange Zeit die großen Kreativschmieden unserer Kultur. Hier erfüllten die schönen Kreuzgänge den Zweck des kontemplativen Wandelns, Betens und Denkens. Auch in den anderen großen Weltreligionen gibt es eine Vielzahl von Bewegungsritualen. So beispielsweise bei den joggenden Mönchen in Japan (Schintoismus). Sie verbinden ihr schnelles Laufen von Tempel zu Tempel mit Gebetsritualen und Segnungen. Ein weiteres bekanntes Bewegungsritual bildet der Tanz der Derwische. Auch das Phänomen der Pilgerreise, der Höhepunkt des kontemplativen Wanderns, kennen fast alle Weltreligionen.

Das Ziel all dieser Übungen ist es, auf die eine oder andere Weise den Kopf mit all seinen vorschnellen, festgefahrenen und oberflächlichen Gedanken so zu leeren, dass Raum für Neues entsteht. Hier kann dann unsere Intuition zu uns durchdringen. Denn wer sich zum Stillsitzen zwingt und stundenlang unbeweglich vor dem Bildschirm sitzt, dessen Gedankengänge werden starr und rosten ein. Es entstehen ritualisierte Bewegungsmuster, die einem Zwingerhund, der immer im Kreis läuft, gleichen. Unser Körper will sich auf interessante Weise bewegen. Er möchte das, was durch ihn an Gedanken und Gefühlen pulst, in Bewegung ausdrücken.

RAUS IN DIE NATUR!

Gehen, Wandern und Joggen sind erprobte Mittel, um in Flow zu kommen. Beim Laufen kommst Du auf neue Gedanken. Dein Gehen, diese scheinbar unspektakuläre, halbautomatische Bewegung, lässt Deine innere Kreativabteilung zur Höchstform auflaufen. Hier, im Unterbewusstsein, quasi hinter den Kulissen, spielt das Gehirn mehrere Möglichkeiten durch, variiert Vorhandenes und sucht neue Wege. Während Du Bäume und Enten

anschaust, geschehen für Dich unbemerkt neue Ideenverknüpfungen. Großartiges aus Deinem Kreativlabor bahnt sich seinen Weg. Später steigen dann aus der Tiefe des Geistes die neuen, geflügelten Ideen auf und machen sich zart in Deinem Bewusstsein bemerkbar. Diese Assoziationsfähigkeiten unseres Gehirns machen uns so einzigartig. Denn jeder einzelne Mensch hat mit der ihm eigenen, spezifischen Gehirnstruktur die Möglichkeit, viele Lösungsvarianten zu generieren.

Naturspaziergänge können noch mehr: Sie sind ein heilsamer »Reset-Knopf«, der unsere innere Festplatte neu formatiert. Kurzum: Sie pusten die Spinnenweben des Gedankenwirrwarrs weg. Hier in der Natur kann sich unsere Troika aus Körper, Gefühlen und Geist erholen. Alle Sinne werden angesprochen – wir beginnen wieder, auf die feinen Botschaften der Sinne zu hören. Überall dort in unserem Seelenleben, wo sich eine Erschöpfung unserer Gefühle breitgemacht hat, kann ein Naturkontakt Wunder bewirken. Unser Fühlen ist eines der wichtigsten Kreativwerkzeuge. Mutter Natur bringt unsere Gefühle in den gesunden Fluss.

»Wandern ist die vollkommenste Art der Fortbewegung, wenn man das wahre Leben entdecken will. Es ist der Weg in die Freiheit.«
Mary Annette Beauchamp (1866–1941)

ÜBUNG

NATUR ERLEBEN

»Dringe tief zu Berges Grüften, Wolken folge hoch zu Lüften; Muse ruft zu Bach und Tale Tausend, Abertausend Male.«

Johann Wolfgang von Goethe (1749–1832)

Gehe langsam in der Natur spazieren. Erinnere, was Dich als Kind an der Natur besonders fasziniert hat. Verbinde Dich mit dieser Erinnerung Deines inneren Kindes. Schau Dich dann um und lass Dich erneut faszinieren.

NATURBETRACHTUNGEN:

Steine: Betrachte Steine, Felsen, Kiesel oder Sand. Suche Dir einen schönen Stein und spiele mit ihm. Denke über den Aspekt der Zeit nach. Wie alt ist dieser Stein? Woher kommt er? Fühle die Ruhe, den Frieden und die vertrauensvolle Gewissheit, die diesem Teil der Natur innewohnt.

Wasser: Beobachte Wasser. Wasser ist eines der großen Heil- und Beruhigungselemente der Erde. Wasser beruhigt den Geist. Das wussten alle großen Hochkulturen, so z.B. die alten Assyrer, Ägypter und Römer. Sie alle legten Springbrunnen verschiedenster Art in ihren Häusern und Gärten an. Wann immer Du kannst, höre dem Wasser zu. Sei es der Wellengang einer Brandung oder das Plätschern und Gluckern eines Flusses. Auch das Rauschen des Regens hat eine ähnliche reinigende und ordnende Wirkung auf den menschlichen Geist.

Wenn Du Probleme und Sorgen hast, kannst Du an ein Gewässer gehen. Nimm einen Stein. Stelle Dir vor, er symbolisiert Dein Problem. Umfasse ihn noch einmal und wirf ihn dann ins Wasser. Trenne Dich auf diese Weise bewusst von Deinem Problem. Lass es los.

Pflanzen: Beobachte Pflanzen. Sie sind Deine Mitbewohner und Mitgeschöpfe auf dieser Erde. Begegne ihnen mit Neugier und Freundlichkeit. Lehne Dich an einen Baum. Erinnere, dass sein Wurzelwerk genauso groß wie seine Krone ist.

VOLLE KRAFT VORAUS: DEIN POWER-TEAM

Ein harmonisches Zusammenspiel von Körper, Geist und Gefühlen mobilisiert die größten Kräfte. Mit diesen vereinten Kräften werden wir hochkreative Menschen. Unser Körper, unsere Gefühle und unsere Gedanken sind machtvolle Werkzeuge. Idealerweise arbeiten alle drei reibungslos zusammen und stehen gleichberechtigt nebeneinander. Die Führung der drei sollte Deine höhere Intelligenz, Dein höheres Selbst oder die Seele haben, wie immer Du Deine innere Führung nennen magst.

Dieses Zusammenspiel trainieren beispielsweise die asiatischen Künste. So war es im japanischen Mittelalter üblich, dass die Samurai Körper, Gefühl und Geist gleicherweise förderten. Neben Schwertkampf und Bogenschießen waren die Samurai auch zugleich Meister und Kenner der Kalligrafie, Dichtkunst und Teezeremonie.

Die uralten indischen Schriften haben für dieses Zusammenwirken von Körper, Gefühl und Gedankenkraft das symbolische Bild eines Pferdewagens gefunden. Drei Pferde ziehen den Wagen. Der machtvolle Wagenlenker ist unser höheres Selbst. Nur wenn die drei Pferde in gleichem Maße trainiert und gehorsam sind, können sie ihre Ziele erreichen. Wenn ein Pferd ausschert, dann kommen wir nicht weit. Es gilt, für Ordnung und Harmonie im Gespann zu sorgen, damit dann alle an einem Strang ziehen. Die Troika, die russische Form des Anspannens von drei Pferden, hat sich lange bewährt. Die Troika war jahrhundertelang eine typische Art, sich schnell durch die unendlichen Weiten Russlands zu bewegen. Von den drei Pferden läuft das mittlere Deichselpferd im schnellen Trab und hält so den Wagen oder die Schlitten ruhig in der Balance. Die äußeren Pferde galoppieren rechts oder links. Diese Form der Dreieranspannung verlangt ein noch größeres Training.

Wer sich aufmacht, ein kreatives Leben zu führen, sollte ein Pferdeflüsterer werden. Und zwar in dem Sinne, dass er seine Gedanken, Gefühle und den Körper kennt und sie auf ein gemeinsames Ziel lenken kann.

Viele Menschen der westlichen Kultur fixieren sich stark auf das Erleben *eines* einzigen Körpers.

In Deutschland herrscht an unseren Arbeitsplätzen die Ratio, die Welt der Gedanken, vor. Hier wird rationales Denken eingefordert. Das gilt vor allem für den Bereich der Wissenschaft und Forschung. Es gibt klare Absprachen, welche Gedankengänge erlaubt, nachweisbar und denkbar sind. Der Mensch, der auf diese Art und Weise arbeitet, wird nur zu einseitigen Ergebnissen kommen. Es geht eben nicht so einfach, am Arbeitsplatz *»die Gefühle beiseitezulassen«*, wie es so oft verlangt wird.

Hochkreative Forscher arbeiten anders. Dies belegt der Kreativforscher Mihaly Csikszentmihalyi in seinen Forschungen.[3] Sie nutzen Gedanken, Gefühle und körperliche Impulse für ihre Forschungen frei fließend. Kurz: Sie folgen ihrem »Bauchgefühl«, sprechen aber, aus Angst, verlacht zu werden, kaum vor ihren Kollegen darüber.

Bei *»emotional«* geprägten Berufen wie Musikern, Schauspielern und Künstlern steht ein Training des Gefühlskörpers in den Ausbildungen im Vordergrund. Sie müssen im Beruf auf Abruf Gefühle überzeugend spielen können. Das verlangt ihnen viel ab. Im Alltag können die Emotionsexperten schon mal gefühlsmäßig überreagieren. Das wiederum kann ihre eher rational-mental eingespielte Umwelt oft überfordern.

In *»Körperberufen«,* vor allem dort, wo der physische Körper beruflich oder bei sportlichen Aktivitäten im Vordergrund steht, herrscht oft eine Verwirrung vor: »Wer bin ich eigentlich?« Die Identifikation mit dem »äußeren Fell« führt zu einer Verschiebung der Selbstwahrnehmung. »Mein Körper, das bin ich!« Gerade in der Mode, Kunst- oder Sportbranche gehört das »äußere« Fell zum persönlichen Merkmal und Status.

3 Mihaly Csikszentmihalyi (2007), S. 80

Alter und Unfälle, die das Äußere verändern, werden dramatisch erlebt.

Wir vergessen viel zu schnell, dass es nicht der Körper ist, der uns so einmalig macht, sondern das, was »in ihm steckt«. Mache Dir klar: Das äußere Schönheitsideal variiert von Kultur zu Kultur und Jahrhundert zu Jahrhundert. Die innere Schönheit, die Herzintelligenz und Liebesfähigkeit sind dagegen eine universelle Sprache.

DAS WARTEN BEENDEN: WARTEST DU NOCH ODER LEBST DU SCHON?

BIST DU AUCH JEMAND, DER LIEBER ERST EINMAL ABWARTET?

Was hält uns davor zurück, die Dinge zu tun, die wir wirklich tun wollen? Wie können unsere kreativen Ideen endlich in Bewegung und Schwung kommen? Die Antwort überrascht.

Wir warten – ohne es zu wissen! Wartegewohnheiten gehören zu den größten Kreativblockaden. Wir stecken irgendwo in einer Warteschleife fest. Nur, das haben wir längst vergessen. Denn der Warteschleifenmodus ist für uns längst ein vertrautes Gefühl geworden. Es kann sein, dass es uns entfallen ist, dass wir vor längerer Zeit die Entscheidung getroffen haben, etwas Bestimmtes abzuwarten.

Worauf warten wir? Es geht um all die Dinge, die wir früher zurückgestellt und aufgeschoben haben. Als Kind hieß es, das kannst Du tun, wenn Du erwachsen bist. Keiner verrät Kindern, dass auf uns als Erwachsene viel mehr Unfreiheiten und Pflichten warten. Zeit für uns selbst und all die stillen Wünsche bleibt kaum. Dann heißt es, wenn die Kinder groß sind, die Firma aus dem Gröbsten raus ist, das Haus abbezahlt, die neue Ausbildung endlich abgeschlossen ist, dann findet sich der Raum und die Zeit, sich der kreativen Freude und seinen Ideen zu widmen.

Dieses Abwarten frustriert uns, und wir verlieren unseren Schwung. Wir spüren, dass wir Teile unseres authentischen Selbst verstecken und da irgendwo etwas auf uns wartet, das lange vernachlässigt wurde. Hier kann eine Entscheidung, das Warten zu beenden, alles verändern.

ICH MACHE DEN WEG FREI …

Wer sich aufmacht, schwungvoll etwas Neues zu beginnen – kann erleben, dass nach kurzer Zeit alles schiefzugehen scheint. Oft erleben wir dann, dass wir gegen so viele Widerstände anrennen, dass wir schließlich erschöpft das neue Projekt aufgeben wollen. Schnell haben wir das Gefühl: Es soll nicht sein. Versuche hier einmal, einen ganz anderen Blickwinkel einzunehmen: Es kann sein, dass Dein Unterbewusstsein versucht, Dir eine Botschaft zu vermitteln – Das »Scheitern« kann einfach bedeuten, dass hier eine alte Programmierung wirkt. Die alten Zielvorgaben Deines inneren Autopiloten sollten überprüft werden. In solchen Momenten kannst Du Dich fragen, ob hier vielleicht eine alte Wartegewohnheit Deinen Weg blockiert.

DEN WARTEMODUS LÖSEN

Um genauer festzustellen, an welchen Stellen Du in Deinem Leben im Wartemodus verharrst, kann es hilfreich sein, die Wartegewohnheiten Deines Körpers, Deiner Emotionen und Deiner Gedanken genauer unter die Lupe zu nehmen.

WENN DER KÖRPER WARTET: BLOSS NICHT RÜHREN!

Körperliche Wartegewohnheiten können sehr alt sein. Kleine Kinder lernen früh, das Warten auszuhalten. Oft geschieht es auch, dass Kleinkinder regelrecht zum Warten verdonnert werden. Viel zu früh werden Kinder zum Stillsitzen angehalten. *»Händchen falten, Mündchen halten, gerade sitzen, Kopf nicht stützen«* lehrte man sie früher. Kinder sollen am Tisch und im Haus nicht lärmen oder sich gar nicht störend bewegen. Frühmorgens sollten sie die Eltern nicht mit ihrer Lebenslust und ihrem Übermut wecken, sondern brav im Kinderzimmer warten, bis sie geholt wurden. Für Kinder macht dieses Warten zu diesem Zeitpunkt ihres Lebens überhaupt keinen Sinn. Sobald es hell ist, wollen sie aufspringen und den Tag entdecken und erleben.

Sind wir endlich erwachsen, haben wir die Stimmen von Eltern und Lehrern so verinnerlicht, dass sie unser Leben bestimmen, ohne dass wir es bewusst wahrnehmen. Hinzu kommen neue Vorgaben, die uns jetzt dirigieren. Unsere Chefs, Ehepartner, Kollegen und Freunde beeinflussen unsere Lebenszeit entscheidend. Und wieder werden von uns ein Abwarten, ein Aushalten und die Unterdrückung von eigenen Bedürfnissen verlangt. Erst in Zeiten großer Krisen wachen wir auf. Wir fragen uns plötzlich, was eigentlich unsere Bedürfnisse und Träume sind? Wir beginnen zu verstehen, dass Eigenverantwortung wirklich heißt, uns an unsere Träume zu erinnern.

DIESE ÜBUNG IST EIN ALLROUNDER AUS DER GEHIRN-GYMNASTIK

ÜBUNG

»Ich kann es – ich will es – ich tue es!«

Diese Übung ist ein Allrounder aus der Gehirn-Gymnastik. Die Überkreuzbewegungen sind auch ein richtiges Zaubermittel gegen kleine Zwischendurchmüdigkeiten. Sie sind zudem super effektiv, um Langzeitblockaden vielerlei Art aufzulösen. Die Übung entstammt dem Bewegungsprogramm *Brain-gym®*, das Dr. Paul E. Dennison entwickelt hat. Die Übung der Überkreuzbewegungen folgt unserem natürlichen Bewegungsmuster des Gehens oder Laufens. Unsere Vorfahren, die als Jäger, Sammler, Bauern und Nomaden umherstreiften, stimulierten auf diese Weise tagtäglich ideal ihr Gehirn. Heute lässt die fehlende Bewegung unser Gehirn schnell ermüden. Sie integriert die Koordination der rechten und linken Gehirnhälfte. Wer die Überkreuzbewegung mehrere Wochen regelmäßig übt, kann eine größere Klarheit seiner Gedanken erleben, und dessen Gleichgewichtssinn und die Körperkoordination können sich entscheidend verbessern.

So wird's gemacht

Stelle Dich entspannt hin. Berühre jeweils das gegenüberliegende Knie abwechselnd mit der Hand oder dem Ellbogen. Das heißt, die rechte Hand berührt das linke Knie. Dabei werden die Knie angehoben.

Und dann im Wechsel, die linke Hand berührt das rechte angehobene Knie. Sehr wirkungsvoll ist es, die Übung mit einer laut ausgesprochenen Affirmation zu kombinieren. Sprich während der Bewegungen laut den Satz: *»Ich kann es – ich will es – ich tue es.«*

Die Übung kann rhythmisch auf der Stelle tanzend oder marschierend durchgeführt werden. Mache diese Übung mindesten 35 Mal. Wer mit Kindern arbeitet, kann dabei auch Musik abspielen (Wiener Walzer hat sich bewährt), während die Gruppe sich laufend durch den Raum bewegt.

IM WARTESAAL DER GEFÜHLE

Unsere Wartegewohnheiten auf der emotionalen Ebene sehen etwas anders aus. Gefühle gleichen dem Wasser. Sie wollen fließen. Eigentlich ist der Mensch von Natur aus ein überaus sinnliches Wesen. Unsere Gefühlswelt benötigt eine besondere Pflege und ihre eigene Nahrung in Form von Schönheit, Natur, Musik, Düften, zarten Berührungen und Liebe.

In unserem Alltag und in unserer modernen Arbeitswelt ist dafür jedoch kaum Platz vorgesehen. Alles ist erst einmal auf rationales Denken ausgerichtet. Ratio und Sinnlichkeit werden als Gegenspieler gesehen. Dabei bilden Sinnlichkeit und Ratio ein perfektes Team, wenn sie kokreativ mit unserer Intuition zusammenarbeiten. Überall dort, wo Zartheit, Feinheit und ein achtsames Wahrnehmen von Zwischentönen fehlt, regieren Schwarz-Weiß-Malerei und Härte.

Sinnlichkeit wird außerdem vorschnell mit Erotik verbunden und deshalb aus dem öffentlichen Leben ausgeklammert. Es wird in der Öffentlichkeit vermieden, zu viel Gefühl zu zeigen, zu laut und mit großer Freude zu lachen oder beim Kauen des Frühstücksbrötchens in sinnliches Genussstöhnen zu verfallen.

Es gilt die Regel, Arbeits- und Privatleben strikt voneinander zu trennen. Diese Theorie hat Konsequenzen. Denn der Mensch ist von seinen Anlagen her eigentlich ein Allrounder. Er kann nicht einfach einen Schalter umlegen und stur und gefühllos einfach *nur* seinen Job erledigen. Werden wir gezwungen, die sinnliche Körperwahrnehmung im Arbeitsalltag ganz zu verdrängen, so werden mit der Zeit viele Menschen traurig und krank. Burnout, Depression, Tinnitus und Müdigkeitssyndrome sind die Folgen. Das *»Gefühl der Gefühllosigkeit«* ist einer der Hauptsymptome dieser Krankheiten. Menschen mit diesen Belastungen müssen dann in den Rehakliniken langsam und oft sehr mühevoll wieder fühlen lernen.

Viele Betriebe wissen dies und bieten ihren Mitarbeitern Ausweichinseln zur Erholung an. Hier haben sie die Möglichkeit, in Fitness- oder Ruheräumen oder in kleinen Naturoasen sich körperlich-sinnlich zu »rekreieren«, das heißt, sich zu erholen.

Es ist üblich, schöne Gefühlserlebnisse in bestimmte Zeitfenster auszulagern. *»Ja, das geht nur am Wochenende, im Urlaub, wenn ich mir ein Sabbatjahr nehme oder wenn ich pensioniert bin.«* Dann sind sinnliche Stunden erlaubt. Schnell soll am Wochenende die Gefühlsbatterie wieder aufgeladen werden. Oder ein besonderer Urlaub soll es richten. Hier wollen wir dann die Kraft der Natur oder die geistigen Reize der Kultur – wie Musik oder Kunst – genießen.

Menschen funktionieren aber nicht so. Der Mensch ist in jedem Augenblick seines Lebens ein ganzheitliches Wesen. Wer darauf wartet, Momente der Schönheit und Ergriffenheit der Liebe zum Leben zu einer geplanten Zeit zu erleben, der muss zwangsläufig enttäuscht werden. Sinnliches Erleben sollte immer angenommen werden, wenn es kommt. Denn Musen, mystische Liebe und Momente der Mikroerleuchtung kommen, wann sie wollen.

ÜBUNG

SAMMLE PRACHTVOLLE MOMENTE – VON VIEL KOMMT VIEL!

Dein Konto an guten Gefühlen wird jedes Mal angefüllt, wenn Du Dir erlaubst, ein wunderschönes Gefühl ganz zu erleben.

Nimm heute die schönen Momente bewusst wahr. Sage Dir jedes Mal: Das ist wirklich schön! Dann atme dieses gute Gefühl mit einigen bewussten Atemzügen ganz ein. Empfange es ganz.

Erlaube Deinem inneren Kind heute, Wolkenbilder zu sehen und beim Anblick von Blumen und Sternen zu staunen oder Melodien zu pfeifen. Jetzt ist genau die richtige Zeit, um mit dem Genießen des Lebens zu beginnen.

Frage Dich heute auch: Wen liebe ich? Habe ich es ihr bzw. ihm heute schon gesagt? Erlaube Dir, öfter in Deinem Leben Deinen Liebsten zu sagen, wie sehr Du sie schätzt, liebst und bewunderst. Das Gefühl mit den Worten: *»Ich liebe Dich«* bringt Bewegung in alle Lebensbereiche. Das Geheimnis ist: Von viel kommt viel. Je öfter Du diese Worte aussprichst, umso mehr lenkst Du den Fluss der Liebe in Dein Leben. Und wenn Du ganz mutig bist, kannst Du auch *»Ich liebe Dich«* zur Person im Spiegel sagen – und vielleicht lächelst Du dann zurück.

WARTEN AUF DEM JAHRMARKT: UNSERE GEDANKENWELT

Wartegewohnheiten auf der Gedankenebene sind hochkomplexe Angelegenheiten. Gedanklich warten wir an vielen Stellen. Überall dort, wo wir Bedingungen von *»wenn – dann«* verknüpft haben, schlummern versteckte Wartelisten.

»Die Gedanken sind frei« ... denken wir. Sind sie aber nicht! Negative Gedanken können uns durch falsche Beweisführungen jegliche Hoffnungen nehmen. Wir haben unsere Gedankenschmiede in eine Waffenschmiede umgewandelt. Anstatt klar, stark und konstruktiv zu denken, haben die Gedankenabläufe ein dynamisches Eigenleben entwickelt. Unsere widersprüchlichen Gedankenmuster führen sich im Alltag gerne gegenseitig ad absurdum. Oft stecken wir dann mental in einer Zwickmühle fest. Zudem werden wir von Fremdgedanken überflutet, die über Werbung, Erziehung oder andere dominante Einflüsse ihren Weg in unser Gehirn gefunden haben und dort ein Eigenleben führen.

Gedanken sollten gut funktionierende Werkzeuge sein, die Dich im Alltag unterstützen. Sie sind ideal geeignet, die notwendigen Organisationsfragen zu planen. Sie taugen nicht zur Planung aller Herzensangelegenheiten. In Fragen kreativen Arbeitens und Deiner Lebensberufung haben sie nur eine zuarbeitende Funktion. Eine Ausnahme bilden die intuitiven

Gedanken. Sie kommen, wenn der Geist Raum hat. Sie unterscheiden sich von den anderen Gedanken deutlich: Sie sind leise, während normale Gedanken einen lauten, eindringlichen Charakter besitzen. Intuitive Gedanken stehen wie ein klarer Satz einfach im Raum. Diese »stille Stimme« erkennen wir an ihrer ruhigen Kraft und der einfachen Formulierung der Worte. Mein Tipp: Schreibe sie auf.

Unsere Gabe, kreativ tätig werden zu können, ist hier Gold wert. Platziere in Deinen Gedanken mehr liebevolle, schöne und glückliche Gedanken, die Dich gut nähren. Die »Anweisung« für Deine mentale Waffenschmiede im Kopf sollte in Zukunft »Schwerter zu Pflugscharen!« heißen.

VOM WARTEN ZUM LEBEN: AUF DEM WEG DER WÜNSCHE

Der Weg der schöpferischen Lebenskunst führt über die Erfüllung von Wünschen. Dieser Weg erlaubt Dir, nein, er fordert von Dir regelrecht ein, Deine Wünsche und Träume zu erfüllen. Die Erfüllung *aller* Deiner Wünsche ist vielleicht nicht möglich, und das ist gut so. Dafür haben wir Menschen einfach zu viele zu widersprüchliche Wünsche. Oft können wir im Nachhinein wirklich erleichtert sein, dass sich gewisse Wünsche nicht erfüllt haben. Vielfach können wir auch beobachten, wie sich unsere Wünsche, wenn auch etwas anders als geplant, erfüllen.

> *»Ein jeder Wunsch, wenn er erfüllt, kriegt augenblicklich Junge.«*
> Wilhelm Busch (1832–1908)

Während Du Dich von der Erfüllung eines Wunsches zu der Erfüllung des nächsten Wunsches durcharbeitest, wirst Du irgendwann feststellen: Erfüllte Wünsche sind erfüllte Wünsche. Mehr nicht! Dennoch sind sie wichtige Trittsteine auf Deinem Weg, denn sie alle tragen eine bestimmte Sehnsucht in sich. Und in dieser stillen Sehnsucht liegt eine versteckte Botschaft an Dich. Es gilt, die geheime Botschaft der Wünsche zu entschlüsseln. Dann werden Wünsche Orientierungshilfen für den weiteren Weg.

Die Frage ist also: Was willst Du wirklich? Dein inneres Künstlerkind erinnert sich gut an Deine alten Träume. Fragen wir es also.

DEINE ALTE WUNSCHLISTE

In einigen Familien gibt es zu Weihnachten die Tradition, dem Weihnachtsmann einen Brief mit einer Wunschliste für die Weihnachtsgeschenke zu schreiben. Erinnerst Du Dich noch, welches Deine ganz großen Wünsche als Kind waren? In ihnen liegt viel Wissen über Dein kreatives Selbst verborgen. Wer sich erlaubt, seine Kinderwünsche noch einmal zu erinnern, der kann hier alte Kraftquellen für einen neuen Kreativschub generieren.

Kinder können sich mit einer unglaublich tiefen Inbrunst etwas wünschen. Als ich vier Jahre alt war, sah ich zum ersten Mal eine Pfauenfeder. Sie lag auf der Frisierkommode meiner Mutter. Andächtig reckte ich mich hoch und nahm sie in die Hand. Ich konnte mich nicht sattsehen an dem Schillern der Blau- und Goldtöne. Die Feder kam mir überirdisch schön und kostbar vor. Ich bettelte, dass ich sie noch öfter halten durfte. Ich konnte nicht fragen, ob ich sie vielleicht als Geschenk bekommen könnte. Sie erschien mir einfach zu kostbar. Also begann ich mit meiner verwunderten Mutter ein ernsthaftes Gespräch darüber, was ich tun müsse, um diese Feder später zu erben. Meine Mutter staunte, denn ich wollte alles über Testamente und Erbfolge wissen. Denn eins wusste ich genau: Ich musste diese Feder haben.

ÜBUNG

LISTE DEINER KINDERWÜNSCHE:

Erinnere Dich an fünf Deiner dringlichsten Kinderwünsche (aus der Zeit bis zu Deinem achten Lebensjahr):

Meine Liste:

- Eine Pfauenfeder
- Einen Malkasten mit sehr guten Stiften für mich allein
- Ein rotes Fahrrad
- Ein Schaukelpferd
- Ein Prinzessinnenkleid

Schreibe dann kurz dahinter, was das Objekt der Begierde für Dich bedeutete (wofür es stand).

Zum Beispiel:

Eine Pfauenfeder: kostbares, exotisches Objekt zum Träumen
Einen Malkasten: Ich kann meine Farben selber aussuchen.
Ein rotes Fahrrad: Ich fahre mit Freundinnen rum.
Ein Schaukelpferd: Ich spiele mit mir selbst.
Ein Prinzessinnenkleid: Ich bin endlich schön.

HOLE DIR ZURÜCK, WAS DIR GEHÖRT

Der Weg schöpferischer Lebenskunst führt uns durch die Schatzkammern unseres Lebens. So werden wir alte Kostbarkeiten finden und neu in unserem Leben integrieren. Wir lernen wieder, auf die Ressourcen unseres Lebenswissens zurückzugreifen. Auf der einen Seite können es ganz konkrete Fähigkeiten sein, die wir uns mittels diverser Ausbildungen angeeignet haben. Auf der anderen Seite besinnen wir uns vielleicht auf gute Charaktereigenschaften wie den Mut, Dinge anzupacken, Lebensfreude zu fühlen oder Neugierde und Forscherdrang zuzulassen.

Manchmal geht etwas verloren, ohne dass wir es bemerken. Auf dem Weg durch ein bewegtes Leben können Fähigkeiten und Wissen unbemerkt auf der Strecke bleiben. In der Eile der lebensverändernden Krisen handeln wir oft zu rasch. Im Schmerz der Trennungen vergessen wir, die guten Dinge der gemeinsamen Zeit mitzunehmen. So kann der Verlust eines Partners, ein Umzug, der Wechsel des Arbeitsplatzes und die damit verbundene neue Situation uns so sehr fordern, dass wir uns zu schnell vom »Alten« abschneiden. Hinzu kann auch ein seelischer Schmerz über zerstörte Träume kommen. Wir versuchen dann einfach »zu funktionieren« und verdrängen erst mal den Kummer. Ein Überlebensmodus springt an, und wir arbeiten mit einem reduzierten Programm. Unser Unterbewusstsein greift fortan nicht mehr auf die Fähigkeiten dieser Lebensspanne zurück, weil sie mit Schmerz und Verdrängung gekoppelt sind. Wenn wir diese Krisenkompromisse aufspüren können und verändern, dann können sich Gefühle der Leere, Taubheit und Lähmung verabschieden.

Es ist gewissermaßen so, als ob Du bei einem Umzug einen Karton vergessen hast. In diesem Karton waren ausgerechnet die geliebten Fotoalben, Andenken und Deine Ausbildungszeugnisse. Nach dem Umzug fühlst Du: Dir fehlt etwas, Du kannst Dich aber im Trubel nicht erinnern, was genau fehlt. Jetzt heißt es im übertragenden Sinne, noch einmal in die alte Lebenssituation zu gehen und dort den Umzugskarton symbolisch bewusst abzuholen. Dann solltest Du ihn im neuen Zuhause öffnen, die Dinge in die Hand nehmen und anschauen. Einige möchtest Du vielleicht in Dein neues Leben integrieren. Andere sollten einfach aussortiert werden.

»Heureka!
Ich hab's gefunden.«
Archimedes
(287 v. Chr. – 212 v. Chr.)

ENDLICH WIEDER MALEN

Melissa beginnt lebendig von der Toskana zu erzählen. Schnell erfahre ich, dass sie vor über sechs Jahren dort auf einem Bauernhof mit einem großen Olivenhain gelebt hatte. Sie hatte den Hof mit Freunden renoviert, ausgebaut und alles eingerichtet. Es kamen immer viele interessante Leute, alte und neue Freunde, zu Besuch.

Zum Hof gehörten viele und alte Bäume. Ein besonderer Höhepunkt war die Olivenernte. Und zur Ernte kamen dann viele Helfer. Es gab die alte Regel, dass jeder, der mithalf, die Hälfte der von ihm geernteten Oliven als Bezahlung erhielt. »Und dann gab es immer ein großes Abschlussfest.« Ihre Augen glänzen. »Wir hatten eine große, bunte Tafel mit viel gutem italienischen Essen und Wein.«

Dann wird sie still. Sie habe das Haus aufgeben müssen, denn der Vermieter wollte es verkaufen. »Aber das ist jetzt nicht mehr wichtig. Vorbei ist vorbei. Mir geht's gut, und ich möchte einfach nur wieder malen.« Vorsichtig frage ich nach, wann sie mit dem Malen begonnen hatte und was ihre zentralen Motive sind. »Nun ja, ich habe damals in Florenz angefangen, einen Kurs in Freskomalerei zu belegen. Das war eine gute Zeit – und gemalt habe ich eigentlich immer in Italien. Vor allem die Landschaft, aber auch Stadtansichten.«

Es kann schwer sein, »einfach mit dem Malen wieder anfangen« zu wollen – wenn am Pinsel noch die Trauer um ein Haus und einen verlorenen Traum hängen. Unser Unterbewusstsein erinnert sich einfach an alles. Jedes Mal, wenn Melissa auch nur ans Malen denkt, beginnt ein innerer Kampf. Einerseits möchte sie in die Leichtigkeit und Schönheit des Flusses dieser Lebensphase wieder eintauchen – andererseits ist der Schmerz des Verlustes zu groß, sodass sie aus Selbstschutz keinesfalls an die Zeit erinnert werden will.

Ich gebe Melissa die Aufgabe, die Farben, Pinsel, Staffelei herauszuholen, abzustauben und ihnen einen Platz in ihrem neuen Haus zu geben. »Bereiten Sie alles vor, so als ob Sie morgen eine Freundin einladen würden, die von Ihnen die Technik der Aquarellmalerei erklärt bekommen möchte.«

Außerdem bitte ich Melissa, für die nächste Sitzung aufzuschreiben, was ihr an dem Haus in der Toskana, dem Garten und der Landschaft besonders gut gefällt. Zu allen Punkten solle sie noch ihren symbolischen Wert vermerken.

GESCHICHTEN

Geschichten, die das Leben schreibt: Ein Olivenhof in der Toskana

»Und ich möchte endlich wieder malen!« Die zierliche Frau, die vor mir sitzt, ist Anfang 60. Melissa ist eine sehr schöne Frau mit schulterlangen weiß-blonden Haaren und mädchenhaften Zügen. Ein Hauch von Exotik umgibt sie. Sie trägt auffällige orientalische Armreifen an ihren Handgelenken. Sie kramt in einer großen hellbraunen Sacktasche und holt einen kleinen Katalog aus den Tiefen der Tasche heraus.

»Das was meine letzte Ausstellung. Ich könnte sofort wieder eine machen. Der Galerist hat schon vor längerer Zeit angefragt. Ich müsste einfach nur anfangen!« Sie reicht mir den Katalog über den Tisch. Ich schlage das Buch auf, und mir springen schöne, lebensfrohe Landschaftsbilder aus der Toskana entgegen. Es sind Aquarelle, die eine Harmonie und Verbundenheit mit der Landschaft ausdrücken.

Melissas Liste

Hier einige Punkte von Melissas Liste:

Haus
Mein Zuhause

Steine vom Haus
Sonne und alte Erinnerungen

Haus innen
Meine Einrichtung, authentisch, einfach und schön

Oliven
Sonnenkraft

Olivenbäume
Urkräfte

Toskana
Alte, römische Kulturlandschaft, eine Heimat

Italiener
Freunde, herzliche Offenheit, gesundes Temperament

Als sie mir die Liste gibt, fängt sie an zu weinen. »Seitdem war ich nie mehr in Italien. Ich habe kaum noch Freunde. Es ist so, als ob ich mein Zuhause dort zurückgelassen habe.«

Ich spreche mit ihr über die Liste und was für reiche Schätze dort ruhen. Dann fordere ich sie auf, zu jedem Punkt ihre damit verbundenen Gefühle genauer zu benennen. Gleichzeitig motiviere ich sie, die positiven Gefühle wieder ganz in ihrer Körperwahrnehmung zu erinnern.

Hier sind die wieder erinnerten Gefühle von Melissa:

Haus
Mein Zuhause:
Hier gehöre ich hin und bin in Sicherheit.

Steine vom Haus
Sonne und alte Erinnerungen:
Hier finde ich Ruhe.

Haus innen
Meine Einrichtung, authentisch, einfach und schön: *Das bin ich.*

Oliven
Sonnenkraft: *Ich werde genährt.*

Olivenbäume
Urkräfte
Ich kann vertrauen.

Toskana
Alte, römische Kulturlandschaft, eine Heimat:
Ich kann dem Leben vertrauen.

Italiener
Freunde, Offenheit, gesundes Temperament:
Ich gehöre dazu.

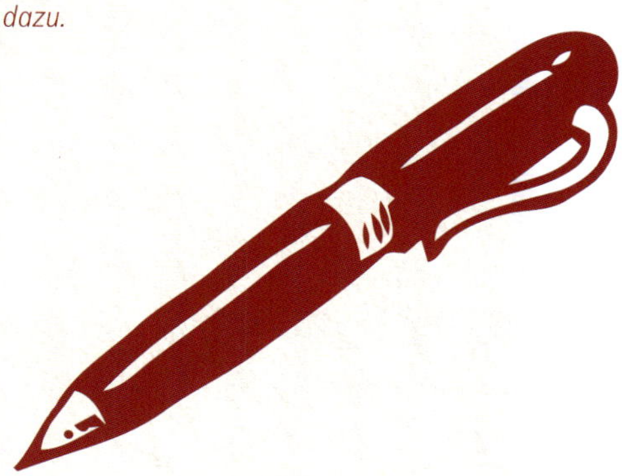

Das Toskana-Gefühl

Ich packe in meinen Koffer …

In der folgenden Sitzung sprechen wir über das sogenannte »Toskana-Gefühl.« Melissa benennt noch konkreter, was genau das alles für sie umfasst: »Ich darf lebendig sein, Menschen einfach ins Herz schließen, lachen, in Gemeinschaft leben und feiern, reisen, gut essen und so sein, wie ich bin.« Sie lacht glücklich. Ich kann sehen, wie sie die Rückbesinnung auf das »Toskana-Gefühl« mit viel Lebendigkeit erfüllt.

Ich ermutige sie, das Toskana-Gefühl in ihren Lebenskoffer einzupacken, damit sie es überall auf ihren Reisen oder auch in ihrem neuen Haus dabeihat. Sie beginnt zu scherzen: »Man müsste das in Pulverform zum Anrühren und Schlucken haben: Mein Toskana-Instantpulver. Überall verfügbar. Einfach mit heißem Wasser anrühren und fertig.«

Ich frage sie nach den Farben, die für sie am meisten das »Toskana-Gefühl« ausdrücken. Ohne zu zögern, sagt sie: »Gelb und Blau – die gelben Steine vom Haus und der blaue Himmel.« Ich gebe ihr als Aufgabe, in den nächsten Wochen mit den Farben und dem Pinsel einfach zu spielen und ihre Hand in Bewegung zu halten! Dabei möge sie nicht über Motive nachdenken und in dieser Zeit nichts Kompliziertes malen. Vielleicht könne sie sehr nass malen, um einfach die Farbe, das Wasser, den Pinsel wieder bewusst mit allen Sinnen wahrzunehmen. Es gelte, dem dynamischen Bewegungsfluss zu folgen und vor allem die Farben Gelb und Blau zu verwenden. Es werden schöne, wellige Farbbilder, in die sich durch die Mischungen feine Grüntöne einschlichen. Sie ist erstaunt, wie viel Freude es ihr machte. Ihr Leben beginnt, sich in allen Bereichen zu verändern. Italien erhält einen prächtigen Einzug in ihr Zuhause. Sie beginnt die Räume neu zu streichen, holt ihre Bilder aus dem Keller und hängt sie auf. Ich gebe Melissa mit auf den Weg: »Malen Sie das, was sie sehen. Es geht in dieser Phase um Masse statt Klasse. Das ist wie Training beim Joggen. Halten Sie den Pinsel weich in der Hand und machen Sie langsame Bewegungen. Fangen Sie erst in einigen Monaten mit Motivmalerei an.«

Ich erhielt nach über einem Jahr eine Einladung zur Melissas Vernissage. Auf der Karte prangte eine kräftige gelbe Sonnenblume vor blauem Grund, und im Hintergrund sah ich die hügelige Landschaft der Uckermark. Sie war endlich zu Hause angekommen.

Es lohnt sich immer, unseren stillen Sehnsüchten zu folgen, denn sie sind mächtige Schlüssel, die uns die Türen zu unserer Seele aufschließen. Bei Melissa ist es die stille Sehnsucht nach dem Malen gewesen, durch die ihr Unterbewusstsein den Anstoß bekam, ihr neues Zuhause endlich anzunehmen.

Bist du auch jemand, der erst genau wissen muss, was er will, bevor er anfängt?

Jetzt zählt allein: Anfangen mit dem Anfangen! Du magst Dich fragen, wo genau? Beginne damit, das Naheliegende zu tun. Du benötigst nicht immer klar definierte Großziele. Du musst nicht genau wissen, wie es weitergeht. Kein Künstler weiß genau, welche Arbeiten er in zehn Jahren alle vollbracht haben wird. Das hieße nur, sich zu beschränken. Um Deinen nächsten Schritt zu gehen, stelle Dir die Frage: Was ist jetzt meine Sehnsucht? Und dann mache einen Schritt in diese Richtung.

Du weißt nicht genau, was Deine Sehnsucht ist? Dann kann es hilfreich sein, mehr zu beobachten. Betrachte das Leben Deiner Mitmenschen und deren Geschichten, die Du hörst oder liest. Was fasziniert Dich an ihnen? Das, was Du bei anderen Menschen und Lebensläufen siehst und bewunderst, lebt auch in Dir, sonst würdest Du es gar nicht wahrnehmen. Diese besondere, faszinierende Eigenschaft sucht nun irgendeine Ausdrucksform. Erlaube Dir, Schritte zum Ausdruck dieser Fähigkeiten zu unternehmen. Es gilt: Bewege Dich in die Richtung, die Du Dir erträumst. Dann entwickelt sich alles andere in einer Folgerichtigkeit.

INSPIRATION

Die Biografien von außergewöhnlichen Menschen

Seit uralten Zeiten erzählten sich die Menschen an Lagerfeuern, in Stuben und auf Reisen Geschichten von außergewöhnlichen Menschen, ihren Leben und Heldentaten. Geschichten, Märchen und Mythen zu erzählen und ihnen zu lauschen ist eine besondere Kraftquelle. Denn wir Menschen lernen durch Zuhören. Das, was andere einmal durchgeführt haben, wird auch eine Option für uns. Biografien von außergewöhnlichen Menschen zu lesen stimuliert unseren inneren Wegweiser und zeigt unserem Gehirn neue Wege auf: Meinen Künstlerfreund Ferdinand faszinierten die Lebensgeschichten von Vincent von Gogh (seine Briefe), Siddhartha, Franz von Assisi (beide von Hermann Hesse), Mahatma Gandhi, Camille Claudel, Alexander von Humboldt, Cassius Clay, Alexander Solschenizyn und Anne Frank (Tagebuch).

Ich schließe mich an mit den Biografien von: Hildegard von Bingen, Michelangelo (Irving Stone), Ludwig XIV. (Vincent Cronin), Sybilla Meridian (sie erforschte das Leben der Schmetterlinge), Clara von Assisi, Karl dem Großen (von Johannes Fried), Paramahansa Yogananda: Autobiographie eines Yogi, Magellan (von Stefan Zweig).

TIPP

Frage Deine Freunde, welche Biografien sie besonders interessiert haben. Da ist guter Gesprächsstoff vorprogrammiert. Und Du erhältst so viele Informationen, ohne alle Bücher selbst lesen zu müssen.

ÜBUNG

Die Helden Deiner Kindheit:

Schreibe eine Liste mit fünf Helden Deiner Kindheit (bis zum 14. Lebensjahr). Frage Dich, welches ihre besondere Gabe war. Notiere in der rechten Spalte die wichtigste Fähigkeit.

Hier die Liste von Ferdinand:

Winnetou
Mut, für die Wahrheit einzutreten

Alaska-Kid (eine Figur von Jack London) Mutiger Abenteurer

Huckleberry Finn
Ausreißer; lebt sein eigenes Leben

Flipper
Fröhlich. Die kindliche Klugheit siegt über die Vorurteile.

Fünf Freunde
Gehen ihre eigenen Weg und lösen sehr schwere Fälle ohne die Erwachsenen

BIST DU AUCH JEMAND, DER ERST AUF DEN RICHTIGEN PARTNER WARTET, BEVOR ER ANFÄNGT?

Wartest Du ab, dass der Traumpartner an Deine Tür klopft? Denkst Du, dann endlich kannst Du mit der Verwirklichung Deiner Lebenswünsche beginnen? Das ist der beste Weg den Traumpartner weit weg zu halten. Beginne jetzt. Ein Abwarten in Bedürftigkeit macht Dich zum Bettler. So bist Du nicht erschaffen worden. Du bist ein Wesen der Fülle in einer Schöpfung der Fülle.

Liebe ist die Sprache der Schöpfung und damit auch die Sprache der Kreativität. Gehe auf Entdeckerreise zum Quell Deiner Liebe. Sei heute offen für all die Geschenke, die Du Dir selbst machen kannst. Schenke Dir all die Gefühle, die Du Dir von einem imaginären Partner wünschen würdest. Erinnere Dich: Du selbst bist die Liebe Deines Lebens! Es ist ein Geheimnis: Im Zustand des Liebenden ordnen sich die Dinge um Dich herum neu. Und dann können neue Lebenspartner kommen. Die wirkliche Liebe ist wie die Luft, die wir atmen. Sie ist unsere Natur. Sie fließt. Sie verströmt sich immerzu wie der Duft eines blühenden Lindenbaums. Sie hat nichts mit anderen Menschen, Tieren, Orten oder Besitz zu tun. Wer sie in sein Leben einlädt, der kann erleben, dass sich wirkliche Herzenswünsche erfüllen.

»Ein Schritt zum eigenen Herzen ist ein Schritt zu dem Geliebten.«
Rumi (1207–1273)

BIST DU AUCH JEMAND, DER ERST GERETTET WERDEN MÖCHTE, BEVOR ER ANFANGEN KANN?

Viele Menschen warten auf die idealen Umstände. Sie warten auf den perfekten Job, das viele Geld, das alles möglich machen würde. Dann erst wäre genug Sicherheit vorhanden, um sich auf den Weg der eigenen Berufung zu machen.

Wenn Du zu diesen Menschen gehörst, könnte es sein, dass Du immer noch fremdbeeinflusst bist. Vielleicht ist der Film, der über Deine Leinwand läuft, nicht Deiner! Hier können alte Prägungen und Vorstellungen auf der Filmwand flimmern. Vielleicht sind es Träume Deiner Eltern oder auch eines Teils Deiner Persönlichkeit, der längst vergangen ist. Das kann ein alter Kindheitswunsch sein, wie z.B. Tierarzt oder Eiskunstläuferin zu werden. Der Wunsch passt überhaupt nicht mehr in Deine aktuelle Lebensgestaltung, wird aber immer wieder wach und stiftet Unfrieden. Es erscheint uns so, als ob unser Blick auf ungelebte Träume Traurigkeit hervorrufen müsse.

Dabei ist genau das Gegenteil der Fall. Unser Unterbewusstsein ist sehr praktisch angelegt. Wir sind Musterwesen der Anpassungsfähigkeit. Als Lebenskünstler können wir aus den alten Traumbildern die Essenz herausfiltern: Aus der Tierärztin kann z.B. eine gute Psychologin werden, die sich empathisch um ganz andere »Haustiere« kümmert.

BIST DU AUCH JEMAND, DER AUF DEN RICHTIGEN ZEITPUNKT WARTET, UM ENDLICH ANFANGEN ZU KÖNNEN?

Wenn Du einen Impuls verspürst, eine bestimmte Idee umzusetzen oder einen Wunsch zu verwirklichen, dann ist auch der richtige Zeitpunkt gekommen. Sonst hätte Dich die Idee nicht gekitzelt. Die Ideen liegen in der Luft. Jede Idee hat ihren Zeitpunkt, an dem sie geboren werden möchte. Wer seine Antennen geöffnet hat und dem Flüstern der Musen lauscht, kann sie einfangen. Warte nicht zu lange. Ein Beispiel ist die Erfindung der Glühbirne, die fast zur gleichen Zeit von zwei Forschern unabhängig voneinander entwickelt wurde.

Es kann vorkommen, dass aus der Tiefe des Unterbewusstseins ungute Gefühle aufsteigen, wenn man Neues beginnt. Schnell formieren sich dann die Gedanken, der Zeitpunkt würde nicht stimmen. Wir denken dann: *»Wenn ich mich so unwohl fühle und all diese negativen Gefühle habe, dann lasse ich mein Vorhaben im Moment besser sein. Das ist doch kein gutes Zeichen.«* Das Gegenteil ist der Fall! Es ist ein gutes Zeichen! Denn wer etwas Neues erschaffen will, muss die vertraute Umgebung verlassen. Wer sich von seiner »Komfortzone« verabschiedet, fühlt sich erst einmal unwohl. Hier gilt es – trotz Unwohlsein – am Ball zu bleiben und durch diese Phasen des Missbehagens zu gehen – Augen zu und durch – wie die Büffel im Schneesturm. Diese Tiere haben die Fähigkeit, durch den Sturm zu gehen. Die Prärieindianer sagen über den Büffel, dass er im Schneesturm schon die dahinterliegenden saftigen Wiesen riecht.

INSPIRATION

Vom richtigen Zeitpunkt

Frage Dich heute: *Wie spät ist es?*

Die Antwort Deines Lebens ist einfach. Es ist genau JETZT.

Schreibe Deinen Vornamen in die Lücken an die vollen Stunden der Uhr. JETZT ist Deine Zeit. JETZT ist Dein Leben.

BIST DU AUCH JEMAND, DER SO LANGE ZURÜCKGEHALTEN WURDE, DASS ER VERGESSEN HAT, WIE MAN SICH AUF DEN WEG MACHT?

Kleine Kinder sind kaum zu bremsen. Wenn sie etwas sehen, dann wollen sie sofort da hin. Sie laufen voll Neugierde und offener Freude einfach los. Das ist für die Eltern oft eine schwere Phase, da sie ihre Kinder vor den Gefahren beschützen wollen. So kann es beispielsweise geschehen, dass ein Kind unbedacht auf die Straße läuft, einfach, weil es auf der anderen Seite einen Hund sieht. Das Kind rennt, ohne rechts und links zu schauen, los – nur den süßen Hund vor Augen. Die Eltern erschrecken sich so sehr, dass sie ihr Kind von hinten greifen und zurückreißen. Beherrscht Angst die Situation, dann werden die Kinder oft unglücklicherweise schmerzhaft festgehalten. Vielleicht machen sich die Eltern dann in ihrem Schreck auch noch »Luft« durch lautes Schimpfen. Das Kind kann sich dabei so nachhaltig erschrecken, dass es im Unterbewusstsein zukünftig »vorwärtsgehen« mit Schreck, Schmerz und Strafe im Körper verbindet.

Wer sich aufmacht, mit einer widersprüchlichen Prägung Neues zu entdecken, kann schlafende Hunde wecken. Das neue Wagnis versetzt plötzlich den Körper in Aufruhr und erhöht den Stress. Wir werden aus unerklärlichen Gründen unruhig und denken, es drohe Gefahr. Die Betroffenen wundern sich und sind verunsichert. Denn sie freuen sich eigentlich auf das Neue. Die Körperstellen, an denen wir als Kind zurückgehalten oder bestraft wurde, meist Schultern, Arme, Hände und Bauch, beginnen auf unerklärliche Weise plötzlich zu schmerzen. Jetzt gilt es, diese alte Prägung, die der Körper in der Zellerinnerung gespeichert hat, richtig einzuordnen und dann sanft das »innere Kind«, das damals festgehalten wurde, zu trösten, um ihm den Schock zu nehmen und diesem neugierigen Kind zu erlauben, mutig vorwärtszulaufen. Immer wieder beobachte ich in der Praxis, wenn Klienten etwas Neues erfolgreich beginnen – z.B. ein Start-up gründen –, sich unverhofft Schmerzen im Schulterbereich, Hals oder am Brustkorb und Bauch zeigen. Hier melden sich alte »Bremsspuren« so wie in Markus' Fall.

GESCHICHTEN

Geschichten, die das Leben schreibt: Stopp mit voller Kraft voraus

Markus ist Mitte 30, hoch gewachsen, sportlich mit aschblondem kurzem Haar. Er hat sich gerade in der Werbebranche selbstständig gemacht. Er sieht müde aus, als er mir erklärt: »Eigentlich läuft alles super. Wir haben jetzt die Firmengründung in trockenen Tüchern und sind letzte Woche in neue Räume umgezogen. Nächste Woche beginnen die Kundengespräche. Nur – ich kann mich kaum bewegen.« Er greift nach seiner Schulter, verzieht schmerzhaft sein Gesicht, fasst sich an seinen Nacken und bewegt seinen Kopf langsam. »Ich habe aus heiterem Himmel Schulterschmerzen bekommen. Ich kann fast nicht mehr arbeiten. Und es wird immer schlimmer ...«. Er sei beim Arzt gewesen. Er sagte, er leide einfach unter stressbedingter Verspannung, und hat ihm Krankengymnastik verschrieben.

Ich bitte Markus, die Augen zu schließen und über den Atem mehr und mehr seine Schulter wahrzunehmen. Er fasst unwillkürlich mit der Hand nach einer Schulter: »Das ist mein Vater! Er reißt mich zurück. Er schreit mich an.« Markus öffnet die Augen. »Ich war als kleines Kind immer so wild, wird erzählt. Einmal bin ich vor ein Auto gelaufen. Mein Vater kam hinterher. Aber es war zu spät. Das Auto hatte mich leicht erwischt. Ich hatte eine Riesenschreck und mein Vater auch. Er hat mich fürchterlich angeschrien und ausgeschimpft. Danach bekam ich für die Spaziergänge so ein komisches Kindergeschirr mit Laufleine. Ich kann mich irgendwie an weißes Leder mit Herzchen erinnern. Ich habe es gehasst.« Ich erkläre Markus, dass der menschliche Körper ein gutes Langzeitgedächtnis hat. Unfälle oder auch ein Schock können noch sehr lange in der Zellerinnerung schlummern.

Und dann, wenn der Körper ähnliche Situationen meldet, die eigentlich gar nicht gefährlich sind, könnten sich die alten, gespeicherten Traumen melden. Sein Körper würde ihm gerade mitteilen: *»Achtung, Du läufst vor Deinem Vater weg. Das ist gefährlich. Du bewegst Dich in unbekannte Gebiete.«* Die unbewussten Prägungen unterscheiden nicht zwischen einer körperlichen Vorwärtsbewegung und einer Bewegung im übertragenden Sinne wie beispielsweise die einer Firmengründung. Hier wurden einfach die Gefühle *Gefahr/Neues tun* verknüpft. Diesen unglücklichen Widerspruch im System nennt die Psychologie *Doublebind.* Die Doppelbindungstheorie geht davon aus, dass paradoxe Signale den Menschen lähmen können. Ein unerwünschter *Doublebind* kann die Koppelung von *»vorwärtsgehen/Schreck«* sein.

BIST DU AUCH JEMAND, DER ERST GANZ SICHER SEIN MUSS, BEVOR ER ANFANGEN KANN?

Wage den kühnen Sprung! Die Natur hat Dir mehr Mut mit auf den Weg gegeben, als Du ahnst. Sie glaubt an Dich. Glaube auch Du an Dich! Denn Dein Leben glaubt an Dich. Der nächste Atem ist der Beweis. Dein Hiersein ist Ausdruck einer großen Erfolgsgeschichte! Überlege mal, wie viel passieren musste, damit Du heute hier bist! Es ist der Mut der Selbstverständlichkeit Deines ersten Atemzuges.

Viel Schwung und Bewegungskraft geht verloren durch unseren Wunsch, uns in Sicherheit zu wiegen. Wir möchten unsere Zukunft kontrollieren. Von diesem Wunsch nach Sicherheit lebt die ganze Versicherungsbranche. Sie schürt beständig in der Werbung unsere Ängste. Keine Versicherung der Welt kann uns wirklich »versichern«. Auf dem Weg des Kreativarbeiters können äußere Sicherheiten keine echte Sicherheit geben. Deine neue Sicherheit kommt in erster Linie durch Selbst-Bewusstsein. Sicherheit kommt, wenn wir uns trauen, kühn, motiviert, verantwortungs- und liebevoll zu handeln. Sie kommt, wenn wir beginnen, ganz hinter uns zu stehen und uns zu erlauben, uns an unseren Erfolgen zu freuen.

> *»Das Verlangen nach Sicherheit bringt Trägheit hervor, es macht das Geist-Herz unflexibel und dumpf, es verhindert, dass wir offen für die Wirklichkeit sind.«*
> Jiddu Krishnamurti (1895–1986)

Die Kreativschlüssel des ersten Geheimnisses:

Es gibt eine uralte kosmische Regel:
Das Leben belohnt Bewegung sofort.

Bewege, was Dich berührt, und fange *einfach* an.

Es gilt erst einmal, kleine Schritte zu machen.

Bewege Dich körperlich so, wie es Dir Freude macht: Tanze, schwimme, laufe, lache.

Gehe den Weg der Wünsche, schaue Deine Wünsche an, erfreue Dich und lass sie los.

Erinnere Dein altes Wissen, Deine Intuition und Deinen großen Mut.

Beende das Warten. Jetzt ist der richtige Zeitpunkt, Deine Träume zu leben.

Erkenne die Sehnsucht hinter Deinen Wünschen und Träumen – folge ihr.

Kreativkontemplationen: der Tanz Deines Lebens

KREATIVKONTEMPLATION: FÜHLE DICH WOHL IN DEINEM BEWEGTEN LEBEN

Alles um uns herum ist immer in Bewegung. Es ist der Tanz der Teilchen, wie die Physiker es nennen. Im Kleinen dreht und bewegt sich die für uns starr erscheinende Materie. Und im Großen dreht sich die Erde mit unglaublicher Geschwindigkeit – schneller als Lichtgeschwindigkeit. Die Sterne werden geboren, und wir sehen das Licht der sterbenden Sterne. Das Universum erschafft sich neu und vergeht zugleich in Zeitdimensionen, die wir nicht fassen können.

Wie kann ich im Bewusstsein all der Bewegung leben, ohne dass es mir schwindelig wird? Die Antwort ist uralt: Tanze! Tanze Dein Leben! Es synchronisiert Deine Aktionen. Es harmonisiert das Zusammenspiel unseres Körpers mit unseren Gefühlen. Tanz ist Deine Möglichkeit, Dein Leben zu gestalten. Es ist ein kreativer Akt weißer Magie. Und wenn Dich die Dankbarkeit bewegt, dann werde still und tanze in Deinem Herzen.

DER EWIGE TANZ DER SCHÖPFUNG

Kein Bild drückt die mächtige Kraft der Kreativität besser aus als die Ikone des indischen Gottes Shiva. Wenn der Gott tanzt, dann vibriert die Schöpfung. Als »König der Tänzer« ist der Gott ein Symbol der Urkraft reiner Lebensfreude. Shivas wunderschöner Tanz ist pure Schöpferkraft, denn er erschafft, wandelt und zerstört.

Shivas eine Hand wirbelt eine kleine, stundenglasförmige Handtrommel umher. Ihr rhythmischer, beständiger Schlag erschafft das Leben auf der Erde. Die Trommel ist auch Sinnbild des schlagenden Herzens des Menschen. Shivas Trommelschlag ist das erste OM, der Klang, der durch das All tönt und alles im Kern zusammenhält. Shivas Tanz bewegt das geheime Wachstum der Pflanzen und der Mineralien, aber auch die Gezeiten des Meeres bis hin zum Kreisen der Gestirne.

In Shivas anderer Hand brennt das Feuer der Zerstörung – denn alles, was geschaffen wurde, muss wieder vergehen. Es ist nur von kurzer Dauer. Zwischen Shivas Erschaffen und Vergehen liegt die einzige große Gegenwart, die unser Leben heißt. Hier in dieser absoluten Gegenwart tanzt der Gott. Eine weitere Hand Shivas gibt im erhobenen Segensgestus den Menschen Hoffnung und bedeutet: *»Fürchtet Euch nicht. Friede sei mit Euch!«* Die andere Hand zeigt auf seinen zum Tanz erhobenen Fuß. Diese symbolische Geste erinnert uns: *»Dein Leben darf so leicht sein wie der anmutige Tanz dieses göttlichen Tänzers.«* Shiva tanzt auf dem Rücken des bösartigen Dämonenzwergs Muyalaka. Dieser Zwerg ist das Symbol für unseren Kleingeist, unseren Egoismus und unsere Blindheit gegenüber dem Wunder des Lebens. Shivas Tanz bricht seinen Rücken. So schenkt der Gott symbolisch dem Ego die Erlösung. Wir kennen ähnliche Sinnbilder des Bösen auch in der christlichen Bildsprache: Hier zertritt die Jungfrau Maria eine Giftschlange, oder der Erzengel Michael tötet einen Drachen.

> *»Ich würde nur an einen Gott glauben, der zu tanzen verstünde.«*
> Friedrich Nietzsche (1844 – 1900)

Die indische Ikone des »Königs der Tänzer« vermittelt die alte vedische Lebensweisheit des *»Du bist das!«* (*Tat tsvam asi*). Du bist Feuertänzer, Du bist auch Schöpfer, Erhalter und Zerstörer in einem. Werde Dir Deiner kreativen Kräfte bewusst und nutze sie für ein erfülltes Leben.

Das 2. Geheimnis: Arbeite in Liebe

DIE KREATIVE KRAFT DER LIEBEVOLLEN ACHTSAMKEIT

ERATO LIEBT

»Liebe macht munter!« Dieses Motto gibt Erato allen Lebenskünstlern mit auf den Weg. Denn Erato ist die Muse der Liebe und der Erotik. Ihr Name ist Programm. Er bedeutet *»Voller Liebe sein.«* Die sinnliche Muse weiß: *Kreativität und Liebe gehen Hand in Hand.* Gerne streift sie mit ihrem Freund, dem Liebesgott Amor, umher um verträumte Menschen aufzuwecken: Dort, wo Amors Pfeil trifft, wird die Liebe wach, und kreative Höhenflüge bahnen sich an. Zusammen treiben die beiden allerlei Schabernack. Denn sie zielen oft auf Menschen, die in verzwickten Situationen leben und kaum Raum für eine neue Liebe oder gar kreative Großprojekte haben. Es hilft nichts: Einmal von Amors Pfeil getroffen, beginnt das Feuer neuer Leidenschaften zu brennen. Und los geht's: Wenn die Verliebten dann anfangen zu dichten, verführerisch zu tanzen und erotische Liebeslieder zu singen, freuen sich Erato und Amor. Sie wissen: Die Kraft der Liebe macht's möglich. Dieser Motor kann wirklich alles bewegen.

Wenn Dich diese Muse küsst, dann gibt's nur einen Weg: Gib Dich ihrem Kuss hin. Denn hier steckt Power pur drin. Neben lustvoller Lebendigkeit schenkt Dir der Musenkuss den Zauber der sinnlichen Zärtlichkeit. Mit dieser Mischung kann Dein innerer Künstler sich richtig ans Werk machen.

Die Begegnung mit dieser Muse öffnet alle Sinne neu. Du beginnst das Wunderwerk Deines Körpers wieder zu genießen. *»Ohne Sinnlichkeit geht es nicht!«*, davon ist diese Muse überzeugt. Erato weiß um die Bedeutung Deines Körpers im großen Spiel des Lebens. Er ist *das* perfekte Instrument, auf dem Du Deine Lebenslieder spielen kannst. Dein Körper weiß genau, was Dir guttut. Lausche in Deinen Körper hinein. Schenke allen Körperzellen ein warmes Lächeln. Je feinsinniger Du wirst, umso mehr öffnet sich die Tür zu Deinem inneren Reich der Schöpferkraft.

DIE WELT LIEBT DIE LIEBENDEN

Kreativität und Verliebtsein haben viel gemeinsam. Wer im Flow versunken arbeitet oder verliebt ist, hat eine wunderschöne Ausstrahlung. Diese Menschen sprühen vor lebendiger Lebenslust und leuchten förmlich von innen.

Warum sind wir so gerne verliebt? Weil es eine der intensivsten Erfahrungen des Lebendigseins ist. Verliebtsein gehört zu den Höhepunkten unseres Lebens. Wir sind offen für Neues. Die Kühnheit hat unser Herz erfasst, und wir handeln mutig und fühlen uns großartig. Wir lassen uns mitreißen von neuen Ideen und beginnen uns für die Interessen des neuen Partners zu interessieren. Wir hören plötzlich aufmerksam zu, bemerken feinste Kleinigkeiten und möchten unserem Partner überall Freude bereiten. Unser Selbstbewusstsein steigt in die Wolken. Verliebte lassen sich gerne überraschen. Sicherheit ist für sie ein Fremdwort. Der Mut des Abenteurers beflügelt sie.

In dieser Zeit des Verliebtseins sind unser Herz und unsere Sexualität ausdrucksvoll miteinander verbunden. Wir genießen uns selbst und fühlen uns angenommen. Unser Körper und seine Liebes- und Lustgefühle berauschen uns. Erotik *ist* Kreativität auf der körperlichen Ebene. Hier kann neues Leben entstehen. So mit unserem Körperbewusstsein verbunden, beginnen wir wieder besser auf den Körper zu hören. Das alles erfreut ihn, und unser Immunsystem läuft auf Hochtouren.

In dieser Zeit sind wir innerlich so sehr auf den neuen Partner eingeschwungen, dass uns viele »Zufälle« begegnen. Kurz: Wir sind im perfekten Zustand des Flows – unsere schöpferische Kraft lebt und wirkt in idealer Weise.

VERLIEBE DICH NEU ...!

Die Musen lieben verliebte Menschen. Dort sind sie am häufigsten. Man spricht nicht umsonst vom *Kuss* der Muse. Kreativität und Liebe brauchen beide Deine Hingabe. Gleich einem guten Liebhaber kann man nur mit offenen Sinnen kreative Inspiration empfangen.

Wer die guten Gefühle des Verliebtseins bewusst an seine kreative Arbeit knüpft, erlebt die Wunder seiner schöpferischen Ausdruckskraft. Der Mensch hat dabei die Möglichkeit, die Energie seiner kreativen Kräfte von der sexuellen Ebene (Bauchzentrum) in die künstlerische Ausdruckskraft (Halszentrum) zu lenken. Kreativer Ausdruck verbindet uns mit unserer wahren Natur, die im Einklang mit der gesamten Schöpfung steht. So können wir wieder fühlen, dass wir ein Teil des großen Ganzen sind. Verliebe Dich neu! In Dich, in Dein Leben und das Potenzial Deiner Ausdrucksmöglichkeiten!

> *»Wer mit der Anziehungskraft der Liebe in Einklang lebt, der lebt auch im Einklang mit der Natur und mit seinem Nächsten.«*
> Paramahansa Yogananda (1893–1952)

ÜBUNG

Die Kraft des Verliebtseins

Setzte Dich still hin. Schließe die Augen. Erinnere Dich an eine Situation in Deinem Leben, in der Du sehr glücklich verliebt warst. Erinnere Dich jetzt an diesen Moment des Glücklichseins. Nimm die Erinnerung an das Gefühl wahr, lass die bestimmte Person und Eure Geschichte an dieser Stelle beiseite. Die Person und die damalige Situation stellen hier nur ein Symbol dar, das Dich für das Gefühl von Verliebtsein öffnet.

Erlaube Dir nun, dass die Liebe, die Du fühltest, Dich wie goldenes Sonnenlicht innerlich wärmt. Atme zuerst das Strömen der Liebe vom Herzen aus in den Bauch und dann in Deinen Hals. Atme dieses lebendige Glück weiter in alle Deine Körperzellen. Beginne mehr und mehr die innere Wärme der Liebe zu fühlen. Fühle Dich ganz geliebt und angenommen. Beende die Übung, indem Du Dich ganz von diesem goldenen Sonnenlicht gewärmt fühlst.

FREIER WERDEN: NEUE NAMEN FÜR ALTE ERFAHRUNGEN

Wir alle benötigen nach den Krisen und dunklen Nächten unseres Lebens eine »Renaissance« (frz. *Wiedergeburt*). Bei dieser Wiedergeburt bildet unsere Kreativität die ideale Geburtshilfe. Sie ist die Kraft, die Neues auf den Weg bringt. Deshalb ist der Wunsch nach einer aktiven Gestaltung unseres Lebens so gesund: Hier wird Dein Überlebenswille glücklich gepaart mit einer Verjüngungskur. Der Wille nach mehr Kreativität ist der »Reset-Knopf«, der Dich schließlich Deinen Platz finden lässt.

Klug genutzte Kreativität unterstützt uns bei der Bewältigung von Krisen. Wir Menschen haben vielfältige Möglichkeiten für eine Heilung alter Verletzungen. Eine davon ist unsere Sprache. Die Wortwahl ist immens wichtig. Denn Worte erzeugen Schwingungsmuster. Sie können Emotionen positiv oder negativ beeinflussen. Worte können besänftigen oder quälen. Setzen wir also auf die heilende Kraft der Sprache. Zuallererst in unseren Gedanken und Beurteilungen uns selbst und unseren Erfahrungen gegenüber. Wählen wir unsere Worte mit mehr Bedacht. Wählen wir eine lebensbejahende und damit auch heilende, freudvolle Alltagssprache.

Ein Beispiel: Wir alle erleben schwierige Zeiten im Leben. Diese Krisen unserer Vergangenheit haben wir mit Etiketten versehen, ähnlich den Etiketten auf Marmeladengläsern wie »*Quitte 2016*« oder »*Muttis Erdbeermarmelade Juli 2015*«. Im Krisenfall sind die Etiketten jedoch bewertend und heißen z.B. *Mobbing, Unfall, Missbrauch, Scheidung, Betrug* oder anders. Die Beschriftung der schwierigen Kapitel unseres Lebens erfolgte meist direkt aus der Situation heraus. Im ersten Schreck haben wir dem Ereignis ein Etikett verpasst. Wir glaubten, es reiche aus, sich einmal eine feste Meinung gebildet zu haben und schleppen diese daher auf dem Lebensweg weiter. Alte Etiketten mitzuschleppen macht uns unfrei, denn sie halten uns in alten, nicht mehr gewünschten Mustern fest. Und oft sind die genutzten Etiketten nicht besonders freundlich. Sie können beispielsweise heißen: »*Versager, hat schon wieder den Job verloren, Juni 2014*«. Selbst wenn diese alten Beschriftungen nicht mehr mit unseren neuen Lebenserfahrungen übereinstimmen, geistern sie noch weiter im Kopf herum und machen uns das Leben schwer. Denn sie gaukeln uns vor, uns sei Übles widerfahren. Das Ganze ist also ein einziger großer Etikettenschwindel. Veränderung, Einsicht und Verzeihen sind dabei nicht vorgesehen. Es gilt, unseren Automatismus, alles schnell einordnen zu wollen und dann ein Leben lang dabei zu bleiben, aufzulösen.

Wir dürfen uns mit sanfter, heilender Sprache aufmachen, neue Namensschilder an die alten Krisen in unserem Leben zu hängen! Das entlastet den Emotionalspeicher unserer Biografie und schafft neue Freiräume. Mit frohem Mut im Gepäck können wir belastenden Erlebnissen im Lebenslauf neue Etiketten verpassen.

Erlaube Dir, ab heute genau hinzusehen: Vielleicht war: »*Versager, hat schon wieder den Job verloren*« tatsächlich der Weg zu einem besseren, glücklicher machenden Arbeitsplatz.

Erlaube Dir, positiv-kreativ mit Deiner Vergangenheit und Deinem Etikettenarchiv umzugehen. So wirst Du in den Krisen Deines Lebens auch das Positive erkennen und wertschätzen können.

»ERLAUBE DIR, ALTEN ERFAHRUNGEN LIEBEVOLLERE ETIKETTEN ZU GEBEN«

ÜBUNG

Mentaltraining – Die Vergangenheit kann mich nicht berühren!

Wer sich aufmacht, neue Welten zu erschließen, bemerkt, dass Krisenerlebnisse der Vergangenheit wie eine Fußfessel sein können, die uns zurückhält. Hier kann ein Mentaltraining die alten hemmenden Ängste lockern und helfen, sie loszulassen. Jedes Mal, wenn negative Erinnerungen oder Gedanken zu einem traumatischen Erlebnis hochkommen, ist es sinnvoll, mit ihnen bewusst umzugehen.

Oft ist es so, dass genau in dem Moment, wenn Du Dich aufmachst, Deine Lebensträume zu verwirklichen, die alten Verletzungen hochsteigen. Sie können einem den notwendigen Mut rauben. Für den Fall, dass alte Gedanken oder traurige Gefühle aufsteigen, übe Dir zu sagen: *»Die Vergangenheit kann mich nicht berühren!«*

Sprich mit Deinen Körperzellen. Sage: *»Stopp! Das ist vorbei!«* Wiederhole: *»Die Vergangenheit kann mich nicht berühren!«*

Sage zu Dir: *»Diese traurige Erfahrung ist für sich genug verstanden und gewürdigt worden! Ich entscheide mich jetzt, dass sie mein Leben in Zukunft nicht mehr bestimmen wird! Ich nehme mir die Freiheit, dieses Erlebnis jetzt anders zu benennen. Ich werde die alten automatischen Muster loslassen, die bisher bestimmten, wann und wie diese Erfahrung hochkam.«*

Behalte bei all den Schwierigkeiten des Umtrainierens Deinen kosmischen Humor! Der Lama Ole Nydal rät für den Fall, dass belastende Informationen auftauchen, zu sagen: *»Ich sehe nur noch Deinen Rücken in der Ferne, weil Du schon wieder verschwindest.«*

DEINE PERSÖNLICHE RENAISSANCE

Die Schöpferkraft zu aktivieren kann in Deinem Leben eine persönliche Renaissance einläuten. Wir können und sollten unsere Lebensgrundlagen öfters prüfen und aktualisieren. Die Zeiten, da Lebenswerte unhinterfragt einfach übernommen wurden, sind vorbei. Das Leben ist beständiger Wandel. Vor allen Krisenzeiten fordern von Dir, Dich neu zu erfinden. Und hier kann Deine erwachte Kreativität Dich als idealer Architekt begleiten.

> *»Erst kommt das Wissen – dann das Tun.«*
> Kaiser Karl der Große (747–814)

GESCHICHTE

Gut zu wissen … Kreativgeschichte

Epochen der Renaissance in der Menschheitsgeschichte sind immer Hohezeiten der Kreativität. Es war im frühen Mittelalter die sogenannte »karolingische Renaissance«, in der Karl der Große die Grundlagen seines riesengroßen Reiches neu ordnete. Er führte eine einheitliche Währung und einheitliche Maße ein, ermöglichte mehr Menschen Zugang zu Bildung und beschloss Gesetze einer neuen Rechtsprechung. Seine Neustrukturierung war so innovativ, dass sie die folgenden 300 Jahre hielt. Dann war das neue Wissen so verinnerlicht, dass hier das Fundament für das heutige Europa gelegt wurde.[4]

Auch im Oberitalien des 14. Jahrhunderts veränderte die Renaissance die Welt. Die Bewegung der Renaissance überwand die engen, von der Kirche diktierten Strukturen. Damals entdeckten kreative Köpfe die vergessene Welt der Antike wieder. Ein florierender Handel hatte ein

4 Dank an Johannes Fried für seine Inspiration: Siehe auch: Johannes Fried (2014)

Baufieber ausgelöst. Auf den Baustellen in Rom, Florenz und Mailand stieß man auf vergrabene griechische und römische Skulpturen, Architekturreste und ganze Paläste. Fasziniert von der versunkenen römischen Welt wurde begonnen, die Antike mit ganz neuen Augen zu studieren. Es herrschte Goldgräberstimmung. Denn die Fragmente der Antike waren plötzlich gefragte Souvenirs. Die Hinterlassenschaften der Römer wurden nun sorgsam ausgegraben und teuer den Sammlungen der Medici, der Päpste und später nach ganz Europa verkauft. Nun war die Antike *en vogue*. Man lebte, kleidete sich, philosophierte und wohnte im »antiken Stil«.

Alles Bisherige wurde auch intellektuell infrage gestellt und neu bewertet. Altes Wissen über Medizin, Astronomie und andere Naturwissenschaften wurde neu interpretiert. Das Bild des schicksalsergebenen Menschen erfuhr eine Befreiung der Persönlichkeit, die den Beginn der Neuzeit einläutete.

»MAKE LOVE NOT WAR!« NEUE AUFGABEN FÜR DEIN KREATIVES KOMPETENZTEAM

Entdecke Dein inneres Kompetenzteam neu: Lerne Deinen inneren Künstler, Forscher, Narr und Magier kennen. Dein inneres Kreativteam ist hervorragend aufgestellt: Es ist wissbegierig, hat bahnbrechende Ideen und steckt voller Elan. Es will arbeiten!

Was es braucht, sind konkrete Anweisungen. Ein innerer Auftrag sollte eine klare Antwort auf die W-Fragen liefern. *Wer soll was, wie*, mit *welchem* Ergebnis, bis *wann* und mit *wem* machen. Wer das nicht befolgt, kommt in der Regel nicht zu den gewünschten Ergebnissen. Auch sollten die Hauptinformationsstränge Deiner inneren Kommunikation eindeutig, widerspruchsfrei und leicht verständlich sein. Viele Menschen senden gerne Doppelbotschaften an ihre innere Kreativabteilung. Sie schicken einerseits ein Projekt auf den Weg, während sie andererseits hadern und an ihren Plänen zweifeln. Unsere Kreativabteilung führt einfach das aus, was wir in Auftrag geben. Bei widersprüchlichen Doppelaufträgen wird dann Erfolg und Scheitern in gleicher Weise vorbereitet. Das kann zu Kollisionen und heilloser Verwirrung führen.

Wenn wir lernen, bewusst mit unserer inneren Kreativabteilung zusammenzuarbeiten, wird das Leben sehr viel leichter. Wir können dann viele Schritte nach innen abgeben.

Wann immer Du Dich aufmachst, Neues zu entwickeln, formuliere Dein Ziel einfach und klar. Schaue zudem genau hin, wem Du Deine Projekte innerlich anvertraust. Es gibt in Deiner Kreativabteilung nämlich Teams, die sich auf Kritik und Sabotage spezialisiert haben. Sie sind gefährlich, erfinderisch und reine Energievampire. Sie heißen: *»Es hat ja doch keinen Sinn«* oder *»Ich bin nicht gut genug«*. Hier kann eine schwungvolle Idee ausgebremst werden.

ÜBUNG

Einen Auftrag erteilen

Denke an das Projekt, das Du verwirklichen möchtest. Formuliere das zu erreichende Ziel klar und kurz, im Präsens und positiv.

Zum Beispiel: *»Mein neuer Kunstkatalog ist fertig.«* Es ist wichtig, Deine Wünsche eindeutig zu benennen, als ob sie schon Realität sind. Stelle Dir nun das bereits fertige Endprodukt vor. Es ist so, als ob Du Dich kurz selbst in der Zukunft besuchst. Freue Dich mit allen Sinnen über das Erreichte. Nimm Deinen Erfolg ganz an.

Schließe jetzt die Augen: Erteile nun Deinem inneren Kreativteam den Auftrag, indem Du Dein Ziel laut ausprichst. Bitte Dein inneres Kreativteam um Ideen für die nächsten Schritte.

Das Kompetenzteam soll Dir gute, konstruktive Lösungsmöglichkeiten präsentieren. Die Schritte dahin sollten ideenreich und leicht gestaltet sein. Deine Aufgabe besteht dann im Loslassen. Du hast das Thema vorübergehend *»abgegeben«*. Öffne nun wieder die Augen.

Vertraue und lehne Dich zurück. Beschäftige Dich nun erst mal mit anderen Dingen. In dieser Zeit wird das innere Team unterbewusst aktiv. Dein Unterbewusstsein ist in der Lage, weit mehr Lösungen zu entwickeln als Dein Bewusstsein, das von Wertungen, Maßstäben und Vorurteilen begrenzt wird.

Jetzt heißt es für die nächsten Tage: *»Zuhören!«* Deine innere Kreativabteilung wird die Information an Deine Intuition und Körperwahrnehmung weiterleiten. Ideen können in Form von Träumen, Inspirationen aufsteigen. Es ist möglich, dass Du Synchronizitäten erlebst und interessanten Menschen begegnest, die Dir weiterhelfen können.

Notiere diese Eindrücke. Diese erste Sammelphase gleicht mehr einem Einkauf für ein Festessen und weniger dem Kochen selbst.

KÖRPERGEFÜHLE: ZEIT DER ZÄRTLICHKEIT

Dein bester Freund ist Dein Körper. Begegne ihm respektvoll und voller Mitgefühl und Zärtlichkeit. Wir sind alles mit ihm und nichts ohne ihn. Höre auf seine Zeichen und seine Bedürfnisse. Dein Körper weiß alles. Er hat die Fähigkeit, Dinge zu erinnern, zu speichern und sich wieder zu regenerieren. Dein Körper kann Dir helfen, Deinen neuen Weg zu finden.

> *»Wahres Mitgefühl ist immer stark, und die wahrhaft Starken sind voller Zärtlichkeit.«*
> Jiddu Krishnamurti (1895–1986)

In der buddhistischen Tradition ist es ganz natürlich, dem Körper respektvoll zu begegnen. Der Körper wird als »Tempel der Seele« angesehen. Der Zen-Mönch Thích Nhất Hạnh lehrt uns: *»Wir müssen mit jedem Teil unseres Körpers Frieden schließen. Meistens allerdings tun wir das nicht. Wir essen und trinken in einer Weise, die ihm nicht guttut. Wir verstehen es nicht wirklich, achtsam zu essen, achtsam zu trinken und unseren Körper achtsam zu versorgen. Wenn wir es aber lernen, ihn liebevoll zu behandeln und gut für ihn zu sorgen, heißt es, dass wir Meditation üben.«*[5]

Wann haben wir verlernt, auf unseren Körper zu hören? Immer dann, wenn wir un-

5 Thích Nhất Hạnh (1998), S. 34 f.

sere Bedürfnisse unterdrücken mussten. Unser Körperbild in Deutschland ist immer noch vom Bild preußischer Zucht und Ordnung geprägt. Das fängt im Turnunterricht unserer Schulen an. Es muss hart sein, gut zu sein. Das Bild, die Schwäche des Körpers müsse überwunden werden, entstammt vor allem der preußischen Armee. Bis heute hält sich der Kasernenton hartnäckig überall dort, wo es um Leistungssport und seine kleineren Ableger im Fitnessdschungel geht. Bei dieser Art des Freizeitsports geht meist die Freude verloren. Wir werden gefühllos.

Gesündere Impulse bringen die fernöstlichen Trainingsprogramme, so beispielsweise Yoga, Qigong oder Tai-Chi. Diese Bewegungsarten verstehen den Menschen als ganzheitliches Wesen. Sie fördern Körperbewusstsein, Achtsamkeit und Sinnlichkeit.

Achtsame Kreativität

Achtsamkeit ist die wunderbare Fähigkeit, jeden Augenblick unseres Lebens wirklich präsent zu sein. Achtsamkeit bedeutet, hundertprozentig in der Gegenwart, das heißt bei dem zu sein, was Du gerade tust. Diese Form des Lebensgewahrseins besitzt jeder Mensch. Die Fähigkeit der Achtsamkeit bedarf beständigen Trainings. Dort, wo Achtsamkeit fehlt, wird es meist nicht bemerkt, da die meisten Menschen im Alltag auf Automatik gestellt haben. Ellen Langer beschreibt, wie wir rechtzeitig bemerken können, wenn wir im Zustand der Achtlosigkeit sind. Es gelte, immer wieder Wege zu finden, den *»Autopiloten«* abzuschalten und selbst das Steuer in die Hand zu nehmen. Der Schlüssel sei *»Achtsame Kreativität«,* denn sie löse alte, festgefahrene Strukturen. Achtsame Kreativität *»machte mich frei, einen neuen Weg zu finden, die Welt, das Leben und meinen Geist neu zu erfahren«.*[6] Langers Forschungen belegen eindrucksvoll, dass wir neue kreative Aufgaben wie Malen, Gartenarbeit, Musizieren und Kochen nutzen können, um eine persönliche Renaissance herbeizuführen. Langer vertritt die Meinung, dass wir üben müssen, so oft wie möglich achtsam zu sein. Um den Zustand der Achtsamkeit zu erreichen, sollten wir kreative Mittel nutzen. Sie könnten helfen, immer wieder den Zustand des achtsamen Gewahrseins zu erreichen.

> *»Ewige Wachsamkeit ist der Preis der Freiheit.«*
> Thomas Jefferson (1743–1826)

Viele verwechseln Achtsamkeit mit Konzentration. Konzentration fokussiert sich auf einen eher begrenzten Bereich. Konzentration kann sehr mental gesteuert sein, wenn es darum geht, ein bestimmtes Objekt zu bearbeiten oder einen Textteil fertigzustellen. Konzentration hat oft einen Tunnelblick. Achtsamkeit ist dem diametral entgegengesetzt. Die Achtsamkeit schenkt uns die Weite unserer Wahrnehmung. Gelebte Achtsamkeit ist zugleich universell gelebte Liebe.

6 Ellen Langer (2005), S. 23

Ein Training der Achtsamkeit hilft uns, die Botschaften des Körpers schnell zu verstehen. Achtsamkeit sollte jeden Beruf begleiten – leider ist meist das Gegenteil der Fall. In fast allen Berufsbildern wurde Achtsamkeit, Empathie und achtsame Eigenwahrnehmung regelrecht verdrängt. Dabei sind es genau diese Fähigkeiten, die wirklich gute Arbeit begleiten. Der Mediziner Daniel Siegel untersucht die Folgen fehlender Achtsamkeit im heutigen Berufsalltag. Er beschreibt am Beispiel des Berufsbildes der Ärzte *»den auffallenden Mangel an Aufmerksamkeit für das Selbst«*.[7] Siegel fragt: *»Wo ist die Kunst in der Kunst der Medizin geblieben?«* Der Mangel an Achtsamkeit werde schon früh durch den Sozialisierungsprozess innerhalb der medizinischen Fakultäten gefördert. Der Arzt sei schon in der Ausbildung gezwungen, auf *»Automatik«* zu schalten, stumpfsinnig zu lernen, zu diagnostizieren und Medikamente zu verschreiben. Eine reflektierte Präsenz und ein achtsamer Umgang mit Patienten seien nach dieser Art der Ausbildung im Berufsalltag kaum zu finden.

Ganz anderes ist das Berufsbild von Musikern. Hier ist es ein natürlicher Vorgang, Achtsamkeit im Arbeitsalltag zu kultivieren. Musiker haben eine gute Eigenwahrnehmung und stimmen ihr Spiel auf das der Gruppe ab. Schon in der Ausbildung steht Achtsamkeitstraining auf dem Lehrplan. Das Bewusstsein des eigenen, wahrnehmenden Selbst bleibt beständig Teil des Unterrichts. Bei Proben und Konzerten sind sie durch die Musik in achtsamem Kontakt miteinander verbunden.

Wenn Du beginnst, mehr Achtsamkeit im Alltag zu trainieren, kommt die Freiheit, die Du so ersehnst, zurück. Du beginnst, Dich von alten Gewohnheiten zu lösen. Freiheit ist kreativer Treibstoff. Shauna L. Shapiro und Linda E. Carlson vertreten genau diese These. Achtsamkeit könne uns eine neue Form von Freiheit schenken: *»Auf der tieferen Ebene geht es bei der Achtsamkeit um Freiheit: Freiheit von reflexartigen Mustern, Freiheit von automatischen Reaktionen und schließlich Freiheit von Leiden. Achtsamkeit vermag unsere Beziehung zu dem, was ist, zu wandeln.«*[8]

7 Daniel J. Siegel (2007), S. 25

8 Shauna Shapiro / Linda Carlson (2011), S. 52

DIE FÜNF SINNE IN DER KREATIVITÄT

SINN UND SINNLICHKEIT

Hast Du alle Deine fünf Sinne beieinander? Das solltest Du, denn als Kreativer arbeitest Du hauptsächlich aus der sinnlichen Wahrnehmung heraus. Unsere fünf Hauptsinne, das Hören, das Schmecken, das Riechen, das Fühlen und das Sehen, lotsen uns durch unser Leben. Wir Menschen sind zuallererst Sinnlichkeitswesen. Wir haben diesen hochsinnlichen Körper. Die Sinne sind feine Kontaktorgane zu der uns umgebenden Welt. Wenn wir anfangen, den subtilen Informationen zu lauschen, öffnen wir uns automatisch für unsere Intuition. Unsere Sinne informieren uns über das, was wir auf den »ersten Blick« oft nicht registrieren. Wenn wir beginnen, unsere fünf Hauptsinne neu kennenzulernen und ihre Informationen differenzierter zu lesen, dann steigt unsere Lebensqualität, und die Welt wird bunter. Unsere Kreativität kommt richtig in Fahrt. »Flow happens«.

VERSCHLOSSENE SINNE WIEDER ÖFFNEN

Wie kommt es dazu, dass sich Sinne verschließen? Dafür gibt es viele Ursachen. Unsere individuelle Lebenserfahrung kann dazu führen, dass wir – bis zu einem gewissen Grad – einen oder mehrere Sinne verschließen. Es sind meist Momente, in denen wir etwas ertragen mussten, was eigentlich zu schwer war. Solche Traumata können dazu führen, dass wir einen Sinn verschließen. Ein verschlossener Sinn ist ein Überlebensmodus, der uns hilft, in stressbelasteten Situationen das Leben zu meistern.

> *»Da brennt und bricht durch alle Zeit: das Ewige Licht Sinnlichkeit.«*
> Christian Morgenstern (1871–1914)

Ein verschlossener Sinn ist medizinisch gesehen immer noch funktionstüchtig. Die sinnlichen Eindrücke des Alltags werden nur nicht mehr frei verstoffwechselt, sondern schnell weggedrückt wie ein unliebsamer Anrufer auf dem Handy. Auf Dauer verkümmern die neuronalen Erfahrungsbahnen des Sinnes zu den anderen Sinnen. Dadurch kann man mit diesem Sinn weniger intuitiv erfühlen. Es ist so, als ob Du im Kino sitzt, aber der Film wird nur zur Hälfte auf die Leinwand projiziert oder die Tonspur fehlt.

Es kann helfen, sich bewusst zu machen, wann und zu welchem Zeitpunkt in unserem Leben ein oder mehrere Sinne verschlossen wurden. Oft liegt der Moment des Traumas auch in den Tiefen unseres Unbewussten verborgen. Das kann ein Schreck aus der frühen Kindheit sein. Etwas, was das Kind gesehen hat, war so furchterregend, dass es fortan versucht, nicht genau hinzuschauen. Vor allem bei Missbrauch und Misshandlung verschließen die Kinder regelrecht die Sinne. Auch wenn Kinder hören müssen, dass Eltern sich streiten oder schlagen, können sie sich angewöhnen, nicht mehr richtig zuzuhören.

Kindern wird oft eine »richtige« Wahrnehmung ihrer Sinneseindrücke aufgezwungen. Das aufgeschrammte Knie »tut doch gar nicht weh«. Sie sollen den Alkoholkonsum der Mutter als normal wahrnehmen, und es wird verlangt, die Einsamkeit und Trauer der Großmutter zu ignorieren. Stattdessen sollen sie mit Oma Schokoladenkuchen essen. Fortan geistert im Erwachsenenleben vage das unbewusste Geschmacksbild herum, dass bei Einsamkeits- und Trauergefühlen ein Stopfen mit Schokolade das einzig Richtige sei. Alle diese widersprüchlichen Informationen der Kindheit können zu Verwirrungen der Sinneswahrnehmungen und damit auch zu Einbußen des Selbstwertgefühls führen. Auch im Erwachsenenalter können, wenn es notwendig ist, Sinne bewusst verschlossen werden. Wer in Großstädten wie z.B. Berlin lebt, der muss sich vielfach zwingen, das Riechen auszublenden. Zwischen Hundekot, Urin und Autoabgasen ist der zarte Akazienduft blühender Bäume schwer auszumachen. Gleiches gilt für den, der oft Lärm ausgesetzt ist. Seien es die Baustellen, der Verkehr oder beruflich bedingter Lärm. Man klappt irgendwann einfach die Ohren zu. Eine eingeschränkte Wahrnehmung führt zu Täuschungen. Wir überhören schneller unser Frühwarnsystem. So überarbeiten wir uns schneller und bürden uns gerne ein Zuviel an Verantwortung auf.

Die Sinne zwischendurch willentlich zu verschließen ist absolut in Ordnung. Allerdings sollten wir ihnen dann an sicheren Orten wie z.B. zu Hause wieder freie Bahn geben. Sobald es die veränderten Lebensumstände erlauben, sollten wir alle Sinne wieder ganz öffnen.

Es ist lohnenswert, die Sinne durch ein Achtsamkeitstraining wiederzubeleben. Wie gesund es sein kann, ein sinnliches Leben zu führen, belegte der Arzt Daniel Siegel in seinen Studien. Sinnliche Menschen haben eine höhere Lebensqualität.[9] Sie sind zufriedener und handeln aus höherer Eigenverantwortung heraus. Damit sind sie auch weniger anfällig für Krankheiten wie Depressionen oder Burnout. Feinfühligere Menschen sind außerdem beziehungsfähiger. Denn unsere Sinne spielen auch bei der Entwicklung von zwischenmenschlichen Fähigkeiten eine wesentliche Rolle.

INSPIRATION

»Ich glaub, ich steh im Wald!«

Das nächste Mal, wenn Du in einem wirklich schönen Wald bist, mache eine bewusste Pause. Und dann erlaube Deinen Sinnen, sich ganz zu öffnen und Kraft zu tanken. Lass all Deine Sinne bewusst zwischen den Eindrücken des Waldes hin und her wandern.

9 Daniel J. Siegel (2007), S. 64

ALLE FÜR EINEN! DIE SYNÄSTHETISCHE WAHRNEHMUNG SCHULEN

Der einfachste Weg, verschlossene Sinne zu öffnen, besteht darin, die synästhetische Wahrnehmung mehr zu trainieren. Der Begriff Synästhesie (altgriechisch: *»zugleich wahrnehmen, mitempfinden«)* bezeichnet, wenn mehrere Sinne gleichzeitig im Einsatz sind. Die sinnesübergreifende Wahrnehmung gehört zur Natur des Menschen und sollte viel mehr Raum im Alltag einnehmen.

Neueste Studien belegen, dass Kleinkinder noch eine ausgeprägte synästhetische Wahrnehmung haben. Es scheint, dass diese Offenheit dem Kleinkind hilft, besser zu überleben. Unsere synästhetische Wahrnehmung verliert sich dann nach dem zweiten Lebensjahr. Mit zunehmendem Alter kommt es zu einer differenzierten Wahrnehmung einzelner Sinne.

Das Phänomen der Synästhesie – also wenn Menschen z.B. *»mit den Augen riechen«, »mit den Händen sehen«* oder *»mit den Ohren fühlen«* können, hat die medizinische Wissenschaft immer wieder fasziniert. Besonders wurden die außergewöhnlichen Fälle untersucht, die durch Drogen und Nervenerkrankungen unterschiedlichster Art hervorgerufen werden.

Schöpferisch tätige Menschen verwenden fast alle ihre synästhetische Wahrnehmung. Niemand wundert sich, wenn ein Meister-Chefkoch das Gemüse auf dem Markt ausführlich mit allen Sinnen begutachtet. Besonders hochkreative Menschen zeichnet oft eine große Feinfühligkeit aus, wie Csikszentmihalyis Studien von Hochbegabten belegen.

»In unserer Welt ist alles mit allem verbunden.«
Gregg Braden
(geboren 1954)

Denn nur wer quer-sinnlich lebt, beobachtet und entwirft, dem fällt es leichter, Neues zu entwickeln. Diese Fähigkeit, sich von den Fixierungen zu lösen, Grundmuster und Naturgesetze zu verstehen und in ganz andere Fachbereiche zu übertragen – das zeichnet die Kreativen aus. Sie haben keine Berührungsängste mit »Fachfremden«. Sie springen mutig von einer Domäne in die andere.

Wie stark wir mit unseren Sinnen verbunden sind, wird sofort klar, wenn wir uns unseren Kindheitserinnerungen widmen. Ich erinnere mich noch genau, wie es in der Speisekammer meiner Großmutter duftete – hier bewahrte sie die Keksdose auf. Ich erinnere mich sogar noch, wie sich die silberne Türklinke der Speisekammer anfühlte. Auch wenn das Haus schon lange abgerissen ist. Das Gesamtkunstwerk Speisekammer hat sich unauflöslich in meine sinnliche Erinnerung als Schatzkammer eingebrannt. Das Zusammenspiel der Sinne wird noch deutlicher, wenn Du Dir vorstellst, in eine rote, süße Erdbeere zu beißen. Oder Du erinnerst Dich beim Anblick von Urlaubsfotos, wie es ist, den warmen Sand unter Deinen Füßen zu fühlen.

Die Sinne können auch eine wirksame Hilfe beim Visualisieren von Projekten, Zielen und Plänen sein. Wer eine Bilderreihe oder einen Film im Kopf hat, kann diesen durch Gefühle, Berührungen und Musik schneller konkretisieren. Architekten *»schmecken«* schon mal vorab das fertige Haus. Designer *»fühlen«*, wie die neuen Verpackungen idealerweise aussehen, damit sie die Käufer glücklich machen. Verleger *»riechen«*, ob der richtige Zeitpunkt für die Veröffentlichung eines Buches gekommen ist. Wer beginnt, bewusst die Sinne zu nutzen – zusätzlich zu der schon automatisch laufenden sinnlichen Auswertung –, der erlebt, wie sich neue Räume öffnen.

Versuche einmal den Geschmack und Geruch eines Deiner Vorhaben zu ertasten und zu erfühlen. Der Geschmackssinn gehört zu den Sinnen, der sich erfahrungsgemäß am besten eignet, schnell Projekte zu verwirklichen. Je mehr Sinne beteiligt sind, desto mehr Pferdestärken kommen in unserem Kreativmotor zum Einsatz. Kreatives Arbeiten erlaubt uns, neue Worte für Farben zu erfinden wie Vanilleblau oder ein lautes Rot.

ÜBUNG

Alle für einen! Verschlossene Sinne öffnen

Es ist möglich, die verschlossenen Sinne wieder zu öffnen. Wir verwenden einfach die Sinne, die gut funktionieren, um dem schwächeren Sinn eine wirksame Trainingshilfe an die Seite zu stellen. Führe diese Übung zur synästhetischen Wahrnehmung nur durch, wenn Du wirklich Ruhe und Zeit ohne Störung hast. Sie kann eine tief greifende Veränderung bewirken. Es gilt hier die Regel: Nach der Übung viel Wasser trinken! Frage Dich, welchen Deiner Sinne Du heute fördern möchtest. Nimm spontan den ersten, der Dir in den Sinn kommt z.B. »Hören«.

Denke an ein kleines Vorhaben, das Du gerne verwirklichen möchtest. Schließe dann die Augen. Atme ein paarmal tief durch. Sieh das fertige Ergebnis des Projektes in seiner Idealform. Das Training besteht darin, Dein Projekt nun mit den Sinnen und durch diese bewusst wahrzunehmen.

Fange mit dem Sehen an. Frage Dich: Wie sieht es aus, welche Farben, welches Licht, welche Formen hat es? Und dann nutze den heute zu fördernden Sinn (Hören), um gemeinsam mit den Augen gleichzeitig zu sehen und zu hören. Was verändert sich in der Wahrnehmung, wenn Du das Hören dazunimmst, quasi mit den Ohren durch die Augen siehst? Frage Dich: Wie hört sich das Projekt durch meine Augen an?

Jetzt nimm Deinen Geschmackssinn wahr. Frage Dich: Wie »schmeckt« das fertige Ergebnis. Bewege Deine Zunge und schmecke das Projekt. Welche Konsistenz hat es im Mund? Bewege es mit Deiner Zunge hin und her. Erlaube dann Deinem Hörsinn, bewusst dazuzukommen. Wie verändert sich Deine Geschmackswahrnehmung, wenn Dein inneres Ohr »mithört«? Verbinde nun bewusst den Hörsinn mit Deinem Geschmackssinn – höre auf und mit Deiner Zunge.

Gehe dann zu Deinem Geruchssinn. Frage Dich: Wie riecht das fertige Projekt? Ist es ein frischer Geruch? Dann erlaube, dass Du Deinen Hörsinn mit Deiner Nase verbindest. Wie »hört« sich der Geruch an? Erlaube Dir, mit Deinen Ohren in die Nase hineinzufühlen. Das mag erst einmal seltsam klingen, aber die Ohren können die Sprache von positiven, sprich angenehmen Wellenlängen genau lesen. Frage Dich: Was genau riechen meine Ohren? Nimm die feinen Gefühle wahr, auch wenn Du sie erst einmal nicht gleich einordnen kannst.

Dann nimm Deinen Tastsinn wahr. Er ist ein sehr vielfältiger Sinn. Frage Dich: Wie fühlst Du Dich, wenn Dein Projekt erfolgreich abgeschlossen ist? Erlaube Dir, Dankbarkeit, Glück und gesunden Stolz im Körper wahrzunehmen. Vielleicht fühlst Du Deine umgesetzte kreative Idee auch, indem Du Dir vorstellst, dass Du sie berührst. Wie fühlt sich die Oberfläche an? Nimm dann Deine Ohren und Dein inneres Hören hinzu. Verbinde Deinen Tastsinn mit dem Hörsinn. Was hören Deine inneren Gefühle? Wie hören sich die Berührungen an? Wie kannst Du Dich und Deine Kreativarbeit noch besser unterstützen?

MIT DEM HERZEN HÖREN – DEIN HÖRSINN

Außen und innen – welcher Lärm und welche Klänge berühren Dich? Die akustischen Reize und Schallwellen der Welt erreichen uns überall. Wir sind ihnen in gewisser Weise ausgeliefert. Wir können uns zwar die Ohren zuhalten oder uns mit Hörschutz vor Lärm schützen. Manchmal ist das Lärmen der Welt auch einfach zu viel: *»Gott schenke uns Ohrenlider«* stöhnte schon Kurt Tucholsky.

Unsere Hörorgane helfen uns, uns der Außenwelt zu öffnen. Symbolisch steht das Ohr für unsere Fähigkeit zu verstehen, was um uns herum vor sich geht. Wir empfangen die Geräuschkulisse unserer Umwelt und wir produzieren selbst wiederum Geräusche. Aus diesem Grunde ist unser Hörsinn stark mit unserem kreativen Ausdruck verbunden. In unserer schöpferischen Arbeit erlaubt der Hörsinn, die kleinen Tonnuancen und Schwingungen, die wir wahrnehmen, direkt umzuarbeiten in allem, was wir tun.

Telefone, Großraumbüros und hereinkommende Mails sind für Kreativarbeit in der produktiven Phase eher kontraproduktiv. Denn wenn wir unseren kreativen inneren Raum betreten, dann sollte nicht ein Zuviel an äußeren Reizen vorhanden sein. Deshalb ist schöpferische Tätigkeit oft auch mit Alleinsein verbunden. Hier in der Stille und äußeren Ruhe können die neugeborenen Ideen gut und sicher das Licht der Welt erblicken. Der Sinn des Hörens ist stark mit der physischen Ebene verknüpft. Nimm Dir mehr Momente des Innehaltens, in denen Du bewusst nach innen horchst. In Deinem Körper ist ganz schön viel los: Hier klopft Dein Herz, Dein Atem kommt und geht, und Deine Organe arbeiten – alle zusammen bilden eine große Symphonie von kleinen Körperklängen, die unser Leben sind.

Bestimmte Geräusche wie z.B. akustische Töne, die Dich informieren, dass eine SMS, Mail oder eine andere Nachricht gekommen ist, oder auch das Klingeln des Telefons können vorschnelle Körperreaktionen hervorrufen. Viele Menschen greifen automatisch zu, wenn ihr Handy klingelt. Die freie Wahl der Reaktionen – ob ich jetzt oder später nachschaue – ist längst verloren gegangen. Kreative Menschen brauchen eine bestimmte Form von Freiheit. Deshalb ist es gut, sich von einigen der automatischen Reizreaktionsketten (z.B. »Ich muss mein Handy kontrollieren«) zu lösen.

»Willst oder kannst Du nicht mehr hören, was um Dich herum geschieht, und hast die Ohren voll davon, dann wäre es Zeit, zu versuchen mit dem Herzen zu hören.«

Lise Bourbeau (geboren 1941)

ÜBUNG

Wer ruft an?

»Das Telefon ist so etwas wie eine Glocke der Achtsamkeit. Jemand lässt sie ertönen, damit Du bewusst ein- und ausatmen kannst. Laufe nicht gleich zum Telefon, sonst verlierst Du Deine Würde und wirst zum Opfer.« Thich Nhât Hanh (geboren 1926)

Es schult unsere Achtsamkeit und Intuition, wenn wir üben, uns auf die Telefonate, die wir annehmen, vorzubereiten. Wenn Dein Telefon klingelt, reagiere nicht sofort. Hole bewusst zwei tiefe Atemzüge und lächele Dir selbst zu. Frage Dich dann: Ist jetzt für mich ein guter Zeitpunkt zum Telefonieren? Wenn ja, dann frage Dich: Wie fühle ich mich jetzt? Kenne ich dieses Gefühl von früher und womit verbinde ich es? Erinnert mich dieses Gefühl an eine bestimmte Person? Frage Dich dann: Wer ruft mich da an? Dann gehe ans Telefon.

Mit ein wenig Training ist dies eine wirklich effektive Schule der Intuition. Unser Unterbewusstsein weiß oft genau, wer da anruft.

Gewöhne Dir im Alltag an, Dich auf Geräusche zu konzentrieren, die Dir guttun. Immer, wenn Du kannst, wähle die Geräusche gezielt aus, die Dein Klangumfeld bestimmen. Wenn Du im Park einer großen Stadt spazieren gehst, kannst Du Dich trotz des Autolärms auf das Zwitschern der Vögel konzentrieren. Es lohnt sich. Unsere Ohren sind Wunderwerke und können uns wirklich beglücken: So können sie die feinsten Nuancen im Rauschen des Regens unterscheiden: Von einem Trommelregen, einem beruhigenden Bindfadenregen bis hin zu dem feinen Nieselregen.

Du kannst Dir eine Hörbibliothek für beruhigende Naturgeräusche, schön gesprochene Texte und beglückende Musik zulegen. Singe wieder unter der Dusche. Das macht den Hals frei und fördert eine schöne, weiche Stimme.

ÜBUNG

»Elefantenohren«

Diese Übung erfrischt. Die »Elefantenohren«-Übung unterstützt uns, wieder leichter zuzuhören und das Gesagte besser zu erinnern, denn der Hörsinn ist eng mit dem Gedächtnis verbunden. Bei dieser Übung werden an den Ohrmuscheln allein mehr als 400 Akupunkturpunkte stimuliert. So werden Gehirn- und Körperfunktionen angeregt.[10]

Mache diese Übung immer zwischendurch, wenn Du bei der Arbeit müde wirst, und vor allen wichtigen Gesprächen, einem Vortrag oder einer Präsentation. Sie hilft sofort, wenn wir Neues lernen und verstehen wollen. Wir können uns besser auf wechselnde Gesprächspartner einstellen.

So wird's gemacht:

Den äußeren Rand der Ohrmuschel zwischen Daumen- und Zeigefinger nehmen. Der Daumen liegt dabei an der äußeren Ohrmuschel, der Zeigefinger innen. Beginne nun von oben nach unten sanft an der Rundung der Ohrmuschel zu massieren, bis nach unten zum Ohrläppchen. Lass Deine Finger Schritt für Schritt nach unten wandern.

Massiere, streiche und falte aus und ziehe sanft an den Ohrenrändern. Du kannst Dir vorstellen, dass Du ein großes Elefantenohr vorsichtig zu den Rändern hin ausmassierst. Wiederhole die Übung mindestens dreimal.

---

10 Diese Übung entstammt dem hilfreichen Trainingsprogramm Brain-Gym® (Gehirngymnastik), das Paul Dennison entwickelte. Die Elefantenohrenübung unterstützt das integrative Denken und das analoge, kreative Arbeiten: Freies Assoziieren und neue Verknüpfungen von Worten und Bildern werden schneller möglich. Siehe auch: Paul Dennison (2006)

WERDE EINE »GROSSE NASE« – DEIN GERUCHSSINN

Düfte beeinflussen direkt unsere Gefühle. Die Macht der Gerüche ist deshalb so groß, weil sie uns meist unbemerkt berühren. Denn der Geruchssinn ist von allen fünf Sinnen der unbewussteste. Düfte berühren unser Innerstes sofort und beeinflussen unsere Entscheidungen.

Bevor wir Düfte wahrnehmen und zu denken anfangen, wirken sie bereits auf unsere Gefühle. Düfte gelangen – anders als Töne oder Bilder – direkt und unzensiert in die Schaltzentrale unseres Gehirns. Denn Gerüche werden einfach zum limbischen System durchgeleitet, das auch als »emotionales Gehirn« bezeichnet wird. Hier fällt dann schnell eine emotionale Entscheidung über die Sympathie und Antipathie. Dann erst setzt – wenn überhaupt – unser analytisches Denken ein. Wie weit ein Duft uns wohl- oder unwohl fühlen lässt, wird von Prägungen unserer Vergangenheit bestimmt.

»Düfte sind die Hotline zu unseren Emotionen.«
Kurt Ludwig Nübling (geboren 1957)

Düfte sind eines der wichtigsten Kommunikationsmittel der Tier- und Pflanzenwelt. So kommunizieren beispielsweise Pflanzen über ätherische Öle. Sie informieren sich untereinander, ob Schädlinge im Anmarsch sind. Dann erhöhen sie bestimmte Stoffe, sodass ihre Blätter weniger schmackhaft sind. Oder sie locken über ihren Duft bestäubende Insekten an. Düfte sind auch ein ideales Kommunikationsmittel für uns Menschen. Überall dort, wo es uns die Sprache verschlagen hat, können sie Wunder wirken und uns wieder sanft in einen sinnlichen Dialog mit uns selbst und unserer Umwelt bringen.

Im Alltag unserer vorwiegend audiovisuell geprägten Gesellschaft sollten wir den leicht verkümmerten Riechsinn wiederbeleben. Viele Menschen haben sich angewöhnt »wegzuriechen«. Das entspricht nicht unserer Natur, denn Gerüche können uns mit einer Fülle an Zusatzinformationen versorgen. Der Geruchssinn ist außerdem mit unserem Atemrhythmus verbunden. Wir müssen atmen, um zu überleben, und beim Atmen nehmen wir nun mal die Gerüche auf. So ist es besser, unseren Geruchssinn zu nutzen und zu verstehen, denn er versorgt uns superschnell mit Informationen, welche Früchte reif sind, welches Gemüse verschimmelt oder auch welcher Mensch uns wohlgesinnt ist. Unser Geruchssinn sollte ähnlich wie unsere Muskeln trainiert und gefordert werden.

Experten in allen Fragen der Düfte sind die Parfümeure. Sie heißen in Frankreich die *»Nez«*, was so viel wie *»große Nasen«* bedeutet. Weltweit arbeiten aktiv nur circa 300 Parfümeure. Das Repertoire einer ausgebildeten »großen Nase« ist gewaltig. Ihr olfaktorisches Gedächtnis erfordert ein beständiges sinnliches Schulen aller Sinne. Die Parfümeure trainieren sich durch Erschnuppern von neuen Düften. Sie legen sich auf diese Art eine Erinnerungsdatenbank der Düfte an. Sie sind Experten darin, Gerüche

mit Worten zu beschreiben. Dabei spielt die synästhetische Wahrnehmung eine große Rolle. Sie stellen sich die Frage: »Wie lässt sich ein Gefühl in Duft ausdrücken?« Dabei bedienen sich »große Nasen« ganz bewusst der einprägsamen Verknüpfung von Geruchscharakter, Bild und dem dazugehörigem Gefühl.

Delphine Thierry, das »wilde Kind« unter Frankreichs Parfümeuren, sagt über Düfte, dass es wichtig sei, »offen zu sein für alle Empfindungen. Man muss sehr wachsam sein für die kleinsten Dinge. Die einfachsten Dinge sind auch die besten.« Für diese Parfümeurin wäre ein typisches Geruchsbild beispielsweise: »So riecht Frühlingsregen auf Asphalt mit verblühendem Jasmin.«

Werde eine »große Nase«! Erlaube Dir heute, Deinen Geruchssinn neu zu entdecken und für Dein Wohlbefinden und Dein inspiriertes Arbeiten zu nutzen. Trainiere und fördere Deinen Geruchssinn mit spielerischer Freude. Gewöhne Dir an, Deine kreativen Ideen und Gedanken mit dem dazugehörigen Geruchsbild zu verknüpfen. Dann wirst Du erleben, dass kreative Folgeideen sich leichter entwickeln. Wer seinen Geruchssinn stärker fördert, der trainiert gleichzeitig den Gehirnbereich, der auch für die Unterscheidungsfähigkeit zuständig ist.

Der Geruchssinn kann noch mehr: Er kann Dir sagen, wenn eine Sache oder Situation »zum Himmel stinkt« oder Du einen Partner nicht mehr »gut riechen« kannst. Ich kenne einen Anlageberater, der mir versicherte, nur deshalb so gut durch die Wirtschaftskrise gekommen zu sein, weil immer, wenn eine Anlage nicht in Ordnung war, er den »feinen, aber deutlichen Geruch von Hundescheiße« in der Nase hatte. Er hat diesen Informationen zu Recht vertraut – so gut ein Portfolio nach außen auch aussehen mochte.

INSPIRATION

Der Duft, der Deine Welt bewegt

Erinnere Dich wieder daran, welche Düfte Dir früher sehr gefallen haben, und verwende sie erneut. Erlaube Dir, Deine eigene Duftumgebung zu erschaffen. Düfte im Arbeitsraum stimulieren unsere Kreativzentren. Wir werden überall von Raumdüften beeinflusst, ohne dass wir es wissen. In kommerziellen, öffentlichen Räumen, so beispielsweise in Banken oder in großen Einkaufzentren, werden Raumbeduftungen gezielt eingesetzt, um den Menschen Wohlbefinden und Vertrauen zu suggerieren, damit sie sich unbedacht dem Konsum widmen.

Unsere Haushaltsputzmittel sind beduftet, der Versandhandel nutzt Düfte, um Frische zu suggerieren, das Autohaus sprüht »Neuwagenduft« in die Innenräume der Gebrauchtwagen. Sie alle arbeiten mit Düften, um uns etwas vorzugaukeln. Deshalb ist es so wichtig, hier in Eigenregie das eigene Duftuniversum zu gestalten.

Du benutzt vorgefertigte Parfümmischungen? Vielleicht wechselst Du Dein Parfüm oder Dein Aftershave? Wir fühlen uns jeden Tag anders – deshalb sollten wir jeden Tag auch andere Düfte verwenden. Es gibt hervorragend duftende Parfüms aus naturreinen Ölen. Sie haben den Vorteil, dass unsere Nasen die natürlichen Stoffe besser als die synthetischen vertragen.

Beginne gezielt die Düfte, die Dich umgeben sollten, auszusuchen. Finde heraus welche Düfte Du magst. Naturreine ätherische Öle haben eine große Bandbreite an Einsatzmöglichkeiten. Einerseits desinfizieren sie die Luft. Sie können aber auch die Stimmungen im Arbeitsraum aufhellen (Mandarine, Orange). Sie helfen uns, sich bei Überarbeitung und Müdigkeit wieder aufzurichten (Weißtanne, Riesentanne). Zitrone, Zirbelkiefer und Pfefferminz sind gute Konzentrationshelfer bei allen Kopfarbeiten. Muskatellersalbei und Sandelholz verhelfen am Feierabend, loszulassen und zu entspannen. Neroli verscheucht kleine Zwischentraurigkeiten. Römische Kamille nimmt das verlassene innere Kind in den Arm. Rose und Angelikawurzel heilen alte Wunden und Schocks, die uns auf unserem Weg der Kreativität begegnen.

Achtung: Naturreine Öle sollten immer gut verdünnt mit einem Trägeröl angewendet werden. Sie sollten nicht in die Schleimhäute gelangen. Eine Ausnahme bildet Lavendelöl, das auch unverdünnt verwendet werden kann. Aber auch hier gilt: nicht zu nah an die Schleimhäute.

Kreativ-Kick: Düfte und Duftmischungen

Was die wenigsten wissen: Die ätherischen Öle sind wahre Kreativitäts-Pusher. Sie motivieren uns, mit unseren Projekten loszulegen. Sie verstärken den Mut sich zielbewusst zu konzentrieren. Es kann hilfreich sein, bei dem täglichen Visualisieren Deines Ziels mit einem Duft zu arbeiten und das Gefühlsbild Deines erfolgreich abgeschlossenen Projekts mit dem Duft einzuatmen.

Anwendung: Ideal ist, je ein Tropfen in einen Diffuser für Aromaöle zu geben. Aber auch Duftlampen sind geeignet. Man kann auch einfach je einen Tropfen auf ein Taschentuch geben und um Kopf, Hals und Brust, überall dort, wo die Spannungen sind, auswedeln. Man kann die Düfte auch gut mischen.

Im Folgenden einige Geheimnisse aus der Duftküche. Die Wirkung des ätherischen Öls stimuliert weit mehr als nur den Geruchssinn. Der psychische Nutzen vieler dieser weniger bekannten Öle und Mischungen ist groß. Langsam findet das vergessene Wissen der Aromatherapie wieder Eingang in die Psychotherapie.

Die kleine Duft-Apotheke für Kreative

Ich kann es, ich will es, ich tue es!: Manuka

Los geht's! Die Motivation anzufangen: Cajeput

Frisch und munter!: Fichtennadel, Grapefruit und Iris

Augen zu und durch!: Bergamotte

Erinnere Deine Fähigkeiten: Palmarosa und Angelikawurzel

Weitermachen mit dem Weitermachen!: Immortelle

Nach einem »Zuviel« an Kritik: Immortelle, Myrthe und Cistrose

Trost – Starke Arme: Römische Kamille und Blaufichte (Idaho)

Locker vom Hocker: Eisenkraut (Anden) und Vanilleextrakt

In der Ruhe liegt die Kraft: Weihrauch und Blaufichte (Idaho)

Klare Gedanken: Zirbelkiefer

Flow: Iris, Angelikawurzel, Sandelholz

Kreativblockaden auflösen: Vanilleextrakt und Veilchenwurzel

Get rid of the blues!: Neroli, Muskatellersalbei und Sandelholz

Bei Müdigkeit nach langen Arbeitsphasen: Palmarosa und Grapefruit

Mutlosigkeit in Zuversicht verwandeln: Vanilleextrakt, Kamille und Zirbelkiefer

Arbeitsstress am Feierabend loslassen: Lavendel pur auf die Fußsohlen reiben

Alles eine Frage des guten Geschmacks – Dein Geschmackssinn

Mhmm, das schmeckt gut! Der Sinn des Schmeckens ist unglaublich komplex. Zum Schmecken gehört das Wahrnehmen von unterschiedlichen Geschmacksnoten und Konsistenzen in unserer Nahrung. Unsere Zunge kann über die Geschmackspapillen an ihrer Oberfläche zwischen süß, sauer, salzig und bitter unterscheiden. Mit diesem Sinn entdecken Kleinkinder in der oralen Phase ihre Umwelt. Alles wird erst einmal in den Mund gesteckt.

> *»Ich habe einen ganz einfachen Geschmack: Ich bin immer mit dem Besten zufrieden.«*
> Oscar Wilde (1854–1900)

Wir alle kennen Redensarten wie: *»Na, wie schmeckt Dir das?«* oder *»Die bittere Pille muss ich wohl schlucken«*. Und tatsächlich kann uns unser Geschmackssinn helfen, schnell und richtig zu reagieren. Der Sinn des Schmeckens ist darüber hinaus im Gehirn mit unserem Vorstellungs- und Unterscheidungsvermögen eng verbunden. Du kannst Deinen Geschmackssinn bewusst nutzen, um an Informationen Deines Unterbewusstseins zu kommen. Entscheidungen fallen leichter, und Du kannst Kritik anderer besser abwägen.

Trainiere Deinen Geschmackssinn, indem Du Dir erlaubst, öfter neues, exotisches Essen auszuprobieren. Und gönne Dir auch ab und zu das Essen, was Dich als Kind glücklich gemacht hat. Iss so viel lebendige, pflanzliche Nahrung wie möglich – vor allem, wenn sie unbehandelt ist. Dein Körper wird mit bestimmter Nahrung glücklich: Eine Schale frische Himbeeren, Erdbeeren oder einfach eine knackige Mohrrübe bringen Lebenskraft. Wenn Du Lebensmittel einkaufst, frage Deine Körperintelligenz, was sie genau essen möchte, und überstimme die alten Gewohnheiten. Wenn es möglich ist, sollte unsere tägliche Nahrung sinnlich, lebendig und bunt sein.

Wir wissen aus der Raumfahrtforschung, die mit Tubennahrung experimentiert hat, wie wichtig Farbe und unterschiedliche Beschaffenheit auf der Zunge für das allgemeine sinnliche Wohlbefinden der Astronauten sind. Am Anfang dachte man, es sei ausreichend, die Menschen an Bord nur mit Nahrung aus der Tube mit unterschiedlichen Geschmacksrichtungen zu versorgen. Es stellte sich heraus, dass die Nahrung auch die Sinne ansprechen muss. Geschmack, Farbe und Konsistenz sind von so großer Bedeutung, dass ihr Fehlen die Astronauten krank machte.

ÜBUNG

Wie schmeckt mir das?

Nimm Dir eines Deiner kleineren Projekte vor. Frage nun Deinen Geschmackssinn: Wie schmeckt es mir? Bewege dabei Deine Zunge, so als ob Du eine fleischige Frucht im Mund hin und her bewegst. Gehe dabei einzelne Punkte in der Vorstellung zu diesem Thema durch. Das kann das fertige Projekt/Produkt sein oder auch die Planungsschritte auf dem Weg dorthin. Nimm Dir dabei die Zeit »nachzuschmecken«. Wie schmeckt genau dies, was brauchte es, um genau Deinen Geschmack zu treffen? Nimm jeweils den ersten Impuls, der kommt. Es muss nicht immer ein Geschmack sein. Erinnere: Alle Sinne sind miteinander verbunden.

Den Geschmackssinn zu befragen ist auch bei praktischen Alltagsfragen sehr hilfreich: Ist diese neue Wohnung wirklich die richtige für mich? Soll ich Herrn Müller zur Präsentation einladen? Soll ich mir jetzt dieses Kleid kaufen? Auch hier gilt: Üben – üben – üben.

Wer viel übt, dem kann der Körper dann über den Geschmackssinn Signale senden. Dann kommt bei einem Gedanken plötzlich ein süßer Geschmack, oder es kommt ein bitterer. Das sind im Alltag überaus hilfreiche Informationen, um schnell und angemessen reagieren zu können.

»SCHAU MIR IN DIE AUGEN, KLEINES!« – DEIN SEHSINN

Erlaube Dir, mit Achtsamkeit und Liebe Deine Welt neu zu betrachten. Unsere Augen sind Wunderwerke. Sie setzen das Licht, das in die Augen fällt, in Bilder um. Diese Bilder können wiederum Gefühle oder Körperreaktionen auslösen.

Unser Sehen wurde von unserer Kultur, Erziehung und von persönlichen Erfahrungen geprägt. Diese alten Raster begrenzen unsere freie Wahrnehmung stark. Sorgen und Ängste schränken unsere Sicht auf die Dinge zusätzlich ein. Unser Selbstschutz kann so stark sein, dass wir vor offensichtlichen Dingen die Augen verschließen.

Erlaube Dir, die Welt wieder mit Kinderaugen zu sehen. Es wirkt Wunder, Dinge einfach anzuschauen, so als ob Du sie zum ersten Mal siehst. Gib Dir die Freiheit zu sehen, ohne alles gleich mit einem Namen oder einer Wertung zu belegen. Erlaube Dir heute, genauer hinzuschauen. Wähle achtsam schöne Bilder und tauche in sie ein. Gleite über Oberflächen von Gemälden, vertiefe Dich in den Anblick der Wolken am Himmel. Wenn Du einen Baum anschaust, tue es bewusst, ohne zu denken. Vermeide es, die Kopfmaschine anzuwerfen, die ihre botanische Klassifizierung runterrattern möchte (Baum-Laubbaum-Linde-Sommerlinde). Stattdessen fühle erst einmal den Baum als lebendiges Wesen mit Deinen liebenden Augen.

Mitgefühl und Respekt vor allen Lebewesen ist ein zutiefst menschlicher Zug unserer Natur, der wieder mehr ins achtsame Bewusstsein gehoben werden sollte. Das eigentliche Geheimnis verriet Christian Morgenstern: *»Schön ist eigentlich alles, was man mit Liebe betrachtet.«* Im Erfolgsfilm *»Avatar«* heißt die Begrüßungsformel: *»Ich sehe Dich.«* Dieser Gruß ist wunderschön und bringt es auf den Punkt. Auf genau diese Art und Weise sollten wir unseren Mitgeschöpfen begegnen.

ÜBUNG

Die Kraft des Lächelns

Paramahansa Yogananda fordert uns auf, lächelnd durch den Tag zu gehen: *»Zeigt ständig ein frohes Lächeln. Wer Freude in sich selbst findet, wird spüren, dass sein Körper vom elektrischen Strom der Lebenskraft aufgeladen wird, die nicht aus der Nahrung, sondern von Gott kommt. Ein aufrichtiges Lächeln verteilt den kosmischen Strom, das Prana, an jede Körperzelle. Wenn es Euch schwer fällt zu lächeln, stellt Euch vor den Spiegel und zieht mit den Finger die Mundwinkel hoch – so wichtig ist lächeln!«*[11]

Zu lächeln bewirkt in unserem Gehirn eine Ausschüttung an Glückshormonen. Lächeln ist wie ein warmer Sonnenstrahl – es wärmt und heilt. Je schwerer die Zeiten, umso häufiger solltest Du diese Übungen machten. Häufiges Lächeln schenkt uns Lebensenergie. Wir besitzen einen neuronalen Mechanismus, der von den Psychologen als »Facial Feedback« bezeichnet wird. Wenn wir lächeln und uns freuen, reagiert unser Gehirn mit der Ausschüttung von Glückshormonen. Es funktioniert aber auch andersherum. Selbst wenn das Lächeln imitiert und nicht wirklich echt ist, reagiert unser Gehirn mit der Ausschüttung stimmungshebender Neurotransmitter. Wir fühlen uns sofort besser. Und wer lächelt, bekommt mehr lächelnde Gesichter zu sehen. Auch das macht glücklich.

WIEDER BERÜHRBAR WERDEN – DEIN TASTSINN

Jedes kreative Achtsamkeitstraining widmet sich ausführlich dem Tastsinn. Dieser Sinn ist besonders leicht anzusprechen. Hier sind Erfolge schnell zu verzeichnen. Vor allem in seelischen Notlagen ist es wichtig, Menschen zu berühren. Sobald die Wahrnehmung des Selbstgefühls wieder aktiv ist, ist der Mensch auch wieder über Gespräche erreichbar.

Die Haut ist unser größtes Organ. Sie fühlt und atmet. Überall sind etwas andere Gefühlssensoren. Über sie können wir verschiedenste hochsensible Eindrücke empfangen. Schaue Dir beispielsweise Deine Hände an: Sie sind wahre Gefühlsgiganten. Jede Fingerspitze fühlt ein klein wenig anders. Jede Handpartie reagiert anders, wenn Du mit einem Finger leicht über sie streichst. Und wenn Du dann noch die Finger wechselst, wirst Du merken, dass die Berührung jeder Deiner Finger ein anderes Gefühl hervorruft.

> »Was machen Sie? Nichts. Ich lasse das Leben auf mich regnen.«
> Rahel Varnhagen von Ense (1771–1833)

Therapien, die z.B. mit Tieren arbeiten, wie Pferden und Hunden, sind aus diesem Grunde so erfolgreich. Hier kann man ganz natürlich in Kontakt und Berührung kommen. Der Tastsinn wird durch die Wärme und die Bewegung der Tiere gut angesprochen. Ein sehr erfolgreiches Achtsamkeitstraining bilden die Barfuß-Laufwege, die neuerdings von den Kindergärten bis in die Rehakliniken angelegt und erfolgreich im Sinnestraining eingesetzt werden. Hier kann man beim Bahrfußgehen über Kieselsteine, Holzbohlen, Sand oder Rindenmulch den

[11] Paramahansa Yogananda (1995), S. 104

Tastsinn neu erleben. Die unterschiedlichen Gefühlsreize der Fußsohlen verbinden die Menschen wieder mit ihrer Körperwahrnehmung, und dies stärkt das Selbstvertrauen.

Viele Menschen haben im Laufe ihres Lebens aufgrund von schmerzhaften Erinnerungen den Tastsinn in ihrer Wahrnehmung reduziert. Das ist oft der Fall nach traumatischen Unfällen, Operationen, vor allem, wenn die Erlebnisse mit großen Schmerzen verbunden waren. Wenn jemand von seiner Körperwahrnehmung abgeschnitten scheint, können auch Misshandlungen in der Kindheit dahinterstehen. Seelische Verletzungen wie Mobbing und verbale Gewalt, die wir als Erwachsene erleben, können ähnliche Auswirkungen haben.

Wieder berührbar werden heilt. Wie wichtig für Heilerfolge die Kraft der Berührung ist, zeigt eine Studie eines Londoner Lehrkrankenhauses. Bei diesem Experiment wurde der leitende Chirurg am Abend vor der Operation aufgefordert, bei seinem letzten Kontrollbesuch die Hand des Patienten beim Gespräch zu halten. Die Studie belegte, dass diese Gruppe von Patienten sich dreimal schneller erholte als die Kontrollgruppe, die keine persönliche Berührung des Chirurgen erhalten hatten. Es scheint so, dass sich etwas in den Menschen verändert, entspannt und gesundet, wenn sie voller Anteilnahme berührt werden. Versuche es beim nächsten Mal, wenn jemand Dir von einem traumatischen Ereignis, das ihm widerfahren ist, berichtet oder von einem anderem schweren Kummer erzählt. Man kann ihm einen warmen Händedruck geben – oder auch eine Hand auf den Oberarm legen. Das ist nicht übergriffig in der Körpersprache und beruhigt die verzweifelten Menschen.

Wenn ein Sinn durch ein Trauma verschlossen wurde, so ist es für die Betroffenen wichtig, die Lebenskraft vor diesem Ereignis zu erinnern. Die positive Psychologie lehrt, dass es nicht unbedingt erforderlich ist, das direkte Trauma lange zu betrachten. Stattdessen dürfen wir uns auf die guten Erlebnisse und auf die positiven Kräfte, die vor dem Trauma vorhanden waren, wieder besinnen. Durch diesen veränderten Fokus legt man eine neue (neuronal-ätherische) Verbindung quasi um dieses Erlebnis »herum«, sodass in Zukunft das Trauma kleiner wird, einfach weil andere, positiv besetzte Erinnerungswege beschritten werden können.

Alte Traumen können durch einen kleinen Auslöser plötzlich aus dem scheinbaren Nichts auftauchen und uns im Alltag lahmlegen.

GESCHICHTEN

Geschichten, die das Leben schreibt: Das Eis der Erinnerung schmelzen

»Eigentlich weiß ich nicht, was los ist. Es ist einfach alles zu viel geworden. Ich bin plötzlich verwirrt. Mein Hausarzt sagt, ich müsse aufpassen, dass ich kein Burnout bekomme. Ich kann die einfachen Abläufe des Tages nicht mehr so leicht erledigen wie früher. Ich habe das Gefühl, dass ich wie ein Alien rumlaufe. Ich kann mich nicht erinnern, wann ich das letzte Mal Freude gefühlt habe.« Vor mir sitzt eine zierliche Frau, Anfang 40, mit rotem, kurzem, krausem Haar. Stella ist Töpferin und hat eine eigene Werkstatt. Sie ist verheiratet und hat eine erwachsene Tochter.

Wir sprechen über die sinnliche Achtsamkeit, die gerade in kreativen Berufen gut erlebt werden kann. »Eigentlich ist genau das mein Anliegen. Ich gebe davon viel an Menschen in meinen Töpferkursen weiter. Aber irgendwie ist mir selbst die Freude abhandengekommen.« Ich bitte sie zu erinnern, seit wann das so ist: »Ich bin gestolpert und hingefallen. Ich habe – obwohl ich mich kaum verletzt habe – einen großen Schreck bekommen. Es ist vier Wochen her. Das Weihnachtsgeschäft war sehr anstrengend gewesen. Erst am 24. morgens hatte ich endlich Zeit für meine Familie und wollte unser Zuhause dekorieren. Ich wollte noch schnell eine Lichterkette in einen Baum, der hinter unserem Gartenteich steht, hängen. Es ist eine schöne Korkenzieher-Weide, und die Kette ist besonders schön vom Wohnzimmer aus zu sehen. Ich weiß nicht, wie, aber ich bin abgerutscht und landete im eiskalten Wasser. Ich habe mich fürchterlich erschrocken. Ich habe ganz heftig angefangen zu weinen und konnte nicht mehr damit aufhören. Ich konnte den ganzen Weihnachtsrummel der Familie nicht wirklich bedienen. Ich habe mich erst am ersten Weihnachtstag erholt.«

Die Unruhe und innere Aufregung, ob das schon die frühen Wechseljahre seien? Vielleicht brauche sie einfach eine Pause? Sie sieht mich fragend an. Ich bitte sie, die Augen zu schließen und ihren Körper zu fragen. Das Körpergedächtnis könne ihr vielleicht weiterhelfen. Sie sagt: »Wenn ich in meinen Körper fühle, dann habe ich Angst. Mir ist so kalt, und ich habe Angst. Ich bekomme keine Luft mehr. Es ist so, als ob mich jemand würgt. Ich bin verwirrt.« Auf meine Frage, wie alt sie gewesen sei, als sie dies erlebte, sagt sie überrascht: »Ich bin vier Jahre alt. Ich erinnere mich an was. Ich war immer ein sehr mutiges Kind, bin überall hingelaufen – na ja, bis zu diesem Tag im Winter. Da bin ich vom Steg wohl ausgerutscht und in den Rhein gefallen. Mein Bruder hat mich damals an der Kapuze des Fellmantels raus-gezogen.« Sie krümmt ihren Körper zusammen und sagt leise: »Ich will die Kälte nicht fühlen!« Stella erzählt, dass ihr Bruder zwar als Held gefeiert worden war, aber selbst ziemlich erschrocken gewesen sei. Zudem hatten die Eltern sie beim Nachhausekommen so ausgeschimpft, dass sie das Weihnachtsfest danach mit Schrecken erinnere. »Ja, stimmt, es war auch genau vor Weihnachten.«

Ich bitte Stella, in ihrer Vorstellung in die Vergangenheit zu reisen. Hier solle sie die beiden Kinder auf dem Weg zum Rhein wie eine weise, liebevolle Tante oder ein Schutzengel begleiten. Sie habe einen Koffer mit Wärmflaschen, warmen Kleidern und eine Thermoskanne mit viel warmem Kakao sowie warmen Apfelkuchen dabei. Sie solle sich nun vorstellen, dass sie gemeinsam mit dem Bruder die kleine Stella aus dem Wasser holen würde. Sie sollte das Kind wärmen, den großen Bruder sehr loben und dann eine wirklich fröhliche Kinderrunde mit vielen Freunden, viel Lob und warmem Essen veranstalten. Dabei solle sie sich vorstellen, dass alles, was die kleine Stella berühren würde, warm sei: der Steg, das Wasser, in das sie fiel, und die neuen Kleider, das Essen und die vielen Umarmungen ihrer Freunde.

Als Stella in die nächste Stunde kam, brachte sie mir eine wunderschöne große, blaue, getöpferte Tasse mit. Auf der standen die Worte: Isabels Kakao. »Für alle Lebenslagen! Wenn Sie mal ins Eis einbrechen sollten!«, sagte sie mit einem Lächeln.

ÜBUNG

Die Kunst der Berührung

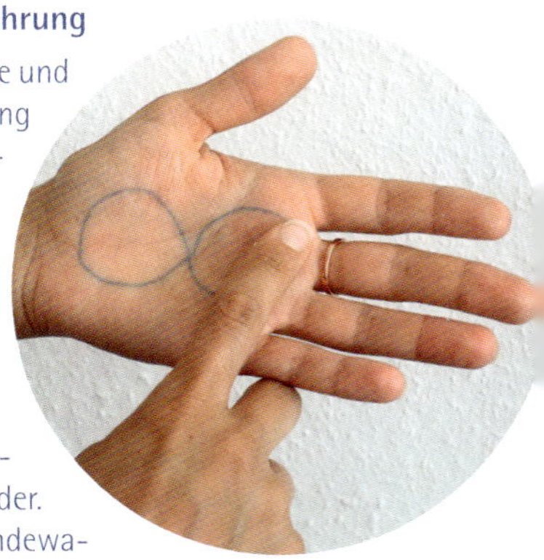

Dies ist eine sehr einfache und schöne Integrationsübung aus der Gehirngymnastik (Brain-Gym®), die uns hilft, ganz in die Gegenwart zu kommen und sich auf die Körperwahrnehmung einzustellen.

Reibe zuerst gründlich Deine Handflächen aneinander. Dieses »energetische Händewaschen« ist eine gute Übung, bevor Du beginnst, mit Deinen Händen zu arbeiten. Das Reiben der flachen Hände baut Stress ab und unterstützt auch, zwischen Tätigkeiten besser umschalten zu können.

Male jetzt zärtlich mit einem Finger eine liegende Acht in eine Deiner Handflächen. Erlaube Dir zu spüren, wie unterschiedlich Du allein in dieser Hand fühlst. Konzentriere Deine Wahrnehmung einmal auf den kreisenden Finger, dann wieder auf die Handfläche. Wie fühlen sich hier die zarten Berührungen an? Du kannst auch wechseln und auf Deinem Handrücken langsam eine liegende Acht mit einem Finger malen.

Erlaube Dir, mehr bewusste Momente des Handfühlens in Deinen Alltag zu bringen. Dies ist ein wunderbares Achtsamkeitstraining. Fühle die Oberflächen, über die Du streichst. Wie fühlen sie sich an? Sind sie glatt, rau, kalt oder warm? Freue Dich an den kitzelnden Berührungen!

INSPIRATION

Sei sanft im Porzellanladen

Begegne allem, was Dich umgibt, mit Achtsamkeit. Dein Lebensraum, Arbeitszimmer, Deine Werkzeuge und Kleidung sollten Deine sinnliche Wahrnehmung streicheln, Dein Wohlempfinden steigern und so Geist und Gemüt stärken. Achtsamkeit und Zartheit im Umgang mit unserem Wohn- und Arbeitsumfeld tun uns und den Objekten gleichermaßen gut. Wir sind so oft Elefanten im Porzellanladen. Ungeduld, Erschöpfung und wenig Ruhezeiten lassen schnell unseren inneren Grobian frei. Egal, ob Computer, Staubsauger oder die Haustür – all die Gegenstände des täglichen Gebrauchs verdienen einen achtsamen Umgang.

DER TRAUM VOM GLÜCK: DIE SEHNSUCHT NACH DER WAHREN INSPIRATION

Es ist wahr, dass eine offenere Sinneswahrnehmung uns glücklicher leben lässt. Es ist ein uralter Traum des Menschen, über die »normale« Sinneswahrnehmung hinaus die Sinne zu öffnen. Eine achtsame Kreativitätsschulung, beispielsweise durch Meditation und Yoga, baut nachhaltig und langsam das Körpersensorium auf, sodass der Kreative dann auf ein stabileres Grundgerüst zurückgreifen kann. Ein Weg zur Stärkung der Kreativmuskeln sollte immer in die Natur führen, da sie uns Kraft und Nahrung gibt. Viel zu selten tauchen wir ganz ein in die Natur, gehen in die Berge, in die Wälder oder sitzen an Seen und fühlen die Gegenwart der ganzen Schöpfung. Joseph Campbell beschreibt es so: *»Alles um einen herum ist wesenhaft, stellt Kräfte und Mächte und magische Lebensmöglichkeiten dar, die nicht die eigenen sind und doch alle Teil des Lebens, und dadurch erschließt es sich einem. Dann spürt man, wie es in einem widerhallt, weil man selbst Natur ist.«*[12]

Im 19. Jahrhundert wurde das Symbol der blauen Blume Sinnbild für die genuine Inspiration des Künstlers durch die Natur. Die Faszination des Blauen, Symbol des Besonderen, kennen wir von den blauen Göttern Indiens, aus dem Film »Avatar« bis hin zu Käpt'n Blaubär und den Schlümpfen. Diese »blaue Zauberblume« verkörperte im 19. Jahrhundert die wahre Kraft der Natur. Progressive Künstlerkreise forderten damals ein »Zurück zu den Wurzeln!«. Die Natur sollte universelles Vorbild und Inspiration für Kunst, Wissenschaft und Formen des menschlichen Lebens werden. In der Epoche der Romantik verkörperte die »blaue Blume« in der Philosophie die Suche nach der Schönheit der Seele – und damit die tiefe Sehnsucht allen menschlichen Strebens. Das Symbol der »blauen Wunderblume« verband die neuen Kunstströmungen, die schließlich in Künstlern wie van Gogh, Monet oder später auch Gauguin ihren Ausdruck fanden. Sie wurde ein Sinnbild für Sinnlichkeit.

Auch heute sind wir – symbolisch gesehen – immer noch auf der Suche nach der blauen Blume. Achtsamkeit, Bewusstsein und Mikroerleuchtungen sind die blauen Blumen, die uns in unserem Alltag verändern!

12 Joseph Campbell (2007), S. 101

Die Kreativschlüssel des zweiten Geheimnisses:

Nutze die Kraft der Liebe.

Verliebe Dich neu – in Dein Leben.

Die Vergangenheit kann Dich nicht berühren.

Sei achtsam und zärtlich mit Deinem Körper.

Übe täglich, in Achtsamkeit zu sein.

Nutze die Kraft Deiner fünf Sinne.

Trainiere Deine synästhetische Wahrnehmung.

Gehe lächelnd durch den Tag.

Erschaffe Dir eine sinnliche Umwelt.

Sei zärtlich mit allem, was Dich umgibt.

Folge Deiner sinnlichen Sehnsucht.

Kreativkontemplation: Auf der Suche nach der blauen Blume

Dieses Märchen gibt es in zahlreichen Varianten fast in allen Landstrichen Deutschlands. Vor allem bekannt geworden sind die Hirtensagen des Untersberges und der Wartburg. Hier führt ein Zwerg den Hirten in die Tiefen des Kyffhäuser Berges und er sieht den schlafenden Kaiser Barbarossa. Reich beschenkt kehrt der Hirte zurück. Allerdings sind inzwischen über 100 Jahre vergangen, und er ist ein Fremder, den niemand im Dorf mehr kennt.

In einer anderen Version wanderte ein Hirte mit seiner Schafherde über einen grünen Hügelkamm. Plötzlich sah er im Wiesengrund eine kleine blaue Blume strahlend blühen. Verträumt beugte er sich hinunter und pflückte das Blümlein. Als er sie an seine Nase hielt, duftete sie lieblich und zart. Der Hirte begann zu lächeln. Er steckte sich die Blume unbedacht an einen Hut und setzte seinen Weg fort.

Da ward es ihm, als ob er das Rauschen des Bächleins verstünde. Es flüsterte munter ein Lied von seinem Weg ins Tal, erzählte dem Hirten murmelnd seine bunten Träume vom großen Fluss, um ihm dann plätschernd von der Sehnsucht nach dem Verschmelzen mit dem großen Meer zu berichten.

Verwirrt blickte der Hirte auf. Und wieder ward ihm, als ob auch die Bäume ihm ihre Geschichten zurauschten. Und er begann ihnen zuzuhören. Sie erzählten vom Kommen und

Gehen der Jahreszeiten, vom Glück eines Regens, dem Brausen des Sturmes in den Zweigen und von bewegter Ewigkeit. Als er sich seiner Herde zuwendete, da hörte er das Geplapper seiner Ziegen. Und als er sich auf einem Stein niederließ, da sprach dieser zu ihm und erzählte ihm das Geheimnis der Zeit.

Dem Hirten wurde immer wunderlicher zumute. Alles um ihn herum schien beseelt und sprach zu ihm, der doch immer so einsam mit seiner Herde über die Hügel gezogen war. Warum hatte er das nie zuvor bemerkt?

Plötzlich sah er in der Ferne einen kleinen Zwerg stehen, der ihm winkte, zu ihm zu kommen. Er folgte dem kleinen Mann. Es ging tief durch lange Gänge in eine Höhle. Dort inmitten der kostbarsten Schätze ruhte ein alter König. Der Zwerg wies den Hirten an, für diesen König ein fröhliches Liedchen auf seiner Hirtenflöte aufzuspielen. Und während der Hirte eine Melodie nach der anderen spielte, begann der alte Herrscher auf seinem Thron munter zu werden und nickte dem Hirten wohlwollend zu. Dem Hirten war das alles unheimlich. Denn es ward ihm, als ob im geheimnisvollen Dunkel der Höhle ein stiller Hofstaat mittanzte.

Nach geraumer Zeit winkte der König. Der Zwerg bedeutete dem Hirten, dass er sich aus den Schätzen einiges an Gold und Geschmeide als Belohnung mitnehmen dürfe. Darauf führte er den Hirten durch all die gewundenen Gänge wieder zurück. Als dieser bei seiner Herde angelangt war, verlangte der Zwerg von dem Hirten, dass er zu all dem, was er gesehen habe, schweigen müsse.

Der Hirt trat frohgemut seinen Heimweg an. Er freute sich auf seine Herzallerliebste, die er nun als reicher Mann endlich würde heiraten können. Als er aber eine Rast machte, um aus einem Bach zu trinken, fiel die blaue Blume vom Hutrand in den Bach und trieb im Wasser unbemerkt davon. Mit einem Schlag war der Zauber gebrochen. Die Welt des Hirten wurde wieder die alte, dumpfe und taube Umgebung. Das Bächlein schwieg, und das Glänzen in Wald und Wiesen war verschwunden. Als der erschrockene Hirte in seine Taschen griff, fand er statt der Schätze nur kleine Bucheckern darin. Er kehrte um, zurück auf den Hügelkamm und suchte verzweifelt den Höhleneingang, den Zwerg oder die Blume. Er ist darauf etwas wunderlich geworden. Ein Leben lang suchte er nach der blauen Blume, wo immer er seine Herde weidete.

GEHE LÄCHELND DURCH DEN TAG

Das 3. Geheimnis: Schaffe Raum für Deine Ideen

DIE KREATIVE KRAFT DES EMPFANGENS

»Nimm Dir Deine Zeit und Deinen Raum!« Klio klärt uns auf: *»Kreativität braucht beides – Raum und Zeit.«* Denn ohne Freiraum kann nichts Neues gedeihen!

Klio weiß Bescheid, denn sie ist die Muse der Geschichte. Sie kennt die Geheimnisse der Zeitläufe seit Menschengedenken. Alles habe seinen eigenen Rhythmus und seine ideale Zeit. Sie flüstert: *»Nimm Dir bewusst Raum und Zeit für Deine kreative Arbeit. Finde Deinen angenehmsten Arbeitsrhythmus, Deinen idealen Arbeitsort und verfolge Deine besten Ideen.«* Und vor allem: *»Fein hinhören«* ist ihr Tipp.

Klio hat einen ganz eigenen, unbestechlichen Blick auf die Geschichte der Menschheit. Wenn wir etwas aus der Geschichte lernen können, dann bestimmt, dass alle Kriege sinnlos sind. Fange bei Dir an! Abrüsten ist angesagt! Zerstörerische Selbstkritik, Wut oder Zweifel sind nicht mehr aktuell. Werde ein unbestechlicher Kreativer in Sachen Freude. Positive Kreativität kann so viel Glück in Dein Leben bringen.

Klio hat immer Feder und Papier dabei, um die Geschichten der Menschen aufzuschreiben. Auch Du solltest Deine Ideen aufschreiben! Denn alles, was Dich an Ideen berührt, ist wichtig. Oft wissen wir nicht, dass eine kleine, scheinbar unwichtige Idee einen wichtigen Samen für etwas Großes in sich trägt.

Die zielstrebige Muse kennt da keine Kompromisse: Kreativität braucht einen klaren Kopf, Konzentration und einen eigenen Raum. Klios Kopf schmückt ein Lorbeerkranz. Der Lorbeerbusch ist eine alte Heilpflanze, die den Kopf klar macht und zu mehr Konzentration bei der geistigen Arbeit verhilft. Und davon braucht jeder Kreativarbeiter besonders viel.

Ein Lorbeerkranz ist auch das antike Symbol der Sieger. Sieger, das weiß Klio, sind nicht die angepassten, sondern die außergewöhnlichen Menschen. Klios treuer Begleiter ist ein Schwan. Der Schwan ist der Seelenvogel, der jeden von uns Helden auf der Lebensreise begleitet. Der weiße Schwan ist auch ein Symbol für die wahre Berufung in unserem Leben, jene geheimnisvolle Kraft, die in uns schlummert und sich nach Erfüllung sehnt.

VON DER INSPIRATION ZUR KONKRETEN IDEE

SCHMETTERLINGE AUF DEINER HAND …

Flüchtig und unglaublich zart – so ist die Natur der intuitiven Ideen, die in uns aufsteigen. Diese feine, geheimnisvolle Energie der Kreativität kommt meist unerwartet. Und das aus gutem Grund: Sie kann uns dann berühren, wenn wir losgelassen haben und so unseren inneren Raum öffnen.

Es gleicht dem Wunder eines Schmetterlings, der auf Deiner Hand landet. In diesem Moment kannst Du das schöne Tier einfach nur bewundern. Du unterbrichst sofort alles, was Du tust. Jetzt zählt nur der Moment der zauberhaften Begegnung zwischen Dir und diesem wunderschönen Tier. Du weißt um die Flüchtigkeit Eurer Begegnung. Ein Schmetterling auf Deiner Hand bleibt ein seltenes und kostbares Geschenk eines magischen Moments.

Ähnlich solltest Du reagieren, wenn Deine Muse Dich küsst. Die sublime Sprache der Kreativität und Intuition ist am Anfang nur vage und nicht direkt greifbar. Wenn zarte Ideen kommen, solltest Du ihnen sofort Deine ganze Aufmerksamkeit schenken. Sie kommen unerwartet. Denn sie werden nur bei Dir landen, wenn Du nicht verbissen nach ihnen jagst.

Der Kanal, auf dem wir die Intuition gut empfangen können, ist eng mit unserer Herzschwingung und Liebesfähigkeit verbunden. Weite Deinen inneren Raum aus, damit die Ideen, die zu Dir kommen, hier ein sicheres Zuhause finden.

AM BRUNNEN DER KREATIVITÄT

Wie entstehen neue Ideen? Eigentlich sind sie immer da. Unsere innere Kreativabteilung ist ständig auf Sendung. Sie empfängt ununterbrochen Informationen des Umfeldes. Und wir geben – wissend oder unwissend – die ganze Zeit einen Input in das große Netz zurück.

Wir sind aber nur zu bestimmten Zeitpunkten für unsere Kreativität offen. Denn wenn wir uns in den festen Strukturen unserer Alltagsgeschäfte bewegen, ist unsere Wahrnehmung oft zu fokussiert auf ein Ergebnis und damit abgelenkt oder zu grobmotorisch für die Feinheit der Musenküsse. Immer dann, wenn wir unseren Panzer ablegen und wieder liebesfähig werden, können uns auch neue, kreative Ideen finden. Einfacher ist es z.B. in der Natur auf gute Ideen zu kommen. Wir können unserer Schöpferkraft auch begegnen, wenn wir glückliche Menschen treffen, die unserem Herzen und unserem Geist einen Kick geben. Gute Inspirationshelfer sind schöne Musik, gute Bücher und Filme. Kreativität ist ohne Frage ansteckend. Wer sich mit anderen Kreativarbeitern regelmäßig trifft, der kann ein schönes, schöpferisches Pingpong zwischen den einzelnen Menschen genießen und sich hier inspirieren lassen.

> *»Alles und jedes steht ganz natürlich miteinander in Beziehung und ist miteinander verquickt.«*
> Augusta Ada Lovelace (1815–1853)

INSPIRATION

»Deine Künstlerfreunde« – Kreativität ist ansteckend

Überlege, welche Menschen in Deinem Freundeskreis auch kreativ leben und arbeiten und Dir guttun. Triff Dich öfter mit diesen Menschen. Kreativität ist ein Fluidum, das sich vermehrt, wenn man glücklich mit anderen Kreativarbeitern beisammensitzt, kocht oder gemeinsam feiert. Erlaube Dir auch, an Orte zu gehen, die Dich kreativ inspirieren. Das kann beispielsweise ein Bastelladen, ein Baumarkt, eine Kunstausstellung oder ein Konzert sein. Kreativität ist auch hier ansteckend. Probiere es aus!

Der große Ideenpool des kollektiven Unbewussten ist eine der wichtigsten Quellen, aus der Kreativarbeiter schöpfen. Sein Wissen steht allen jederzeit zur Verfügung. Den Begriff des kollektiven Unbewussten prägte der Pionier der Psychotherapie, Carl Gustav Jung, als Erster. Er erforschte die Sprache des menschlichen Unterbewusstseins auf unterschiedlichste Weise. Jung analysierte die Sprache der Träume, der Mythen der Menschheitsgeschichte und auch die Symbolsprache der Weltreligionen.

Es war ein nächtlicher Traum, der Jung inspirierte, seine Untersuchungen zum kollektiven Unbewussten zu beginnen. Er träumte, dass er in seinem Haus von einem Stockwerk zum anderen die Treppen runterstieg. Schließlich war er im Keller angekommen. Hier entdeckte er zu seiner großen Überraschung, dass es noch eine weitere Treppe in einen Keller unter seinem Keller gab. Während er hier hinabstieg, fand er uralte Knochen und andere Reste längst vergangener Zeiten. Als er seinen Traum später analysierte, trat ihm deutlich vor Augen, dass jeder Mensch durch seine Intuition und seine Träume Zugang zu einer Ebene mit all dem Menschheitswissen haben musste. Er nannte diesen Wissenspool das kollektive Unbewusste.

Alles kreative Schaffen, das aus einem tiefen Flow heraus entsteht, wird mit aus der Quelle des kollektiven Unbewussten gespeist. Die meisten guten Ideen entspringen dieser tiefen Schicht des Unbewussten. Die Künste schöpfen meist intuitiv aus dem Vollen dieses besonderen Brunnens. In dem Moment, in dem ein Künstler im Flow ist, öffnet sich der Zugang zum kollektiven Unbewussten. Das wenigste in der Kunst wird mühsam über den Weg des Kopfes konstruiert und erdacht.

Ich erlebe immer wieder, wie Künstler zielsicher wunderbare Arbeiten kreieren, die eine tiefe symbolische Aussage haben – ohne dass diese den Künstlern selber bewusst war. Sie hatten diese besondere Idee »einfach«. Und sie haben sie unbeirrt einfach genauso umgesetzt. Der große Symbolgehalt ihrer Arbeit im Zusammenhang des Zeitgeschehens wird erst viel später von den Kunsthistorikern beschrieben.

DER KUSS DER MUSEN

Wie küsst Du, wenn Du glückselig bist? Du öffnest Deinen Mund und gibst Dich ganz Deinem sinnlichen Körperwissen hin. Absolute Hingabe in Liebe, so heißt die Kombination, die Küsse zu ekstatischen Erlebnissen macht. Jetzt sind alle Gedanken, die Umgebung, alles, was Dich sonst beeinflusst, verschwunden. Du bist nur noch dieser hingebungsvolle Kuss.

Deine Lippen verschmelzen in diesem Spiel zwischen Geben und Empfangen. Du spürst ein Stück Ewigkeit. Die Filmkunst erfand für diesen besonderen Moment das »Sprachmittel« der um das Paar fahrenden Kamera. Es ist der erste Kuss der Hauptprotagonisten – und beim Drehen der Kamera wird deutlich, dass beide in einem Schwindel der Glückseligkeit alles um sich herum vergessen. Dieser Filmmoment zeigt, dass die beiden den Boden verlieren und beginnen, sich selbst in dieser Einheit zu begegnen.

Ähnlich offen und hingebungsvoll solltest Du werden, wenn Dich die Muse küsst. Es ist Dein Unterbewusstsein, das Dir hier Geschenke sendet. Öffne Dich, sie mit allen Sinnen zu empfangen. Gibt Dich dem Kuss der Muse ganz hin – folge ihren Wegen, mögen sie erst einmal auch seltsam sein. Es gilt: nicht denken, sondern fühlen. Hingabe und Vertrauen und ein offenes Herz sind gefragt. Gedanken und Handeln sind in dieser Phase zu grobmotorisch – sie sind viel, viel später dran.

> *»Küsse sind das, was von der Sprache des Paradieses übrig geblieben ist.«*
> Joseph Conrad (1857–1924)

Radio Musenkanal: Die richtige Wellenlänge finden

»Da pinkelen die Engele ins Gehirn.« So treffend beschrieb meine dänische Freundin Grethe das Gefühl, wenn sich die kreative Intuition meldet. Grethe hatte lange in Holland gelebt, und ich weiß bis heute nicht, ob diese Formulierung holländisch, dänisch oder einfach »grethisch«, Marke Eigenbau, war.

Wenn eine neue Idee geboren wird, fühlt es sich zuerst wie ein zarter, unbestimmter Druck an, der sich dann zu einer vagen Ahnung entwickelt. Die flüchtigen Vorankündigungen, dass hier nun eine Idee bei einem landen möchte, nehmen die meisten Menschen – leider – erst gar nicht wahr. Viele wischen diese Berührungen der Kreativität schon ganz am Anfang schnell weg.

Deshalb ist einer der ersten Schritte im Lernprozess, diese zarte Berührung als feinen Druck wahrzunehmen, sie ernst zu nehmen und ihr den notwendigen Raum zu geben.

Im Überblick beschrieben, besteht der Prozess des intuitiven Empfangens von kreativen Ideen aus vier Phasen:

Die erste Phase: Eine vage Ahnung berührt Dich. Deine Aktion: wertschätzen!

Die zweite Phase: Aus der Ahnung wird ein Gefühl. Deine Aktion: ohne Bewertung hinfühlen!

Die dritte Phase: Zu dem Gefühl tritt ein Gefühlsbild. Deine Aktion: einen Namen oder Begriff für das Gefühl finden!

Die vierte Phase: Das Gefühlsbild wird präzisiert. Deine Aktion: Notizen machen!

Die Geburt einer Idee

Ideen melden sich bei Dir, weil sie von Dir geboren werden wollen. Deine Aufgabe ist es, sie in diesem Prozess, durch die Phase ihrer Konkretisierung zu begleiten. Jede Idee, die Du irgendwie materialisierst, indem Du sie einfach notierst, skizzierst und sammelst, ist geboren worden. Sobald sie in irgendeiner Form festgehalten wurde, ist der Musenkanal wieder frei, und Folgeideen werden sich einstellen. Was Du oder jemand anders mit diesen Ideen später machen wird, ist zu Beginn nicht wichtig.

1. Phase

Wenn Dir Deine Intuition etwas zuflüstert, nimmt Dein Bewusstsein dies wie eine vage Ahnung auf. Die Kunst ist es, diesen Impuls als leichten Druck wahrzunehmen und ihn einzuordnen. Dafür benötigst Du etwas Zeit und einen ruhigen Raum. Erfasse zuerst das unbestimmte Gefühl. Begegne Deinen kreativen Impulsen mit Respekt und Wertschätzung. Greife die Fäden auf und erlaube Dir, sie zu verfolgen. Wundere Dich nicht darüber, was Dir Deine Intuition einflüstert. In dieser Phase sind keine vorschnellen Bewertungen gefragt.

2. Phase

Der erste Impuls wird von unserem Gehirn in ein Gefühl übersetzt. Die Devise heißt: erfühlen und dann erfassen. Das geht am besten mit unseren fünf Sinnen. Frage Dich: Wie fühlt sich das Gefühlsbild an? Hat es eine Form? Hat es eine Farbe, einen Klang oder einen Geruch?

Während unser Gehirn rasend schnell die Informationen mit unserem vorhandenen Wissen abgleicht, entstehen die gefühlten Bilder, Formen und Pläne auf unserer inneren Leinwand.

3. Phase

In der dritten Phase geben wir unseren Gefühlsbildern ein Label. Für eine Namensgebung und die Beschreibung von Details tritt wieder ein anderer Gehirnbereich in Aktion. Dadurch, dass wir unsere Inspiration und Ideen ausformulieren, werden sie plötzlich ganz real. Pegasus, das Musenross, ist sanft auf dem Boden verständlicher Tatsachen gelandet. Wir können nun in Worte fassen, was uns vorschwebt.

4. Phase

Jetzt heißt es: Stift, Notizblock oder Diktiergerät schnappen und gleich den Input festhalten. Denn diese Durchgaben sind von Natur aus flüchtig. Es gibt kein Später. Die Ideen wollen jetzt ihren Platz erhalten. Mache zumindest eine vorläufige Notiz mit Skizze. Zur Not können wir uns auch mit dem Kuli ein Wort auf den Handrücken schreiben oder auf einen Bierdeckel oder Kassenzettel eine kleine Notiz festhalten. Später kannst Du dann eine Datei im Computer füllen. Hilfreich kann es auch sein, den dazugehörigen Gefühlseindruck zu notieren.

Die ersten Worte, Bilder und Gedanken sind besonders wichtig. Denn sie haben Ursprungscharakter. Diese Urtinktur besitzt eine besondere Kraft und Konzentration. Später können wir immer wieder zu den ersten Skizzen der Ursprungsidee zurückkehren, um uns an die besondere Energie zu erinnern und damit ein weiteres Vorgehen abzugleichen.

Wenn Du dann Zeit hast, zeichne ein konkretes Bild, notiere Deine Ideen in einer Form, die Du auch nach einiger Zeit noch gut nachvollziehen kannst. In dieser frühen Empfangsphase sind die Notizen in der Regel eher skizzenhaft sowie voller Lücken und Fehler.

So wird eine neue Idee geboren. Erst danach kann mit ihr gearbeitet werden. Die Realisierung von Ideen stellt einen unterschiedlichen Arbeitsablauf dar. Dort herrschen andere Gesetze, nämlich die Materie der äußeren Welt. Diese Arbeitsschritte verlangen andere, weniger sublime Eigenschaften. Sie erfordern Kraft, Ausdauer, Mut und dass wir immer wieder loslassen.

VON VIEL KOMMT VIEL ...

Viele Ideen zu haben ist wunderbar! Kreativität arbeitet mit dem Gesetz der Fülle. Wenn Du beginnst, Dein Leben kreativ zu gestalten, dann stelle Dich darauf ein zu staunen. Kreative Menschen haben oft den ganzen Tag über neue Ideen! Die meisten Ideen sind allerdings nicht zur Umsetzung gedacht. Es ist mehr so, dass Dein kreatives Bewusstsein Dir humorvolle und

> *»Wir sollten den Kosmos nicht mit den Augen des Rationalisierungsfachmannes betrachten. Verschwenderische Fülle gehört seit jeher zum Wesen der Natur.«*
> Albert Einstein (1879–1955)

unterhaltsame Ideen schickt, um Deinen Tag bunter zu gestalten. »*Kolateralkreativität*« nenne ich allzu bizarre Ideen, die kreative Prozesse begleiten können. Von den vielen Ideen, die Du hast, kannst Du einige auswählen und weiterverfolgen. Welche dann tatsächlich Bestand haben, wird sich zeigen. Wie heißt es so schön: »Nur die Harten kommen in den Garten.«

Menschen, die beginnen, kreativ zu arbeiten, wundern sich: Bereits in der Planungsphase trudeln schon wieder neue Ideen ein. Deshalb ist das Notieren der Ideen so wichtig. Sobald sie auf dem Papier oder im Computer festgehalten wurden, kannst Du erst mal durchatmen. Eine regelmäßige Kanalentleerung führt zu mehr Klarheit. Und schließlich wirst Du bemerken, dass Dir Dein Unterbewusstsein mehr und wichtigere Informationen zukommen lässt. Es ist so, als ob mit jeder angenommenen Kreatividee eine Leinwand nach der anderen vorsichtig weggezogen wird. Auf jeder Leinwand, die dahinter erscheint, ist ein etwas anderer Film. Schließlich wirst Du durch die Beschäftigung mit Deinen kreativen Ideen zum wirklichen Kern vordringen.

MERKE

Wenn Du anfängst, das wertzuschätzen, was Deine Intuition Dir mitzuteilen versucht, werden neue Kräfte frei.

KEINE ANGST VOR GROSSEN KREATIVWELLEN

Viele Menschen, die damit beginnen, sich für die Kreativität und ihr Potenzial zu öffnen, sind häufig von der einsetzenden Ideenflut überfordert. Stelle Dir vor, Du stehst vor einem Apfelbaum, der übervoll mit süßen roten Äpfeln ist. Was wirst Du tun? Du greifst einfach zu. Du stellst Dich nicht hin und philosophierst, ob Du eher den einen oder den anderen Apfel wählen solltest. Du stellst keine seltsamen Fragen, ob Du den Baum in seinem Gleichgewicht stören würdest, wenn Du zwei rechts pflückst, aber keinen links. Wenn Du am Baum hochspringst, um einen Ast zu ergreifen und runterzuziehen, um an einen besonders schönen Apfel heranzukommen, kann es sein, dass noch mehrere Äpfel einfach auf den Boden fallen. Die reife Fülle prasselt auf Dich nieder. So ist das in der Natur.

Gleiches gilt für die Fülle Deiner Ideen. Erlaube Dir, verspielter mit der Ideenflut umzugehen. Erinnere: Die ersten Kreativimpulse machen oft den Weg frei für eine spätere idealere Variante, die wir am Anfang noch nicht sehen können. Viele Ideen sind allein Motivationshilfen unserer inneren Kreativabteilung. Eine Idee kann eine Brücke zu der nächsten bilden, die wiederum ein Trittstein für etwas ganz anderes ist.

GESCHICHTEN

Geschichten, die das Leben schreibt: Alle Gärten dieser Welt

Mary ist Ende 30 und arbeitet seit zwei Jahren als Landschaftsarchitektin. Die zierliche brünette Frau ist verheiratet und hat zwei Kinder. Sie hat nur wenig Zeit für ihre Arbeit: »Ich muss einfach lernen, noch konzentrierter die Sachen abzuarbeiten. Irgendwie verzettele ich mich immer bei den Planungen. Ich habe so viele Ideen für Varianten und möchte die natürlich auch den Auftraggebern alle vorstellen. Jetzt plane ich einen verhältnismäßig kleinen Garten für ein Einfamilienhaus. Statt den Auftrag fertig zu machen, träume ich davon, einen reinen Lavendel-Rosen-Garten zu entwerfen. Mit all den unterschiedlichen Lavendelarten dieser Welt und gestaffelten Duftrosenrabatten, weißen Kieswegen und Rosmarinhecken. Ich möchte schon wieder viel zu viel an Ideen in diesen kleinen Garten packen.«

Ich bitte Mary, mir mehr von diesem Lavendeltraumgarten zu erzählen. Wie genau sie ihn sehen würde und wer darin lebt und arbeitet. Plötzlich fängt sie an, regelrecht zu glühen. Sie erzählt von einem Lavendel-Rosen-Garten eines Schlosses in Frankreich, den sie während ihres Studiums besucht hatte. »Ich hatte damals vor, die Gartenkunst der ganzen Welt kennenzulernen und dann neu und individuell für meine Kunden zusammenzustellen.« Sie beginnt von ihren Reisen nach Japan und England zu schwärmen. »Nach dem Studium hatte ich Großes vor, ein Angebot aus England, ein anderes aus China. Das ist jetzt ganz weit weg. Denn dann kamen die Kinder.«

Ich ermutige Mary, die Nebenideen, die ihr bei der Arbeit als Landschaftsarchitektin kommen, kurz zu skizzieren. Die Erfahrung lehre, erste Impulsideen einfach schnell und unzensiert zu notieren und dann erst mal wegzulegen. Jahre später könne dann diese Idee Pate für den Teil eines Gartenprojekts stehen.

Mary beginnt zu stöhnen: »Wenn ich jetzt beginne, alle Ideen zu skizzieren, dann möchte ich die doch auch umsetzen.« Sie sieht richtig traurig aus. »Ich könnte so viel mehr und besser machen. Ich hab doch noch so viel im Kopf. Wenn ich das jetzt alles notiere, dann wird mir doch klar, wie erfolglos ich bin. Weil ich es einfach nicht alles umsetzen kann.«

Ich erkläre Mary, dass Ideen kommen, um uns sanft zu führen. Sie sind – jede für sich – auch Wegweiser für unseren Lebensweg. Wohin sie schlussendlich führen, wissen wir nicht. Vertrauen ist wichtig. »Jede Idee hat wiederum unzählige Varianten. Die Idee möchte auch wachsen. Das kann sie aber nur, wenn sie gesehen wird. Ihr Kopf wird ständig neue Entwurfsvarianten ausschütten. Wir Menschen lieben Abwechslung – das ist unsere Natur. Jeden Tag wird sich dieses Projekt leicht variiert gestalten – umso wichtiger ist es, die ersten Ideen und Entwürfe festzuhalten.«

Um die Anfangsblockade zu überspringen, skizzieren wir gemeinsam ihre aktuellen Planvorstellungen auf ein Blatt Papier. Ich bitte Mary, einen Ideensammelplatz in ihrem Büro anzulegen. Also einen Ort, eine Art Ablage, der ihr die Freiheit gibt, Ideen von neuen Projekten schnell zu skizzieren. Dabei sollte sie die Skizzen zusätzlich mit erläuternden Kurznotizen versehen.

Als Mary das nächste Mal kommt, hat sie gleich drei Mappen dabei. Feierlich zeigt sie mir diese und öffnet eine nach der anderen: »Hier sammele ich jetzt besondere Pflanzen, von denen ich denke, man sollte sie auf neue Art zusammen kombinieren. In der zweiten Mappe sammle ich Pläne, die mir besonders gut gefallen. Auch alte Sachen von mir aus dem Studium habe ich da reingetan. Die dritte Mappe ist mein Kreativsammelplatz. Hier ist Platz für alle meine wilden Parallelentwürfe. Seit ich mit diesem System arbeite, kann ich die kleinen Aufträge viel besser bewältigen. Der kleine Garten ist fertig. Ich habe hier eine Kräuter-Lavendel-Spirale vorgeschlagen – ohne Rosen. Die Bauherren sind total happy, und die Rosenidee wird später umgesetzt.« Eine zufriedene Erleichterung ist Mary deutlich anzusehen. Die Freude und der nötige Freiraum für ihre Arbeit sind zurückgekehrt.

Allzeit bereit – Warum ein Notizbuch?

ÜBUNG

Deine Ideenschatzkiste

Deine Schatzkiste ist der Ort, an dem Du Deine Ideen sammeln kannst. Das kann ein schöner Ordner sein, eine bunt beklebte Schachtel, ein Skizzenblock oder eine »Kreativ-Datei« auf Deinem Computer. Eine solche Kreativschatzkiste sollte jeder haben.

Ein kleiner Pappkarton, so beispielsweise ein bunt beklebter Schuhkarton, hat den Vorteil, dass Du hier schnell und einfach alles Mögliche reinlegen kann. Ob Notizen, ausgeschnittene Bilder, Zeitungsartikel oder kleine Gegenstände wie Geschenke, die Dich an etwas Bestimmtes erinnern. Sie alle haben hier gut Platz. Sammle hier jede Deiner Ideen – auch die größenwahnsinnigen. Wer seine Notizen in einer Kreativ-Datei im Computer sammelt, sollte sie von Zeit zu Zeit ausdrucken, ablegen oder abheften. Seine Kreativideen nur in digitaler Form vorliegen zu haben, reicht nicht aus. Unser innerer Künstler ist immer zuerst ein sinnlicher Gefühlsmensch und dann auch noch ein Spielkind. Ausgedruckt können die Ideen still mit verschiedenen Sinnen unseres Körpers besser kommunizieren. Versieh die Ausdrucke mit Datum und Vermerk, wann sie erstellt wurden.

Die Schachtel fängt dann an, auf geheimnisvolle Art mit Deinem Unterbewussten zu arbeiten. Ab und zu solltest Du hineinschauen. Die Schatzkiste kann Dir an trüben Tagen, an denen Du vielleicht einen Durchhänger hast, Mut geben. Sie ist der Beweis: Deine Fantasie ist groß – hier liegen viele Samen.

ALLZEIT BEREIT – WARUM EIN NOTIZBUCH?

Die tragbare Kreativschatzkiste ist das Notizbuch oder Dein Ideenbuch. Eines der Geheimnisse aller Kreativarbeiter ist es, immer ein Notizbuch griffbereit zu haben. Hier können kleine und große Ideen sofort notiert werden. Der Akt des Zu-Papier-Bringens hat eine tiefe Kraft. In dem Moment wird eine Idee respektvoll betrachtet, und durch das Aufschreiben erhält sie Raum. Es ist so, als ob die Post Dir ein Paket liefert: Wenn es an der Haustür klingelt, musst Du die Tür aufmachen und das Paket in Empfang nehmen. Sobald die Idee niedergeschrieben ist, herrscht Ruhe auf dieser Leitung. Du kannst das deutlich spüren.

In seiner Studie über die gemeinsamen Besonderheiten hochkreativer Menschen bemerkt Mihaly Csikszentmihalyi: *»Alle halten ein Notizbuch in Reichweite, um gerüstet zu sein, wenn die Muse ruft. Was sie normalerweise frühmorgens tut, wenn man noch im Halbschlaf auf dem Kissen ruht.«* [13]

Neulich bei einem festlichen Abendessen packte ein Freund von mir, der Historiker ist und Bücher schreibt, zwischen Feldsalat und getrüffelter Pasta eine alte Zigarillodose aus Messing aus. Er entnahm ihr einen Bleistiftstummel und schrieb irgendeine Notiz. In der Dose waren viele kleine, beschriebene längliche Zettel. Sie erinnerten mich an ein kleines Lossammelsurium einer Lotterie, aus dem wir einen Gewinn oder eine Niete ziehen können. »Ideen sind so flüchtig«, lächelte er mich an. »Das hab ich doch gleich schon wieder vergessen.« Wir sprachen über die Wege, Ideen zu erinnern. Er

13 Mihaly Csikszentmihalyi (2007), S. 374

stöhnte schmunzelnd: »Gerade dann, wenn man wähnt, endlich Freizeit zu haben, kommen die besten Ideen. Man muss immer bereit sein. Es geht nicht anders.«

Die Regel heißt: Allzeit bereit! Ständiger Bereitschaftsdienst ist das Los aller Kreativarbeiter.

»Ach, das kann ich mir so merken! Das brauche ich mir nicht aufzuschreiben.« Das höre ich immer wieder. Das mag vielleicht auf den ersten Blick stimmen. Was die meisten nicht wissen: Allein, sich an die Ideen zu erinnern, kostet Kraft. Es ist ein wenig so, dass, erst wenn diese Frucht geerntet wurde, die nächste nachwachsen kann.

Schreiben hält den Kreativmotor auf Trab und ist sehr zu empfehlen. Csikszentmihalyi stellte fest, dass *»die meisten der von uns befragten Schriftsteller seit Jahren Tagebuch führen. Ihr Arbeitsalltag beginnt normalerweise mit einem einzelnen Wort, einer Formulierung oder einer Metapher und selten mit einem Konzept oder einer geplanten Komposition.«*[14] Auch Virginia Woolf stellte fest, wie zutiefst befreiend es sei, Gedanken aufzuschreiben. Sie hatte die Angewohnheit, jeden Tag kurz zu notieren, was ihr durch Herz und Kopf ging. Sie nannte ihr Ritual, Tagebuch zu schreiben, einen *»Dialog der Seele mit der Seele.«* Gleich, ob Du ein Tagebuch, ein Ideenbuch oder ein Traumtagebuch führst, Du kannst daraus ein tägliches Ritual machen.

Mit der Hand und einem Stift zu schreiben ist doch so altmodisch, mag mancher sagen. Nein, das ist es nicht. Es ist sogar notwendig! Es muss ja keine angespitzte Gänsefeder mit Tinte sein, die Du verwendest. Es kann auch der Stift eines Graphic Tablets sein.

Mit Daumen und Zeigefinger kannst Du allein durch diese Haltung und den Muskelzugriff im Gehirn das kreative Zentrum prima aktivieren. Es ist unser abgewinkelter Daumen, der in Opposition zu den anderen Fingern der Hand steht, der den Präzisionsgriff möglich und unsere Hände zu idealen Werkzeugen macht. In der Evolution entwickelte sich diese Besonderheit des abgewinkelten Daumens gleichzeitig mit dem Gehirnbereich des Neokortex.[15] Dieser Teil unseres Gehirns erlaubt den Menschen, Fähigkeiten der Schönheit, Kunst und Präzision auszubilden. Wenn wir also zu Stift und Pinsel oder anderen Werkzeugen, die von Zeigefinger und Daumen geführt werden, greifen, dann springt automatisch der Gehirnbereich an, der für Kreativität und Schönheit zuständig ist. Wie praktisch! Wer dagegen zu viel am Computer und mit der Maus arbeitet, hemmt diese Zugänge.

MERKE

Daumen und Zeigefinger aktivieren die richtigen Zentren im Gehirn, die kreatives Schaffen ideal begleiten.

Wenn Du viel oder sogar überwiegend am Computer arbeiten musst, solltest Du öfter zwischendurch kleine Übungen, wie »Luftklavier spielen«, machen. Reibe außerdem spielerisch die Daumenspitze und Daumenkanten aneinander. Das kann hier einiges ausgleichen. Ideal

14 Mihaly Csikszentmihalyi (2007), S. 374, 375

15 Der Begriff »Präzisionsgriff« wurde von Frank Wilson geprägt. Zu weiteren Informationen siehe Wilson (2002)

ist es, zusätzlich mit dem Stift eines Graphic Tablets die Computerarbeit zu ergänzen.

INSPIRATION

Iss so oft wie möglich mit Stäbchen! Das schafft einen guten Ausgleich!

TRAUMWELTEN

Kreative Ideen und nächtliche Träume haben viel gemeinsam. Wer übt, sich an seine Träume zu erinnern, der ist auch gleichzeitig offener für die Sprache der Inspiration. Denn bei diesen feinen Informationsketten sind ähnliche Gehirnbereiche aktiv. Erlaube Dir, dass Deine nächtlichen Träume ein guter Kraft- und Informationsspeicher für Dich werden! Sie können eine wertvolle Quelle für Deine Arbeit sein.

Wie wichtig es ist, die eigenen Träume zu beobachten, sie aufzuschreiben und mit ihnen zu arbeiten, fasst der Kreativitätsforscher Csikszentmihalyi zusammen: *»Die Tendenz, die eigenen Träume und Ahnungen ernst zu nehmen und Muster zu entdecken, wo andere nur ein heilloses Durcheinander sehen, gehört eindeutig zu den wichtigsten Merkmalen, die kreative Menschen von anderen, ansonsten gleich begabten Menschen unterschieden.«*[16]

Viele Menschen erleben Neues zuerst im Halbschlaf – es kommt über die Traumsprache in ihr Bewusstsein. Sie wachen dann mit einem bestimmten Gefühl oder einer konkreten Traumerinnerung auf. Deshalb sollte man sich angewöhnen, Zettel und Stift auf dem Nachttisch liegen zu haben. Träume sind schwer festzuhalten. Wenn man sie nicht sofort aufschreibt, verfliegen sie schnell.

ÜBUNG

Deine Träume erinnern

Wenn Du Dich an Deine Träume erinnern willst, ist es nach dem Aufwachen wichtig, dass Du Dich erst mal im Bett nicht bewegst, bis Du Dich an den Traum erinnern kannst. Bei einem Positionswechsel geht das Traumbewusstsein schnell verloren. Wenn Du morgens mit einer Traumerinnerung aufwachst, dann spüre zuallererst dem Gefühl nach, das dieser Traum hinterlassen hat. Träume sind vor allem Gefühlsbilder. Wenn Du Dich an das Gefühl erinnern kannst, dann ist es später leichter möglich, darüber den Traumablauf zu rekonstruieren. Wenn Du Tagebuch schreibst, kannst Du darin Deine Träume notieren. Natürlich kannst Du für Dich auch ein Traumtagebuch anlegen. Ein solches Tagebuch sollte Dir auch äußerlich richtig gut gefallen, damit Du Freude hast, es in die Hand zu nehmen. Wähle ein schönes, vielleicht gebundenes Buch in einem für Dich passenden Format aus. Unbedrucktes, weiches und dickes Papier ist angenehm, weil Du es beidseitig beschreiben kannst.

Wie schreibe ich Träume auf? Die Regel lautet: kurz, einfach und skizzenhaft. Es ist nicht nötig, alle Symbole und Details aufzuschreiben. Kreative Menschen tendieren übrigens dazu, äußerst dekorativ ausgeschmückte Träume zu haben. Bist Du ein fantasievoller Träumer, dann solltest Du Deine Fantasie würdigen, ohne Dich in Details zu erschöpfen. Nur die Essenz des Traumes, das wesentliche Gefühl, ist von Bedeutung.

Albträume, sich wiederholende Träume, die mit emotional belastenden Gefühlen einhergehen, kannst Du morgens in Stichpunkten notieren. Das entlastet Dich für den Tag.

Auch in Krisenzeiten kann ein Traumtagebuch ein wichtiger Begleiter werden. Versieh jeden Text mit

16 Mihaly Csikszentmihalyi (2007), S. 374, S. 408

Datum. Vielleicht machst Du noch einen Vermerk, falls am Vortag etwas Besonderes passiert ist. Gib jedem Traum eine Überschrift. Dazu nimmst Du das wichtigste Traumsymbol, z.B. »Das sprechende Auto«. So findest Du den Traumtext später schneller wieder. Mit unseren nächtlichen Träumen ist es ähnlich wie mit unseren schöpferischen Ideen: Wenn Du beginnst, sie kurz zu notieren, ist die Leitung frei: Dein Unterbewusstsein kann Dir den nächsten Traum schicken.

INSPIRATION

Träume bestellen

Du kannst auch Träume bestellen, wenn Du eine bestimmte Frage hast. Bitte Dein Unterbewusstsein, Dir Träume zu diesem Thema zu schicken. Bitte zudem, dass der Traum eine einfache und klar verständliche Aussage hat und Du Dich gut an den Traum erinnern kannst. Kurz vor dem Einschlafen kannst Du Deine Frage formulieren. Dann achte auf die Träume dieser Nacht.

»EIN EIGENES ZIMMER« – DEIN ÄUSSERER RAUM

Wie sollte eine Umgebung gestaltet sein, die Deine Kreativität fördert? Der Ort, an dem Du arbeitest, kann sehr dazu beitragen, dass Deine Kreativität stimuliert wird. Kreatives Arbeiten braucht Freiheit, Klarheit und Raum. Eine harmonische Umgebung, die zugleich verspielt und bedeutungsvoll Deine Individualität spiegelt, kann den schöpferischen Fluss wirkungsvoll unterstützten. Ein Rückzugsraum ist für kreatives Arbeiten im Flow von zentraler Bedeutung. Es kann zur Not auch eine bestimmte Zimmerecke sein, ein Kellerraum oder ein Bücherregal. Wichtig ist, dass dieser Ort *»Deiner ist«*. Dein inneres Künstlerkind liebt ein klares: *»Das ist meins!«*

Wer in die Tiefen des Schöpferischen taucht, braucht immer ein Stück Einsamkeit und viel Ruhe. Sonst kann er die vielen Sinneseindrücke schwer sortieren. Die Idee der Großraumbüros ist längst von einer Fülle von Studien überholt. Großraumbüros funktionieren nur bedingt. Vor allem haben sie eine Kontrollfunktion, die niemandem wirklich guttut. Für Kreativität sind Großraumbüros eher kontraproduktiv.[17] Wenn Du in einem Raum mit anderen Menschen arbeitest, kannst Du Rituale entwickeln (früher kommen, später gehen), um auch dort Momente der Ruhe und Achtsamkeit für Dich allein zu finden.

GESCHICHTEN

Gut zu wissen – Kreativgeschichte

Virginia Woolf beschrieb 1929 in ihrem berühmten Essay »Ein eigenes Zimmer. Drei Guineen«, dass Frauen nur dann erfolgreich arbeiten könnten, wenn ihnen ein eigenes Zimmer zugestanden würde. Eine gewisse Privatsphäre sei einfach notwendig, um große Romane schreiben zu können. Lange Zeit wurden Frauen keine eigenen Arbeitsräume zugestanden. Männern wurde dagegen viel Platz in der Planung von Wohnungen und Häusern eingeräumt. Die Villen des 19. Jahrhunderts sind mit ihren umfangreichen Raumfluchten der Herrenzimmer, so Bibliothek, Rauchsalon, Billardzimmer und ein Arbeitszimmer, Zeugen dieser Gewichtung. Der Arbeitsplatz des Hausherrn erlaubte den Rückzug von der lärmenden Familie. Hier an seinem übergroßen Schreibtisch, dessen Schnitzereien heroische Motive zeigen, konnte er die Welt bewegen.

Für die Dame des Hauses war geistiges Arbeiten und Rückzug nicht vorgesehen. Frauen sollten generell nicht alleine sein. Das galt als gefährlich. Wer weiß, auf was für Gedanken und Ideen sie so alleine kommen! So waren die Räume der Frauen mehr soziale Treffpunkte oder Durchgangszimmer. Auf diese Weise unterstanden die

17 Frank Berzbach (2013), S. 70 f.

Frauen einer ständigen sozialen und sexuellen Kontrolle durch den Ehemann und die Hausangestellten. Auch die regelmäßigen nachmittäglichen Besuchsrituale der Gesellschaft hatten eine ähnliche Kontrollfunktion. Geistige Arbeiten wie Malen, aber auch das Lesen von Büchern oder auch Musizieren galten als unanständig. Frauen sollten vor allem Hausarbeit erledigen, den Haushalt beaufsichtigen und dem Mann alles aus dem Weg räumen. Und wenn sie ruhten, dann sollten die Hände auf keinen Fall im Schoß ruhen. Wer weiß, auf was für Ideen unbeschäftigte Frauen hier wieder kommen! Zierliche Handarbeiten wie Stickereien galten als angemessene Tätigkeit.

Da große Frauen der Geschichte aber doch schrieben, erfand man besonders kleine Schreibtische, den so genannten Bonheur-du-jour. Die sehr kleinen, verspielten Damenmöbel, die kaum eine ordentliche Schreibfläche besaßen, drückten in der Formensprache aus, dass hier eigentlich nur Unbedeutendes geschrieben werden kann. Die mächtige Mätresse von Ludwig XV., Madame Pompadour, aber auch die berühmte Madame de Staël besaßen diese zierlichen Schreibtische. Die beiden Damen nahmen sich auch in ihrer Epoche geschickt ihren Raum, schrieben und ließen schreiben, wie es ihnen passte.

DEIN ARBEITSPLATZ GESTALTE IHN SO, DASS ER DICH MOTIVIERT.

ABWECHSLUNG MACHT FREUDE

Unser Unterbewusstsein braucht Abwechslung. Unser Sicherheitsbedürfnis möchte dagegen Gleichheit. Kreative Arbeit benötigt beides. Gerne kannst Du Deine gewohnte Grundordnung auf Deinem Schreibtisch beibehalten. Zusätzlich arrangiere jeden Tag einen Gegenstand auf Deinem Schreibtisch in eine neue Position. Verrücke die Lampe, einige Stifte, ein Bild oder eine Figur. Ein Arbeitsumfeld, das beständig leicht variiert wird und dennoch gleich ist, stimuliert nämlich subtil die Kreativmaschine im Gehirn.

SCHÖNHEIT: DIE KRAFT DER ELEMENTE

Schönheit ist wichtig. Was genau Du als schön empfindest, sollte auch Dein Arbeitsplatz für Dich repräsentieren.

Ein kleines Stück Natur stärkt unsere Arbeits- und Ideenkraft. Stelle Dir einfach eine frische Blume oder eine Kerze an Deinen Arbeitsplatz. Auch eine Muschel, ein schöner Stein oder ein Stück Holz – also Gegenstände, die Naturkraft enthalten – bringen eine ausgleichende Energie auf Deinen Schreibtisch. Besonders geeignet sind Gegenstände wie Handschmeichler. Hauptsache, sie gefallen Dir und heben Deine Stimmung.

GEFÜHL STÄRKEN: BILDER UND FIGUREN

Die Erinnerung an schöne und kraftvolle Momente kann Deine Wohlfühlenergie an Deinem Arbeitsplatz ebenfalls positiv beeinflussen. Die Bildmotive sollten Dich in eine glückliche Stimmung versetzen. Ein schönes Urlaubsfoto kann ein kraftvoller und stärkender Anker sein. So kann das Gefühl der Erholung länger anhalten, indem die Erinnerung an den schönen Augenblick aktiviert wird. Auch ein Foto Deiner Familie oder Deines Partners kann eine gute Unterstützung sein. Wechsele öfter die Bilder, denn unser Gehirn gewöhnt sich an Bekanntes und übersieht es dann schneller.

KRAFTPUNKTE

Schaue Dich an Deinem Arbeitsplatz um: Alles, was in Deiner direkten Sichtweite ist, sollte Dich unterstützen. Umgib Dich mit Dingen, die Deine Arbeit bestärken und Dich glücklich machen. Sortiere Dein Umfeld neu. Frage Dich: »Welche der alten Gegenstände möchte ich weiternutzen und damit ehren?« Das können Omas Papierscheren, der Locher vom letzten Arbeitsplatz sein oder auch ein Füller, der als Glücksbringer dient. Alles, was sich nicht mehr passend anfühlt, darf weiterwandern. Das heißt, Du kannst es verschenken oder einfach wegwerfen. Frage Dich auch: »Welche neuen Dinge möchte ich für meine Kreativarbeit anschaffen?« Ich habe das Ritual entwickelt, jeden Monat ein paar schöne, wirklich gut schreibende Stifte anzuschaffen. Streikendes Schreibmaterial kann regelmäßig aussortiert werden. Deshalb verschenke ich auch so gerne gute und weich schreibende Schmusestifte. Jeder kann sie brauchen. Jeder freut sich darüber, wenn sie gut in der Hand liegen und Schreiben mit ihnen Spaß macht.

Entscheide, was genau auf der Arbeitsplatte offen sichtbar liegen soll. Belastende Dinge solltest Du besser wegräumen, bevor Du anfängst, kreativ zu arbeiten. Das können nicht bezahlte Rechnungen, frustrierende To-do-Listen, aber auch Dinge wie Medikamente oder benutztes Geschirr sein. Sichtbare Berge von Papieren, unter denen sich womöglich Gefühlsbomben wie z.B. traurige Liebesbriefe oder schwierige Steuerunterlagen verstecken, sollten daher besser außerhalb des Arbeitsplatzes abgelegt werden. So kannst Du Deiner Kreativität unbelastet freien Lauf lassen.

INSPIRATION

Ein Strauß Stifte

Verschenke doch einmal – anstatt eines Blumenstraußes – einen Strauß schöner und außergewöhnlicher Stifte. Mit einer schönen Schleife zusammengebunden, sind sie ein überaus dekoratives Geschenk. Sie sind überall willkommen. Und jedes Mal, wenn die Stifte benutzt werden, erfreuen sich die Beschenkten erneut!

ZWISCHEN ORDNUNG UND CHAOS: MUT ZUR UNORDNUNG

Kreativarbeiter wissen: Ordnung und Chaos sind notwendig. Es braucht aber auch immer eine Grundordnung im Raum. Denn das Neue, das entstehen möchte, braucht Platz. Durch diese Grundordnung schaffst Du Dir Freiflächen – eine symbolische Leinwand für Dein neues Bild – auf Deinem Schreibtisch oder an Deinem Arbeitsplatz. Chaos dagegen ist die Kraft des Wandels, der Bewegung und der Transformation. Ich spreche hier von gesundem Chaos als einer natürlichen Energie, so wie die Physik es definiert. Die Worte Chaos und Unordnung werden in unserem Sprachgebrauch schnell zusammen verwendet. Sie sind beide eher negativ besetzt. In unserer abendländischen, christlichen Kultur wird Unordnung als unheiliger Zustand bewertet. Dort, wo Sitte und Anstand herrschten, war dies auch nach außen durch die Ordnung sichtbar.

Erlaube Dir, Dich mit dem Phänomen der Unordnung – als Form eines Zwischenzustandes – anzufreunden. Erlaube Dir, Deinen Blickwinkel auf Kreativität und Chaos ein wenig mehr auszuweiten und neu zu definieren.

Kreativität bewirkt Veränderung. Diese Umstrukturierung ist eine Umordnung bzw. Neuordnung. Sie schafft damit naturgegeben immer ein gewisses Chaos. Selbst der ordentlichste Mensch bewegt im kreativen Flow Energie – und schafft damit Unordnung. Es geht einfach nicht ohne. Es ist so, als ob man ein opulentes Essen kocht und die Küche dabei eben zwischenzeitlich unordentlich wird. Das gehört einfach dazu.

In dem Moment, in dem neue Ideen entwickelt werden, wird ganz praktisch Energie bewegt. Wenn Du in eine Sache viel Herzblut und Kraft reinpowerst, dann wird etwas geschehen. Es ist ein physikalisches Gesetz: Energie geht nie verloren. Diese Energie bewegt das Projekt. Aber noch mehr als das. Das ganze Umfeld beginnt sich mit zu bewegen. Wer kreativ arbeitet, der verändert alte vertraute Strukturen und gibt ihnen eine neue Form. So ist z.B. der Tonklumpen durch Deinen Gestaltungswillen und die Kraft der Töpferscheibe ein getöpferter Henkelbecher geworden. Durch das Chaos, das kreative Hoch-Zeiten begleitet, ist es wichtig, die Kreativbaustelle regelmäßig aufzuräumen und gründlich zu putzen. Nach Phasen großer aktiver Anspannung sollte man die Arbeitsräume kurz verlassen, gut lüften und Pause machen. Danach können wir freier weiterarbeiten.

MERKE

In der Bewegung des kreativen Arbeitens lohnen sich bestimmte Regeln: Lege den Haustürschlüssel immer an die gleiche Stelle. Und speichere Deine Computerdateien sorgfältig ab.

Tapetenwechsel

Ein Ortswechsel kann bei aller kreativen Arbeit eine wichtige Rolle spielen. Ein kleiner Wechsel kann sein, dass Du mit Deinen Unterlagen vom Arbeitszimmer auf den Balkon oder vielleicht zum Küchentisch wanderst. Dieser Raumwechsel macht das müde Gehirn munter: Andere Arbeitsplätze haben den Vorteil, dass sie einen Perspektiv- und Stimmungswechsel stimulieren. Bewegung lässt die Ideen schneller und leichter fließen. In der Ideenfindungsphase kann eine Reise zu den schönen Plätzen dieser Welt Wunder wirken. Wir können diese Orte auch innerlich über Bilder, Bücher und Dokumentarfilme besuchen. Auch das Schreiben und Skizzieren Deiner Ideen im Zug, in Cafés oder an anderen öffentlichen Orten kann sie auf gesunde Weise befördern.

> *»Abwechslung ist eine gute Medizin für die meisten Leiden.«*
> Christina von Schweden (1626–1689)

Dagegen ist in der Ausarbeitungsphase von Projekten, die vor allem von Fleiß, Ausdauer und Geduld gekennzeichnet ist, der vertraute Schreibtisch am besten geeignet. In dieser Zeit brauchen wir in der Regel eher Ruhe, um die erforderliche Disziplin für die Fertigstellung und den Endschliff des Projekts aufzubringen.

Übung

Der beste Arbeitsplatz der Welt!

Mache Deinen aktuellen Arbeitsplatz für Dich zum besten Arbeitsplatz der Welt. Im großen JETZT gibt es nur den Ort, an dem Du im Moment arbeitest. Durch eine bewusst und gezielt positive Betrachtung des Arbeitsplatzes und seiner Möglichkeiten kannst Du viel verbessern.

Die Erfahrung lehrt, dass die meisten Menschen Stress an dem Ort, an dem sie arbeiten, haben. Von großer Hilfe kann für Euch eine einfache Übung aus dem Trainingsprogramm der Gehirngymnastik (Brain-gym®) sein. Durch das sanfte Halten von Stirn und Hinterkopf kann eine tiefe Entspannung bewirkt werden. Bei Stress ziehen sich unsere Stirnmuskeln zusammen. Deshalb funktionieren dann die normalen, neuronale Verbindungen der Stirnlappen unseres Gehirns nur noch eingeschränkt. Das Stirn-Hinterkopf-Halten fördert die Durchblutung unseres vorderen, kreativen Gehirnteils. Das Halten der Stirn lockert alle Gesichtsmuskeln und ist ein wahrer Jungbrunnen.

So wird's gemacht:

Setze Dich entspannt an Deinen Arbeitsplatz. Halte dann eine Handfläche flach über Deine Stirn unterhalb des Haaransatzes. Lege die andere Handfläche an Deinen Hinterkopf genau an den Übergang von Hals und Kopf. Wähle intuitiv, welche Hand die Stirn und welche den Halsansatz hält. Halte nun Deinen Kopf sanft. Bleibe einige Minuten so und denke an den Schreibtisch. Lass dabei Deinen Blick über Deinen Arbeitsplatz schweifen. Dort, wo Du beim Hinschauen ein wenig Druck wahrnimmst, halte inne. Nimm ein paar tiefe Atemzüge, betrachte den Ort auf Deinem Schreibtisch und warte, bis der innere Druck nachlässt. Behalte den sanften Händedruck des Stirn-Hinterkopf-Haltens bei. Die Übung sollte drei bis fünf Minuten dauern. Diese Zeitdauer ist notwendig, damit die Durchblutung gut angeregt wird.

Mache diese Übung am besten eine Woche lang jeden Morgen vor Deinem Arbeitsbeginn, wenn Du Dich zum Arbeiten an Deinen Schreibtisch setzt.

DEIN COMPUTER – BEWEGUNG TUT NOT

Wir sitzen zu viel am Computer. Für unser sinnliches Gehirn ist diese Form der Tätigkeit schnell langweilig. Wir starren auf den Bildschirm, tippen auf die Tasten und klicken mit der Maus. Wer immer auf den Bildschirm schaut, kann durch die eingeschränkte Sichtweise seiner Augenbewegungen im Gehirn nur wenige Bereiche aktivieren. Die Computerarbeit bringt eine Menge körperliche und damit geistige Starrheit mit sich. Das ist Gift für alle Kreativarbeiter. Abhilfe bringt, die Augen oft vom Bildschirm abzuwenden und sich auf andere Gegenstände auf dem Schreibtisch zu konzentrieren. Am besten und erholsamsten ist es, in das Grün von Bäumen oder auf den Rasen vor dem Fenster zu schauen. Ein Wechsel von Nah- und Fernsicht ist gut für die Augenmuskeln. Zudem hat die Farbe Grün eine entspannende Wirkung auf die Augen. Wenn kein Fenster mit Grünblick am Arbeitsplatz existiert, dann kann man sich eine schöne Postkarte mit Naturbildern aufhängen oder eine Pflanze hinstellen.

Erlaube Dir, viele Kleinstpausen zu machen, in denen Du aufstehst. Bewegung hilft immer, um auf neue Ideen zu kommen, wenn wir zu lange, zu fixiert gearbeitet haben. Auf dem Weg in die Kaffeeküche oder in einer kleine Pause gilt: Mache es wie Hund und Katz. Recke und strecke Dich viel.

ZWEI ARBEITSORTE SIND IDEAL

Die Arbeit am Computer stellt uns vor neue Herausforderungen. Denn hier arbeiten wir oft abgeschnitten von unseren Gefühlen. Gleich, wie viel wir am Computer geschrieben, geschnitten oder entworfen haben – es ist und bleibt nur bedingt greifbar. Die virtuelle Welt können wir nicht anfassen und stapeln. Deshalb solltest Du Dir angewöhnen, Deine Arbeit auch in einer nicht digitalen Form zu materialisieren. Drucke Zwischenentwürfe aus und hänge sie an die Wand. Führe Deine Fotos und Filme Kollegen und Freunden vor oder poste den Teil, der öffentlich sein darf.

Abwechslung zwischen Deinem Computerplatz und einem Ort, der ein altmodisches haptisches Arbeiten erlaubt, bildet eine ideale Kombination für kreatives Arbeiten. Ich habe zwei Schreibtische. Der eine steht in meinem Praxisraum, der andere in meinem Wohnzimmer.

Einer der beiden Schreibtische gehört ganz der Welt des Computers. Er ist fast leer. Griffbereit sind hier meine Festplatten, die Maus und die ganzen Ordner mit den ausgedruckten

Texten und Entwürfen. Sobald ich hier sitze, wechselt mein Arbeitswille in einen anderen Modus. Mein Gehirn arbeitet fleißig und kann die Ideen stundenlang über die Tasten in Texte verwandeln. Ich bin ruhig. Klarheit und Fokussiertheit herrschen hier vor. Hier erledige ich auch den ganzen anfallenden Bürokram.

Der andere Schreibtisch ist halbrund. Hier arbeiten meine Hände bewegter. Ich schreibe, male, skizziere und sortiere mit den Händen, den Sinnen und der Intuition. Es riecht nach Gummiarabicum. Viele bunte Stifte, schöne Notizbücher, Klebezettel in unterschiedlichen Größen und weiches Papier regen an zum Kritzeln. Hier verstreue ich mich. Ich vergesse die Zeit und bastele. Dies ist auch der Ort, an dem die Ideen mich finden. Hier kehrt der Spaß zurück, ich male alles so bunt wie möglich an. Hier herrscht bewegtes Chaos. Die ganze Sinnlichkeit erlaubt, dass etwas Magisches passieren kann. Es gleicht einem Spiel.

Ein Wechsel zwischen diesen beiden Arbeitsplätzen bringt mich auf neue Ideen. Kommt die Müdigkeit, setze ich mich wieder an meinen Ideenort und spiele.

Wenn ich auf Reisen arbeite und nur einen Schreibtisch habe – dann drucke ich die Texte aus und gehe ins Café, in den Park oder setze mich an meinen Lieblingssee. Wichtig ist mir dabei, Tastatur und Bildschirm weit hinter mir zu lassen. Ich trage dann meine Texte und Ideen einfach in meiner Tasche spazieren – manchmal komme ich gar nicht dazu, unterwegs zu arbeiten. So wie Hunde bekommen die Texte, der Skizzenblock und das Diktiergerät ihren notwendigen Auslauf und ich meine körperliche Bewegung. Wenn ich die Textseiten aus der Tasche hole, hat sich etwas verändert. Die frische Luft hat allen gutgetan. Und dann geht die Arbeit wieder leichter von der Hand. Probiere es aus.

INNERE ZWISCHENRÄUME: FINDE DEINE IDEALE KREATIVZEIT

Weißt Du, wann Du am besten arbeiten kannst? Hast Du Lieblingszeiten für stille Kreativstunden? Bist Du eher ein Frühmorgen- oder ein Spätnacht-Typ? Oder ein Wochenendarbeiter oder ein nur Im-Urlaub-auf-der-Alm-Arbeiter? Meist haben Kreative schon in der Kindheit entdeckt, was für sie persönlich der beste Schlaf-, Arbeits- und Essensrhythmus ist. Es gibt für jeden Menschen so etwas wie eine ideale Kreativzeit. Wenn Du unsicher bist, wann Deine optimale Arbeitszeit ist, dann kannst Du auch eine Weile experimentieren.

Es kann sein, dass die Zeitspanne, in der ein kreativer Flow möglich ist, nur sehr kurz ist. Oft sind es nur wenige Stunden. Deshalb solltest Du Dir die Zeit, in der Du gut arbeiten kannst, unbedingt freihalten. Ob hauptberuflich oder mehr in der Freizeit: Deine Kreativzeit sollte Dir heilig sein. Organisiere Deine Zeitpläne so, dass sie Deinen Bedürfnissen entsprechen. Schaue Dir Deinen Terminkalender an, ob Du Deinen individuellen Rhythmus berücksichtigt hast.

BITTE NICHT STÖREN!

Kreativität braucht ihrer Natur nach äußere Ruhe, damit die innere Unruhe belauscht werden kann. Kreative Menschen sind mutige Menschen, denn sie haben keine Angst, immer wieder alleine ins kalte Wasser zu springen. Der kühne Weg des Tiefseetauchens nach den Schätzen, die auf dem dunklen Grund liegen, ist ein stiller Weg. Auch wenn Deine Umwelt vielleicht komisch reagiert: Schirme Dich in Deiner Kreativzeit von äußeren Einflüssen ab. Gerade wenn Du auf einem guten Weg mit Deiner Arbeit bist, kann es zu Beginn Stress und Störung von außen geben. Du kannst lernen, diese äußere Anfangsunruhe zu erkennen und Dich abzugrenzen. Deine Umwelt muss lernen zu respektieren, dass es Zeiten gibt, in denen Du nicht erreichbar bist.

Besonders Dein soziales Umfeld nimmt eine energetische Veränderung in Dir wahr, wenn Du im Flow bist. Kinder, Tiere, aber auch aufdringliche Freunde und Nachbarn spüren dies. Stelle Dir vor, dass alle Dir wichtigen Menschen mit Dir über unsichtbare Fäden verbunden sind. Sie halten sie in der Hand. In dem Moment, in dem Du beginnst Dich zu bewegen, spüren alle »Fädenhalter« diese Bewegung. Alle fühlen etwas, das für sie nicht fassbar ist. Etwas passiert bei Dir, und Du bist im Moment nicht für das soziale Netz verfügbar. Sie interpretieren diese Information jedoch auf unterschiedliche Weise: Die einen kommen vorbei, um kurz zu schauen, ob auch alles in Ordnung ist. Haben sie sich davon überzeugt, dass alles okay ist, dann gehen sie beruhigt. Andere melden sich, um bewusst zu stören. Sie fürchten um ihre Sicherheit. Sie mögen keine Veränderung. Kreativarbeit macht sie zutiefst nervös. Du wirst sehen: Deine Umwelt wird reagieren. Keine Sorge, all das sind gute Zeichen! Nimm es eher sportlich und mit Humor: Du gehst in Dein Atelier, plötzlich beschließt der Hauseigentümer, das Dach neu zu decken, Deine Mutter möchte endlich mit Dir das Testament durchsprechen und eine Freundin hat den größten Liebeskummer aller Zeiten. Sie alle wollen Dich. Und zwar jetzt! Gerade dann heißt es: Weitermachen. Lass Dich nicht abhalten! Alles andere wird etwas später versorgt. Wenn Du im Flow bist, dann lass Dich von nichts ablenken. Deine Antwort auf jegliche Einflüsse von außen heißt: Bitte nicht stören!

> *»Wer von Menschen gestört wird – kann nicht von Engeln besucht werden.«*
> Persische Weisheit

Dieses besondere Phänomen hat mit der Bewegung von Energie zu tun. Je mehr Du mit einem Kreativprojekt bewegst, umso größer können die Störungen sein. Anstatt über die fehlende Ruhe zu stöhnen, habe ich mir angewöhnt, bei anrückenden Straßenbauarbeitern, die das Pflaster aufstemmen, bei Wasserschäden mit lärmendem Trocknen und bei wilden Stürmen mich sofort an die Arbeit zu machen. Ich weiß: Kreative Energie liegt in der Luft – auf geht's! Etwas will eine neue Form finden!

Die andere Form der Störenfriede sind Kreative, die aber gerade eine faule Phase haben. Sie spüren eine sehr attraktive Veränderung, die ihnen irgendwie guttut. Und sie kommen, um Deinen Honig mitzulecken. Deine Devise Deinen guten Künstlerfreunden gegenüber sollte heißen: »Gerne später.« Jetzt wird der Honig erst einmal produziert. Setze höflich, aber bestimmt Grenzen. Bediene Dein Umfeld kurz und knapp, ohne Emotionen zuzulassen: »Ab 16.00 Uhr kannst Du zurückrufen« (die liebeskranke Freundin), »ich bin Dienstag ab 18.00 Uhr zu Hause« (der Besichtigungstermin für die Wohnung) oder »für Dich ab 2067 wieder zu erreichen« (der Exfreund).

Mit Deinem »Nein!«, das Dich im ersten Moment Kraft kostet, schaffst Du auf der anderen Seite den notwendigen Raum für das Neue. Es ist so, als ob Du erst ein Waldstück roden musst, um Platz zu schaffen für ein neues Feld, das Du bestellen möchtest. Richtig ist, dass Raum-Schaffen und Raum-Halten auch Arbeitsenergie und Kraft kosten. Berechne dies mit ein. Beides ist ein wichtiger Teil der schöpferischen Gesamtarbeit.

IN DEN FLOW KOMMEN …

Ausdauertraining: So heißt ein Geheimnis für alle Kreativen, die schnell in den Flow kommen wollen. Oft gehört die Überwindung von unberechenbaren Widerständen einfach dazu. Man kann sie als Muskelaufwärmprogramm verstehen. Wie beim Aufwärmtraining im Sport überwinden wir den inneren Schweinehund. Es kann manchmal länger dauern, bis die Kreativ-Muskeln warm und weich sind.

Eine Zeitungsredakteurin verriet mir: »Ich renne manchmal bis zu eine Stunde um meinen Schreibtisch rum. Es reißt mich immer wieder weg vom Computer. Ich springe auf und laufe ins andere Zimmer, in die Kaffeeküche, auf die Toilette. Hin und her. Wenn mich jemand sehen würde, der würde denken, ich bin verrückt. Ich bin an solchen Tagen fest davon überzeugt, dass ich heute nichts zustande bringe. Ja, schlimmer noch: Es fühlt sich so an, als ob ich nie etwas geschrieben hätte und es nie wieder tun könnte. Irgendwann bleibe ich dann sitzen. Plötzlich kann ich in kurzer Zeit den Artikel schreiben. Der Fluss ist da.«

Um schnell in den kreativen Arbeitsmodus zu kommen, haben die meisten Kreativarbeiter bestimmte Rituale entwickelt. Regelmäßige, gleiche Abläufe sind erprobte Mittel, um Flow möglich zu machen. In der vorbereitenden Einstimmungsphase auf Deine Arbeit kann z.B. das Hören der immer gleichen Musik helfen. Oder ein Kaffee, den Du immer in derselben Tasse servierst.

Beim Anblick der Tasse weiß Dein Unterbewusstsein: *»Es geht jetzt los.«* Die Rituale sollten unkompliziert sein. Von Einstein wird berichtet, dass er zur Arbeit stets den gleichen alten Pullover anzog. Er erklärte einer Freundin gegenüber, dass die Wahl des richtigen Schlipses am Morgen ihn so ablenken würde, dass er es vorziehe, stets im selben Pullover zu arbeiten.

HOCHLEISTUNGSSPORT

Der Flow-Zustand fordert Höchstleistungen von Gehirn und Körper. Flow ist gut mit dem Hochleistungssport der Kurzstreckenrennen vergleichbar. Auch wenn die Distanzen im Rennen nur kurz sind, ist das vorbereitende Training sehr umfangreich. Die Kondition hierzu wird vor allem im Ausdauertraining über lange Strecken aufgebaut.

Im Flow wird unserem Gehirn ein beständiger Spagat abverlangt, denn wir verarbeiten parallel eine große Fülle ganz unterschiedlicher Informationen. Einerseits ist eine absolute, weiche Empfänglichkeit für die kreative Inspiration notwendig. Andererseits müssen wir den Ideenfluss analysieren und schnell auswählen. Dann ist auch die Motorik des Körpers gefragt, um die kreativen Ideen mittels Zeichenstift, Notizblock oder Computer festzuhalten und umzusetzen. Du kannst die Leistung des hochkreativen Flow-Zustands mit einem Schlittschuhlauf vergleichen, bei dem Du einerseits ein Liebeslied komponierst und andererseits laut Deine Jahresabrechnung vorträgst. Das macht schnell müde, und insofern ist die kurze Zeit, in der Flow möglich ist, wirklich wertvoll und schützenswert.

In seinem Standardwerk über Kreativität beschreibt Mihaly Csikszentmihalyi diesen Balanceakt am Beispiel der Schriftsteller: *»Das Schwierige an dem Prozess ist, dass man die Aufmerksamkeit auf zwei widersprüchliche Ziele lenken muss: Man muss aufmerksam auf die leise Stimme des Unbewussten hören und die Botschaft gleichzeitig in eine geeignete Form bringen. Ersteres erfordert Offenheit, Letzteres kritisches Urteilsvermögen. Wenn es einem nicht gelingt, das empfindliche Gleichgewicht zwischen diesen beiden ständig wechselnden Prozessen zu bewahren, versiegt der Schreibfluss. Nach einigen Stunden ist der Schriftsteller davon so erschöpft, dass er seine Aufmerksamkeit auf einen banalen Bereich richten muss.«*[18]

INSPIRATION

Die Kunst der Pause

»Durch das Zuviel-Arbeiten sündigt man am Leben und an der Arbeit selber.«
Paula Modersohn-Becker (1876–1907)

Nach tiefen kreativen Schaffenszeiten ist es wichtig, ausreichende Pausenzeiten einzuplanen. Hier können sich Deine Sinne regenerieren. Die Regeln für eine gute Pause sind: Ortswechsel, nicht über das Getane nachdenken und spielen! Besonders für Frauen gilt: Viele kleine Kurzschläfchen! Studien belegen, dass ein kurzes Ruhen sie schnell fit für ihre anschließende Arbeit macht.

GESCHICHTEN

Geschichten, die das Leben schreibt: Erst die Arbeit – dann das Vergnügen!

Die Künstlerin, die vor mir sitzt, ist Mitte 50. Kyra ist Malerin. Eine lebendige blonde Frau, die bereits auf ein erfolgreiches Künstlerleben zurückschauen kann. Sie ist traurig, weil sie schon länger nicht gearbeitet hatte. Ich lasse mir ihren Alltag schildern. Ihr gehört ein

18 Mihaly Csikszentmihalyi (2007), S. 374, S. 375.

kleines Bauernhaus im Münsterland, dessen Nebengebäude sie vermietet. Von hier kommen ihr Geld für den Lebensunterhalt, aber auch die ganze Arbeit und ihre Sorgen. »Ich habe immer irgendwas mit den Mietern zu tun – ins Atelier komme ich gar nicht mehr.« Ich frage Kyra, wann sie früher gut malen konnte. »Morgens. Nach dem Frühstück. Ich habe dann immer bis gut nach der Mittagszeit gemalt. Heute ist es anders. Ich nehme mir ganz fest vor zu malen. Dann möchte ich nur noch einige kleine Dinge erledigen – und schon ist es vorbei.« Als ich nachfrage, was das für kleine Dinge sind, sagt sie, dass sie noch die Nebenkostenabrechnung erstelle, Handwerkern hinterhertelefoniere und die Küche aufräume. »Ich muss das so machen. Ich fühle mich sonst irgendwie schuldig, wenn ich gleich anfange zu malen.«

Ein klarer Fall von: *»Erst die Arbeit – dann das Vergnügen!«* Manche Frauen denken, dass die Dinge, die ihnen Freude machen, keine wirkliche Arbeit seien. Erst wenn der Haushalt gemacht, die Familie versorgt sei, dann sei es ihnen erlaubt, sich dem zu widmen, was Freude mache. Wenn ihnen ihre Arbeit Freude macht, so wie der Malerin Kyra, dann können diese Frauen einen inneren Konflikt erleben. Durch Kyras Erziehung wurde früh klar festgelegt, was als Arbeit definiert ist – und das ist zuerst die Hausarbeit. Meiner Erfahrung nach trifft das vor allem Frauen, die zu Hause arbeiten. Schnell geraten sie hier in Versuchung, erst den Haushalt zu versorgen – um dann den Rücken frei zu haben. Das ist aber ein Trugschluss, der so nicht funktioniert. Hier könnte eine gezielte Umprogrammierung des Unterbewusstseins hilfreich sein. Das ist aber nicht einfach. Denn Frauen sitzen Hunderte von Generationen fleißiger Ahninnen im Nacken, die hier still ihre Spuren hinterlassen haben. Wir denken, wir seien frei, aber ein Teil von uns handelt fremdbestimmt. Wir folgen den Wegen unserer Ahninnen – ohne es bewusst zu merken.

Frauen haben gelernt: Alles, was Freude macht, kann keine Arbeit sein. Kreativität und Kunst von Frauen ist nicht erwünscht. Die Schriftstellerin Jane Austen musste ihre Texte vor ihren Verwandten und der Dienerschaft verstecken. Kam jemand ins Zimmer, deckte sie schnell ein Löschblatt über ihre Seiten. Dann holte sie die zierliche Handarbeit, die ihr erlaubt war, heraus und stickte, und die Welt war nach außen in Ordnung. Auch wenn in Europa Frauen seit über hundert Jahren Bibliotheken, Hochschulen besuchen und Männerberufe ergreifen, heißt das nicht, dass die Erinnerungen der alten Beschränkungen der Generationen vor uns keine Macht mehr haben.

Bei Kyra greift das alte Muster: »Erst die Arbeit, dann das Vergnügen.« Die Muster funktionieren wie Lochkarten in einer Spieluhr. Sobald sie aktiviert sind greifen sie. »Ich räume nur noch schnell die Spülmaschine aus«, sagt unsere innere ordentliche Hausfrau und dominiert über unsere innere Künstlerin. Und schon ist der eine Moment des Einstiegs in den Flow verpasst. Der Gedanke, noch schnell den Haushalt zu erledigen, ist eine Illusion. Hier ist ein Boykottprogramm im Einsatz. Unser Gehirn gaukelt uns vor, dass wir danach »ja dann in Ruhe arbeiten könnten«. Kreatives Arbeiten folgt jedoch anderen Gesetzen als der Haushalt. Wenn wir uns erst mal mit den ganzen Rechnungen beschäftigen, sind »Abarbeitungsstrukturen« im Gehirn aktiv. Der sublime Kreativkanal ist zu. Ein Umschalten auf die feine Inspiration ist danach fast unmöglich.

Ich bespreche mit Kyra einen neuen Stundenplan für ihre Kreativzeit. »Es hat ein bisschen mit Training zu tun«, erkläre ich Kyra. »Jedes Mal, wenn Sie planen zu malen, dann lassen Sie sich durch nichts und niemanden davon ablenken. Ihre richtige Arbeit ist heute Ihr Malen! Auch wenn Sie nur wenig Zeit haben, verbringen Sie täglich Zeit im Atelier. Zwingen Sie sich dorthin. Die ersten Tage können schwer sein. Schieben, ziehen und schleppen Sie sich ins Atelier. Und wenn Sie dort auch nur Pinsel sortieren. Irgendwann wird die Muse Sie abholen, und Sie können wieder malen.«

Als sie das nächste Mal kommt, berichtet sie: »Das ist mir wirklich schwergefallen. Es hat über zwei Wochen gedauert, das Geschirr in der Küche stehen zu lassen. Ich habe stattdessen die Hausarbeit ins Atelier geholt. Ich habe begonnen, morgens das Atelier aufzuräumen, zu putzen bis hin zu den Fenstern. Malen ging am Anfang gar nicht. Beim Aufräumen habe ich aber viele echt gute alte Arbeiten wiederentdeckt. Ich habe dann einfach begonnen, an den Arbeiten weiterzumalen, die noch nicht fertig sind. Das ist jetzt das Richtige für mich.«

Alte Gewohnheiten und Widerstände abzulegen ist zweifelsohne sehr schwer. Ich empfehle ihr: »Werden Sie in Ihrer künstlerischen Arbeit ein ›ordentliches Mädchen‹ und stellen Sie den Haushalt hinten an.« Kyra schaut mich grinsend und auch erleichtert an: »Erst das Vergnügen, dann der ganze Haushalt?« – »Ganz genau. Jeden Tag!«

DIE KREATIVSCHLÜSSEL DES DRITTEN GEHEIMNISSES:

Kreative Ideen sind flüchtig.

Trainiere, ihre zarte Sprache zu entschlüsseln:
wertschätzen – hinfühlen – benennen – notieren.

Kreativität bringt Fülle. Lerne, Dich mit dem
Überfluss der Natur wohlzufühlen.

Notiere Deine schöpferischen Ideen in einem Notizbuch.

Schreibe Deine nächtlichen Träume auf.

Ordne Deinen Arbeitsplatz so, dass er Dich unterstützt.

Bewege Dich geschmeidig zwischen Ordnung und Chaos.

Verleihe Deinen Aktivitäten ein persönliches Muster.

Finde Deine ideale, kreative Arbeitszeit.

Wenn Du im Flow bist, dann lass Dich von nichts
und niemand ablenken.

Ein kreatives Leben bedarf eines eigenen Platzes,
Raumes oder einer Werkstatt.

Kreativkontemplation: Schmetterlinge anlocken

Schmetterlinge sind die Diven unter den Insekten. Sie sind kaum in ihrem Verhalten zu berechnen. Wer einen Garten, Balkon oder Blumenkasten vor dem Fenster hat, kann durch bestimmte Pflanzen Schmetterlinge anlocken. Es lohnt immer, sich um diese Mitgeschöpfe besonders zu bemühen. Denn dort, wo Schmetterlinge sich tummeln, geht es der Natur gut. Schmetterlinge sind auch ein Indikator für die nicht so sichtbare Artenvielfalt.

Am besten lassen sich Tagfalter mit Schmetterlingsflieder ködern. Diese strauchartige Pflanze ist sehr vielseitig und insbesondere für viele verschiedene und vor allem auch stadtgängige Arten ein guter Lockvogel. Sie kann den ganzen Sommer über blühen. Es gibt sie auch schon in kleinen Zwergvarianten, sodass sie sich auch gut auf dem Balkon pflanzen lässt. Schmetterlingsflieder riecht wunderbar leicht nach Vanille. Die langen, doldenförmigen Blüten haben die typischen Fliederfarben: Dunkellila, kräftig Lila und Weiß. Die Blüten ziehen magisch Schmetterlinge an. Wenn die Blüten verblüht sind, sollten sie abgeschnitten werden. Dann wachsen neue nach. Gut tut ihnen auch, sie sanft während der Blüte nachzudüngen.

Schmetterlingspflanzen sind außerdem Zierdisteln, Schleierkraut, Anis-Ysop, Fetthenne, Sonnenblume und Sonnenhut. Schmetterlinge lieben Landungs- und Verweilmöglichkeiten sowie etwas Schutz. Gut geeignet sind dafür Küchenkräuter (z.B. Dill, Salbei, Thymian), die man ausblühen lassen kann. Kletterpflanzen bieten Faltern oft gute Nahrung, zieren die Wände und verbessern das Mikroklima. Auch Blumen in Töpfen mit besonderem Duft bieten Schmetterlingen Nahrung.

Einige Samenhändler bieten auch Saatmischungen wie »Schmetterlingswiese« als Tütensamen an. Diese können zwischen die Balkonblumen oder auf Beete und Wiesen ausgesät werden.

Alle anderen Lockmittel sind komplizierter. Schmetterlinge lieben auch gärendes Obst. Deshalb sind sie häufig im Spätsommer auf Streuobstwiesen zu finden. Den Admiralfalter – gegebenenfalls auch den Trauermantel – können wir in ihrer Flugzeit und bei ihrem Flugwetter mit überreifen Früchten anlocken. Nachtfalter sind schwieriger anzulocken. Sie scheinen sich eher für Gäriges, leicht Alkoholisches zu interessieren. Sollte Interesse bestehen, sie zu locken, kannst Du es mit einer Mischung aus dunklem Bier, Honig oder Sirup, der möglichst gärig sein sollte, versuchen. Mit diesem Gebräu kannst Du auch Obststücke bestreichen und aufhängen. Aber Vorsicht! Wen oder was man noch mit in den Garten oder auf den Balkon lockt, dafür übernehme ich keine Verantwortung. Ein Schmetterlingsexperte aus der Karibik schwor auf dieses Rezept: Nimm fünf überreife Bananen. Schneide sie längs auf und lege sie in zwei Tassen Rum ein. Dazu kommt noch eine Tasse brauner Zucker. Alles fünf Tage abgedeckt gären lassen und dann in flachen Schalen aufstellen. Ich hatte mit diesem Gebräu eher zweifelhaften Erfolg. Vor allem die Wespen waren interessiert, die Schmetterlinge blieben außer Sichtweite. Eine Elster fraß den Rest.

Während der beiden Wochen, die ich an diesem Kapitel schrieb, besuchte mich in meiner Dachwohnung in Oberbayern jeden Tag ein Admiralfalter. Er flog immer zur ähnlichen Zeit an und setzte sich auf meinen Fensterrahmen. Er blieb dort und winkte ab und zu mit seinem wunderschönen Flügel. Ich bin mir sicher, es war immer derselbe. Ich bin seitdem der Meinung, dass wir wenig über Schmetterlinge wissen, sie aber viel über uns.

Das 4. Geheimnis: Energie folgt der Absicht

DIE KREATIVE KRAFT DER FÜLLE

KALLI MACHT ALLES MÖGLICH

»Geht nicht – gibt es nicht!« Kalli weiß, dass es immer viele Lösungen und Wege gibt. Diese Muse liebt die Abwechslung. Deshalb hat sie viele Spitznamen. Einer davon ist Kalli. Ihr eigentlicher Name Kalliope bedeutet auf Altgriechisch *»die Schönstimmige«* und verrät ihre Vorliebe für harmonische Stimmen. Kalli liebt lange Reden und viele Worte. Denn sie ist die Muse des Epos, aller schreibenden Künste und der Wissenschaft. Gerade deshalb schätzt sie es, die Dinge auf den Punkt zu bringen: *»Lange Rede – kurzer Sinn«*, scherzt sie gerne. Sie flüstert uns zu: *»Alles wird möglich, wenn Du den Gesetzen der Fülle folgst.«* Diese sind: *»Wenn Du reich sein möchtest – sei großzügig. Wenn Du klug sein möchtest – sei einfach. Wenn Du stark sein möchtest – sei freundlich.«* Kalli liebt die opulente Schönheit der Sprache, einen gelungenen Rhythmus und eine angenehme Stimme. Nichts beglückt sie mehr als harmonischer Gesang, gut vorgetragene Gedichte und stimmige Texte. So konnte der griechische Gott Apoll sie leicht mit der Schönheit seines Gesanges verzaubern und verführen. Kein Wunder, dass die Söhne der beiden, Orpheus und Linos, Meister der Musik sind.

Kalli ist als älteste der neun Musenschwestern eine gefragte Autorität. Ihre Stimme hat Gewicht und ihre Weisheit ist sprichwörtlich. Oft wird sie als Richterin im Streit hinzugezogen. So auch als sich Aphrodite und Persephone um den schönen Jüngling Adonis stritten.

An Kalli kommt niemand vorbei, der sich mit kreativen Ideen beschäftigt. Denn sie ist die Muse, die weiß, wie es geht. Sie inspiriert die Form, die Manifestation und den Ausdruck der Ideen. Sie tränkt unseren Kopf- und Bauchverstand mit ihrer großen Klarheit. Sie ist sofort dabei, wenn es darum geht, den Herzenswünschen und Träumen zu folgen. Mit ihrer Weitsicht trennt die Richterin unter unseren Wünschen schnell die Spreu vom Weizen. Kalli fragt immer direkt: *»Was wünschst Du Dir wirklich? Sind dies Deine wahren Herzenswünsche?«*

Und dann flüstert sie Dir noch ins Ohr: *»Alles ist möglich: Befreie Deine Träume von der Fessel des Geldes. Vertraue und folge Deinen Herzenswünschen. Fühle die Kraft hinter Deinem Traum. Folge unbeirrt diesem Gefühl. Es wird Dich führen. Und dann trinke aus dem Fluss der Fülle.«*

DAS LEBEN IST REICH: LÖSE DEINE TRÄUME VOM GELD

»Ich lebe ein reiches und erfülltes Leben«, sagte eine Filmemacherin einmal, die wegen Geldproblemen zu mir kam. Sie fuhr schmunzelnd fort: »Es wäre hilfreich, wenn ab und an etwas mehr Geld da wäre.« Damit hatte sie es auf den Punkt gebracht. Wahrer Reichtum bemisst sich an Lebensqualität und nicht an Geld.

Geld ist Energie. Sie sollte fließen dürfen. Ich weiß aus eigener Erfahrung, dass unser Leben von seiner Natur her Hülle und Fülle bedeutet. Ich habe erlebt, dass Geld immer da ist und dann kommt, wenn es wirklich für Projekte und neue Schritte in ein erfüllteres Leben gebraucht wird. Es sollte aber nicht im Mittelpunkt stehen. Die wenigsten Menschen nutzen ihre Fantasie, Ausdauer und Geduld, um mit dem Thema Geld anders umzugehen. Und genau das ist wichtig! Wir brauchen ganz neue Wege im Umgang mit Geld. Eine lebendige Kreativität ist ein Schlüssel dazu. Wer seine Fähigkeiten ins Leben einbringt, sich authentisch ausdrückt, das, was er tut, gerne tut und sich in seinem Körper wohlfühlt, der wird unweigerlich das, was er braucht, anziehen und auf sich lenken.

> »Werde ein Glücksmillionär!«
> Paramahansa Yogananda (1893–1952)

»Arbeitest Du hauptsächlich, um Geld zu verdienen?« Wenn Du hier mit Ja antwortest, dann hast Du vielleicht eine der wichtigsten Lektionen noch nicht gelernt. Wenn Du für Geld arbeitest, dann bekommst Du vielleicht einiges zusammen. Aber das Geld kann Dich nicht befriedigen, es macht auch nicht glücklich und es kann verloren gehen. Geld zu haben bleibt stets ein Mittel, und es kann nie das Ziel sein. Unsere Körperintelligenz weiß da mehr als unser Denken. Geld interessiert unseren Körper schlichtweg nicht. Geld haben ist für ihn kein überzeugendes Ziel. Diese Absicht versteht er nicht. Denn unser Körper möchte nicht etwas haben. Er möchte etwas tun und ausdrücken.

Zufriedenheit und Erfüllung kommen, wenn wir unser Leben selbst gestalten, unsere Berufung leben und sie mit anderen teilen. Der Kreativitätsforscher Mihaly Csikszentmihalyi stellte nach seiner groß angelegten Studie über Hochkreative schlicht fest: »*Keiner strebte nach Geld oder Ruhm. … Was sie glücklich machte, war, dass sie für etwas bezahlt wurden, das ihnen ungeheuren Spaß machte, und dass dieses Handeln ihnen auch noch das Gefühl gab, etwas Sinnvolles zu tun.*«[19]

Frage Dich heute: »Was kommt unterm Strich bei meiner Art, das Leben zu gestalten, an Lebensqualität raus? Bin ich zufrieden, erlebe ich Freude bei meiner Arbeit und in meiner Freizeit?« Wenn nicht, dann hast Du jetzt alle gestalterischen Möglichkeiten, Dein Leben zu verändern.

Jede kreative Arbeit, so klein oder so groß sie auch ist, ist wertvoll. Nur wenn Neues entwickelt wird, können wir die Probleme der Gegenwart lösen. Gutes Tun, gesundes Denken und sich über sein persönliches Umfeld hinaus einsetzen schaffen Sinn und fördern unsere Lebendigkeit und innere Beweglichkeit. Menschen haben das Grundbedürfnis, etwas Sinnvolles für andere Menschen zu tun und ihrem Umfeld etwas zurückzugeben. Es macht unseren Körper und unsere Seele glücklich. Klinische Studien haben nachgewiesen, dass Menschen, die sich für andere einsetzen, z.B. im Ehrenamt, weniger an Herz-Kreislauf-Erkrankungen leiden.

VERTRAUE DEINEN TRÄUMEN

»Denn was auch geschieht, die Zukunft ist heute untrennbar mit der menschlichen Kreativität verknüpft. Das Ergebnis wird zu einem großen Teil von unseren Träumen bestimmt werden und von den Anstrengungen, die wir unternehmen, um diese Träume wahr zu machen.«, so Mihaly Csikszentmihalyi.[20]

»I have a dream« – ich habe einen Traum. Der Ausspruch aus der berühmten Rede von Martin Luther King berührt uns heute noch. Er hatte den Traum von einer besseren Welt, in der Frieden, Respekt und Liebe unter den Menschen herrschen.

Lebensträume sind ernst zu nehmende Angelegenheiten. Ein Lebenstraum erfordert Deine ganze Herzintelligenz. Deine Träume haben mit Deiner individuellen Lebensaufgabe und Berufung zu tun. Sie sind ein sicherer Navigator durch den Dschungel Deiner Lebenswünsche. Lebensträume haben eine besondere Kraft. Sie sagen: »Natürlich kannst Du das. Und Du darfst es Dir wert sein. Du hast etwas Wichtiges anzubieten.« Daher ist es wichtig, dass Du Deine Träume verwirklichst. Denn Deine kleinen Träume sind ein Spiegel eines

19 Mihaly Csikszentmihaly (2007), S. 180

20 Ebenda S. 412

viel größeren Traums. Lebensträume speisen sich aus einer anderen Quelle als unsere kleinen Alltagswünsche. Hinter jedem Lebenstraum steht das Energiefeld eines größeren Traums. Um es anders auszudrücken: In Deinen Träumen lebt und bewegt sich ein Teil der geistigen Evolution der Menschheit.

BEFREIE DEINE TRÄUME VOM GELD

Erst kommt immer das Was und dann das Wie! Löse Deine kreativen Vorhaben von der Sorge um Geld. Das bedeutet: Nimm Dir die Freiheit, erst einmal ohne das Thema Geldbeschaffung Deine Träume zu träumen. Gib Deinen Visionen die Möglichkeit, ohne Einschränkung eine Form zu finden. Erlaube Dir zu sagen: »Ich verwirkliche meine Träume.« Lass Geld in der Anfangsphase kein Hindernis sein! Beginne Deine Projekte in dem Bewusstsein, dass das Geld folgen wird. Nutze Deine Kreativität, um das Beste anzustreben und das Mögliche zu tun.

»Stecke Dein Interesse nicht ins Geld, sondern Dein Geld in Deine Interessen.«
Oliver Wendell Holmes (1841–1935)

Der Mensch hat das Geld erfunden. Eigentlich sollte er seine Erfindung auch verstehen, nutzen und beherrschen. Längst ist das Gegenteil der Fall. Geld an sich ist nur ein Tauschmittel. Früher tauschten die Menschen Muscheln, Perlen oder Felle. Heute sind es Papierscheine, Münzen und Plastikkarten, die uns alltäglich auf unseren Einkäufen begleiten. Geld in dieser Form ist ein Teil der Gesellschaft und der Epoche, in der wir gerade leben. Mehr nicht. Die amerikanische Wirtschaftswissenschaftlerin Hazel Henderson brachte es auf den Punkt: *»Jeder weiß, dass Geld an sich wertlos ist. Geld ist das System, das uns hilft, den Überblick über unsere geschäftlichen Transaktionen nicht zu verlieren.«*[21]

Es ist ein Ammenmärchen zu denken, dass Menschen mit viel Geld in ihrer freien Zeit gute Kunst schaffen und weltbewegende Ideen verwirklichen. Es kommt vor, ist aber eher selten. Häufiger kommt es vor, dass Menschen auch in schwierigen Situationen Großes schaffen. Der Maler August Macke beispielsweise schuf eines seiner schönsten Bilder, eine Herde von blauen Pferden, auf einem kleinen unbeheizten Dachboden, den ihm ein Bauer sehr günstig überlassen hatte.

Der Mythenforscher Joseph Campbell beschreibt, dass er in seiner kreativsten Forschungszeit fast überhaupt kein Geld hatte. Jemand hatte ihm für seine Arbeit eine Hütte ohne Strom und fließend Wasser überlassen. Weil Campbell kein Geld für Bücher hatte,

21 Hazel Henderson zit. in Mihaly Csikszentmihalyi (2007), S. 424 f

bat er die Verlage um Buchspenden. Und tatsächlich schickten sie ihm Bücher. Viel später, als er als erfolgreicher Wissenschaftler an Universitäten lehrte, schickte er den Verlagen, die so großzügig geholfen hatten, das Geld für die Buchgeschenke zurück. Joseph Campbells großartige Forschungen über die Mythen der Menschheit sind bis heute Pflichtlektüre für alle Kreativschmieden, so z.B. auch für Steven Spielbergs Filmteam.[22]

Grundsätzlich gilt: Wenn Du einen Traum hast, dann ist seine Umsetzung möglich. Sonst hättest Du ihn nicht. So einfach ist das. Du und nur Du allein hast diesen Traum aus einem bestimmten Grund, den wir nicht genau kennen. Träume und Herzenswünsche sind erfüllbar – vielleicht nur ganz anders, als Du denkst. Vielleicht ist die Umsetzung in einer anderen, übertragenen Form ganz leicht möglich.

Es ist wichtig, seine Träume mit Weisheit anzuschauen und zu lesen. Aus diesem Grunde steht am Anfang erst einmal eine Aufräumaktion. Es geht darum, Deine Träume genauer zu untersuchen und zu sortieren. Schau hin: Meine-Träume-Deine-Träume! Frage Dich: »Wer träumt denn da? Bin das wirklich ich? Oder ist das ein alter Traum meiner Eltern? Meines Chefs? Der Gesellschaft? Meiner Bausparkasse? Wen habe ich schon immer bewundert für seine/ihre Pläne? Kann es sein, dass ich versuche, diese fremden Träume zu verwirklichen?«

Wirkliche Träume unseres Herzens haben eine besondere Kraft, die uns selbst überraschen kann. So wie bei Sonja: »Eigentlich wollte ich nur einen Ponyhof leiten«, lachte Sonja, als ich mit ihr über Herzenswünsche sprach. »Jetzt leite ich ein Kinderhospiz. Hier fließt die Liebe, die Lebensnähe und Schönheit der Beziehungen, die ich mir immer in meiner Arbeit gewünscht habe. Und ein Pony haben wir auch.« Sonja hätte sich ursprünglich nie zugetraut, diesen Weg zu gehen. Sie versuchte monatelang den richtigen Pferdehof zum Kauf zu finden, und es wollte einfach nicht klappen. Als die Anfrage kam, ob sie sich vorstellen könne, vorübergehend das Hospiz in der Nachtbarschaft mit aufzubauen, sagte sie zu ihrer Überraschung sofort zu. »Ich weiß gar nicht, wie mir geschah. Etwas in mir sagte laut: ›Ja.‹ Ich habe mich in dem Moment gewundert, dass ich das war, die hier Ja sagte, und mit welcher Inbrunst das Ja aus mir kam!«

Ein wirklicher Herzenswunsch ist meist etwas ganz anderes, als Du auch nur ahnst. Hier scheint die Kraft Deines höheren Selbst durch. Und das träumt etwas andere Träume als Deine Eltern, Deine Partner und Deine Freunde. Es träumt von wahren Erfahrungen und tiefen Begegnungen in Liebe mit der Schöpfungsenergie.

KREATIVITÄT IST EINE GUTE KNETMASCHINE

Es ist eine Grundregel dieser Welt: Es ist immer alles da. Vielleicht nur nicht gerade an der Stelle, an der Du suchst. Du folgst einer Idee, und dann offeriert Dir Dein Gehirn alle bekannten und naheliegenden Möglichkeiten. Die Lösungswege sind aber nur die, die Dein

22 Joseph Campbell (2007), S. 101

Gehirn schon gespeichert hat, mehr nicht. Und an dieser Stelle geben die meisten Menschen schon auf.

So können Dein Denken und Dein innerer Analytiker beispielsweise vorschnell abwinken, wenn ein Projekt nicht finanzierbar zu sein scheint. Dabei ist es lediglich so, dass Du die notwendigen Lösungen vielleicht noch nicht kennst.

Jetzt kommt Deine Kreativität ins Spiel. Denn für alle kreativen Köpfe gilt, ein »Geht nicht – gibt's nicht«. Kreativität findet Lösungswege, wenn Du ihr Raum gibst. Diese Kraft wird Deine Vorhaben und Projekte so lange drehen, wenden und kneten, bis eine neue, umsetzbare Form entstanden ist. Das liegt in der Natur des Menschen. So funktioniert Evolution. Du folgst einer Idee, sie erscheint auf den ersten Blick nicht durchführbar. Du modifizierst sie, und schon ist etwas Neues entstanden. Der kreative Prozess braucht diese Aufbauphasen.

GUT ZU WISSEN

Das richtige Ziel im Fokus – wie mit Beharrlichkeit Wunder möglich werden

Vielleicht können wir hier ein wenig aus der Geschichte lernen. Sie lehrt uns: Die Materie, die wir bearbeiten, ist ihrer Natur nach zäh. Fast ausnahmslos jedes Vorhaben benötigt weit mehr an Geld, Kraft und Zeit als ursprünglich veranschlagt. Betrachten wir beispielsweise die großen Bauten der Menschheit. Hier lehren uns die Archäologen, dass es bei fast allen großen Bauprojekten, so z.B. den Hängenden Gärten in Babylon oder den Pyramiden, Geld- oder Goldknappheit gab. Oder es herrschte einfach Materialmangel, an Steinen oder Arbeitskräften. Gleiches gilt für die Großprojekte unserer Zeit, gleich ob Elbphilharmonie in Hamburg oder der Berliner Flughafen. Auch hier erweist sich die Materie als zäh, und die Fertigstellung wird wieder und wieder verschoben. Was hilft, diese Durststrecken zu überwinden, ist der klare Fokus auf das Ziel bzw. den Traum. Dort, wo der Fokus fehlt oder durch rein merkantile Interessen ersetzt wird, kann sich der Abschluss der Bauarbeiten hinziehen. Deshalb ist es von zentraler Bedeutung, den Fokus auf das richtige Ziel zu konzentrieren. Erinnere, dass sich unser Körper nicht für Geld interessiert. Übergeordnete Ziele, die dem Gemeinwohl dienen, interessieren ihn hingegen sehr. So sehr, dass sein Immunsystem gleich besser arbeitet.

Dort, wo wir unsere Konzentration bündeln, dort entwickeln sich unsere Projekte und werden zur Wirklichkeit unserer Welt. Schauen wir noch einmal in die Antike: Es war der Traum eines Ehemannes, der seiner Gemahlin Semiramis Freude schenken und ihr Heimweh nach den grünen Hügeln ihrer Heimat heilen wollte. Deshalb plante er blühende Palmgärten mitten in der Wüste. Sein Traum machte Unmögliches wahr: grüne Schönheit, plätscherndes Wasser und ein angenehmes Leben. Für das Weltwunder der Hängenden Gärten von Babylon musste kilometerweit das Wasser durch Kanäle und über Brücken geleitet werden. Zwischendurch kam es immer wieder zu Baustopps. Die Ressourcen waren einfach verbraucht. Wir lernen aus der Geschichte: Es scheint immer zu wenig Geld oder ein anderer Energiemangel da zu sein. Das hat unsere Vorfahren nicht abgehalten. Sie machten weiter. Mit einer solchen Beharrlichkeit können Weltwunder erschaffen werden. Daher sollten wir uns nicht abhalten lassen und unseren Träumen folgen.

MERKE

Das Geheimnis des Erfolgs liegt in unserer Art, wie wir den Fokus halten. Wer klar ausgerichtet auf ein Ziel hin lebt und arbeitet, erschafft im feinstofflichen Feld eine Art Sog, nach dem sich die bewegliche Materie dann ausrichten kann. So ordnet sich die materielle Ebene neu.

MACHE, WAS DU WILLST, ABER BEHALTE DEINEN BROTJOB!

ALLES FÜR DIE KUNST!

»Ein Leben nur für die Kunst!« Ein Leben für die wahre Berufung! Viele Kreativarbeiter denken in alten, festgeschriebenen Bahnen. Sie glauben, dass kreativ zu arbeiten ihnen gewisse radikale Entscheidungen abverlangt. So, als müsse es zu einem bestimmten Zeitpunkt einen besonderen inneren Ruck geben, der Sie »zwingt«, sich ganz und gar dem kreativen Schaffen zu widmen.

Diese Vorstellung stammt aus der Epoche der Romantik. Der wahre Künstlerheld hatte sich einem Parzival gleich auf eine lange, einsame Gralsreise zu begeben. Dieses archetypische Bild des Künstlers als tragischen Helden treibt heute noch viele Kreativschaffende um. Das gilt für Kunstarbeiter genauso wie für »Normalos«, die sich auf den Weg machen, ihre Kreativität zu leben. Sie denken, Kreativität und Kunst fordere Opfer. Für die Kunst, so diese Vorstellung, muss den Freuden der äußeren Welt entsagt werden.

Wahr ist etwas ganz anderes: Wir haben eine Wahl! Wir entscheiden, wie wir unseren kreativen Ausdruck gestalten. Das kreative Schaffen fordert von uns nicht diese radikale Lebensweise. Es gilt glücklicherweise: Man darf als Kreativarbeiter und Kunstschaffender auch weiche Wege gehen.

Das Bild des heroisch kämpfenden Künstlers, der mit sich, dem Leben und der Berufung ringt, ist uralt. Es ist selbst häufig Thema in der Kunst geworden. Dies war eines der Lieblingsmotive unserer Urgroßeltern. So erfreute sich in den Wohnzimmern der Gründerzeit das Motiv »Venus und Tannhäuser« allergrößter Beliebtheit, waren doch Wagneropern en vogue. Das Sujet erlaubt die verlockende Kombination von nacktem Rubensfrauenfleisch neben einem verzweifelt ringenden Künstler. Der Held Tannhäuser muss sich in der Schlüsselszene mit allen Kräften aus den Armen der Liebesgöttin Venus losreißen. Die Liebesgöttin – Symbol für die äußere Welt – will ihn nicht fortlassen. Aber in einem Moment der geistigen Klarheit reißt sich Tannhäuser los. Er entschließt sich mannhaft, der Verführung durch Venus zu entsagen. Die Kunst hat gesiegt. Nicht ohne Bedauern, wie man in seinem Gesicht lesen kann, aber mit heroisch-männlichem Freiheitsdrang. Tannhäuser entflieht den sinnlichen Verstrickungen der Liebe und eilt zur Wartburg – gerade noch

rechtzeitig, um hier im berühmten Sängerwettstreit mitzusingen.

Wir dürfen von unseren Vorfahren lernen. Wir müssen nicht so verzweifelt und mit Entsagung um unsere Kreativprojekte ringen. Für uns darf gelten: Nicht entweder – oder sondern sowohl – als auch.

NICHT ENTWEDER – ODER, SONDERN SOWOHL – ALS AUCH

Auf der einen Seite Geld verdienen und auf der anderen Seite der kreativen Berufung folgen? Geht das überhaupt? Und wie soll das auf Dauer gehen? Es geht! Es gleicht ein wenig dem Job der berufstätigen Mutter. Es ist aufregend, wir jonglieren die unterschiedlichsten Aufgabenbereiche und wir können auf diesem Wege ein wirkliches Supertalent werden. Von guten Jongleuren lernen wir Flexibilität in allen Lebenslagen. Die Kunst des Jonglierens lehrt uns, weich nach allen Seiten vor- und zurückzutreten. Nur derjenige, der flexibel in Bewegung ist, achtsam den Ball fängt und gleich wieder loslässt, hält alle Bälle in der Luft.

Dein Brot-und-Butter-Job ist notwendig! Stelle ihn nicht infrage. Er erlaubt Dir, Dich der Verwirklichung Deiner Ideen zu widmen. Der Brot-und-Butter-Job hält Dir finanziell den Rücken frei. Beide Tätigkeiten zusammen können ein ideales Modell sein. Wenn Du den Wunsch hast, allein mit Deiner Kreativität Dein Geld zu verdienen, kannst Du an der Umsetzung arbeiten. Das wird aber vermutlich einige Zeit dauern. Bis dahin bleibe auf jeden Fall berufstätig. Suche Dir einen Brotjob, der entweder so unkompliziert ist, dass er Dich nicht zu sehr erschöpft. Oder der Job kann, zumindest teilweise, der Ort für die Umsetzung Deiner kreativen Ideen sein. Hier kannst Du kleine Kreativitätsinseln entwickeln.

Wer in mehreren Jobs und Berufen unterwegs ist, dessen Arbeit kann auf vielseitige Weise von den entstehenden Synergieeffekten profitieren. Dein Brotjob hat zudem einen weiteren Vorteil. Er bringt Dich in die Mitte eines sozialen Lebens und verhindert ein seltsames Eremitendasein im einsamen Kreativkämmerlein. Davon profitiert dann wieder Dein kreatives Schaffen.

Kunst und Kreativität gedeihen auch bei begrenzter Zeit und Geld gut. Das sind Erfahrungswerte. Immer wieder erlebe ich bei meinen Klienten, dass sie gegen ihren Brotjob ankämpfen, ja ihre ganze Arbeitssituation vehement ablehnen. Sie kämpfen den Entweder-oder-Kampf. Kämpfe nicht gegen die schwierigen Umstände, sondern für die Verwirklichung Deiner Ideen und Projekte. Sage Dir: »Gleich, was in meinem Leben los ist – ich verwirkliche meine Ideen. Meine Brot-und-Butter-Jobs unterstützen mich dabei.«

ÜBUNG

Den Brotjob integrieren

Diese kleine Übung hilft Dir dabei, effektiv Deine unterschiedlichen Arbeitsfelder zu integrieren und den Stress, mehrere Tätigkeiten auszuüben, zu reduzieren.

So wird's gemacht:

Schreibe auf einen Zettel die Bezeichnung Deines Brotjobs und auf den anderen Zettel Deinen Kreativjob (z.B. Bürokauffrau, Fotografin)

Integration:

Lege nun beide Zettel in einigem Abstand auf den Boden. Gehe dann mit langsamen Schritten in Form einer liegenden Acht um die Zettel herum. Die Richtung, in der Du läufst, ist dabei nicht von Bedeutung. Wichtig ist es, dass Du langsam und bewusst gehst und dabei tief atmest. Nach einer Weile wirst Du spüren, wie sich etwas in Deinem Inneren entspannt. Diese Übung stammt aus der Gehirn-Gymnastik (Brain-Gym©). Sie bewirkt eine feine und nachhaltige Verbindung zwischen beiden Gehirnhälften.

GESCHICHTEN

Geschichten, die das Leben schreibt: Persönlichen Erfolg neu definieren

»Ich müsste doch endlich mein Geld nur mit meiner Kunst verdienen können«, sagt mir Corinna, eine erschöpfte Künstlerin. Sie ist Ende 30, gertenschlank und hat kurze, dunkelbraune Haare. Corinna macht Kunst und unterrichtet im Brotjob angehende Designer. »Ich habe aber seit Jahren nichts mehr verkauft. Ich sollte meinen Job hinschmeißen und endlich nur meine Kunst machen. Dann könnte ich all die Projekte machen, die sich auch verkaufen lassen.« Im Gespräch stellt sich heraus, dass sie bereits überaus erfolgreich als Künstlerin ist. Corinna hat zahlreiche internationale Ausstellungen, sie kuratiert und entwickelt neue Projekte für andere Künstler. Ihre Kunst besteht aus eigenwilligen Lichtinstallationen, die Menschen überall auf der Welt begeistern. Allein, auf dem aktuellen Kunstmarkt sind diese Arbeiten mit am schwierigsten zu verkaufen. »Vielleicht sollten Sie den Anspruch verändern, dass ein Künstler nur erfolgreich ist, wenn er verkauft und davon leben kann?« Sie windet sich. Es ist sichtbar, wie sehr sie allein die Vorstellung des Umdenkens leiden lässt. »Ich träume doch ein Leben lang davon, endlich so viel mit der Kunst zu verdienen, dass mein Leben leichter wird. Ich wünsche mir so sehr, mehr Zeit für meine Kunst zu haben. Nur darauf habe ich hingearbeitet!« Wir sprechen über dieses alte Ziel. Oft stammen alte Idealvorstellungen, wie man sein Geld verdienen sollte, noch aus der Studienzeit. Viele Künstler sehen ein Kunststudium ähnlich wie eine Berufsausbildung. Ein Studium der Kunst ist keine Ausbildung im eigentlichen Sinne. Es sei denn, jemand studiert auf Lehramt. Wer Kunst studiert, bildet, schult und entwickelt vor allem einen eigenen Stil. Im Studium werden unterschiedliche Ausdruckstechniken vermittelt. Viele Kunststudenten denken allerdings: »Wenn ich fertig bin, verdiene ich damit auch meinen Unterhalt.« Die Realität auf dem Kunstmarkt für freie Künstler sieht jedoch anders aus. Nur wer hier sehr kreativ auch in Bezug auf das Geldverdienen bleibt, kann oftmals weiter seine Kunst machen.

Ich gebe Corinna mit auf den Weg: »Sie müssen nicht von Ihrer Kunst allein leben. Es gibt Menschen, die blühen zwischen zwei Tätigkeiten auf. Der Brotjob inspiriert die Kunst und andersherum. Wichtig ist es, eine Wahl zu haben. Der Job erlaubt Ihnen, all das zu tun, was Sie heute tun.« Gegen die Erschöpfung helfe nur eine bessere Selbstfürsorge. Sie solle sich die Frage stellen: »Was nährt mich?« Und eine Liste von elf Punkten aufschreiben und gut sichtbar aufhängen.

In einer der nächsten Sitzungen gesteht mir Corinna: »Ich hatte ganz vergessen, wie wichtig mir die Arbeit mit den Studenten ist. Das ist ein ganz wichtiger Teil meines Lebens geworden. Das möchte ich nicht missen. Es macht mir Freude, mit ihnen gemeinsam zu lernen. Ich habe sie jetzt einfach an einem meiner großen Projekte teilhaben lassen. Es ist unglaublich, wie sie sich ins Zeug legen und die Ergebnisse begeistern alle an der Uni.«

ÜBUNG

Selbstfürsorge

Stelle Dir die Frage: »Was nährt mich?«

Selbstfürsorge gehört zu einer der wichtigsten Fähigkeiten, die Kreativarbeiter lernen sollten. Frage Dich: Was tut mir gut und was nährt mich? Was baut mich auf, wenn ich mich mal wieder ausgepowert fühle und mein Selbstwertgefühl unterm Teppich Fallschirm springt?

Fülle die Liste mit elf Punkten aus, die Dich im übertragenen Sinne nähren.

Hier ist als Beispiel die Liste von Corinna:

Baden mit Düften und Kerzenlicht, schöne Musik hören, ins Café setzen und Tagebuch schreiben, joggen, ein schönes Essen kochen, Yoga machen, eine liebe Freundin treffen, ausschlafen, Sauna, Marmelade einkochen.

DIE LEGENDE VOM KÜNSTLER: VON BROTLOSER KUNST UND MEHR

Künstler und andere Kreativarbeiter jagt das Gespenst der brotlosen Kunst nach. Jeder, der kreativ arbeitet, sollte an einer Stelle fragen, welche Legenden und Bilder seine Arbeit prägen. *»Welchen Bildern der Kreativarbeiter folge ich? Hängen künstlerischer Erfolg, Kreativität und finanzieller Verdienst für mich unbedingt zusammen?«* Überlege kurz, was Deine Lehrer Dir vermittelt haben. Haben Deine Dozenten und Professoren von Opfern gesprochen? Hättest Du Schuldgefühle, wenn Du erfolgreich wärst? Haben Deine Eltern deine Kreativität als brotlose Kunst beschimpft? An welche inneren Vorgaben hast Du Deinen kreativen Erfolg geknüpft? Hast Du bestimmte Ideen eventuell an finanziellen Verdienst gekoppelt?

Dies können auch alte Familiensprüche sein, dass alles, was nicht mit den Händen erschaffen wird, keine wirkliche Arbeit ist. Sprüche wie »Net schwätze, schaffe« und »Wer-redet-der-arbeitet-nicht!« können lange nachwirken. Das kann beispielsweise kreativ hochbegabte Bauern- oder Arbeiterkinder früh in seelische Bedrängnis bringen. Sie fühlen sich von Kindheit an oft als Außenseiter in ihren Familien. Vielfach entwickeln sie ein Gefühl, dass sie anders sind und dass mit ihnen etwas zutiefst nicht in Ordnung ist. Studieren sie und landen später in Rede- und anderen Kreativberufen, können sie sich oft am eigenen Erfolg nicht richtig freuen. Zu stark sind die alten Vorgaben aus der Kindheit. Vor allem der tiefe Wunsch, endlich so zu handeln, damit sie richtig zur Familie dazugehören, beherrscht ihre innere Welt. So kann beruflicher Erfolg verbunden mit finanziellem Erfolg ungewollt zu einem großen Stressfaktor werden.

GESCHICHTEN

Geschichten, die das Leben schreibt: Unangemessene Loyalität

Marie ist eine zierliche, sehr selbstbewusste Frau mit blondem Bubikopf, Mitte 30. Sie berichtet: »Es ist wie verhext. Eigentlich müsste meine Firma super laufen. Und dann passiert irgendwas, eine Nachzahlung, ein Prozess irgendwas halt. Ich habe seit fünf Jahren ungefähr immer den gleichen Jahresumsatz.« Marie hat nach ihrem Studium ein Start-up gegründet und ein ziemlich erfolgreiches IT-Unternehmen auf die Beine gestellt. Als ich mit ihr beginne zu arbeiten, bemerke ich, dass sie mit starkem Stress auf das Thema höhere Einnahmen reagiert. Ich erkläre ihr, dass ihr Körper sich verspanne und verkrampfe, wenn sie darüber nachdenke, mehr zu verdienen. Ich bitte sie, in ihren Körper hinein zu atmen, ihn zu fragen, was er braucht, um mit einem größeren Verdienst umgehen zu können. »Ich bin traurig. Mir fehlt mein Vater. Ich würde so gerne mit ihm die betrieblichen Dinge besprechen – aber das ist zwecklos.«

Es stellt sich heraus, dass ihr Vater im Bayerischen Wald ein kleines Sägewerk betreibt. Es gibt keinen Sohn, der das Werk übernehmen kann. »Für meinen Vater war es undenkbar, dass ich als Mädchen so was machen könnte«, erzählt sie traurig. »Ich war irgendwie immer eine Enttäuschung für ihn. Ich habe als Mädchen gekämpft, der Sohn zu sein, den er nie hatte. Ich habe irgendwann aufgegeben und dann einfach Betriebswirtschaft studiert. Hatte wohl still gehofft, das würde ihn überzeugen. Es hat mir aber dennoch nicht seine Anerkennung gebracht. Also habe ich schließlich was Eigenes auf die Beine gestellt.« Marie erzählt, sie grolle noch ein wenig mit ihrem Vater. Heute verstehe er weder ihre Arbeit, noch was sie eigentlich alles beruflich geleistet hat.

Als Marie das erzählt, beginnt sie still zu weinen. Ich befrage sie ein wenig über den Betrieb ihres Vaters. Wie es wohl gewesen wäre, wenn sie das Sägewerk geleitet hätte. Sie weiß erstaunlich gut über den elterlichen Betrieb Bescheid. »Das wäre gar nichts für mich, der internationale Holzmarkt ist einfach zu hart.« Ich bitte sie, mal einzuschätzen, wie hoch der Umsatz des väterlichen Betriebs heute ungefähr im Jahr ist. Erstaunt hält sie inne. »Ungefähr so viel – nein – etwas mehr als meine Firma.« Wie sich herausstellt, ist Marie die letzen Jahre immer genau unter den Jahreseinnahmen des väterlichen Betriebs geblieben. Sie hat den Erfolg ihres Unternehmens unbewusst an das Sägewerk gekoppelt. Sie wollte die Autorität ihres Vaters nicht noch mehr verletzen, indem sie als Frau noch erfolgreicher als er wurde. Erst als Marie versteht, dass hier eine verkehrte Tochterliebe und Loyalität am Werk ist, kann sie die finanzielle Koppelung lösen. Ihr Unternehmen beginnt danach richtig zu florieren.

LEGENDEN DER LEIDENSCHAFT – FÜR KUNST UND VATERLAND

Kreativarbeiter und Künstler werden gerne als gesellschaftliche Außenseiter gesehen. Das Idealbild eines Künstlers besteht aus einer seltsamen Mischung von Vorurteilen und Legenden, von denen wir uns nach und nach befreien dürfen. Ein wahrer Künstler scheint eine Kreuzung zwischen Held und Mönch zu sein. Das sind die, zu deren Berufsbild das Hungern gehört. Der Künstler leidet und durchlebt Unsägliches – Hitze, Kälte, Hunger und Durst, Liebe und Leid. Mal ist der Künstler der Liebling der Götter, dann wiederum bezahlt er sein Können durch die Hand missgünstiger Feinde mit dem Tod. So haben sich beispielsweise Albrecht Dürer und Raffaelo Santi gefürchtet, von neidischen Kollegen vergiftet zu werden.

Längst sind die unterschiedlichen Künstlerbilder zu Archetypen des kollektiven Unterbewusstseins geworden. Da gibt es das verkannte Genie (van Gogh), es gibt den erfolgreichen Künstlerfürsten (Raphael) oder den naiven Künstlertyp, der ähnlich dem »Hans im Glück« zwar keine Ahnung von Kunst, aber einfach viel Glück und deshalb Erfolg mit seiner Kunst hat. Ernst Kris und Otto Kurz haben diese unterschiedlichen Motivreihen untersucht. Sie konnten die meisten Künstlerbilder bis in die griechische Antike zurückverfolgen.[23] Auch heute bedienen sich Kreativarbeiter im Erstellen ihrer Biografien gerne dieser vorgefertigten Prototypen. Die Presse freut sich, wenn die Neuen sich alter Muster bedienen. »Schon als Kind zeigte er dies oder das besondere Talent«, oder »sie wurde auf der Straße einfach so entdeckt«. Für diese beiden Biografietypen gibt es dann in unserer Kulturgeschichte unzählige Versatzstücke, um aus ihnen eine Biografie im romantisch-künstlerischen Sinne fertigzustricken.

23 Ernst Kris/Otto Kurz (1995)

TIPP

Frage Dich, welche alten Glaubenssätze über kreatives Arbeiten und das Künstlerdasein Dich heute noch einengen und belasten. Mache Dich frei von diesen Legenden!

GUT ZU WISSEN

Freiheit für die Kunst! – Die Folgen der Französischen Revolution

Woher kommt beispielsweise die tiefe Angst, als Künstler und Kreativarbeiter schnell zu verhungern? Woher kommen die radikalen Ideen, dass mit einer Entscheidung für das Kreativsein zwangsläufig Leid, Hunger und Not einhergehen? Bei diesen Ängsten handelt es sich um eine relativ junge, kollektive Angst. Hier zeigt sich ein existenzielles Verlusttrauma, das heute immer noch seine langen Finger ausstreckt. Diese größte Identitätskrise aller Kunstschaffenden der neueren Geschichte wurde nie wirklich bewältigt. Sie betrifft alle künstlerisch Schaffenden, vom Kunstschmied über die Modedesignerin und den Architekten hin zum Hobbytischler.

Betrachten wir kurz die Wurzeln des Verlusttraumas, damit die gekoppelten Gruppenängste ihren Schrecken verlieren. Gehen wir zurück in die Epoche der Französischen Revolution. Denn hier ging eine Epoche zu Ende, die für die Künste eine gewisse Sicherheit geboten hatte. Und an dieser Stelle änderte sich für die Kunstschaffenden alles. Mit den Köpfen rollten auch die ehemaligen Großauftraggeber der Künste, der Adel und die Kirche, dahin. Alle Künstler, die für Adel, Hof und Kirche gearbeitet hatten, mussten erst einmal um ihr Leben fürchten.

Nach der Schreckensherrschaft entstand unter den Kunstschaffenden in Frankreich Arbeitslosigkeit und Armut in einem nie gekannten Ausmaß. Hinzu kam die Auflösung der bisherigen Gesellschaftsformen durch das neue Regime. Das Zunftsystem, welches einer der Grundpfeiler der alten Gesellschaftsordnung gewesen war, wurde aufgehoben. Mit dem Verschwinden dieser Ordnung brachen Angst, Verwirrung und Identitätskrisen in allen Gesellschaftsschichten aus. Die Zünfte hatten bis dato Ausbildungsordnungen, Heiratspolitik, wirtschaftliche Gesetze bis hin zur Altersvorsorge geregelt. Sie hatten den Künsten über lange Zeit eine gewisse Garantie für ein Grundeinkommen und Preisbindungen zugesichert.

Erst mit Napoleons Gründung des Kaiserreiches 1804 gab es dann endlich wieder lukrative Aufträge für die Künste. Langsam erholten sich die Künstler, welche die Revolution überlebt hatten. Zudem wurde eine neue Form von Ausbildung an Akademien eingeführt. Die Künste wurden jetzt streng in Malerei, Bildhauerei und Architektur unterteilt. Gewerke, die vorher als Künste galten, wie Goldschmiedekunst, Stickerei und Porzellandesign, wurden nun einfach als niedere Künste abgewertet. Auch die Ingenieurskunst, die vormals zur Architektur zugehörig angesehen wurde, wurde als eine niedere technische Kunst abklassifiziert.

Napoleon trug die neuen Ideen von Freiheit, Gleichheit und Brüderlichkeit durch Europa. Er vereinte die Flickenteppiche der kleinen Regierungen. So brachten seine Kriegszüge Freiheit, aber auch Umwälzungen. Es wurde überall die neue Rechtsprechung, der Code Napoléon, eingeführt. Der frische Wind des liberalen Gedankenguts löste in allen besetzten Ländern gesellschaftspolitische Umbrüche aus.

Kaum hatte man Napoleon in den Befreiungskriegen wieder geschlagen und die Franzosen vertrieben, wollten die konservativen Fürsten nur eines: zurück zu den vormaligen Strukturen. Mit der Wiederherstellung der alten Regierungen ging eine harte Zensur von Presse, Kultur und Kunst einher. In dieser großen Zeit der Not gaben viele Künstler auf oder gingen ins Exil. Der Ruf nach »Freiheit in der Kunst« durfte nur noch leise ausgesprochen werden.

In Rom schlossen sich die deutschen Exilkünstler zu Künstlergruppen, so z.B. den Deutschrömern oder Nazarenern, zusammen. Sie lebten von den spärlichen Einnahmen, die der Verkauf ihrer Bilder an Touristen einbrachte. Johann Heinrich Wilhelm Tischbeins großartiges Bild von Johann Wolfgang von Goethe stammt aus dieser Zeit. Die wenigsten Künstler hatten Geld, und viele hungerten. Ihre Armut und Not sind in Briefen anschaulich überliefert. Ihr Exilleben verstanden die Künstler als stillen Protest gegen die heimischen Regierungen und die enge offizielle Lehre der deutschen Kunstakademien.

Und hier, irgendwo zwischen Rom, Paris und München, unter diesen wild gemischt-romantischen Umständen versuchten sich die Künstler und Künste neu zu erfinden und neu zu definieren. Es blieb der Glaubenssatz bestehen: »Wir sind frei – auch wenn wir hungern«. Dieses alte Credo hält sich in gewisser Weise bis heute hartnäckig. Jeder Kreativarbeiter sollte dieses Gruppentrauma kennen und sich möglichst nicht mehr von ihm beeinflussen lassen.

Jeder Kreativschaffende sollte auch wissen, dass die strenge Einteilung in die Trias Malerei, Bildhauerei und Architektur relativ jung und ein rein theoretisches Konstrukt des frühen 19. Jahrhunderts ist. Wir treffen heute auf dieses Muster, wenn wir uns in den bürokratischen Systemen von Universitäten, Kunstförderungen u.a. bewegen. Hier herrschen immer noch diese Strukturen vor. Für Individualisten und Erneuerer gab und gibt es im Regelsystem der Kunstakademien wenig Platz. Das hat bis heute massive Auswirkungen. Es gilt immer noch der Glaubenssatz: Wer nicht eine hohe Kunst ausübt und Maler, Bildhauer oder Architekt ist, hat es schwerer. Die Künstler, die fotografieren, Filme drehen, mit Textilien oder Glas und Keramik arbeiten, werden gerne als Handwerker belächelt. Die traurigen Konsequenzen sind ganz praktischer Natur. Sie bekommen seltener staatliche Förderungen.

BEFREIE DEINEN SELBSTWERT: KUNST UND KOMMERZ

Was haben Geld und Kreativität gemein? Die Antwort ist einfach: Gar nichts.

Das Thema Geld ist eines der großen Themen, wenn es um Kreativität, Kunst und Kultur geht. Es gehört in der Kreativszene zu den Hauptthemen: Alle die, die mit Kreativen arbeiten, kennen das Dilemma. Kreative Arbeit wird fast nie angemessen bezahlt. So geht es den vielen Erfindern, Musikern, Forschern und Wissenschaftlern sowie all den anderen künstlerisch tätigen Kreativen. Alle wissen: Geld ist notwendig, um die materiellen Grundbedürfnisse zu decken. Niemand kann arbeiten, wenn er hungert. Deshalb ist es umso wichtiger, dem Thema Geld im Allgemeinen und dem Thema Geldbeschaffung für die Vorhaben im Besonderen die hier angemessene Aufmerksamkeit zukommen zu lassen. Geld spielt eine wichtige Rolle – nicht mehr und nicht weniger.

Wer mit seinen kreativen Arbeiten seinen Lebensunterhalt verdienen möchte, muss ein echter Tausendsassa sein. Denn wer seine Leidenschaft zum Beruf erklärt, verfällt schnell dem Irrtum zu glauben: Eine Arbeit, die eine hervorragende Qualität aufweist, setzt sich auch zeitnah durch. Die Erfahrung lehrt aber: Auch wenn Du gerade im Zenit Deiner Fähigkeiten stehst, die Gesetze des Marktes sind ganz andere. Manchmal laufen Entwicklung, Produktion und ein eventueller Verkauf zeitnah hintereinander. Das bleibt jedoch eher eine Ausnahme.

Mache Dir klar, dass Du früh genug auch eine eventuelle Vermarktung in Deine kreativen Pläne mit einbeziehen solltest. Produktion und Vermarktung sind zwei völlig unterschiedliche Paar Schuhe. Vielleicht hast Du im stillen Kreativkämmerlein großartige Erfindungen, Kunstwerke und Ideen entwickelt. Du bist vielleicht inzwischen die Koryphäe in Deiner Domäne geworden. Wenn Du Dich aber scheust, an die Öffentlichkeit zu gehen, dann wird niemand je etwas davon erfahren.

Es hält sich unter den Künstlern hartnäckig die Regel, dass der Kreative sein Augenmerk allein auf sein Werk zu legen habe. Alles andere gilt als kunstfremd und verpönt. Das

Werk spreche für sich allein. Ein gutes Werk braucht keine Erklärungen und auch keine Vermarktung. Die Vermischung von Kunst und Kommerz gilt als unschön. Ein guter Künstler darf sich nicht zu sehr vermarkten! Das hieße, dass seine Kunst nicht gut ist – wenn er sich anpreist wie warme Semmeln. Aus diesem Grunde bleibt es ein ungeschriebenes Gesetz, dass Künstler ihre Ausstellungen nicht selbst kuratieren sollten – schon gar nicht dann, wenn er oder sie in der Ausstellung mit vertreten ist. Und genau in diesem Dilemma befindet sich der Künstler. Einerseits will der Künstler seine Arbeiten in die Öffentlichkeit bringen, andererseits erlauben ihm die ungeschriebenen Regeln nur wenige Möglichkeiten. Wenn sich ein gewisser finanzieller Erfolg nicht einstellt, färbt sich das negativ auf das Selbstbild ab. Das Selbstbewusstsein geht in den Keller.

Es braucht schon eine Extraportion Energie, um immer wieder gegen diese alten Vorurteile zu Felde zu ziehen. Jeder Künstler ist aufgerufen, seine ganz eigene Position des Verkaufs seiner Arbeiten zu erfinden. Dafür sind sie ja auch kreative Köpfe. Im digitalen Zeitalter ist eine Marktpräsenz des Künstlers in den Medien wichtig, um seine Werke zu vertreiben. Eine gewisse Geschäftstüchtigkeit sollte sich heute jeder Kreative aneignen. Mache Dir klar, dass Du Ideen hast, die vielleicht für andere Menschen von Bedeutung sein können. Es ist wichtig, dass die Welt Deine gute Arbeit, Deine Ideen und Gestaltungen sehen kann. Scheue Dich nicht, gute Preise für Deine Arbeit auszuhandeln. Übung macht auch hier den Meister.

GUT ZU WISSEN

Die Neurowissenschaftler haben herausgefunden, dass das Thema Preis besonders stressbesetzt ist. Und das aus gutem Grund. Denn wenn wir uns fragen: »Was bin ich wert? Wie hoch sollte mein Preis sein?«, wird genau derselbe Gehirnbereich angesprochen, der auch für unsere Zahnschmerzen zuständig ist. Es ist also kein Wunder, dass uns die Themen Preisfestlegung und Preiserhöhung so belasten.

GELD IST KEIN GRADMESSER FÜR ERFOLG!

Du bist dann erfolgreich, wenn Du Dir erlaubst, Dich erfolgreich zu fühlen. Es ist ein Gefühl, das geübt werden kann und will! Eigentlich sollte sich ein gesundes Selbstwertgefühl in der frühen Kindheit entwickeln dürfen. Wenn Du hiervon zu wenig entwickeln konntest, kannst Du trainieren, Dich immer erfolgreicher zu fühlen.

»Solange der Erfolg unser Ziel ist, können wir unsere Ängste nicht loswerden, der Wunsch, erfolgreich zu sein, bringt unweigerlich die Angst zu versagen hervor.«
Jiddu Krishnamurti (1895–1986)

Viele Menschen glauben, dass der Erfolg eines Vorhabens sich automatisch im Geldverdienen abzeichnen müsse. Manchmal wird dann ein scheinbarer »finanzieller Misserfolg« zu schnell als persönliche Niederlage gewertet.

Frage Dich: »Wie definiere ich Erfolg in meinem Leben?«

Ich kenne viele Menschen, die eine äußerlich erfolgreiche Karriere an den Nagel gehängt haben, um wirklich das zu tun, was ihnen Freude macht. Da ist die Konzernmanagerin, die heute kleine kreative Flohmärkte organisiert. Da ist der IT-Chef, der jetzt ökologische Gartenteiche mit gutem Wasser gestaltet. Da ist der ehemalige Werbedesigner, der seine Leidenschaft für indische Musik in Form von Musiktherapie weitergibt. Sie alle fühlen jetzt mehr Zufriedenheit. Die großen Geldmengen hatten den früheren Alltag nur bedingt erleichtert. Der Preis war diesen Menschen zu hoch. Erst als sie die Arbeit wechselten, kam das tiefe, intensive Gefühl des Lebendigseins zurück.

Ein Geheimnis des kreativen Erfolgs besteht darin, nicht länger zu fragen: *»Was gibt das Leben mir?«*, sondern: *»Was gebe ich dem Leben?«* Ein Geheimnis eines erfüllenden Erfolgs liegt darin, Deine besonderen Fähigkeiten zum Wohle Deiner Mitmenschen einzusetzen. Grundsätzlich fordern Deine Begabungen Dich auf, diese auch zu teilen. Behalte Deine gute kreative Arbeit nicht unter Verschluss. Habe nicht zu viel Angst vor geistigem Diebstahl. Wichtiger ist, mit anderen zu teilen und sich mitzuteilen. Großzügigkeit ist eine Eigenschaft, welche die Evolution belohnt. Heute gibt es über das Internet und die sozialen Netzwerke unzählige Möglichkeiten, Deine kreativen Arbeiten zu verbreiten. Hier gelten gewisse Regeln, die sich allerdings beständig wandeln: Im Netz kannst Du andere Menschen auf Deine Arbeit mit kleinen Appetithäppchen neugierig machen. Gib nicht zu viel von Deiner Arbeit preis.

Der bekannte Autor und Philosoph Paramahansa Yogananda sagt: *»Wahrer Erfolg liegt nicht in engherzigen Eigeninteressen, sondern schließt den Dienst am anderen ein. Die Blüte ist zwar an einen Stängel gebunden, erweitert aber dennoch ihren Wirkungsbereich durch ihre Schönheit und ihren Duft. Einige Blumen verbreiten ihren Duft; andere duften gar nicht und bereiten uns stattdessen durch ihre Schönheit Freude. ... Alle Ausdrucksformen Gottes in der Natur senden Schwingungen aus, die der Welt auf irgendeine Art dienen. Ihr seid seine höchste Schöpfung und was tut ihr für andere? Eure Seelen sind Scheinwerfer unendlicher Kraft. Ihr könnt diese innere Kraft erweitern, um anderen zu Erkenntnis, Gesundheit und Verständnis zu verhelfen.«*[24]

INSPIRATION

Großzügigkeit

Frage nicht: »Was gibt das Leben mir?«, sondern: »Was gebe ich dem Leben?«

KEINE ANGST VOR ERFOLG

Unglaublich, aber wahr. In der Praxis haben viele Kreativarbeiter große Angst vor Erfolg. Es ist für sie eine Überraschung, wenn ich ihnen erkläre, dass ihr Körper Stress hat mit einem Zuviel an Geldfluss. Ein Zuwenig kennen sie. Daran sind sie gewöhnt. Hier sind die Leidenswege alte Bekannte. Ein Zuviel an zufließendem Geld verwirrt viele, und davor

24 Paramahansa Yogananda (2002), S. 10 f.

fürchten sie sich. Wir Menschen sind zuallererst Gewohnheitstiere. Veränderung – so gut sie sein mag – macht uns auch immer ein wenig Angst, und wir fürchten schnell einen Kontrollverlust.

Hinzu kommt bei Künstlern und Kreativarbeitern schnell die Angst, ihre künstlerische Freiheit zu verlieren. Denn wer erfolgreich ist, der verfällt schnell der Versuchung, genau das weiter und weiter zu produzieren, was der Markt gerade haben will. Es heißt, der Markt korrumpiere den Künstler. Unter den wenigen, die von ihrer Kunst so halbwegs leben können, gibt es einige gut verdienende Stars, deren Bezahlung jenseits von Gut und Böse liegt. Bilder dieser Zeitgenossen sind so hoch veranschlagt, dass sie die Preise alter Meister bei Weitem schlagen. Solche Fakten müssen bei allen Beteiligten Verwirrung stiften.

»Alles Geld ist geronnene Energie.«
Joseph Campbell (1904–1987)

LICHT INS DUNKLE BRINGEN!

Geld ist eine der großen Lernaufgaben in dieser Zeit. Wenn Du also Kummer, Sorge und Last mit dem Geld hast, dann solltest Du Dich nicht zu lange davon niederdrücken lassen. Hier hilft zuallererst die Frage: »Leide ich an Empathitis? Bin ich an irgendeiner Stelle von fremden Geldängsten, Gier und Verwirrung angesteckt worden? Ist das meine Existenzangst oder hat sie mir jemand oder ein Bild vermittelt oder gar übergestülpt? Wie weit hat mich hier schon wieder ein altes Familiengeldthema erwischt und in der Zange?« Laut Statistik macht sich in Deutschland die Berufsgruppe der Lehrer und Beamten die meisten Sorgen, wenn es um das Thema finanzielle Altersvorsorge geht. Das sind ausgerechnet die, die sich am wenigsten Sorgen machen müssten.

Alles, was mit den Themen Geld und Geldbeschaffung zusammenhängt, erfordert Klarheit und Unterscheidungsvermögen. Kreative Menschen sind eine Hoffnung im Chaos der Geldpolitik. Sie können wirkliche gesunde Veränderungen bringen. Sei es mit erfolgreichen Ideen von lokalen Währungen wie dem »Chiemgauer« oder alternative Tauschbörsen.

Geldprobleme sind ein Teil der Gesamtsymptomatik der Welt, in der wir leben. Sie lassen sich nicht mit Geld beheben, sondern am besten mit einem tiefen Verstehen der Gesetze des eigenen Lebens. Die Geldthematik im Allgemeinen ist seit der aktuellen Wirtschaftskrise mit noch mehr negativen Denkgewohnheiten belastet. Die Buddhisten bezeichnen die kranken Geldmuster bildhaft als Dämon. Ein Dämon ist etwas, das aus heiterem Himmel über uns

»Führe mich von Unwirklichem zur Wahrheit. Führe mich von der Dunkelheit zum Licht. Führe mich von der Sterblichkeit zum ewigen Leben.«
Upanishaden 1.3.28

herfallen kann und von uns Besitz ergreift. Es sind Energiefelder, die oft ein Eigenleben entwickelt haben. Nutze Deine Klarheit, um fremde und falsche Gedanken- und Angstmuster zu erkennen und sie wieder loszulassen. Bemühe Dich, Dich immer wieder aus den Klauen der herumschwirrenden Muster alter Gelddämonen zu befreien und mit Kreativität neue und positiv besetzte Wege zu beschreiten. Dieser Weg transformiert und heilt nicht nur die eigenen schlechten Gewohnheiten, sondern auch einen Teil der von der Gierkrankheit befallenen Gesellschaft.

DEN FLUSS DER ENERGIE NUTZEN

Enthusiasmus, Begeisterung und der Mut, ein intensives Leben voller Liebe, Vertrauen und Erfüllung zu leben, zieht Energie magisch an. Wer mit Leidenschaft und überströmender Energie ein kreatives Leben gestaltet, der bringt Fluss in alle Bereiche des Lebens. Das beschreibt Paramahansa Yogananda als das große Geheimnis wirklichen Erfolgs: *»Wirklich leben tut derjenige, der sich für bestimmte Pläne begeistert und mit unverminderter Entschlusskraft ein Ziel in Angriff nimmt. Ihr müsst voller Begeisterung sein, damit ihr im Leben vorankommt und der Welt etwas Wertvolles geben könnt.«*[25]

Finde zuerst heraus, was Du wirklich gerne tust. Und dann tue es richtig gut! Lass Deine Liebe in Deine Arbeit fließen! Du wirst tausendfach Liebe und Erfüllung zurückerhalten. Sei auf Deine authentische Weise schöpferisch. Das Universum unterstützt uns auf wunderbare Weise, wenn wir großzügig unsere Zeit und unsere Energie für eine gute Sache verwenden, von der wir überzeugt sind. Dann können Fülle, Überfluss und Bewegung den Brunnen zum Fließen bringen, auch in Form von Geld.

Ein Geheimnis mit den Geldtöpfen aller Art ist: Energie folgt der Absicht. Wenn Du mit Begeisterung eine Sache verfolgst, baust Du eine Art Energiekanal, dem auch der Fluss des Geldes folgen kann. Die Kunst ist es, sich das abgeschlossene Vorhaben als bereits fix und fertig vorzustellen. Fange dann mit der Arbeit an. Sei Dir absolut sicher, dass dieses Projekt ein Erfolg wird und dass Du es glücklich beenden wirst. Dann erst kümmere Dich um die Finanzierung. In dieser Reihenfolge funktionieren die geistigen Gesetze. Wer Lotto spielt, geht dagegen von einem Mangelbewusstsein aus. Er versteht nicht, dass wir mächtige geistige Wesen sind, wenn wir im richtigen Bewusstsein im Einklang mit der Schöpfung leben. Der Hauptgewinn wurde schon ausgeschüttet – ein Leben als Mensch. Es beinhaltet schon all die Erfüllung der wahren Wünsche.

Bewegung auf allen Ebenen bewegt auch den Geldfluss. Lass die Energie Deines Geldes kreisen. Unser Geld braucht Bewegung, um gesund zu bleiben. Es ist nicht dazu da, eingesperrt und gehortet zu werden. Deshalb ist es auch von Bedeutung, dass wir das Geld immer wieder in Fluss bringen und sinnvoll einsetzen. Je mehr Du den Sinn auf Deinen Lebenssinn

25 Paramahansa Yogananda (2002), S.15

abstimmst, desto größer ist der Nutzen für Dich – und die Gesellschaft.

Du wünschst Dir mehr Geld im Leben? An dieser Stelle ist es von Bedeutung zu verstehen, dass es nicht ausreicht, sich vorzustellen, dass wir mehr Geld haben – sondern sich auf das zu konzentrieren, was wir mit dem Geld tun und bewirken wollen. Definiere und erfühle genau, was Du wirklich willst! Du möchtest wahrscheinlich nicht mehr Geld, sondern mit dem Geld bestimmte Dinge machen. Geld zu haben bleibt immer nur ein Mittel, nicht ein Ziel.

Viele Menschen leiden unter übertriebenen Konsumbedürfnissen. Für sie ist Geldausgeben eine Art Ersatzbefriedigung. Viele seelische Notlagen werden über sinnloses Shopping kompensiert. Sie definieren ihr Selbstbild, ihre Gruppenzugehörigkeit über den Kauf von etwas Exklusivem und Teurem. Sie erkaufen sich eine Gruppenzugehörigkeit; sie gehören zur Gruppe der sogenannten Designträger. Wer sich eine gewisse Auto- oder Computermarke leisten kann, gehört dann dazu.

In der Kindheit haben wir gelernt: *»Wenn Du artig bist, dann bekommst Du mehr Taschengeld.«* Damit konntest Du Brausetabletten kaufen oder sonstige großartige und wichtige Dinge. Schnell war eine Konditionierung von gut und brav sein mit Geld fest zementiert. Dieses an Geld geknüpfte Belohnungssystem wirkt bei vielen Menschen im Erwachsenenleben aktiv nach. Jetzt belohnen wir uns selbst nach harter Arbeit oder bestimmten Erfolgen. Oder wir ersetzen fehlende Nähe, Liebe und Geborgenheit durch einen satten Kaufrausch. Wenn das Geld dann mal nicht zur Verfügung steht und wir nicht mehr über Käufe diese Gefühle kompensieren können, erleben wir den finanziellen Engpass sofort als existenziell bedrohlich. Die gefühlten Halteseile der Identifikationen fehlen. Hier können durch ein bewusstes Umtrainieren der Gewohnheiten gebundene Kräfte frei werden. Eine Freiheit von Konsumzwängen führt immer zu mehr Kreativität.

INSPIRATION

Wunschlos glücklich

Erlaube Dir ab heute, Wünsche von Dir, die unmittelbar mit Geld gekoppelt sind und das in dem Umfang gerade nicht vorhanden ist, einfach zu beobachten. Betrachte sie von ferne. Schaue sie wie Wolken am Himmel an und verfolge ihren Zug, ihre Formen, ihr Vorbeiziehen und frage Dich: »Sind das wirklich meine eigenen Wünsche?« Oder: »Sind es die Wünsche meiner Eltern, meiner Freunde oder meines Umfeldes?« Lass all die Wünsche, die nicht unbedingt zu Dir gehören, gehen. Die, die wirklich Deine sind, solltest Du erneut auf den Prüfstein stellen, um ihre Echtheit und ihren Wert für Dich abzuwägen.

GELDSPIELE: GELD ODER LIEBE?

Wir alle sind in unserem Alltag ungewollt auch Spieler. Wir spielen mit unserem Geld. Oft sind wir sogar spielsüchtig, ohne es zu wissen. Wer sich mit Geldproblemen herumschlägt, sollte verstehen: Hinter der Geldthematik verbirgt sich meist ein hochkomplexes seelisches Sabotageprogramm. Es erweist sich immer als lohnend – im wahrsten Sinne des Wortes hier aufzuräumen.

Die unbewussten Geldspiele, die unseren Alltag so schwer machen können, gehören zu den komplexeren Gesellschaftsspielen. In unserer Spielesammlung findet sich eine große Bandbreite von Varianten. Oft spielen wir die Spiele, die wir schon als Kinder von unseren Eltern gelernt haben. Streitereien über das Thema Geld stehen an oberster Stelle der Streitigkeiten in Familien. Fast immer sind es Stellvertreterkämpfe, die über den tatsächlichen Mangel an Liebe, Vertrauen und Respekt in den Beziehungen hinwegtäuschen.

»Das Fundament für das ›Haus der Fülle‹ heißt Verzeihen.«
Chuck Spezzano
(geboren circa 1947)

Unser Spiel des Geldes ist meist ein falsches und übles Spiel. Wir spielen: »Mein Geld reicht nie aus – ich kann nie machen, was ich will!« Oder: »Ich muss immer wieder Schulden machen!« Oder: »Es reicht gerade so, aber es ist nicht genug, dass ich große Sprünge machen kann«, »Ich habe massive Existenzängste« und andere individuelle Varianten.

Es gibt auch die Partnervarianten: »Ich muss meinen verschwenderischen Partner kontrollieren!« Oder: »Er/Sie könnte ja auch mal mitverdienen!« Dann gibt es die erweiterte Familienvariante: »Ich muss es meinen Eltern beweisen, dass ich viel mehr verdienen kann.« Bei diesem Spiel sind meist zusätzliche Schwierigkeitsgrade zu bewältigen: Es ist nie genug oder das Ziel wird erst dann erreicht, wenn die Eltern schon verstorben sind. Die Spielalternative ist: »Ich zeige meinen Eltern, dass sie recht hatten und ich wirklich ein Versager in Geldsachen bin!« Auch hier gibt es unzählige Varianten. Der Part der Eltern kann später auch stellvertretend auf Lebenspartner oder auf die Kinder überspringen.

Welches Spiel spielst Du hinsichtlich des Geldes? Je kreativer Dein Naturell ist, umso ausgeschmückter kann Deine Spielgestaltung sein. Um hier aus diesem ganzen Spielchaos auszusteigen, solltest Du eine klare Entscheidung treffen. Für die Alltagsdinge, so auch Deinen Umgang mit Geld, wähle Wege von größtmöglicher Einfachheit, Empathie und Transparenz. Erinnere Dich daran, wer Du wirklich bist! Du bist ein geistiges Wesen in einem menschlichen Körper. Verändere das, was Dir nicht mehr guttut. Dafür wurden Dir auf Deinem Lebensweg Kreativität und Wandlungswillen mitgegeben.

ÜBUNG

Mensch ärgere Dich nicht!

Viele Geldprobleme und Vorurteile stammen schon aus unseren Ursprungsfamilien. Um diese alten Spiele zu durchschauen, gibt es einen einfachen Weg: Stelle Dir vor, Du erzählst einem Freund im Vertrauen von Deinen Geldproblemen.

Notiere nun all die Dir in den Sinn kommenden, sich wiederholenden Sätze auf einem Din-A4-Blatt. Vervollständige die Liste mit allen Formulierungen, die einen mechanischen, repetierenden Charakter haben. Diese alten Bekannten, vor allem die traurigen und verzweifelten Gefühle, haben bisher Deine Spielregeln festgelegt. Du kannst diese durch ein bewusstes Training ändern.

Drehe nun das Blatt um und lege es quer. Unterteile es durch eine senkrechte Linie in der Mitte. Schreibe nun links Glaubenssätze zum Thema Geld auf, die von der Familie Deiner Mutter stammen. Frage Dich: »Wie ist das

Geldspiel meiner Mutter?« Hier einige Möglichkeiten üblicher Glaubenssätze: »Beim Geld hört die Freundschaft auf. Geld allein macht nicht glücklich. Spare, dann hast Du in der Not. Ich bin allein. Ich muss für alle sparen ... Geld ist Macht und ein Weg, meinen Mann, die Kinder ... zu kontrollieren.«

Frage nun: Welchen Spielregeln folgte die Familie Deines Vaters? Notiere diese Sätze auf der rechten Seiten des Blattes. »Mein Verdienst reicht hinten und vorne nicht; Frauen wollen immer nur Geld. Ich kann es doch meiner Frau nicht recht machen. Mit Geld kann ich Liebe kaufen. Geld ist ein wichtiges Statussymbol: Ohne Geld bin ich ein Niemand ... Geld ist ein Schutz für mich und meine Familie: Ohne Geld bin ich wehrlos.«

Beschließe nun, Deinen eigenen Weg zu gehen. Lege das Blatt Papier eine Zeit lang an einen versteckten Ort. Hier kann es sich ausdampfen – wie ich es nenne. Immer dann, wenn sich in den nächsten Tagen oder Wochen ein altes Blockademuster bei Dir meldet – schreibe es mit auf die Liste. Schicke es dann weiter. Sage einfach: »Aha, Familienmuster Nummer 23. Das bediene ich nicht mehr. Da höre ich nicht mehr hin.« Nach einiger Zeit solltest Du diese Liste dann zerreißen oder verbrennen. Wenn Du ein kreativer Romantiker bist, kannst Du sie von einer Brücke in einen fließenden Fluss werfen und den Schnipseln hinterhersehen.

Wähle in Bezug auf Geld neue Spielregeln. Erlaube Dir, mit konstruktiven Gedankenmustern Deine Zukunft zu gestalten. Es heißt zu Recht: »Ein guter Gedanke verändert ein ganzes Leben!« Hier einige Vorschläge:

Baukasten für dein neues Spiel

Ich verfolge fokussiert meine Träume –
auch wenn ich Geld habe.
Ich kann Anerkennung annehmen.
Ich wertschätze mein Tun.
Ich respektiere andere Menschen.
Ich kann Liebe geben und Liebe annehmen.
Ich empfange jetzt die Geschenke meines Lebens.
Ich bin reich – ich lebe den Reichtum meines Herzens.
Ich bin kreativ und schöpfe aus der Fülle.
Ich habe Stehvermögen und Ausdauer.
Ich bin ehrlich – zu mir und anderen.
Ich bin angenommen, so wie ich bin.
Ich kann Altes loslassen.

Das Spiel: Monopoly

Stelle Dir vor, was Du in dem Moment tun würdest, wenn Du so viel Geld zu Verfügung hättest, wie Du Dir wünschst. Was würdest Du arbeiten, wo würdest Du sein und wie würdest Du Dich fühlen? Das Geheimnis mit dem Fluss des Geldes ist, je mehr Du jetzt schon die Dinge tust und bewegst, die Du tun möchtest, umso leichter und schneller beginnt der Geldfluss. Es gilt einfach, anzufangen und genau das zu machen, was Du ohnehin möchtest.

Zuallererst solltest Du verstehen, dass Du mit Deinem inneren Bankier verhandeln musst. Er kennt die Modalitäten, warum Du im Moment nicht mehr Geld hast. Er handelt auf den ausdrücklichen Wunsch Deines höheren Selbst. Vielleicht bewahrt Dich das fehlende Kapital im Moment davor, Unsinn zu machen oder belastende Käufe zu tätigen. Vielleicht brauchst Du etwas Zeit und Reflexionen, bevor Du (mit dem Geld) dann Veränderungen auf den Weg bringst. Vielleicht bist Du so sehr vom Seelenweg abgekommen, dass Dein Unterbewusstsein massive Geschütze auffahren muss, um Dich zur Besinnung zu bringen. Wenn Dir Geld sehr wichtig ist, dann ist dies eines der Mittel der Wahl, um Dich wirklich zu erreichen.

»Die Bank Gottes hat immer geöffnet – nur die wenigsten gehen hin.«
Chuck Spezzano
(geboren circa 1947)

Wir Menschen vergessen so leicht unsere Aufgaben, die wir uns im Leben vorgenommen haben. Massive Geldprobleme sind meist Stellvertreterprobleme. Sie können uns helfen, wieder auf die richtige Spur zu kommen. Hast Du einmal eine Ameise gesehen, die ihren Weg verloren hat? Verzweifelt läuft sie hin und her. Sie sucht und sucht, bis sie wieder die Spur gefunden hat. Sie hat im großen Ganzen des Ameisenstaates eine genau definierte Aufgabe, der sie instinktiv folgen will.

Frage Dich: »Worauf ist mein Fokus gerichtet? Gibt es bessere, positivere Möglichkeiten, die ich vorschnell übersehen habe oder noch nicht kenne?« Wenn Du in massiven Schwierigkeiten bist, frage Dich: »In welcher blockierenden Zwickmühle sitze ich? Warum habe ich mir eine Situation gebastelt, in der es scheinbar kein Vor und kein Zurück gibt und in der ich nur verlieren kann?« Wirkliche Veränderungen kommen nur aus uns selbst, das heißt von innen – nicht von außen. Noch einmal die Regel: Geld folgt der Absicht. Stelle Dir die Frage: »Welche Absichten verfolge ich?«

INSPIRATION

Hanseatische Grundregeln zum Umgang mit Geld

»Gottes sind Wogen und Wind – Steuer aber, dass ihr den Hafen gewinnt, ist Euer.«
Gorch Fock (1880–1916)

Sei ehrlich mit Dir und anderen.

Urteile nicht vorschnell.

Hilf großzügig, wo Du kannst.

Dein Wort gilt.

Sorge gut für Dich.

Wenn jemand es eilig hat, dann lass Dir ganz viel Zeit.

Unterschreibe nie Verträge, wenn Dich jemand unter Druck setzt oder Du einen Schock oder eine schwere Krise hast. Grundsätzlich gilt: keine Unterschriften am Rande von Familienfeiern, gleich ob Beerdigungen, Hochzeiten oder Taufen.

Es geht nie nur um Geld und Geschäfte – es geht immer zuallererst um Menschen, und hier gelten die ethischen Grundgesetze unseres Lebens.

DIE KREATIVSCHLÜSSEL DES VIERTEN GEHEIMNISSES:

Befreie Deine Träume vom Thema Geld.

Halte Deinen Fokus und lebe klar ausgerichtet auf Deine Ziele. So entsteht im feinstofflichen Feld eine Art Sog, nach dem sich die bewegliche Materie dann ausrichten kann.

Behalte Deinen Brotjob! Er hält Dir finanziell den Rücken frei.

Vertraue Deinen Träumen, sprich über sie, teile sie und verwirkliche sie.

Es ist nie das fehlende Geld, das verhindert, dass Du Deine Träume lebst.

Geld ist kein Gradmesser für Erfolg.

Finde heraus, was Du wirklich gerne tust. Und dann tu es richtig gut!

Lade Erfolg und Erfüllung in Dein Leben ein.

KREATIVKONTEMPLATION: WOHLSTAND DURCH RICHTIGES DENKEN

»Du bist mein Vater, ich bin Dein Kind.
Du bist GEIST und ich bin Dir zum Bilde geschaffen.
Du bist der Schöpfer und Eigentümer des Universums.

Ich bin Dein Kind, ob gut oder böse, und habe als solches das Recht, über den Kosmos zu gebieten.
Treulos bin ich aus Deinem Haus kosmischer Fülle entlaufen.
Hilf mir, von Neuem zu erkennen,
dass mein Geist eins mit Deinem GEIST ist.

Erweitere mein Bewusstsein
und lass mich wieder fühlen, dass ich Dir gleich bin.
Rette meinen Geist,
der durch irrige Gedanken Schiffbruch erlitten hat
und nun auf der winzigen Insel
meines Bewusstseins gefangen liegt.

Durch Deine Gnade
werde ich mein wahres Wesen wiederentdecken
und wissen, dass ich allgegenwärtiger GEIST bin
und über die Welt der Materie herrsche.«[26]

---

26 Zitiert nach: Paramahansa Yogananda (2012), S. 92

Das 5. Geheimnis: Es geht immer weiter ...

DIE KREATIVE KRAFT DER WANDLUNG

LIA LACHT

»Die Welt ist ein Theater. Am besten eine Komödie«, lacht Lia. Die Muse weiß: Lachen macht glücklich. Und Lachen zieht Glück magisch an. *»Heute schon gelacht?«*, fragt Dich Lia, die Muse, die alles Heitere, herzhaften Humor, Spaß und Freude in der Kreativität inspiriert. Dort, wo sie lacht, entstehen Ideen, Werke und Projekte, die Menschen glücklich machen. Der Kosename Lia ist eine Abkürzung ihres altgriechischen Namens *»Thalia«*, der *»blühendes Glück«* bedeutet.

Lia nimmt Dich mit auf das Freudenfest, das Leben heißt. Sie liebt die sinnlichen Freuden der Liebe. Lias Symbole sind eine lachende Theatermaske und der Krummstab einer Hirtin. Denn sie liebt die Natur und ist oft Gast bei den Hirten. Hier lässt sie dem Schäfer und der Schäferin lustvoll-erotische Liebeslieder in den Sinn kommen. Dann schallen die Hirtenflöten kraftvoll durch den Wiesengrund, und die Muse lacht beglückt.

Lia lehrt uns, hinter die Masken des Lebens zu schauen. Sie lächelt fein und raunt uns zu: *»Glaube nicht alles, was Du siehst. Rollen können jederzeit neu besetzt werden. Wähle Dir eine heitere Lebensrolle!«* Lia weiß um die beiden Seiten der Münze: Wo viel Schmerz ist, gibt es gleich große Kapazitäten für Freude. Und auf Letztere sollte der Kreative sich ausrichten! Deshalb gilt es, in schwierigen Zeiten unbedingt zuversichtlich zu bleiben. Hoffnung als Grundgefühl – das gehört in die Standardausrüstung aller Kreativarbeiter! Blockaden in der Kreativität erscheinen nur auf den ersten Blick als Hindernisse. Tatsächlich sind Blockaden persönliche Trainingsprogramme und stärken das geistige Immunsystem. Deshalb heißt das Motto für Kreative: *»Nicht verzagen – Lia* *fragen!«* Denn diese Muse glaubt bedingungslos an Dein Glück: *»Es ist der starke Glaube an Deine Träume, der magisch das Glück anzieht«.* Lachen, Liebe und Lebenslust sollten immer Deine Arbeiten begleiten. Deshalb schmückt sich Lia auch gerne mit einem Kranz aus Efeu im Haar. Die herzförmigen Blätter des Efeus sind ein Symbol der Liebe, die alles umschlingt.

LIA LACHT

»Nichts in der Welt wirkt so ansteckend wie Lachen und gute Laune.«
Charles Dickens (1786–1851)

DER KOSENAME »LIA« IST EINE ABKÜRZUNG IHRES ALTGRIECHISCHEN NAMENS »THALIA«, DER »BLÜHENDES GLÜCK« BEDEUTET.

KREATIVBLOCKADEN ÜBERWINDEN

Und plötzlich geht nichts mehr. Eine Blockade scheint immer aus heiterem Himmel zuzuschlagen. Ein Albtraum für alle Kreativarbeiter, die Termine einzuhalten haben. Für Menschen, die mit ihrer Arbeit ihren Lebensunterhalt bestreiten, kann dieser Zustand schnell existenzbedrohend werden.

Unser Unterbewusstsein tritt nie ohne einen guten Grund in einen Generalstreik. Hier meldet sich eine Abteilung Deines Unbewussten, die Dir etwas zu sagen hat. Nun heißt es: Zuhören! Oft hat das Thema, das aus unseren Tiefen hochdrängt, mit den Projekten, an denen wir arbeiten, zu tun. Wer jetzt nach innen lauscht, kann davon ausgehen, dass auf Last Leichtigkeit folgt.

Finde den Mut, dem Schmerz des Vergangenen kurz ins Auge zu schauen. Denn das, was Du still fürchtest, ist längst Vergangenheit. Im großen JETZT ist alle Kraft, die Du suchst. Es geht immer weiter. Das ist eines der großen Naturgesetze unserer Erde. Energie geht nicht verloren. Die Kräfte des Wandels sind immer in Bewegung. Diese Kräfte können wir gut als Rückenwind nutzen, wenn mal wieder alles ins Stocken geraten ist. Kreativblockaden mögen Dich verunsichern. Tatsächlich sind Blockaden eigentlich nur Wegweiser, die Dich auf den richtigen Weg bringen ...

Es gibt einige erprobte Wege, den Flow Deiner Kreativität anzukurbeln. In meiner Praxis habe ich über die letzten 20 Jahre immer wieder dieselben großen Blockaden festgestellt. Wer sie kennt, kann durch die Untiefen der kreativen Meere sein Schiff sicher auf Kurs halten ...

KREATIVBLOCKADE: FEHLERANGST

FEHLER SIND ENTWICKLUNGSHELFER

Sei fehlerfreundlich! Fehler sind gut, denn nur so weißt Du, wie es besser geht. Aus Fehlern zu lernen ist der Königsweg, auf dem sich die Spezies Mensch seit Jahrtausenden erfolgreich entwickelte. Kreativität braucht die Freiheit, Fehler machen zu dürfen. Ein frisches *»Das kann ich besser!«* oder *»Ich mache es heute anders!«* motiviert Dich, Deine Projekte stetig zu verbessern. Da unsere Welt sich die ganze Zeit verändert, gibt es kein ausschließliches Richtig oder Falsch! Ständige Anpassungen sind bei aller Entwicklung gefragt.

Fehler sind Deine persönlichen Entwicklungshelfer. Erlaube Dir jeden Tag, aus Deinen Fehlern zu lernen. Wenn Du freundlich im Team mit ihnen arbeitest, kannst Du es weit bringen.

Wer unbedingt keine Fehler machen will, wird sich nur wenig bewegen können. Dabei geht viel Freude im Leben verloren. Es ist ungesund, zu kritisch mit seinen Fehlern oder den Fehlern von seinen Mitmenschen zu sein. Ja, es gibt Menschen, die regelrecht Ängste davor entwickeln, Fehler zu machen. Oft stammt diese Ängstlichkeit, Fehler zu machen, schon aus der Kindheit. Wenn Kinder für ihre Fehler zu früh hart bestraft wurden, werden sie als Erwachsene eher ängstlich. Sie zucken dann schon bei kleinsten Rügen innerlich zusammen und geraten in einem kritischen Umfeld schnell in seelische Bedrängnis.

> *»Menschen, die keine Fehler machen, machen normalerweise auch sonst nichts.«*
> William Connor Magee (1821–1891)

Gehörst Du zu dieser Gruppe? Dann lerne, Dein Leben ganz in die eigenen Hände zu nehmen. Es ist notwendig, das eigene Schicksal sanft anzuschauen. Das verletzte innere Kind benötigt Deinen Trost und Deine Ermutigungen. Es hilft erst einmal, einfache kreative Projekte anzupacken. Vielleicht solche, die Du auch mit Kindern machen würdest. Spende Dir selbst für kleine Erfolge Anerkennung. Was immer Du planst, erlaube Dir, mehrere Varianten zu starten und auszuprobieren. Sei geduldig. Dieses »Ausprobieren« beim kreativen Arbeiten ist für unser inneres Kind ein sanftes Nachholtraining. Idealerweise hätte es in der Kindheit stattfinden sollen. Deine Eltern und Lehrer hätten Dich mit ihrem Lob unterstützen müssen. Doch wir können als Erwachsene »nachlernen«. Es ist möglich, die kreativen Kräfte unseres inneren Künstlerkindes nachträglich zu fördern und zu integrieren. Die erwachte Kraft des inneren Kindes wird dann in Deine schöpferische Arbeit einfließen.

Feiere Deine kleinen Erfolge. Jedes Projekt, das Du gut umgesetzt hast. Jede Teetasse, die getöpfert wurde, das Foto, das Dir gelungen ist, jedes Auto, das Du gut repariert hast, sollte gefeiert werden. Der Kreativexperte Prem Rawat betont, dass es wichtig sei, den Blick auf das Können zu richten und dass es nicht um die Liste der Fehlschläge gehe, sondern um jeden Erfolg, der errungen wurde.

KREATIVBLOCKADE: PERFEKTIONISMUS

DIE DEVISE HEISST: OPTIMAL NICHT PERFEKT!

Die Idee und der Anspruch nach Perfektion sind ungesund und stellen sich gegen den Lebensfluss. Die Welt ist im beständigen Wandel. Alles verändert sich. Was heute perfekt scheint, ist es morgen schon nicht mehr.

> *»When too perfect, lieber Gott böse.«*
> Nam June Paik (1932–2006)

Menschen mit einem hohen Perfektionsanspruch sind bei ihren Arbeitgebern sehr beliebt. Sie liefern meist sehr gute Arbeit ab. Für das Arbeitsklima hingegen sind sie Gift. In ihrem Streben, alles besser als andere machen zu wollen, üben sie ungewollt einen stillen Druck auf alle anderen aus. Oft steht bei diesen Menschen eine große Not und Bedürftigkeit im Hintergrund. Es ist das unerlöste kindliche Verhalten, Mama und Papa alles recht machen zu wollen. Das Schulsystem verstärkt dieses Streben noch. Denn nur wer gute Noten nach Hause bringt, wird auch belohnt. Später, als Erwachsener, ist ein so konditioniertes Verhalten dann immer noch aktiv. Menschen mit einem Perfektionsanspruch hoffen weiter auf Wertschätzung und Lob. Nun versuchen sie, ihren Ersatzeltern – wie dem Chef oder dem Partner – alles recht zu machen. Meist wiederholt sich das Muster, und sie erleben Enttäuschung und Abwehr. Diese Rechnung geht nicht auf.

Mache Dir klar: Ein Perfektionsanspruch ist lebensfern. So funktioniert die Natur einfach nicht. Wenn Du unter einem *»inneren Perfektionisten«* leidest, bist Du aufgefordert, mehr zu beobachten und weniger zu urteilen. Übe Dich darin, kleine Dinge in aller Einfachheit abzuschließen. Lerne zu sagen: Das ist jetzt so fertig. In dieser Form ist dies für hier und heute abgeschlossen!

INSPIRATION

Fertig werden

Wenn Du kurz vor Abschluss eines Deiner Projekte stehst, finde heraus, was noch unbedingt notwendig ist, um es abzuschließen. Tue dann nur das absolut Erforderliche. Du wirst feststellen, dass genau dies gebraucht wurde, um die Arbeit fertigzustellen. Es ist wichtig, überhaupt einen Abschluss zu finden. Du weißt, es gibt kein Perfekt »für alle Zeiten«. Es herrscht einzig das Gesetz des Augenblicks, und das heißt: Erschaffe – sei – lass los.

KREATIVBLOCKADE: EINE STILLE KÜNDIGUNG

DIE INNERE KÜNDIGUNG AUFHEBEN

Halt! Was denkst Du gerade? Achte mehr auf Deine Gedanken! Sie haben mehr Einfluss, als Du nur annähernd ahnst. Ein »so dahin gedachter Gedanke«, entstanden aus einem kleinen Ärger, kann ohne Dein Wissen und Wollen bereits eine Weiche stellen. Und schon landest Du auf einem Abstellgleis, ohne dass Du Dich daran erinnerst, dass es Dein Wunsch war.

Genauso funktioniert das Phänomen der inneren Kündigung. Viele Arbeitnehmer haben in schwierigen Situationen voller Verzweiflung oder Zorn eine *»innere Kündigung eingereicht.«* Inzwischen haben sich vielleicht die Umstände längst wieder eingerenkt – das Unterbewusstsein hat aber ein stilles *»Mir reicht's – ich gehe!«* gespeichert. Eine solche innere Kündigung kann viele Konsequenzen haben. So bleibt bei der Arbeit eventuell ein kleines Gefühl der Verunsicherung zurück. Fortan fühlen wir uns vielleicht nicht so wohl. Wir sind nicht mehr ganz bei der Sache. Diese fehlende Energie wird vom Umfeld wahrgenommen. Es kann dann schneller dazu kommen, dass wir gemobbt oder auf Kündigungslisten gesetzt werden.

Wenn jemand mit einer Kreativblockade zu mir in die Praxis kommt, ist dies der erste Punkt, den ich anspreche: »Hat es in jüngster Zeit Schwierigkeiten bei Ihrer Arbeit, bei Ihren

Projekten gegeben? Welche Art waren diese und wie haben Sie innerlich reagiert?«

Es kann sein, dass beispielsweise ein Schauspieler während einer Probe einmal wütend denkt: »Bei dem Regisseur stelle ich mich nie wieder auf eine Bühne.« Dieser negative Gedanke kann schon die nächsten Proben beeinflussen. Eine solche still erfolgte innere Kündigung kann dem Schauspieler ein Stück seiner notwendigen Bühnenpräsenz rauben. Wenn eine innere Kündigung einmal erfolgt ist, muss sie unbedingt ganz zurückgenommen werden. Das erfordert von Dir eine bewusste Verantwortung und Beobachtung Deiner Gedanken.

Eine innere Kündigung kann überall dort erfolgt sein, wo man Kummer, Belastungen und Zorn erinnert. Das kann in der Arbeit, aber auch für die Partnerschaft oder bestimmte Projekte gelten. Die Hilfe ist denkbar einfach: Wenn sich die Wogen geglättet haben und wir erneut beschließen, doch weiterzuarbeiten, die Beziehung aufrechtzuerhalten oder das Projekt weiter zu unterstützen, dann sollten wir ganz gezielt hier eine neue Entscheidung treffen. Sie heißt: »Ich entscheide mich neu dafür, mich wieder ganz einzubringen.«

ÜBUNG

Eine innere Kündigung zurücknehmen

Setze Dich bequem hin: Schließe die Augen und denke an die belastende Situation, in der Du eventuell eine innere Kündigung ausgesprochen hast. Schaue sie mit Mitgefühl und voller Verständnis an. Verfolge keine traurigen Gefühle, beobachte nur die Gesamtsituation. Es ist ausreichend, die Not, aus der die innere Kündigung entstanden ist, einfach zur Kenntnis zu nehmen. Reibe nun beide Handflächen aneinander, bis sie warm werden. Lege nun die Handflächen an Deinen Hals, sodass sich die Handgelenke in der Mitte berühren – während die Finger flügelartig den Hals umfassen. Sage laut: »Ich … (Dein Name) treffe eine neue Entscheidung! Die Entscheidung lautet: … Ich bin weiter beschäftigt in der Firma xy; ich werde weiter mit meinem Partner xy zusammenbleiben; ich werde das Projekt xy weiter verfolgen.« Atme mehrmals tief. Spüre, wie sich jetzt Dein Körper anfühlt. Damit ist diese Übung abgeschlossen.

Es heißt: *»Achte auf Deine Gedanken, denn sie werden Dein Schicksal.«* Man kann nur ahnen, wie wichtig es ist, seine Gedankenhygiene zu kultivieren. Kreativarbeiter besitzen oft ein ziemliches Temperament, dessen Auswirkungen positive, aber leider auch negative Aspekte haben können. Wird die Kraft großer Kreativität unachtsam mit ungesunder Selbstkritik, negativen Gedanken oder Selbstzorn verbunden, kann viel zerstört werden. Wer gegen Blockaden anrennt, statt sie sanft anzuschauen und mit Geduld zu verändern, erlebt die Macht, die hinter aufgestautem Wasser stecken kann. Wenn ein Staudamm bricht, können die reißenden Wasser alles unter sich begraben. Ich habe Künstler getroffen, die ihre Bilder zerschnitten oder angezündet haben. Das war schade und überflüssig.

»Wach auf! Sei achtsam!« Das ist der Ruf aller großen spirituellen Lehrer. Erlaube Dir, wacher und achtsamer zu leben. Achtsamkeit bedeutet, in die absolute Eigenverantwortung zu gehen. Sie spielt beim Denken ebenso eine große Rolle. Wir können unsere Gedanken nicht kontrollieren. Das hieße, den wilden Tiger mit einem wilden Tiger zähmen zu wollen. Es ist auch nicht gut, Widerstand gegen sie zu erschaffen. Das Beste ist, sie nur zu beobachten und sie einfach nicht ernst zu nehmen. Wenn

wir uns nicht mehr weiter mit ihnen beschäftigen, dann entziehen wir ihnen Energie. Und wie eine vergessene Topfpflanze werden sie verkümmern, wenn sie nicht weiter genährt werden. Zudem können wir bewusst wählen, mehr konstruktive Gedanken zu fördern. Es erfordert ein beständiges Training, gute und schöne Gedanken in das sich wiederholende Gedankenwirrwarr einzuschleusen.

TIPP

Denke viel mehr Gutes über Dich und Dein Leben, z.B. »Heute bin ich glücklich – morgen überglücklich.«

GESCHICHTEN

Geschichten, die das Leben schreibt: Handtaschen – eigentlich eine feine Sache

»Seit ein paar Wochen bin ich nun in meiner neuen Arbeitsstelle. Ich fühle mich wohl, es herrschen ideale Bedingungen. Leider bin ich irgendwie immer müde. Vielleicht hätte ich doch nicht den Arbeitsplatz wechseln sollen.« Thorsten ist ein hoch gewachsener, dunkel gelockter Mittvierziger, der auffällig schöne Schuhe trägt. Vor Kurzem hat er ein verlockendes Angebot einer Kaufhauskette angenommen, den Einkauf für die gesamte Damenbekleidung zu managen. Ich lasse mir seinen neuen Aufgabenbereich schildern: »Interessant, eine wirkliche Herausforderung. Er umfasst die ganze Damenbekleidung samt Schuhen und Handtaschen.« Als er das Wort Handtasche ausspricht, zieht er merklich die Luft ein. Ich achte immer auf den Atemfluss meiner Klienten, denn er ist oft ein guter Indikator, wo der Hund begraben liegt.

Ich frage Thorsten, welche Erfahrungen er bisher mit Handtaschen gemacht habe. »Taschen, na ja. Das ist eigentlich eine weniger erfreuliche Geschichte. Ich stamme aus einer Familie, die über Generationen Ledertaschen, früher auch Koffer, gefertigt hat. Mein Urgroßvater hat aus seiner kleinen Werkstatt den großen Betrieb aufgebaut. Mein Vater hat den Betrieb dann in den 70er-Jahren übernommen und neu aufgestellt. Vati wollte unbedingt, dass ich das Geschäft übernehme. Ich wollte aber nicht. Ich wollte raus aus der Kleinstadt, mir war das alles zu eng. Es gab lange Streit in der Familie. Vati konnte mir nicht verzeihen, dass ich wegging. Eigentlich seltsam, weil Vati mich doch hätte verstehen müssen! Er hat erzählt, dass er auch nicht in der Firma arbeiten wollte – er wollte sogar studieren. Der Großvater hatte ihn damals gezwungen, den Betrieb zu übernehmen.«

Thorsten lächelt mich leicht schief an. »Ich bin dann in die weite Welt gegangen, bin viel gereist und habe im Ausland meine Ausbildungen gemacht. Ich habe mir damals gesagt: ›Nie wieder Taschen‹ ... Und nun, seit zwei Wochen, suche ich wieder Ledertaschen aus. Der alte Geruch ist wieder da. Die gleichen Qualitätskontrollen und so weiter. Denn Taschen gehören natürlich auch zur Gesamtkollektion der Kaufhäuser. So kann's kommen.«

Ich erkläre Thorsten, dass es darum gehe, die alte Entscheidung »Nie mehr Taschen!« zurückzunehmen. Ein entschiedenes »Ja zur Tasche!«, wenn auch nur als kleiner Teil einer größeren Damenkollektion, sei hier dringend vonnöten. Sonst könne ein unterbewusster Stressfaktor die tägliche Arbeit belasten. Gleichzeitig sprechen wir über die Verletzungen, die der alte Vater-Sohn-Konflikt verursacht hat. Ein verzeihendes Verstehen der eigenen Biografie entsteht in den folgenden Sitzungen. Thorsten sieht, dass er eigentlich seinen Vater retten wollte und stellvertretend für ihn den Kampf zwischen Vater und Großvater gekämpft hat.

»Kein Wunder, dass ich so müde war«, erklärt er mir. »Dieser ewige Familienkampf. Jetzt kann ich viel ruhiger arbeiten. Ich glaube heute, ich konnte damals einfach nicht Vatis Stärke sehen. Ich verurteilte seine Schwäche, vor allem, dass er sich nicht gegen seinen Vater durchsetzte. Heute sehe ich mehr die Liebe meines Vaters für seinen Vater. Vati konnte es einfach nicht übers Herz bringen, Großvaters Lebenswerk nicht weiterzuführen. Ich spreche jetzt wieder viel mehr mit meinem Vater. Neulich habe ich ihm gesagt, dass ich mit meiner Arbeit eigentlich in seine Fußstapfen getreten bin. Auch wenn ich den Betrieb nicht übernommen habe. Ich bin der Branche treu geblieben und arbeite fast im selben Beruf. Nur viel freier. Ich reise in interessante Länder – das war insgeheim der Traum meines Vaters. Da war Vati richtig gerührt.«

Als Thorsten dann noch einmal anruft, klingt er freudig erregt: »Ich habe jetzt einen ganz anderen Blick auf die Lederwaren. Mich stört auch der Geruch nicht mehr. Und ich habe angefangen, eigene Vorschläge für neue Modelle für die nächste Kollektion einzubringen. Es macht richtig Spaß. Und jetzt halten Sie sich fest. Letzte Woche rief einer der größten Damentaschenhersteller an, ob ich nicht die Produktion und den Verkauf für Europa managen wollte? Und ich weiß noch nicht, wie ich mich entscheiden werde, aber ich denke zumindest drüber nach.« Ich bin sprachlos. Das Taschenproblem ist offensichtlich vom Tisch und ganz gelöst.

KREATIVBLOCKADE: SACKGASSE!

WIR BEFINDEN UNS AUF DEM HOLZWEG

Holzwege sind Wege, die ins Nichts führen und kein Ziel haben. Wenn es mal nicht mehr mit der Arbeit weitergeht, könnte es auch sein, dass Dein Unterbewusstsein versucht, Dir dringend mitzuteilen, dass Du auf dem Holzweg bist. Das heißt, dass der Weg, den Du eingeschlagen hast, der falsche ist. Dein Unterbewusstsein fordert Dich auf: *»Informiere Dich besser! Hole weitere und neue Informationen ein!«* Es gilt, die Grundkomponenten noch einmal zu überprüfen und das Vorhaben aus verschiedenen Perspektiven neu zu beleuchten. Es können einfache Dinge sein, beispielsweise dass das Material, das verwendet wird, nicht wirklich passt oder dass die Pläne, die geschmiedet wurden, nicht stimmig sind.

In einem Fall kam ein Architekt mit seiner Planung nicht weiter. Nichts ging mehr. Alle kreativen Ideen waren einfach weg, und der Termin der Präsentation vor dem potenziellen Auftraggeber rückte näher und näher. Die Existenz seines neuen Büros hing zu dieser Zeit von dem Zuschlag ab. Niedergedrückt vom Zeitdruck und von der aussichtslosen Situation saß er bei mir.

Nachdem wir alle Faktoren besprochen und mit verschiedenen Übungen den Stress reduziert hatten, sagte ich: »Immer wenn Sie über den Bebauungsplan sprechen, ziehen sich Ihre Muskeln so stark zusammen, das sich Ihr ganzer Körper verkrampft. Im Moment kann ich nichts weiter für Sie tun. Vielleicht sollten Sie diese Pläne noch einmal genau prüfen?«

Aufgeregt rief er zwei Tage später an: Bei erneuten Recherchen hatte er festgestellt, dass der Bebauungsplan des Grundstückes in den letzten Jahren geändert worden war. Das hatte er ganz übersehen. Mit den neuen Baugrenzen könnte er nun den Bau wesentlich größer gestalten. »Das ist gerade noch mal gut gegangen«, erzählte er. »Ich hätte mich bei der Präsentation völlig blamiert.« Mit dieser Information gelang es ihm, die Planungen anzupassen, rechtzeitig fertigzustellen und mit Begeisterung eine erfolgreiche Präsentation zu halten.

Unser Unterbewusstsein weiß viel mehr, als wir ihm zutrauen. Es kann unsere kreative Arbeit vielseitig unterstützen, wenn wir wieder lernen, mit ihm zusammenzuarbeiten. Unser Körper, unsere Sinne und unsere Intuition sind exzellente Mitarbeiter. Deshalb sollten wir trainieren, mehr und früher auf sie zu hören.

KREATIVBLOCKADE: DER ZEITPUNKT STIMMT NICHT

»KEIN ANSCHLUSS UNTER DIESER NUMMER ...«

Es gibt Situationen, in denen einfach nichts funktionieren will. Wir telefonieren und erreichen niemanden. Wir wollen gerne mit einem Kollegen etwas besprechen, aber derjenige ist gerade verreist. Der Laden, in dem wir einkaufen wollen, macht gerade Inventur und öffnet erst später wieder. Es scheint wie verhext zu sein. Es ist so, als ob wir gegen den Strom schwimmen müssten.

In einem solchen Moment heißt es: innehalten. Tief durchatmen und eine Pause machen. Ich habe immer wieder beobachtet, dass vor allem Menschen, die eigentlich mit ihren Gedanken ganz woanders stecken, dieses Problem haben. Sie erreichen scheinbar niemanden, weil sie in dem Moment keinen Kontakt zu sich selbst finden.

Flexibilität heißt das Stichwort. Vielleicht ist im Moment etwas anderes zu tun. Lass Deine To-do-Liste los und höre auf Dein Bauchgefühl. Wer wieder an seine intuitive Wahrnehmung angeschlossen ist, kann fühlen, welcher Punkt wann zu bearbeiten ist. Es macht das Leben um vieles leichter, wenn wir wieder mehr auf die eigene Körperintelligenz hören. Damit trainieren wir unsere Intuition und Kreativität. Frage Dein Bauchgefühl, bevor Du telefonierst: »Ist das für diese Person auch der richtige Moment für dieses Gespräch?« Je mehr Du übst, Deinem Bauchgefühl zu folgen, umso mehr synchronisierst Du Dich mit Deiner Umwelt.

ÜBUNG

Zurück in die Gegenwart

Um wieder ganz bei sich anzukommen, hilft eine leichte Übung. Setze sich bequem hin. Schließe Deine Augen. Atme tief. Breite nun Deine Arme aus, so als ob Du jemanden umarmen willst. Führe dann Deine Arme vor Deinem Körper langsam zusammen. Erlaube, dass die Fingerspitzen Deiner beiden Hände sich berühren und eine Art Korb bilden. Öffne Deine Augen und schaue auf Deine Hände.

Sage laut: »Ich bin (... Name) ganz im Hier und Jetzt.« Fühle nach, wie sich Deine Körperwahrnehmung verändert. Mache die Übung drei Mal.

WELCHE MASKEN TRÄGST DU?

KREATIVBLOCKADE: FREMDE ROLLENSPIELE

WELCHE MASKEN TRÄGST DU?

Weißt Du, welche Rollen Du gerade spielst? Bist Du gleichzeitig auch in Kontakt mit Deinem wahren, bewussten Selbst? Wenn Du in einer inneren Blockade feststeckst, überprüfe, welche Rollen Du gerade spielst. Blockaden des kreativen Arbeitens entstehen oft durch die Identifikation und Versteifung auf bestimmte Rollen. So können wir nicht frei in einen kreativen Schaffensprozess treten.

Jeder Mensch spielt Rollen. Die Rollen, die wir im Leben spielen müssen, sind vielseitig. Mal sind wir auf die Rollen, »Ich bin Vater« oder »Ich bin Mutter« festgelegt. Oder wir vertreten berufliche Rollen wie beispielsweise: »Ich bin die Chefdesignerin« oder »Ich bin hier nur der Assistenzarzt«. Es gibt Freizeitrollen, so »Ich bin der Westernreiter« oder »Ich bin die Chorleiterin«. Rollen können auch über emotionale positive Bilder geäußert werden: »Ich bin die Sportskanone« und »Ich bin die elegante Frau mit dem guten Geschmack«. Oft sind sie mit negativen Bildern verbunden, so »Ich bin der, der hier gemobbt wird«. Auch ein »Ich jammere gerne über meine Krankheiten« oder »Ich bin die, die schon wieder Liebeskummer hat« sind häufig vertreten. Viele Rollen sind auch familiendefiniert und werden unbewusst von Generation zu Generation weiter »vererbt«.

Unsere ganze Gesellschaft versucht reibungslos diese klar definierten Rollen zu spielen. Wir sind vertraut mit unseren Rollen, kennen sie auswendig und haben uns bequem in ihnen eingerichtet. Sie bilden einen festen Teil unserer Komfortzone. Im Rollenspiel sind Mehrfachbesetzungen die Regel. So schlüpfen wir am Tag mehrmals in andere Rollen. Wie bei einem Schauspieler, der seine Rolle nicht loslässt, kann es dann nach Feierabend zu einer Identifikation mit einer beruflichen Rolle kommen. Es ist so, als ob wir vergessen haben, uns abzuschminken und das Kostüm an den Haken zu hängen.

Bestimmte Rollen wie Mutter, Tochter, Mann oder Frau können wir auch in dem Sinne nicht ablegen. Andere Rollen werden ganz bewusst eingenommen. Öffentliche Autoritäten, z.B. ein Polizist oder der Pastor, tragen in ihren beruflichen Funktionen Uniformen. So sind Rolle und damit verbundene Funktionen klar definiert.

Dieses Leben in Rollen erfordert einen Grad an Achtsamkeit, den wir nicht gelernt haben. Gewohnheitsmäßiges Leben und Arbeiten in Rollen birgt eine große Gefahr: Jedes Mal, wenn wir eine Rolle bekleiden, dann reduzieren wir unsere Persönlichkeit und Teile unseres Wesens und Wissens. Es ist so, als ob wir von Rolle zu Rolle in einen anderen »Sparmodus« wechseln. Das Ergebnis: Wir leben nicht ganz im Hier und Jetzt.

Kreatives Arbeiten fordert Dich auf, aus den begrenzten Rollen herauszutreten und authentisch zu sein. Der kreative Fluss des Arbeitens verbindet Dich mit Deinem innersten Wesenskern. Dies ist der Ort der nackten Wahrheit – hier legen wir unsere Rollen ab. Hier fühlen wir uns wohl, sehr lebendig und selbstbewusst.

Wer sich fürchtet oder keine Erfahrung hat, mit sich selbst in Berührung zu kommen, kann kurz vor dem Einsetzen des kreativen Flows auf Blockaden treffen. Das Unterbewusstsein tritt dann in einen Streik. Der Druck, eine bestimmte Rolle unbedingt beibehalten zu wollen, und der gleichzeitige Wunsch, in Freiheit die kreativen Projekte anzupacken, können zu einem inneren Kampf führen. Hier sind wir aufgefordert, alte Verletzungen sanft zu betrachten und die eigene Biografie – so wie sie ist – anzunehmen.

KREATIVBLOCKADE: SINKENDER MUT
KURZ VOR DEM ABSCHLUSS

Manchmal schlägt eine Blockade zu, kurz bevor die Projekte fertig sind. Besonders die Endphase der kreativen Arbeit erfordert unsere besondere Aufmerksamkeit und unseren Schutz. Die meisten Menschen haben Stress, Dinge abzuschließen. Der erhöhte Stresspegel und die diversen Ängste können so weit gehen, dass diese Menschen kurz vor dem Abgabetermin alles hinschmeißen wollen und sich zurückziehen. Manchen *»passiert«* ein solches Missgeschick, dass ihre Projekte beinahe *»ruiniert«* scheinen und nie das Licht der Öffentlichkeit sehen werden.

Wer sich mit seinen kreativen Arbeiten einem Publikum stellt, braucht besonderen Mut. Und wir sollten uns entscheiden, das Bestmögliche anzustreben – mehr aber nicht. In den Abschlussphasen erhebt sich schnell ein fürchterliches Geheul der inneren Schweinehunde. Dieser Chor an kritischen Stimmen boykottiert sich vor allem gegenseitig. Ein Teil erklärt, wir seien nicht gut genug und sollen uns nicht in den Vordergrund spielen. Andere Stimmen erklären genau das Gegenteil: Jetzt wäre die Zeit, endlich ins Licht der Öffentlichkeit zu treten und »es« allen zu zeigen. Diese Stimmen schwächen uns und nehmen uns die Lust weiterzuarbeiten. Viele dieser Stimmen repräsentieren einfach nur alte Verletzungen, die meist aus der Kindheit oder der Pubertät stammen.

In der Endphase, vor der Vernissage, der Premiere, vor dem Brennen der Töpferarbeiten oder der Abgabe eines Buchtextes, sollten wir lernen, über dieses innere Lärmen hinwegzuhören. Hier gilt es, ganz pragmatisch den Fokus weiter auf das Ziel zu richten. Parallel heißt es: *Abarbeiten-abarbeiten-abarbeiten.* Es ist also gut, Extrazeit für diese Phase einzuplanen und grundsätzlich mit einem höheren Energieaufwand zu rechnen.

Kurz vor dem Abschluss von Projekten herrschen andere Gesetze. In der Zeit, wenn all die Fragmente zusammengefügt werden, kommt es oft zu dem Phänomen, dass der Kopf das Tempo beständig beschleunigt – während der Körper einfach müde und somit scheinbar langsamer wird. Überaktiv und hochgeputscht von der Aufregung spüren wir in diesen »heißen« Phasen weniger unseren Körper. Praktisch gesehen, kann eine Disposition für körperliche Verletzungen entstehen. Deshalb sind viele kleine Pausen notwendig, die zwischendurch eine Entschleunigung erlauben. Es gelten außerdem alle Regeln der erhöhten Achtsamkeit. Auf diese Weise können wir vermeiden, über Kabel zu stolpern, den Computer zu crashen oder im entscheidenden Moment den Schlüssel zu vergessen. Es ist wie beim Autofahren: Je schneller Du fährst, umso eingeschränkter wird das Blickfeld. Umso mehr Vorsicht wird vom Fahrer gefordert.

GESCHICHTEN

Geschichten, die das Leben schreibt: Premiere!

Pascal ist ein junger, engagierter Medienkünstler. Im Moment schneidet er einen größeren Film, der auf einem Festival im nächsten Monat laufen soll. Er ist nervös und blass. Es verschlägt ihm die Stimme, als er beginnen möchte zu erzählen. »Immer wenn ich versuche, den Film abzuschließen, dann geht alles drunter und drüber. Ich kann das einfach nicht, etwas ganz fertig machen. Ich will dann meinen Film nicht weiter schneiden. Ich gehe aus dem Haus und renne wieder zurück. Springe wieder aufs Fahrrad, fahre ins Atelier und drehe dann wieder um und sause nach Hause. Das reinste Chaos.«

Ich bitte ihn, etwas über den Film zu erzählen. Denn manchmal kann eine Blockade einfach damit zusammenhängen, dass der Inhalt unserer Arbeit für uns selbst noch nicht abgeschlossen ist. Der Dokumentarfilm erzählt von Menschen, die ausweglose Situationen wie Vergewaltigung, Konzentrationslager oder tiefe Verzweiflung überlebt haben. Hier geht es Pascal besonders um das Thema: der Mensch und seine Gefühle. Ich frage ihn, welches Schicksal ihn von den Geschichten am meisten berührt habe. Pascal erzählt von einem Vater, der im Film weinte, weil er seinen Sohn geschlagen hatte. Der Sohn sei weggelaufen und seitdem verschollen. »Seine tiefe Verzweiflung packt mich immer wieder. Vielleicht auch deshalb, weil mein Vater auch richtig zuhauen konnte.« Während Pascal erzählt, entspannt er sich sichtlich. Wir sprechen kurz über seine Beziehungen zu seinem Vater, der noch lebt. Während des Gesprächs beginnt Pascal sich sehr mit seinem Film zu beschäftigen. »Also geht es nicht nur um den Schnitt«, denkt er laut. »Mir war nicht klar, dass mein eigener Film mich irgendwo innerlich berührt hat. Das gilt in der Szene als unprofessionell. Ich war viel zu sehr mit der Schneidetechnik beschäftigt. Wenn ich mit dem Film fertig bin, werde ich Papa anrufen und mal fragen, wie es ihm geht.«

Nun bitte ich Pascal, sich vorzustellen, dass der Film fertig geschnitten ist und auf dem Festival läuft. Er solle visualisieren, wie die Zuschauer bewegt sind und sich durch das Anschauen ein wenig ihre festgefahrene Sicht der Dinge verändert. Und ich erinnere ihn noch daran, dass er Kunst für Menschen mache: »Wenn der Film nicht gezeigt wird, dann hat alle Arbeit ihren Sinn verloren. Stellen Sie den Film fertig. Machen Sie die Schnittvariante, die Ihnen jetzt möglich ist. Nicht mehr. Ihr Bestes ist gut genug.« Ich gebe Pascal mit auf den Weg, dass es immer mehrere Möglichkeiten für einen guten Schnitt gibt. Es zähle die, für die er sich jetzt entscheidet. »Denken Sie beim Auswählen nur an die Zuschauer dieses einen Festivals. Aber speichern Sie das ganze Filmmaterial so gut, dass Sie später andere Varianten ergänzen können.«

Wochen später erhalte ich von Pascal eine Mail. Alles sei glattgelaufen. Der Film sei gut besucht gewesen. Noch besser als die Vorführung habe ihm die anschließende Diskussion gefallen. Das Publikum sei interessiert und kritisch gewesen. Pascal hat nun den Kopf voller neuer Ideen für andere Filme. Was Pascal besonders bewegt: Er hat seinen Vater zur Premiere eingeladen – und er hat in diesem besonderen Rahmen endlich mal die Arbeit seines Sohnes miterleben können.

ALLZEIT GRIFFBEREIT: HUMOR UND HOFFNUNG

Jeder Kreativarbeiter sollte in seinen *»Erste-Hilfe-Koffer-für-alle-Lebenslagen«* Humor und Hoffnung für die Zeiten packen, in denen wir scheinbar in einer Sackgasse sitzen. Mit diesen besonderen Qualitäten im Handgepäck können wir sehr weit reisen. Denn Humor erhält unsere Lebenskraft und kräftigt unser Bewusstsein, wie schwierig die äußeren Umstände auch sein mögen.

HUMOR STIFTET HEILSAME VERWIRRUNG

Hast Du heute schon herzhaft gelacht? Hast Du schon innerlich über eigene Ideen geschmunzelt? Nein? Dann wird es aber Zeit! Denn Lachen ist gesund! Wir Deutschen sind zwar das Volk »der Dichter und Denker«, aber leider kein besonders heiteres Volk. Wir lachen viel zu wenig.

Lachen macht schlau und glücklich. Lachen bringt mehr Sauerstoff ins Blut, kräftigt das Immunsystem und macht uns somit fit für alle Lebenslagen. Es entspannt unsere über 300 Gesichtsmuskeln, und wir sehen schöner aus. Studien belegen, dass Lachen im Gehirn Gammawellen produziert. Ein Zustand, der auch durch Meditation erreicht werden kann. Gammawellen sind die Superwellen, die das ganze Gehirn überall erreichen. Sie lassen uns klarer und konzentrierter denken. Sie machen uns zufriedener, ruhiger und erlauben den Zustand einer flexiblen Offenheit. Das ist der perfekte Zustand für Kreativarbeiter. Auch hier gilt: Von viel kommt viel. Wer öfter herzhaft lacht, dem winkt mehr Heiterkeit im Leben. Denn unser Körper merkt sich das Lachprogramm.

Wo viel gelacht wird, wird auch erfolgreicher gearbeitet. Humor und Lachen schaffen es, das Unmögliche möglich zu machen: Sie durchbrechen das Netz unserer Denkgewohnheiten. Wer immer gleiche Gedanken denkt, baut sich selbst ein neuronales Autobahnnetz im Gehirn auf. Unsere Gedanken rasen wie Autobahnrowdys immer schneller durch unser Gehirn. Oftmals sind es ganz unsinnige, unproduktive Gedanken, die uns mehr quälen als unseren Alltag unterstützen.

Bei all der Unruhe wird unsere Art zu denken und zu kombinieren oft von Trägheit bestimmt. Wir Menschen sind vor allem bequeme Gewohnheitstiere. Gleichzeitig verschwenden wir durch die ständige Wiederholung der gleichen Gedanken unsere mentale Kraft. Das tägliche Rotieren des Hamsterrades unserer Denkgewohnheiten versperrt uns die Sicht auf produktive Alternativen.

Hier stiftet Humor heilsame Verwirrung. Es braucht nur einen einzigen Moment des Innehaltens, in dem wir versuchen, einen Spaß ganz zu verstehen, und schon ist das Gehirn auf ein neues Gleis gesprungen. Plötzlich sind alle inneren Kreativabteilungen hellwach. Munter begleiten sie Dich. Jetzt heißt es: Auf in unbekannte Gefilde! Wer Neues erfinden will, sollte sich die Freiheit geben, fast alles zum Lachen zu finden.

Das wissen die Neurowissenschaftler schon lange. Der Teil unseres Gehirns, der neue Informationen aufnimmt und verarbeitet, grenzt genau an den Ort, der bei Freude stimuliert wird. Die perfekte Kombination besteht darin, Lernen mit gutem Humor zu verbinden. Die großen spirituellen Meister wussten und wissen um dieses Geheimnis. Anstelle des heiligen Ernstes sind ihre Lehren mit Witz, lustigen Geschichten und Lachen gespickt. Das sehen wir sehr gut am Dalai-Lama.

Humor ist unglaublich befreiend. Humor erlaubt, die Dinge wieder mit Leichtigkeit zu betrachten. Er bringt ein entschiedenes »Ja« zu unserer Unvollkommenheit und den Mut zur Lächerlichkeit. Humor entkleidet unsere mühsamen Rollenspiele. Er macht uns frei von dem Anspruch des Perfektionismus und dem plagenden Gefühl, etwas Besonderes sein zu müssen. Er löst die Empörungen über die Widrigkeiten des Alltags einfach auf. Er befreit uns von der Hoffnungslosigkeit, der Einsamkeit und dem Zweifel. Humor ist der kürzeste Weg vom Kopf in unsere Herzen und bringt uns so mit unserem Fühlen in neuen Kontakt.

Viktor Frankl untersuchte als Arzt und Überlebender eines Konzentrationslagers die Heilkraft des Humors. Er war zutiefst davon überzeugt, dass der Mensch auch angesichts von schwersten Umständen, Bedrohungen oder Schicksalsschlägen über sich selbst hinauswachsen kann. Er könne trotzdem »Ja!« zum Leben sagen. Es müsse ihm nur gelingen, sich von sich selbst zu distanzieren.

Humor hat die besondere Gabe, in Blitzesschnelle eine Distanz zur jeweiligen Situation herzustellen. Diese Fähigkeit, sich kurz über jedes Ereignis zu stellen – und sei es auch nur für ein paar Sekunden –, bringt Dich wieder aus der Ohnmacht heraus in Verbindung mit Deiner Seelenkraft. Du bist nicht länger Opfer. Du erinnerst Dich: Du bist ein machtvolles, spirituelles Wesen, das Erfahrungen in seinem Körper auf dieser Erde machen möchte.

Humor lässt den Ärger einfach in der Luft verpuffen, baut Stress ab und erfrischt die Sinne. Humor ist der lang ersehnte Regen in der Wüste. Guter Humor weiß darum, dass das Wesentliche im Leben geschenkt wird. Er ist geprägt von einer Gottverbundenheit und einem tiefen Urvertrauen in den Fluss des Lebens. Schaue Dich um! Gottes Humor ist in der Schöpfung überall sichtbar. Er zwinkert Dir verschmitzt zu. *»Wo immer ich mich hinwende, blickt mich Dein Gesicht schon an«*, heißt es in einem alten indischen Lied.

DIE KREATIVSCHLÜSSEL DES FÜNFTEN GEHEIMNISSES:

Das Gesetz der Wandlung verspricht uns:
Es geht immer weiter.
Eine Blockade kommt nie aus heiterem Himmel.
Anstatt gegen sie anzurennen, öffne diese Schatzkiste.
Auspacken lohnt sich!
Nimm Dir die Freiheit, nichts wissen zu müssen.
Sage einfach häufiger: Ich weiß es nicht!
Nimm Dir die Freiheit, viele Fehler zu machen.
Werde fehlerfreundlich!
Nimm Dir die Freiheit, andere Prioritäten zu setzen.
Nimm Dir die Freiheit, Deinen Perfektionismus loszulassen.
Nimm Dir die Freiheit, voll und ganz dabei zu sein.
Nimm Dir die Freiheit, neue Wege zu gehen.
Nimm Dir die Freiheit, zur richtigen Zeit am richtigen Ort zu sein.
Nimm Dir die Freiheit, keine Rollen zu spielen.
Nimm Dir die Freiheit, unfertige Dinge abzuschließen.
Werde wieder berührbar – wie ein Kind.
Werde ein guter Beobachter.
Schaue alles mit Distanz und Humor an.
Nimm nichts persönlich.
Sage Dir: Mein Bestes ist gut genug!

Kreativkontemplation: Der Anker der Hoffnung

Hoffnung ist die Quelle von unermesslich viel Gutem. Die Kraft der Hoffnung schenkt Klarheit und die Fülle inneren Friedens. Hoffnung ist die Kraft der Menschen, die wissen, dass – komme, was wolle – sie ihren Traum verwirklichen werden.

Hoffnung ist mehr als nur ein Gefühl. Es ist eine innere Kraftquelle, die wir oft vergessen haben. Hoffnung ist – genau wie Liebe – eines jener großen Gefühle, die unser Leben durchpulsen. Hoffnung ist ein kreativer Motor. Sie kann Bewegung in festgefahrene Vorhaben bringen und versteckte Kräfte aktivieren. Im christlichen Abendland gehört Hoffnung zu den drei Kardinalstugenden: Glaube – Liebe – Hoffnung. Diese drei Gefühle sind machtvolle, schöpferische Energieformen. Sie ermöglichen es uns, auf der Matrix des Lebens zu schreiben. Wer diese Kraft generiert und ihr Geduld und Ausdauer an die Seite stellt, kommt im Leben sehr weit. Eine regelmäßige Rückbesinnung auf das Gefühl der Hoffnung hilft, schwierige Zeiten zu überstehen. Hoffnung ist das Seil, an dem Du Dich die ganze Zeit über festhalten solltest, wenn Du gefährliche Klettersteige gehst. Lass sie nicht fahren. Halt fest!

»Hoffnung« findet in unserem Alltagsleben als Wort kaum noch Verwendung. Heute wird viel zu schnell das Wort »Hoffnung« mit »hoffnungslos« in Verbindung gebracht.

Dabei kann Hoffnung ein humorvoller *»Mal-sehen-was-geht-Begleiter«* sein. Es ist der frohe Mut des Helden im Märchen, der weiß, dass er das Abenteuer am Ende siegreich bestehen wird. Es ist die alchemistische Kraft des Narren, den das Glück verfolgt. Die stärkende Kraft der Hoffnung wird heute kaum mehr genutzt und verstanden. Wir sollten, wann immer ein Gegenüber von Hoffnung spricht, ihn sofort bestärken. Unsere Antwort sollte ein herzliches *»Na dann – viel Erfolg!«* sein. Oder ein *»Bleibe weiter guten Mutes!«* Hoffnung, die von Mitmenschen wahrhaft bestärkt wird, kann Wunder bewirken.

Hoffnung ist ein hoch schwingendes, feines Gefühl, das ähnlich wie die Liebe immer da ist. Hoffnung ist wie die Luft, die wir atmen. Sie ist nicht an Personen gebunden. Hoffnung gehört zur Grundausstattung des natürlichen Lebens auf dieser Erde. Das Gefühl und seine besondere Qualität werden weiter schwingen und andere Menschen und Materie bewegen, wenn wir schon längst nicht mehr da sind.

Erlaube Dir, dem Cocktail Deines schöpferischen Ausdrucks einen guten Schwung Hoffnung hinzuzufügen.

Das 6. Geheimnis: Übernimm die Verantwortung für Deine Gefühle

DIE KREATIVE KRAFT GROSSER GEFÜHLE

MELLI MACHT MUT

»Not macht erfinderisch. Und das sollte sie auch, denn Krisenzeiten sind immer kreative Hoch-Zeiten.« Melli lässt sich durch nichts und niemand aus der Ruhe bringen. Sie weiß, Kreativität ist die positive Kraft in Zeiten großen Wandels. Je schwerer die Krisen, umso mehr Energie steckt dahinter. *»Und die will genutzt werden«*, sagt sie.

Melli ist die Muse der Tragödie. Ihr altgriechischer Name *»Melpomene«* heißt *»die Singende«*. Und genau das tut Melli, wenn es mal wieder dramatisch wird: singen. Das befreit unglaublich. Melli motiviert Dich, mehr auszudrücken. Du kannst schreiben, dichten oder basteln. Wichtig ist es, die Energie der Krisen und Trauer in den Flow zu bringen. Die großen Tragödien des Lebens stecken voller Power, die Du nutzen kannst.

Mellis persönliches Kennzeichen ist eine weinende Theatermaske, die sie in ihrer einen Hand hält. *»Weinen ist gesund«*, weiß sie. *»Nur wer große Gefühle zulässt, ist ein großer Künstler.«* Melli hat meist eine Keule im Gepäck. Im Bedarfsfall kann sie klare Grenzen setzen und auch mal kräftig zuhauen. Gleichzeitig schmückt sie sich gerne mit einem Kranz aus Weinlaub im Haar. Dieser Kranz ist auch ein Zeichen dafür, dass alles dem Wandel unterliegt. So kann die Weintraube nur zum Wein werden, wenn sie gepresst und gekeltert wird. Melli weiß: Auch wir müssen mit unseren Gefühlen durch die *»Weinpresse des Lebens«*. Hier werden Trauer, Sorge und Angst immer in Freude und Flow gewandelt.

Melli lenkt alle Kreativen sicher durch die Stürme des Lebens. Sie versteht sich besonders gut mit ihrer Schwester Thalia. Die Symbole der beiden: Eine weinende und eine lachende Theatermaske sind ein Sinnbild für das Theaterspiel. Sie verraten uns: Weinen und Lachen gehören zusammen, so wie auch Trauer und Lebensfreude zwei sich liebende Schwestern sind.

ÜBERNIMM DIE VERANTWORTUNG FÜR DEINE GEFÜHLE

KREATIVITÄT AUF ABWEGEN

Kennst Du die Kraft und die Möglichkeiten Deiner Gefühle? Die meisten Menschen ahnen nur entfernt etwas von dem Potenzial ihrer Gefühle. Unsere Gefühle sind der kreative Baukasten, mit dem wir unsere Welt gestalten und uns direkt ausdrücken können. Gefühle stellen uns zwischen Feuer und Eis, schenken uns Frühlingsgefühle im tiefsten Winter und sichere Hoffnung an den Abgründen des Lebens. Gefühle bringen unser Gehirn auf Hochtouren. Gefühle von Liebe, Empathie und Vertrauen machen uns erst richtig menschlich. Wir haben nur oft vergessen, was für fantastische Möglichkeiten wir mit unseren Gefühlen an die Hand bekommen haben.

Gefühle sind die Sprache, mit der wir parallel zu unseren Worten und Gedanken kommunizieren. »Ich bin schon da«, ruft der Igel dem Hasen zu. Die Fabel beschreibt, wie ein Igel den schnelleren Hasen durch Klugheit im Wettrennen schlägt. Genauso sind unsere Gefühle *»schon da«*, lange bevor wir etwas mental erdacht oder verbal formuliert haben. Deshalb ist es notwendig, mit diesem superschnellen Werkzeug vorsichtig im Alltag umzugehen. Gefühle sind feine Leitungen, die uns überall mit unserem großen JETZT, der Gegenwart, verbunden halten. Denn das Leben will gefühlt werden.

> *»Wenn ihr es nicht fühlt, ihr werdet es nicht erlangen!«*
> Johann Wolfgang von Goethe (1749–1832)

Wenn Du beginnst, Dich schöpferisch auszudrücken, gehst Du den Weg der großen Gefühle. Zuerst fühlst Du die Ergebnisse Deiner Arbeit. Es heißt zu Recht: *»Erst fühlen – dann schaffen«*. Ohne den Mut zu großen Gefühlen können wir nicht kreativ arbeiten. Das wichtigste Werkzeug würde fehlen. Und hier liegt oft der Hund begraben, denn wir haben Angst vor unseren Gefühlen. Zu oft sind wir schwer verletzt worden, zu viel musste verdrängt werden, um den Alltag bewältigen zu können. Viele Menschen haben beschlossen, mit einem Gefühlspanzer zu leben. Im Geheimen träumen sie aber von einem intensiven Leben – von tiefen Gefühlen der Liebe und der Verbundenheit – und bewundern andere Menschen, die so leben.

Und aus diesem Grunde ist auch der Wunsch, ein schöpferisches Leben zu führen, so gesund. Denn hier liegt eine tiefe Heilung. Wer kreativ arbeitet, werkelt, bastelt, schreibt, kocht, filmt oder malt, der wird wieder berührbar. Er öffnet sich für seine Gefühle. Und das ist eines der wichtigsten Heilmittel für die großen seelischen Volkskrankheiten wie Depression, Burnout oder Tinnitus. Unser Körper hat uns vielleicht schon lange mitgeteilt, dass wir am Leben vorbeileben. Es heißt: »Wer nicht hören will – muss fühlen!« Gefühle sind eine der Telefonleitungen, über die unser Körper mit uns spricht. Nimm also den Hörer ab und lausche. Übernimm Verantwortung für Deine Gefühle, die sich melden. Es lohnt immer, sich wieder für die großen Gefühle des Lebens zu öffnen. Hier warten Lebensfreude, Lebenslust und Liebe auf Dich!

Der Arzt Dr. O. Carl Simonton rät entschieden dazu, die eigenen Gefühle wahrzunehmen. Wer Verantwortung für seine Gefühle übernimmt, stärkt seinen Körper. Simonton, ein Pionier der Psychoimmunologie, untersuchte die Reaktionen des Immunsystems und stellte seine beachtlichen Forschungen vor. Simonton rät: *»Geben Sie Ihren Emotionen Raum und stehen Sie zu ihnen! Lernen Sie, sie so auszudrücken, wie es für Sie angemessen ist und die Einheit Ihrer Persönlichkeit wahrt.«* Die Verantwortung für unsere Gefühle wiederum sei für unsere Gesundheit von großer Bedeutung: *»Übernehmen Sie mehr Verantwortung für Ihr Leben, Ihre Gesundheit und Ihr Glück. Sie sind nicht der einzige Schöpfer Ihrer Wirklichkeit, aber Sie sind ihr Mitschöpfer. Erfahren Sie, wie weit Sie Ihr Universum beeinflussen können.«*[27]

INSPIRATION

»Ich erwarte Gutes«

Sage Dir heute so oft wie möglich den Satz: »Ich verordne mir heute mehr glückliche Zufälle.«

AUF DER STRADIVARI SCHLITTEN FAHREN

Nehmen wir an, Du hast ein sehr kostbares italienisches Cello aus dem 18. Jahrhundert oder vielleicht sogar eine Stradivari. Die Cellisten der Berliner Philharmoniker beispielsweise besitzen solche Instrumente, deren Anschaffungskosten weit in die Millionen gingen. Beim Musizieren selbst sind die wertvollen Instrumente durch die antrainierten Gewohnheiten der Musiker in besten Händen. Aber vor und nach den Proben und Konzerten ist größte Vorsicht geboten. Alle Orchestermitglieder wissen dies und gehen in den Pausen mit gelernter Achtsamkeit durch diese abgestellten Instrumente.

27 O. Carl Simonton (2001), S. 80

Deine Gefühle sind ähnlich wertvoll und zerbrechlich. Bist Du auch so vorsichtig mit ihnen? Bist Du achtsam mit dem, was Du fühlst und wie Du es fühlst? Unsere Gefühle sollten unsere Feinwerkzeuge sein. Doch statt aufmerksam die Gefühle aufrichtig wahrzunehmen, die Grenzen unserer Belastbarkeit zu kennen, fahren wir gerne auf Risiko. Wir belasten uns zu schnell mit zu vielen Informationen. Wir ballern uns abends mit den Fernsehnachrichten die Tragödien schwerst traumatisierter Menschen zwischen Pizza und Chips rein. Ohne zu verstehen, dass das unweigerlich Folgen hat. Unser menschliches Gehirn ist so angelegt, dass es auf die eine oder andere Weise mitleidet, wenn andere Menschen leiden. Wir vergessen den hohen Preis, den wir dafür zahlen. Denn wer in einem Bereich abgestumpft lebt, reduziert seine Gefühle und Berührbarkeit auch in anderen Lebensbereichen.

> *»Das Gefühl kann viel feinfühliger sein als der Verstand scharfsinnig.«*
> Viktor Frankl (1905–1997)

Wir benötigen unseren Gefühlskörper, um aktiv und unbelastet durch den Alltag zu kommen. Wir alle wissen, was unser physischer Körper braucht: Sauerstoff, Licht, Essen, Bewegung und Schlaf. Hingegen kennen die wenigsten Menschen die Grundbedürfnisse des Körpers, der ihre Gefühle bildet. Unser Emotionalkörper braucht gesunde Grundgefühle wie Vertrauen, Liebe, Nähe, freundliche Kommunikation und Wertschätzung. Hinzu kommen die Bedürfnisse nach Schönheit, Klarheit und Mut.

Wie gehst Du also mit Deinen Gefühlen um? Fährst Du auf einer Stradivari Schlitten? Warum nicht, mag Dein Denken argumentieren. Der Bauch des Instruments ist doch glatt, rutscht und wird gut als Unterlage für eine Fahrt dienen! Nein, Deine feinen Gefühle eignen sich nicht zum Schlittenfahren. Hier wird ein Instrument an falscher Stelle eingesetzt.

Gefühle sind eigenwillig und für uns mit dem Verstand nicht immer zu erfassen. Sie sind Teil eines hochkomplexen Austausches zwischen Körper und Gedanken. Wer sich und seine Gefühle wenig kennt, der verliert seine Freiheit und den Überblick. So kann uns ein reaktives, reizgesteuertes Handeln schnell über unsere Stimmungen das Steuer aus der Hand reißen. Unsere Emotionen bewegen sich in unserem Gehirn schneller, als wir hinterher denken können. Die Werbung weiß das. Noch bevor wir den Text gelesen und das Wortspiel entschlüsselt haben, sitzt unser eigenwilliger Gefühlskörper schon im neuen Auto und fährt mit dem roten Flitzer Probe.

DAS ABC DER GEFÜHLE

Die Sprache der Gefühle ist für einen Kreativarbeiter ein wichtiges Werkzeug. Was aber, wenn das Abc der Gefühle nicht wirklich gelernt wurde? Gefühle begleiten uns wie die Worte unserer Sprache. Was ist, wenn wir als Kind gelernt haben, dass die Ohrfeigen eines wütenden Vaters keine gewesen sein sollten. Vielleicht sagte die Mutter: »Papa hat nicht getrunken. Er ist nicht wütend, sondern will spielen. Höre auf zu weinen und stelle Dich nicht an.« Das Kind lernt dann das Gefühl der Wut nicht kennen, sondern es hat sich antrainiert, bei Gefühlen von Wut diese sofort zu verdrängen. Vielleicht hat das Kind auch das Gefühl von Vertrauen nicht kennengelernt. »Spring«, sagte Vater und ließ mich fallen. Als ich weinte, sagte er, »vertraue nie einem Menschen.« Solche rabiaten Erziehungsmethoden haben Folgen. Fortan herrscht Verwirrung, wenn das Kind auf Menschen trifft, die ihm sofort Vertrauen entgegenbringen. Es fühlt etwas, das es nicht einordnen kann. Es kennt das Gefühl »Vertrauen« nicht.

Menschen, deren Eltern ihre Gefühle unterdrückten, können eine gefühlsarme Sprache aufweisen. Eine solche Gefühlsarmut, ein sogenanntes Affektdefizit, kann dazu führen, dass wir bestimmte Gefühle wie Trauer, Wut, Eifersucht oder Angst nicht klar erkennen, verstehen und angemessen reagieren können. Es fällt uns selbst schwer, Gefühle verständlich in Worten zum Ausdruck zu bringen. Wenn es uns gefühlsmäßig schlecht geht, dann wissen wir oft nicht, warum. Anstatt zu sagen »Ich bin richtig wütend«, werden wir unruhig oder unzufrieden. Wir sagen nicht »Ich bin unendlich traurig über den Tod meines Kindes«, sondern wir werden übernervös, überaktiv und renovieren verzweifelt die Wohnung, während wir die ganze Zeit lächeln. Menschen, denen oft schwindelig wird oder die einen inneren Druck fühlen, kann hier ein bestimmtes Gefühl aus der Kindheit fehlen. Sie wissen nicht, dass die emotionalen Worte hierfür vielleicht Einsamkeit, Todesangst oder Eifersucht heißen. Eine weitere Ursache für eine Gefühlsarmut kann eine frühkindliche Entwicklungsstörung sein. Ina Rösing benennt als eine Ursache, *»wenn ein Kind in der frühen Mutter-Kind-Beziehung nicht lernt, Gefühle (bewusst) zu erleben.«*[28]

Solche Defizite sind uns später im Erwachsenenalter kaum noch bewusst. Die gute Nachricht ist, dass sich emotionale Intelligenz bis zu unserem Lebensende ausbilden kann. Es ist lohnend, das große Abc der Gefühle neu zu lernen. Gefühle sind der Malkasten, die Farben, der Pinsel und unsere Leinwand. Mit ihnen gestalten wir unser Leben. Unsere Gefühle beeinflussen unsere Lebensqualität entscheidend. Der renommierte Physiologe Johann Caspar Rüegg schreibt in seinem Buch über die Forschungen der Psychoneurokardiologie und kommt zu dem Schluss: Es ist wichtig, was wir fühlen und wie wir denken! Denn unserer Herz und unser gesamter Körper reagieren sofort! Es gibt kein Pardon! Gefühle gehen uns im wahrsten Sinne des Wortes *»zu Herzen«.*[29]

28 Ina Rösing (2004), S. 439
29 Johann Caspar Rüegg (2013), S. 65 ff.

Das Wissen aus der Psychokardiologie lehrt, dass unser Herz eine sehr »sensible Pumpe« ist. Diese Forschungen sind ein Appell an uns, mehr Eigenverantwortung zu übernehmen. Das bedeutet: Wir sind aufgefordert, gute Gefühle zu pflegen und auch gesünder zu denken. Diese neue, positive geistige Ausrichtung erhält dann unseren Körper, unseren Geist und unsere Gefühle gesund und fit.

Viele kreative Menschen lieben alles Dramatische und sie neigen gerne zu farbigen Übertreibungen. Die Psychologie spricht hier vom Muster der »Drama-Queen«. Einerseits könnte man sagen, das sei, vor allem bei Schauspielern, eine berufsbedingte Alltagsgewohnheit. Andererseits können sehr emotional ausgerichtete Menschen hierdurch viel Leid erleben. Sie belasten ihr sensibles Instrument, ihren Gefühlskörper, auf höchst unprofessionelle Weise. Hier wird die Disziplin von Kreativarbeitern verlangt, vorsichtig und achtsam mit der eigenen Sensibilität umzugehen.

HOCHSENSIBILITÄT – DIE WELT DER GEFÜHLSFLUTEN

Sehr feinfühlige, hochsensible Menschen können stark mit ihrem Gefühlskörper identifiziert leben. Sie erleben ihre gefühlte Wahrnehmung als so groß, dass diese alles andere dominieren kann. Oft fühlen sie sich all dem Gefühlschaos ihrer Umwelt schutzlos ausgeliefert. Die Zustände ihrer großen Gefühlsfluten können sie schließlich in den inneren Rückzug treiben.

Für feinfühlige Menschen ist es wichtig, Ihre Hochsensibilität zu verstehen. Ihnen wurde ein besonderes Geschenk mit auf ihren Lebensweg gegeben. Hochsensibilität ist eine Gabe, die allerdings an der richtigen Stelle zum Einsatz kommen sollte. Wenn Hochsensibilität richtig mit unseren fünf Sinnen verbunden genutzt wird, kann sie ein Kraftpaket werden. Wer gelernt hat, sein Sinnestelefon gut für sich zu nutzen, kann sein Leben mit Schönheit, Klarheit und Reinheit füllen. Hochsensibilität ist eine ideale Gabe und perfekte Grundlage für kreatives Schaffen aller Couleur.

Um sich mit der eigenen Hochsensibilität auszusöhnen, lohnt ein Blick auf ihre Entstehung. Die Eigenschaft einer besonderen Feinfühligkeit ist angeboren oder kann sich in der Kindheit entwickeln. Fehlt ein Elternteil oder fühlt sich das Kind oft einsam, erschafft es sich eine Art »Zusatzleitung«. Hierüber kann es dann eine größere gefühlte Nähe erleben. Dies geschieht sehr oft, wenn ein Elternteil innerlich oder äußerlich als abwesend erlebt wurde. Hierzu gehören auch Eltern, die unter Depressionen, schwerer Trauer oder einer Sucht leiden. Das Kind fühlt die Abwesenheit und die fehlende Präsenz der Eltern. Das Kind lernt, diese Zustände der Eltern zu überbrücken und irgendwie die Eltern zu erreichen. So werden beispielsweise Kinder von Drogenkranken zu ungewollten Gefühlsexperten. Sie müssen schnell lernen: Wenn ich Papa aus der Kneipe hole, kann er schlagen, weinen oder er kippt auf der Straße einfach um. Da hier eine normale Sprache nicht funktioniert, so ein: »Papa, wie geht's Dir? Was soll ich tun?«, müssen die

Kinder lernen, sich extrem stark in den anderen Menschen einzufühlen. So hoffen sie zu verstehen, was nicht gesagt wird und was benötigt wird. Diese Eigenschaften sind auch oft bei Scheidungskindern oder wenn ein Elternteil verstorben ist, zu finden. In seiner Vorstellung holt sich das Kind den abwesenden Elternteil imaginär, sprich gefühlt in sein Leben. Das kleine Familiensystem erscheint dann halbwegs wieder geflickt.

Später im Leben arbeitet diese gelernte Kindheitsleitung der Gefühle unhinterfragt weiter. Es erscheint normal, auf diese anstrengende Art mit der Umwelt zu kommunizieren. Noch ehe das Gegenüber »Guten Tag« fertig gesagt hat, haben feinfühlige Menschen schon die Traurigkeit oder Wut des Mitmenschen auf ihrem inneren Bildschirm angeschaut.

Da diese feine Gefühlsleitung einer Notlage entstammt und eher ein kindlicher Überlebensmodus als ein gesunder Kommunikationskanal ist, herrscht hier viel Verwirrung. Feinfühlige Menschen können oft nicht unterscheiden, was ein Fremdeindruck, was Fantasiewahrnehmung oder welches die eigenen Gefühle sind. Deshalb ist für sie wichtig, das Abc der Gefühle neu zu lernen – unter besonderer Rücksichtnahme der eigenen Gefühle.

TIPP

Wenn Du ein feinfühliger Mensch bist, darf für Dich gelten: Übernimm die Verantwortung für Deine Gefühle. Wähle aus den vielen Gefühlen die aus, die Dir guttun. Versorge Dich mit erbaulichen Gefühlen. Erlaube Dir Pausen, Erholung und Krafttanken in der Natur. Füttere und pflege Deinen Gefühlskörper mit guten Erlebnissen und schönen Bildern. Überbeanspruche ihn nicht.

EMPATHITIS – EIN ZUVIEL AN MITGEFÜHL

Kennst Du das? Du telefonierst mit einer Freundin. Sie ist wütend und ärgerlich auf irgendwas und erzählt Dir die ganze Geschichte, die sie durchlitten hat. Du tröstest sie, sie wird ruhiger, und nun scheint alles okay zu sein. Du legst schließlich den Telefonhörer auf. Danach geht es Dir zwei Stunden schlecht. Du hast aber inzwischen vergessen, an welcher Stelle Du Dir Empathitis eingefangen hast. Im Amerikanischen nennt man dieses Phänomen dumping. Menschen mit unausgegorenen Gefühlen dumpen, das heißt, sie laden ihren Gefühlsmüll bei einer geeigneten Person ab. Besonders geeignet sind hierfür feinfühlige Mitmenschen, die schnell unter Confluenza leiden, also ein Zuviel an Mitleid haben. Hier sind die Kanäle so weit offen, dass der Müll ganz leicht rüberschwappen kann. Aus diesem Grunde ist es für feinfühlige Menschen so wichtig, dass sie lernen, ihre Grenzen klar zu ziehen. Ein deutliches »Ja« und klares »Nein« zieht die Linie. Du darfst Deiner Freundin sagen: »Es passt jetzt nicht. Ich habe später Zeit.« Es ist wichtig, dass sie die Verantwortung für sich selbst übernimmt. Du hilfst ihr nicht, wenn Du ihr das immer wieder abnimmst. In manchen Krisensituationen ist unserer Gefühlskörper einfach sehr erschöpft. Dann benötigen wir Ruhezeiten. So eine Gefühlsachterbahn kann Liebeskummer sein. Dieser Zustand erlaubt keine langfristigen Planungen. In diesen Zeiten ist es unterstützend, den Tag in ganz kleine Einheiten einzuteilen. Eine kleine Aufgabe wird nach der nächsten absolviert. Das Motto heißt: von Teetasse zu Teetasse. Erholung, Pausen sowie gutes Essen spielen eine große Rolle, wenn der Körper müde und kraftlos ist.

INSPIRATION

Die Teetassenstrategie für schwierige Lebenslagen

Für große und kleine Krisen hat sich die sogenannte Teetassenstrategie bewährt. Es gilt das Motto: von Teetasse zu Teetasse. Plane immer nur bis zum nächsten Teetrinken. Denke jetzt nicht über irgendwelche Probleme oder die Zukunft nach. Erledige nur das, was unbedingt notwendig ist, und mache viele Erholungspausen.

GESCHICHTEN

Geschichten, die das Leben schreibt: Das große Orchester

Pia ist Schauspielerin, 28 Jahre alt, hat ein interessantes Gesicht und lange, dunkelblonde Haare. Obwohl sie hoch gewachsen ist, wirkt sie klein und zusammengesunken, als sie mir gegenübersitzt. Sie fängt sofort zu weinen an. »Er ist einfach gegangen und hat gesagt, es sei aus und vorbei. Ich weiß genau, dass er schon wieder eine Neue hat. Und das nach vier Jahren Beziehung!« Sie weint und weint. Ich erfahre langsam zwischen dem Schluchzen, dass ihr Freund sie verlassen hat. Und dass das neue Stück nächste Woche Premiere hat, in dem sie eine Hauptrolle spielt. Pia möchte schnellstmöglich fit für die anstrengenden Proben werden.

Liebeskummer! Pia ist verzweifelt: »Es tut einfach so weh!« Zuerst behandele ich ihren Schock. Dann bespreche ich mit ihr ein weiteres Vorgehen. Gerne können wir in späteren Sitzungen ihre Trennungsängste behandeln. »Aber jetzt, jetzt sind vor allem die Proben wichtig. Denn Schauspielen ist Ihre Zukunft.« Sie holt Luft.

Die meisten Schauspieler besitzen einen hochtrainierten Gefühlskörper. Das ist ihr Arbeitswerkzeug. Daran haben sie in ihren Ausbildungen gefeilt. Sie müssen ihre Gefühle auf der Bühne oder vor der Kamera schnell und glaubwürdig jederzeit auf den Punkt bringen können. Ich erinnere Pia: »Sie sind in Sachen Emotionen ein Hochleistungssportler. Bitte seien Sie vorsichtig, womit Sie Ihren Gefühlskörper belasten.«

Diese Menschen können durch Training viel mehr Kummer und Leid als andere Menschen empfinden. Bei ihnen sind Gefühle in einer größeren Bandbreite abrufbar. Und damit haben sie auch mehr Ausdrucksmöglichkeiten für ihr persönliches Leid zur Verfügung. Große Künstler – großes Trauern. Für emotional Hochbegabte ist es wichtig zu lernen, mit Bedacht mit ihren Gefühlen umzugehen. Ich erkläre Pia: »Bei Ihnen im Innern spielt ein großes Orchester – mit allen seinen Möglichkeiten. Bei anderen Menschen, die weniger Gefühle und Fantasie haben, spielt bei Trauer vielleicht nur ein Quartett auf, oder ein Einzelner schlägt nur eine Triangel an.«

Sie solle deshalb besonders bedacht mit diesen kostbaren Kreativwerkzeugen umgehen. Wer dagegen seine Kreativität negativ nutzt, der kann sich eine Hölle auf

Erden erschaffen. Ich nenne das falsch eingesetzte Kreativität. Ich erkläre Pia, sie habe immer eine Wahl. Sie könne zu sich selbst sagen: »Ich habe in diesem Leben ein großes Gefühlsorchester zur Verfügung. Das ist ein Geschenk. Ich bin sehr achtsam, welche Stücke ich von der vollen Besetzung spielen lasse. Ich übernehme die Verantwortung. Ich werde für den Ausdruck meines jetzigen Liebeskummers nur zwei Trompeten und eine Pauke zur Verfügung stellen, eventuell noch ergänzt durch einige schluchzende Geigen. Mehr nicht. Das übrige Orchester übt für die Premiere.«

»So hab ich das noch nicht gesehen.« Pia erholt sich sichtlich. Ich bespreche mit ihr, dass sie sich bis zu den Proben ausschließlich aufs Spielen konzentrieren solle. Alle Aussprachen mit dem Exfreund solle sie vertagen, um ihr Gefühlssystem zu entlasten. Gespräche mit sogenannten »mitfühlenden Freunden«, die alles über das Drama genau wissen wollen, solle sie auch vermeiden.

In solchen nervlich überreizten Zeiten reicht schon ein kleiner negativer Gedanke an den Exfreund, um wieder in Verzweiflung und Panikzustände zu geraten. Jedes Mal, wenn sie an die Situation oder andere belastenden Dinge denkt, soll sie laut »Stopp« zu sich selbst sagen. Sie soll sich besser auf die Proben konzentrieren und ihre negativen Gedankenverläufe umtrainieren. Vier Mal am Tag kann sie sich dann gezielt fünf Trauerminuten »erlauben«. Es hilft, in dieser Zeit all die jagenden Gedanken und Gefühle, all das, was sie sonst quält, kurz aufzuschreiben. Diese Liste kann sie das nächste Mal mitbringen.

Ansonsten gilt: ausruhen möglichst ohne zu denken, gut und warm essen und sich zwischendurch kurz in der Natur erholen.

Pia ruft mich zwei Tage nach der Premiere an. Es ist alles gut gegangen, die Premiere war ein voller Erfolg. »Ich glaube, ich habe noch nie so weich und offen gespielt. Ich musste auf der Bühne nicht mehr an meine Ausbildungen und mein Wissen denken. Ich weiß jetzt, dass mir die Gefühle wirklich zur Verfügung stehen. Ich kann sie von mir erbitten, dann fühlen und spielen. Es ist ein großes Instrumentarium – wie Sie es genannt haben, ein Orchester, das ich da dirigiere. Ich habe jetzt noch mehr Respekt vor dem, was ich und andere Schauspieler eigentlich leisten.«

ÜBUNG

Stopp sagen!

Dieses ist eine Loslass-Übung, die sehr kraftvoll sein kann. Unser ganzes Leben findet im Rhythmus des Empfangens und Loslassens statt. Wir sind ständig aufgefordert loszulassen. Wir verabschieden z.B. einen geliebten Menschen, die Kinder verlassen das Haus, oder wir verlieren unseren Arbeitsplatz.

Wirkliches Loslassen mobilisiert neue Kräfte, die uns erlauben, Neues zu empfangen. Loslassen erlaubt, sich neue Wege zu eröffnen. Kleine Wunder geschehen. Das Universum hat unzählige Möglichkeiten, die Dinge zum Ziel zu bringen, zu ordnen oder Wünsche zu erfüllen. Viel mehr, als unser kleiner »Kontrollkopf« sich ausdenken kann. Deshalb gilt bei Projekten, zwischendurch immer wieder loszulassen. Erlaube dann dem Leben, einen Weg zu finden.

So wird's gemacht:

(Du brauchst drei stabile Filzstifte oder Kulis. Du kannst auch einen Kochlöffel nehmen.)

Setze Dich still hin. Atme tief und schließe Deine Augen: Finde dann eine Situation, die Dich im Moment belastet und an die Du oft denken musst. Bitte nun Dein höheres Selbst, diese Situation auf bestmögliche Weise für Dich neu zu ordnen. Wünsche Dir, dass das Allerbeste für alle Beteiligten geschieht. Dann ergreife einen der Stifte (Kochlöffel etc.), halte ihn neben Deinen Körper, denke an die Situation und sage laut: »Ich lasse los.« Dann öffne bewusst die Hand und lass den Stift fallen. Fühle genau, wie es ist, die Hand zu öffnen, und höre den Stift fallen. Wiederhole die Übung drei Mal.

Wenn Du losgelassen hast, ist Deine neue Aufgabe zu vertrauen, dass alles erst einmal ohne Dich seinen Weg geht. Jetzt ist erst mal Pause angesagt. Denke nicht mehr daran.

Jedes Mal, wenn Du von negativen Gedanken zu diesem Thema heimgesucht wirst, sagst Du laut: »Stopp!« Immer wieder: »Stopp! Ich will und werde daran nicht mehr denken.« Es ist ein wenig so, als ob Du ein fremdes Paket, das die Post bei Dir abliefern will, nicht mehr annimmst.

WENN DER TSUNAMI KOMMT

Was genau löst Gefühle aus? Was erzeugt die Wellen und die Strömungen unseres inneren Meeres? Meist sind es unbewusste, negative Gedanken, die wir zulassen, ohne zu ahnen, welchen Schaden sie anrichten.

Was ist zu tun, wenn uns unsere Gefühle wie ein Tsunami überrollen? Zwei Wege führen in die Sicherheit. Der eine Fluchtweg fordert von uns, tief unter die Wellen zu tauchen. Hier in der Tiefe bewegt sich der Ozean auch bei starkem Wellengang nur wenig. Regelmäßiges Achtsamkeitstraining, Atem-, Yoga- oder Meditationsübungen helfen uns dabei, uns an die eigene Mitte zu erinnern. Der Molekularbiologe und buddhistische Meditationslehrer Jon Kabat-Zinn entwickelte ein erfolgreiches Übungsprogramm zur Stressreduktion und Entspannung. Wer sich über Jahre Zeit für Stille und Raum für Begegnung mit dem inneren Frieden nimmt, dessen Hirnströme verändern sich. Aus belastenden Gefühlen der Ungeduld, Angst und Feindseligkeit können Gefühle der Gelassenheit, des Vertrauens und der Achtsamkeit entstehen.[30] Ulrich Ott fasst die aufsehenerregenden Erkenntnisse zusammen.[31] Meditation reduziert den Stress so sehr, dass sich unser Gehirn verwandelt. In Krisenzeiten reagieren wir dann ruhiger. So wie wir jeden Tag essen, sollten wir uns jeden Tag auf die eine oder andere Weise mit unseren inneren Friedens- und Kraftquellen verbinden. Das Stichwort heißt: jeden Tag. Denn wir sind geistige Wesen und nähren uns aus geistigen Quellen. Auf welche Art wir Gelassenheit finden, Stress reduzieren und wieder zu einem tiefen Atem finden, ist individuell. Der renommierte Kardiologe Lionel Opie aus Südafrika erzählt, dass er beim Wandern durch die Waldwege der Hänge des Tafelberges am besten meditieren kann.[32] Viele Menschen beruhigen sich bei der Gartenarbeit, besonders beim Harken, Gießen und Pflanzen. Das tägliche Harken der Kiesflächen im Garten ist eine der Meditationstechniken der japanischen Zen-Mönche.

Der andere Fluchtweg vor dem Tsunami unserer belastenden Gefühle fordert von uns, uns so schnell wie möglich auf einem Berg in

30 Jon Kabat-Zinn (2006)
31 Ulrich Ott (2010)
32 Lionel Opie in: Johann Caspar Rüegg (2010), S. 180

Sicherheit zu bringen. Symbolisch steht der Berg für einen Menschen, der aus der Distanz beobachten kann. Es gilt, beim Ansturm der großen Gefühlswelle den inneren Beobachter zu trainieren. Das befreit uns von einer vorschnellen Identifikation mit der Problemsituation. Die Regel für gute Beobachter lautet: nichts persönlich nehmen. Humor kann den inneren Beobachter wirkungsvoll unterstützen: Gesunder Humor ermöglicht blitzschnell eine Abgrenzung und Distanz zur belastenden Gesamtsituation. So können wir uns an innere Ressourcen erinnern und sie nutzen. Humor gehört ohne Frage in Deinen Erste-Hilfe-Koffer für Stürme des Gefühlmeeres aller Art.

BACK TO LIFE – ZURÜCK IM LEBEN

Die Eigenverantwortung in seinem Leben ganz zu übernehmen kann erfordern, dass wir in den Keller unseres Lebenshauses gehen und die emotionalen Fundamente genau untersuchen. Schaue hin und frage Dich: »Worauf habe ich gebaut, sind es gute Steinfundamente, Holzbohlen oder befindet sich an einigen Stellen einfach nur Sand?«

Gesunde Gefühle des Vertrauens, der Liebe, der Selbstfürsorge und der Dankbarkeit sollten hier den Fundamenten Deines Lebenshauses Standfestigkeit verleihen.

Bestimme Auslöser, die sogenannten Trigger, können ungewollt alte Erinnerungen auslösen und die Fundamente erschüttern. Ein altes vertrautes Kinderlied, ein Duft, eine schnelle Bewegung oder bestimmte Worte, all das kann uns in gute oder bedrückende Stimmung versetzen. Die ganze Palette der Sinneseindrücke spielt für unsere Affekte sowie Handlungen und Reaktionen eine große Rolle.

Manchmal bricht unerwartet ein Teil unseres Lebenshauses ein, weil das Fundament hier keinen Halt mehr geben kann. Viele Menschen verwenden Energie darauf, bestimmte Dinge zu verdrängen. Das kann so sehr zur Gewohnheit werden, dass es ihnen nicht mehr bewusst ist. So kostet es beispielsweise viel Kraft, wenn man über traumatische Erlebnisse nicht sprechen kann. Es ist so, als ob wir mit aller Macht eine Tür zuhalten, aus der ein Zuviel an Gefühl herausdrängen will. Dieses beständige Tür-Zuhalten unseres Unterbewusstseins ist ein anstrengender Dauerkraftakt.

Wenn bei kreativ arbeitenden Menschen plötzlich gar nichts mehr geht, sprechen wir heute gerne schnell von einem Burnout. Oft liegt jedoch hier ein nicht verarbeitetes Trauma zugrunde, das sich nun einfach nicht mehr wegdrücken lässt. Oder anders ausgedrückt: Die Kraft reicht nicht mehr aus, um die Tür beständig zuzuhalten. Kreativarbeitern fällt das Zurückhalten von traumatischen Erlebnissen besonders schwer, weil die Verwendung ihres Gefühlsapparates Teil ihrer täglichen Arbeit ist. Somit zwingen sie sich oft jahrelang dahin, einerseits viel zu fühlen und andererseits gezielt bestimmte Gefühle zu überspringen. Irgendwann ist das unbewältigte Leid so groß, dass ein winziger Auslöser die Staudammmauer zum Brechen bringt.

Diese anstrengende Form des gefühlsmäßigen Schweigens wurde uns in den meisten Fällen von den vorhergehenden Generationen aufgezwungen. Vor allem unsere Großeltern, die den Zweiten Weltkrieg erlebten, wurden zum gemeinsamen Schweigen verdonnert. Über das, »was nun mal passiert war«, wurde nicht gesprochen. Diese stille Gruppenabsprache war allen bekannt. Vielleicht war sie direkt in der Nachkriegszeit ein notwendiger Überlebensmodus. Später wurde sie dann unhinterfragt an die nächste Generation einfach weitergereicht. Wenn in den folgenden Generationen dann traumatisierende Erlebnisse wie Missbrauch, Mobbing, Ausgrenzung oder Unfälle passierten, reagieren diese immer noch mit einem hilflosen Schweigen. Oft fehlten eigene Erfahrungen, wie gesprochen und tröstend zugehört werden kann.

Wer beginnt, sein Leben mehr und mehr kreativ zu gestalten, der sollte die Leichen in seinem Keller nach und nach außer Haus begraben. Denn Verdrängung blockiert die Kreativität. Schöpferische Schaffenskraft ist pures Lebendigsein und erlaubt somit keine blinden Flecken im Lebensbild.

EINE NEUE BRÜCKE BAUEN …

Unsere Schöpferkraft kann frei fließen, wenn sich auch unsere Gefühle frei bewegen können. Doch oft stecken wir fest. Denn Gefühle können wie ein Käfig sein. Der eigene Wille ist oft eingesperrt. Unser Unterbewusstsein weiß genau, wann der richtige Zeitpunkt gekommen ist, frei zu werden und neue Brücken zu schlagen. Seelische Notlagen, die Du vielleicht verdrängen musstest, die mit Scham, Machtlosigkeit oder Angst besetzt sind, steigen genau in dem Moment an die Oberfläche, wenn Du genug seelische Kraft hast, diese zu bearbeiten.

Wenn Du Dich jetzt an ein bestimmtes traumatisches Ereignis aus der Vergangenheit erinnerst, das Dein Leben verändert hat (Unfall, Fehlgeburt, Todesfälle, Scheidung, Betrug, Mobbing etc.), dann kannst Du nun versuchen, eine neue Brücke über dieses Ereignis hinweg zu bauen. Erinnere Dich, wie es aussieht, wenn neue Brücken entstehen: In den meisten Fällen wird an Straßen oder Eisenbahnlinien parallel zu der alten Brücke eine neue Brücke gebaut. So gibt es dann zwei Brücken nebeneinander. Ist die neue fertig, wird der Verkehr schließlich über sie geleitet. Manchmal lässt man die alte Brücke auch später noch stehen, wenn diese nämlich ein besonders schönes Werk der Ingenieurskunst ist und somit unter Denkmalschutz steht.

Ganz ähnlich funktioniert eine neue Verknüpfung in unserem Gehirn. Es ist wichtig – nach einer gewissen Trauerzeit –, auch in eine Zeit mit guten Erinnerungen zurückzugehen. Also in die Zeit »bevor es passierte«. Durch ein Rückerinnern an positive Erlebnisse werden neue Nervenverknüpfungen geschaffen. Unser Gehirn legt quasi einen Bypass um das Erlebnis herum, sodass in der Folge weit weniger belastende Gefühle vorhanden sind.

BEIM VERLIEREN ETWAS GEWINNEN

»Die Freude und die Trauer sind zwei Schwestern, die in einem schönen Raum wie Deinem Körper wohnen. Wenn Du beide in Dir wohnen lässt, stehen sie Dir jederzeit zur Verfügung. Sperrst Du aber die Trauer weg, wie viele Menschen es tun, verlierst Du auch die Freude, weil sie untrennbar miteinander verbunden sind, wie zwei Seiten einer Goldmünze.«, so bringt es der Trauerforscher Jorgos Canacakis auf den Punkt.[33]

Kreativität ist neben der Liebe eine der größten Kräfte, die den Schmerz wandeln können. Kreativität als Sprache der Gefühle erlaubt uns, die gefährlichen Stromschnellen der Lebenskrisen mit schöpferischer Energie zu bewältigten. Kreativität befähigt uns, unseren Verlusten, den Trennungen, unseren unerfüllten Erwartungen und Wünschen zu begegnen. Unsere Schöpferkraft ermöglicht, unsere stille Trauer zu durchleben, ohne dabei verloren zu gehen.

Und gerade bei großen Krisen sollten wir uns erlauben, kreativ zu fühlen, zu denken und zu handeln. Der Mensch ist fähig, im Höhepunkt einer Verlustkrise, im Moment seines größten Schmerzes, kreativ zu werden. Eine ungewollte Veränderung und ein Verlust verlangen Gestaltung. Wenn wir wählen, uns in Krisenmomenten schöpferisch auszudrücken, dann geschieht gleichzeitig eine Transformation der Trauer. Die starke und essenzielle Trauerenergie kann umgeleitet werden. Energie geht nicht verloren, das wissen wir aus der Physik. Sie wandelt sich in eine andere Form um.

Was genau ist Trauer? Trauer ist zuallererst eine Grundemotion, die uns erlaubt, mit Veränderungen in unserem Leben umzugehen. Trauer ist keine seelische Krankheit. Eine gesunde Trauer sollte alle Veränderungen auf unserem Lebensweg begleiten. Trauer hilft auch bei allen positiven Krisen, die von uns ein tiefes Loslassen und eine Neuorientierung fordern – beispielsweise Umzüge, Abitur, Arbeitsplatzwechsel und Geburten. Trauer wird heutzutage gerne vermieden bzw. unterdrückt. Dabei ist Trauer ein gesundes Gefühl, welches uns eine hilfreiche Umzugshilfe sein kann, bis die neue Lebenssituation sich eingespielt hat.

Trauer kann nicht einfach weggedrückt werden. In Trauerfällen ist es üblich, die Angehörigen nur bis zur Beerdigung zu begleiten. Dieser Zeitpunkt wird in unserer Gesellschaft als Abschluss der Trauer verstanden. Leider hält sich in Medizinerkreisen hartnäckig die Idee von einer pathologischen Trauerreaktion. Trauer wird häufig als eine Depression verstanden und auch so behandelt. Hier helfen aber keine Tabletten.

Trauer ist eine Energie, die es ermöglicht, Gefühle zu leben und auszudrücken. Durch den erfolgten Ausdruck eines Gefühls wie Leid oder Schmerz können dann wieder Gefühle der Liebe und des Vertrauens erlebt werden. Der

33 Jorgos Canacakis (2006), S. 199 f.

Mensch gewinnt wieder Standfestigkeit und Lebensfreude. Er stellt sich die Frage: *»Wie oft muss dies gemacht werden? Wie lange dauert Trauer?«* Jorgos Canacakis findet hierfür klare Worte. Beim Verlust eines geliebten Menschen sollte die Trauer immer dann, wenn sie hochsteigt, gewandelt werden. Geliebte Menschen begleiten uns ein Leben lang, auch wenn sie schon verstorben sind – so leben sie in unseren Gedanken, in unserem Geist und Herzen weiter. Wir erinnern uns an Tagen wie Weihnachten oder an den Geburtstagen an sie. Das ist natürlich und gesund. Leider haben unsere Groß- und Urgroßeltern durch die vielen Toten im Zweiten Weltkrieg viele Verdrängungsrituale eingeführt. Es gab kein Gedenken an die Toten. Gefühle werden runtergeschluckt, die Zähne zusammengebissen, und es ging weiter. Es lohnt sich, genauer hinzuschauen. Oft tragen wir, ohne es zu wissen, noch den Rucksack einer fremden Trauer. Die Psychologie spricht hier von überpersönlichen Trauergefühlen. Wenn die Eltern, Ehepartner oder Freunde über Verluste nicht getrauert haben, werden Lebenspartner oder Kinder damit belastet. Mittlerweile gibt es erfreulicherweise einige neue Ansätze, wie Trauer umgewandelt werden kann.

Wir brauchen eine neue Trauerkultur und eine Rückbesinnung auf alte Trauerrituale. Unterdrückte Trauer blockiert eine große Menge unserer Energie. Wer sich nicht erlaubt zu trauern, kann krank werden. Jorgos Canacakis beschreibt in seinem Buch seine Forschungen zum traditionellen Klagegesang in Griechenland. Diesen Klagegesang finden wir heute nur noch in der Region Mani, auf dem griechischen Festland. In dieser kleinen Küstenregion ist dieser Gesang Teil der Rituale, die mit Beerdigungsfeierlichkeiten einhergehen. Drei Tage nach dem Tod des Menschen wird von den Angehörigen dieses feste Ritual durchgeführt. Familie und Freunde sitzen zusammen und trauern gemeinsam. Hierbei singt der nächste Angehörige ein improvisiertes Lied, und die Trauergesellschaft wiederholt dann gemeinsam den Refrain. Dabei wird eine bestimmte Atemtechnik angewandt, die auch als Kreisatmen bekannt ist. Dieses Kreisatmen verhindert, dass der Trauernde in eine Regression gerät. Dies dient dem Selbstschutz des Singenden. Canacakis hat in seinen Forschungen beobachten können, dass die Trauernden aus Mani nach dieser Form des Trauerrituals keinerlei der typischen Folgekrankheiten aufwiesen, die nach dem Trauerfall auftreten können – auch Jahre später nicht. Dagegen fand er bei Griechen, die dieses Ritual nicht mehr kannten (z.B. in der Stadt Athen), die Folgekrankheiten.[34]

Die gemeinsamen Trauergesänge konnten den Trauernden helfen, den Schock zu bewältigen und ihren Weg in ein neues Leben somit schneller zu finden. Ein gebrochenes Herz will immer geheilt werden. Es ist notwendig über unser Herzensleid klagen zu dürfen oder wie es schon William Shakespeare in Macbeth sagte: *»Gib Worte deinem Schmerz; Gram der nicht spricht, presst das beladene Herz, bis dass es bricht.«*[35]

34 Jorgos Canacakis (2006)

35 William Shakespeare, Macbeth, 4. Akt, 3. Szene

Es sind die Biografien kreativer Menschen mit schweren Lebensumständen, die uns Mut machen, Trauer zu wandeln. Einige der schönsten künstlerischen Werke entstanden in größten Lebenskrisen, wie Liebeskummer, schwerer Trauer und Not. Paul Gerhardt (1607–1676) komponierte das Sommerlied *»Gehe aus mein Herz und suche Freud …«* nach dem frühen Tod eines seiner geliebten Kinder. Es ist ein beredtes Zeugnis dafür, wie tiefe Trauer und Liebe in Verbindung mit Kreativität die Veränderung und den Verlust aktiv gestalten können. Luise Reddemann beschreibt in ihrem Buch die Lebensgeschichte des großen Komponisten Johann Sebastian Bach. Er schuf einige seiner schönsten Werke, so die Johannespassion und das Weihnachtsoratorium, in Zeiten großer Trauer. Denn in den Jahren 1726 bis 1733 starben in der Familie Bach allein sieben kleine Kinder. Seine Musik spendet aus gutem Grund vielen Menschen großen Trost. Nach Reddemann bearbeitete Bach so seine persönliche Trauer, das heißt, er wandelte sie um.[36] In diesen kreativen Arbeiten, in dieser Wandlungsphase, findet ein stiller Transformationsprozess statt. Im Hin und Her zwischen kreativem Ausdruck und der Trauer bewegen wir unsere Gefühle und können heilen. So wird unser Lebenswille und der Mut zur Neuorientierung unseres Lebensweges gestärkt.

Für den Schmerz, durch den der Mensch geht, gibt es in der Natur das uralte Sinnbild einer Muschel. In die Muschel wird ein Sandkorn hineingespült. Die Muschel reagiert mit

36 Luise Reddemann (2006)

Schmerz. Im Rahmen dieser Schmerzreaktion beginnt sie, das Sandkorn mit Perlmutt zu ummanteln: Eine wunderschöne Perle entsteht. Diese neu gewachsene Perle hat den Schmerz verwandelt, also umgewandelt. Wenn wir beginnen, unsere Trauer in schöpferische Produkte umzuwandeln, dann kommt unsere positive Gefühlsenergie in Fluss. Jorgos Canacakis sieht den Gewinn darin, dass sich das Herz wieder für die Gefühle der Liebe öffnet: *»Dabei findet sich für unser Herz und unsere gesamte Person oft Neues und Wertvolles, aber auch Anderes und Verändertes. Wir staunen dann darüber, dass es uns möglich ist, beim Verlieren etwas zu gewinnen wie lebendige Gefühlsäußerungen, leibliche Empfindungen.«*[37]

37 Jorgos Canacakis (2006), S. 19

GESCHICHTEN

Geschichten, die das Leben schreibt: Eine Frage von »Kunst oder Kind«

»Ich will mich erholen, aber ich kann nicht. Ich weiß nicht mehr, was los ist.« Karina ist Mitte 50, sehr schlank und hat kurze weißblonde Haare. Sie trägt kunterbunte Kleider, die sie selber näht. Man sieht ihr die Künstlerin förmlich an. Sie beginnt, still zu weinen. Ich erfahre, dass ihr Freund ihr überraschend einen Kurzurlaub geschenkt hat. Eigentlich auf den ersten Blick doch etwas Schönes. Er plane mit ihr, schon übermorgen zu verreisen. »Ich freue mich zwar. Aber eigentlich passt es überhaupt nicht. Er hat nicht für zwei Pfennig nachgedacht. Das ist nämlich genau die Zeit, die ich noch für die Vorbereitung meiner großen Jahresausstellung benötige.« Karina scheint wirklich verzweifelt. »Ich muss mich entscheiden. Ich kann doch meinen Freund nicht das abschlagen, er hat sich so gefreut, mir diesen Kurzurlaub zu schenken. Er weiß ja auch, wie müde ich gerade bin. Gleichzeitig fühle ich mich von ihm übergangen, ja ich bin irgendwie richtig wütend auf ihn. Er hätte mich fragen müssen! Ich brauche einfach diese Zeit für meine Ausstellungsvorbereitung.«

Als ich beginne, mit ihr über mögliche Entscheidungen zu sprechen, fängt sie an, flüsternd zu sprechen. »Ich fühle mich genau wie damals. Ich habe wieder keine Wahl. Ich war 24 Jahre alt. Es gab damals für mich keinen anderen Weg«, sagt Karina und schaut mich traurig an. »Ich hatte gerade die Aufnahme in die wichtigste Meisterklasse der Akademie geschafft. Das war eine Auszeichnung. Und dann wurde ich schwanger. Der Vater war auch Künstler. Er wollte das Kind auf keinen Fall. Er war sofort weg, verreiste einfach, als er hörte, dass ich schwanger war. In der Akademie gab es damals kaum Frauen. Der Kunstprofessor war ein totaler Macho. Wenn ich da als alleinstehende Mutter mit Kind angerückt wäre! Das ging überhaupt nicht. Es war ein ungeschriebenes Gesetz, Frauen mit Kind flogen raus! Die Kunstszene war in den Meisterklassen nicht tolerant. Ich habe mit niemand darüber gesprochen und bin einfach nach Holland gefahren. Ich habe dann keine weiteren Kinder mehr bekommen.«

Karina weint still weiter. Viele Frauen in der Kunst- und Kreativszene tragen ähnlich verdrängte Trauer mit sich herum. Oft sind es alte Verletzungen der Weiblichkeit, die mit Fehlgeburten, Abtreibungen, aber auch mit sexuellem Missbrauch und Übergriffen zu tun haben.

Diese Erlebnisse steigen oft kurz nach der Lebensmitte hoch. So, als ob das Unterbewusstsein ihnen sagen möchte, dass diese alten Steine nun endlich aus dem Weg geräumt werden sollten. Wenn es hier gelingt, den Faden der alten Trauer anzunehmen und im Nachhinein zu durchleben, dann erschließen sich neue Kraftquellen.

Karina versteht, dass ein scheinbar kleiner Konflikt »Kunst oder Urlaub« zu einem Auslöser geworden ist, der sie an den alten Konflikt »Kunst oder Kind« erinnert. Hier steigt eine tiefe unbewältigte Trauer auf. Die alte Entscheidung »Kunst oder Kind«, die früher im Leben gefallen war, konnte nun endlich behutsam angeschaut werden.

Karina erlaubt sich, mit dem milden Blick und der Weisheit der reifen Frau auf ihr Leben zurückzuschauen. In mehreren Sitzungen arbeiten wir sanft an dem Thema. Zum Schluss bitte ich sie, ihr damaliges Kind auf den Schoß zu nehmen. Auch wenn das Kind früh gegangen sei – auf welche Art auch immer –, müsse es einen Platz in ihrem Leben erhalten. Sie könne ihm auch einen Namen geben. Das möchte Karina jedoch nicht. Dafür beginnt sie, einen wunderbaren, liebevollen Dialog mit dem kleinen Wesen zu führen. Sie entschuldigt sich bei ihrem Kind und erklärt ihm die damalige Situation. Sie beschreibt mir, dass das Kind auf ihrem Schoß heiter ist und ihr ganz unvoreingenommen zuhöre. Karina berichtet mir, das Kind sage, dass auch sein sehr kurzes Leben bedeutungsvoll gewesen sei. Sie solle sich endlich verzeihen, alles sei gut, wie es war.

Dann bitte ich sie, »ihre Kunst« symbolisch auf ihr anderes Knie zu setzen und die beiden miteinander bekannt zu machen. Sie wird ganz aufgeregt, allein durch die Vorstellung, beide beieinander sitzen zu sehen. Zuerst scheint es nicht zu gehen. Der alte Konflikt raubt Karina die Sprache. Dann wird sie ruhig. Sie beginnt zu verstehen. Sie darf einfach ihr Kind lieben und Kunst machen. Die Liebe zu ihrem Kind wird immer da sein: Karina beschließt, diese Liebe nun ganz bewusst zu fühlen. Sie wird immer, auch wenn sie heute keine weiteren Kinder bekommen habe, eine Mutter sein. Ihre Augen schimmern feucht. Mit dieser Liebe im Herzen ist der Konflikt beendet.

Karina lädt mich zu ihrer nächsten Vernissage ein. An diesem Abend glänzt sie inmitten ihrer Bilder. Sie umarmt mich herzlich. »Ich bin jetzt bewusst Kurzzeitmutter«, lacht sie. »Ich hatte all die Erfahrungen meiner Schwangerschaft verdrängt, weil ich mich so hilflos und schuldig fühlte. Jetzt ist mein Kind Teil meiner Biografie, und das fühlt sich endlich richtig an. Ich habe auch jetzt wieder den Mut, richtig Liebe zu fühlen!«

DU BIST DER SCHÖPFER DEINER WELT!

Erfolgreiche Kreativarbeiter beherrschen die Kunst, auf der Klaviatur der großen Gefühle zu spielen. Große Gefühle sind Freude, Liebe, Dankbarkeit und Frieden. Große Gefühle sind wie die Musik im Film. Ohne sie wirken Sprache und Bilder langweilig. Mit Deinen gefühlten Vorstellungen gestaltest Du Dir Dein Leben, so wie Du es wünschst. So wie Du in Deinem Inneren Deine Welt erlebst, so wird sie sich im Außen gestalten. Unsere Umwelt ist auf gewisse Weise nur ein Spiegel, der unsere tiefsten Leidenschaften, Überzeugungen und Träume widerspiegelt.

»Alles, was Du siehst, es scheint außer Dir, doch ist es in Dir, in Deiner Imagination, von der diese sterbliche Welt nur ein Schatten ist.«
William Blake (1757–1827)

Frage Dich: *»Welche inneren Bilder habe ich, wenn ich mir ein erfülltes Leben erträume? Was imaginiere ich vor meinen inneren Augen?«*

Imago ist das Wort für »das Bild«. Gefühlte Bilder sind die kraftvollsten. Wir alle bewegen uns zwischen einer Fülle innerer Bilder, Filme und Traumwelten, ohne um ihre tatsächliche Macht zu wissen. Jedes konkrete Ereignis, das Du in Deinem Leben anstrebst, musst Du Dir zuerst vorstellen, bevor es sich verwirklichen kann. Deshalb ist es gut, dass der Mensch eine so lebhafte Fantasie besitzt. Sie darf für eine glückliche Lebensgestaltung eingesetzt werden.

Beauftrage Deinen inneren Künstler, Dir die richtigen Bilder zu schicken. Die Bilder, die Dich im Alltag positiv begleiten und zu einer Berufung führen. Es ist ein Naturgesetz: Wir verfügen über die notwendige Kraft, um alle Veränderungen zu bewirken, die wir uns wünschen. Dass sich unsere Wünsche oft nicht so erfüllen, wie wir sie uns erträumen, liegt daran, dass der innere Chor durcheinanderruft. Es gleicht ein wenig dem Wertpapierverkauf an der Börse. Alle überschreien sich gegenseitig mit ihren Wünschen. Die wahren Wünsche, unsere Herzenswünsche, sind still.

GESCHICHTEN

Geschichten, die das Leben schreibt: Der Tanz im Licht

»Es war ein Tanz durch Freude und Licht. Ich bewegte mich leicht und anmutig, durch lauter helle, bunte Fäden aus Licht. Sie haben alle wunderschöne, pastellfarbige Lichttöne wie im Regenbogen. Ich war frei. Die ganze Last des schmerzenden Körpers war vergessen. Alle Trauer und Verzweiflung einfach weg.

Die Fäden hingen lang hinunter, flatterten weich in einer leichten Bewegung. Ich begann, zwischen den Fäden zu tanzen. Wenn einer besonders schön glitzerte und strahlte, griff ich glücklich verzaubert nach ihm und hielt ihn eine Zeitlang fest. So griff ich mich, von Faden zu Faden, durch diesen Fadenwald.

Es war alles nur Freude. Ich sah neben mir eine milchige Haut. Sie bot nur wenig Widerstand, und ich ging durch sie hindurch. Plötzlich war ich zurück in einer dunklen, schweren Welt. Hier war all die alte bekannte Traurigkeit und die Last, die ich aus meinem Leben kannte. Ich machte wieder einen großen Schritt – zurück durch die milchige Hautwand. Wieder befand ich mich im lichtvollen Tanz. Die geballte Freude ergriff mich, wieder wurde alles leicht. Hier war reine Liebe und unermessliche Freude. Eine große Geborgenheit und Liebe umfing mich – alles war gut.

Ich hörte eine Stimme sagen: ... ›Es ist leicht das Leben. Es ist Freude. Lebe auf der Seite der Freude.‹ Ich beschloss, wenn es so einfach sei, immer wieder durch diese Haut in die Welt der Freude zu steigen, dann würde ich weiter leben wollen. Ich entschied mich dafür, auf der anderen Seite zu leben. Ich sagte: ›Ich werde die zweite Hälfte meines Lebens auf der anderen, bunten Seite des Lebens verbringen.‹«

Die zierliche Frau, die vor mir sitzt, hat kurze aschblonde Haare und wunderschöne blaue Augen. Elisabeth ist 42 Jahre alt, als sie mir ihre inneren Bilder schildert. Sie hatte während eines schweren Unfalls, als sie bewusstlos war, diese Bilder gesehen. »Eigentlich bin ich dem Tod von der Schippe gesprungen. Die Ärzte meinten, ich hätte ein unglaubliches Glück gehabt.«

Elisabeth weiß, dass sie sich in dem Moment zwischen all den Lichtfäden entschlossen hatte weiterzuleben. Nun gilt es, diese Entscheidung jeden Tag zu erinnern, das Leben und seine Freude zu fühlen und zu genießen. Es macht Elisabeth großen Kummer, dass es ihr nicht gelungen war, sofort ein vollkommen neues Leben zu gestalten. Sie hatte sich nach dem Unfall jahrelang mit Aufbau und Regeneration des Körpers beschäftigt. Erst jetzt sei sie körperlich in der Lage, größere Veränderungen in Angriff zu nehmen. »Dieses Erlebnis ist ein sehr großes Geschenk, dass Sie mit anderen Menschen teilen sollten«, sage ich zu Elisabeth. Und dann erzähle ich Elisabeth die alten Mythen der Indianer von dem Gewebe des Lebens und seinen bunten, lichtvollen Farben.

DU HAST DIE FÄDEN IN DER HAND!

Das Gewebe des Lebens ist ein uralter Mythos, der sich in fast allen Kulturen auf die eine oder andere Art findet. Ein Schöpfungsmythos der Hopi-Indianer erzählt, dass einst ein neuer Zyklus der Welt begann. In der großen Leere spann Großmutter Spinne ein Netz aus abertausend bunten Fäden. Diese feinen, aber starken Fäden ihres Netzes verbanden alle Dinge, so Menschen, die Tiere, die Pflanzen und die Steine. Das weite Gewebe von Großmutter Spinne erschuf den Ort, an dem ihre Kinder fortan lebten.

»Der Mensch hat das Gewebe des Lebens nicht geknüpft – er ist nur ein Faden darin. Was immer er dem Gewebe antut, tut er sich selbst an.«
Häuptling Seattle (1886–1866)

Das Bild des Gewebes des Lebens findet sich auch im alten Indien. Hier erzählen die vedischen Schriften vom Gewebe Indras. Im Königreich Indras, des machtvollen Königs der Götter, hängt ein prächtiges Gewebe. Ein geschickter Künstler habe es so aufgehängt, dass es sich unendlich weit in alle Richtungen erstrecke. Seine Farben und sein Glanz seien juwelengleich. Nichts könne schöner als Indras Gewebe erstrahlen.

Die jüngsten Forschungen der Physik fordern uns mit ihren Ergebnissen auf, die Welt neu zu verstehen. In unserer Welt ist alles miteinander verbunden. Das Bewusstsein, dass wir alle miteinander mehr verbunden sind, als wir wahrhaben wollen, macht einen großen Unterschied. Das Handeln aller Menschen, insbesondere der Kreativköpfe, die Leben gestalten und Ideen in die Welt setzen, erhält somit eine große Bedeutung. Dein Leben und Tun beeinflusst alles auf diesem Planeten. Deshalb ist es so wichtig, im Einklang mit der Natur zu leben. Die Schriftstellerin Isabel Allende bringt es auf ihre Weise auf den Punkt: »Ich glaube, dass alles miteinander verbunden ist, dass es da draußen so eine Art Spinnennetz gibt. In diesem Spinnennetz ist das ganze Universum verbunden. Die Vergangenheit, die Zukunft, das Universum, die Planeten und alle Lebensformen sind miteinander verbunden.«

Auch Mihaly Csikszentmihalyi stellt das Prinzip der Verbundenheit als Essenz des kreativ arbeitenden Zukunftsmenschen dar. Der Mensch solle beginnen, sich als ein Teil eines universellen Systems zu verstehen und nicht nur als Individuum. Denn: *»Wir sind verbunden mit der ganzen Welt …«*. Der Mensch solle aus *»diesem Gefühl der Verbundenheit heraus als Individuum handeln.«* … Er selbst sei einmalig, aber auch ein Teil von etwas sehr viel Größerem. Wenn er sich so sehen könne, habe dieser Mensch keine Ängste mehr.[38] Zu spüren, dass Du nicht allein bist, ist ein Gefühl, das Dir erlaubt, wirklich Du selbst zu sein und Dich frei zu fühlen.

»DU BIST DER KÜNSTLER!«

Nicht denken – fühlen! Dann nimmst Du Deinen naturgemäßen Platz im Gewebe der Schöpfung ein. Dann bist Du ein aktiver Mitgestalter. Jeder Mensch ist wichtig und zählt. Der Physiker Gregg Braden beschreibt dieses Prinzip so: *»Der Zugang zur Urkraft des Universums liegt darin, uns als einen Teil der Welt zu betrachten und nicht mehr als etwas von ihr Getrenntes.«*[39] Das Verständnis der Matrix der Welt, das Wissen von Ursache und Wirkung, von Saat und Ernte, gibt uns unsere volle Eigenverantwortung zurück. Gregg Braden beschreibt unsere großen Gestaltungsmöglichkeiten: Wir sind alle Künstler, *»die ihre innersten Leidenschaften, Ängste, Träume und Sehnsüchte auf einer geheimnisvollen Quantenleinwand zum Ausdruck bringen. Doch wir sind die Leinwand und auch die Bilder darauf. Wir sind die Farbe und der Pinsel.«*[40]

---

38 Mihaly Csikszentmihalyi (2007), S. 72
39 Gregg Braden (2009), S. 39, 44
40 Ebenda

INSPIRATION

Frage Dich: »Was speise ich eigentlich in das Netz ein? Welche Fäden halte ich bewusst in der Hand, welche eher unbewusst? Wo ziehe ich an den falschen Strippen?« In all Deinem Tun, Schaffen, kreativen Erleben und Gestalten füge dem Gewebe der Erde gute Gefühle der Kraft, der Hoffnung, des Mitgefühls, des Friedens und der Liebe hinzu.

ÜBERNIMM VERANTWORTUNG FÜR DEINE HERZENSWÜNSCHE

Unsere Herzenswünsche stehen mit unserer Lebensaufgabe in tiefem Zusammenhang. Sie verstecken sich unter dem Kompost des Kommens und Gehens der Wünsche, die unsere Bedürftigkeiten diktieren. Auch wenn Du zuerst vielleicht nur in einem sehr kleinen Umfeld schöpferisch tätig wirst und nur ein Mikroumfeld gestaltest, gilt: Übernimm Verantwortung für Deine kreativen Geschöpfe.

> *»Es ist die Kraft eines guten Wunsches, die uns zum rechten Ort führt.«*
> Maung Tun Kyaing (1876–1924)

ZURÜCK AUS DER ZUKUNFT

Erfolgreich kreative Projekte durchzuziehen erfordert, energetisch und geistig gesehen, den Weg zum Ziel erst einmal rückwärts zu gehen. Das heißt: Du beginnst damit, dass Du Dir vor Deinem inneren Auge vorstellst, Dein Projekt ist in idealer Weise fertig, gestellt. Du hast ein gutes *»Es-ist-vollbracht-Gefühl«*. Mit diesem Gefühl *»ich-bin-angekommen-und-hab-alles-erreicht«* verankerst Du ein emotionales Ziel in der Matrix. Durch dieses Imago, das heißt Dein emotionales Bild, erzeugst Du einen feinen Sog, nach dem sich Energien und Teilchen ausrichten können.

> *»Es gibt einen feinen, aber bedeutenden Unterschied, ob man auf ein Ergebnis hin arbeitet oder aus ihm heraus denkt und fühlt.«*
> Gregg Braden (geboren 1954)

Man kann sagen: Eine erfolgreiche Umsetzung von Projekten erfordert zwei emotionale Komponenten: Eine starke Imagination des Projektes sowie anschließend fokussiertes, intuitives Arbeiten am Projekt.

1 Die Regeln für eine gelungene Imagination sind folgende: Deine Visualisierung sollte voller guter Gefühlsbilder sein. Erlaube Dir, Deine inneren Bilder so bunt wie möglich zu gestalten. In Deinen Vorstellungen solltest Du alle Sinne ansprechen. Stelle Dir also vor: »Wie riecht mein neues Projekt? Welche Oberflächen hat es? Wie schmeckt es? Wie fühle ich mich, wenn es abgeschlossen ist? Wie sieht mein fertiges Projekt aus?« Wenn Du kannst, stelle Dir alles am besten dreidimensional vor. Frage Dich: »Wie fühlst es sich an, mein neues Bild, meinen neuen Film oder meine neue Erfindung in einer wohlwollenden Öffentlichkeit zu präsentieren?« Sieh Dich, wie Du die Früchte Deiner abgeschlossenen Arbeit genießt, und sieh die anderen Menschen, die Deine Arbeit glücklich berühren.

2 Für den zweiten Teil der Umsetzung gilt das Gesetz des fokussierten Arbeitens. Es besagt, dass alles, worauf wir unseren Fokus richten, sich entwickeln und zur Wirklichkeit unserer Welt werden wird. Auch hier gilt: Fühle zuerst, wie es ist, wenn Du es glücklich umgesetzt hast.

Und dann gilt: »Zurück aus der Zukunft«. Das bedeutet, Du gehst zurück. Von der Zukunft des erfolgreichen Abschlusses bis heute, hier, in den jetzigen Augenblick. Frage Dich nun: »Welche Schritte lagen zwischen dem Erfolg und dem jetzigen Augenblick? Was war erforderlich, um zu diesem Erfolg zu kommen?«

Und dann gehst Du Schritt für Schritt. Du erledigst genau und nur das, was notwendig ist. Wenn sich Widerstände zeigen, schaue zuerst in Deine innere Welt und frage Dich: »Wo blockiere ich mich selbst?« Dann löse Dich von den alten Blockaden, die Dich bisher davon abhielten, Dir das Leben zu erschaffen, für das Du geboren bist.

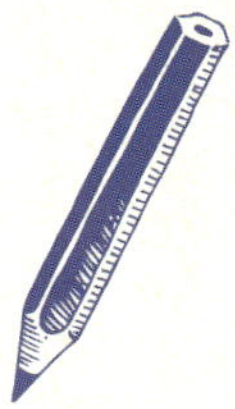

ÜBUNG

»Es ist vollbracht!«

Stelle Dir ein kleines Projekt vor, das Du gerne umsetzen möchtest. Zum Beispiel:

Ich feiere meinen Geburtstag mit einem Abendessen.

So wird's gemacht:

Du benötigst einen Zettel und Stift. Dann setze Dich bequem hin, atme ruhig und schließe die Augen.

1. Stelle Dir zuerst vor, dass Deine Freunde glücklich und erfüllt am Tisch mit Dir ein gutes Essen verspeisen. Sie genießen alle das Essen. Visualisiere die festliche Atmosphäre. Fühle, wie wohl es Dir dabei geht. Sieh in all die glücklichen Gesichter, sieh wie zufrieden sie sind.

Verankere dieses glückliche Gefühl in Deinem Körper, so, als ob es schon zu einer Tatsache geworden ist. Atme das schöne Gefühl in all Deine Körperzellen, Gedanken und Gefühle.

2. Dann kehre mit drei Atemzügen innerlich in die Gegenwart, bis zum jetzigen Augenblick zurück. Du kannst beginnen, eine Liste zu schreiben, wen Du einladen willst. Lege einen Termin fest, überlege, was Du kochen möchtest und so weiter. Gehe Schritt für Schritt und genieße zwischendurch die Vorbereitungen.

DIE KREATIVSCHLÜSSEL DES SECHSTEN GEHEIMNISSES:

Sei positiv kreativ.

Lenke Deine Gefühle in die Richtung, die Deine Lebensqualität verbessert.

Nutze Deine Feinfühligkeit für Deine Lebensaufgabe.

Wähle mit Bedacht, welche Gefühle Dein Leben bestimmen. Erlaube Deinem großen Gefühlsorchester, harmonische Konzerte zu geben.

Alles, was Du tust, spielt im Gewebe der Schöpfung eine große Rolle.

Wenn Du geliebte Menschen verloren hast, dann erlaube Dir wieder, Liebe für sie zu fühlen.

Trauer will gewandelt werden.

Wenn Du die Vergangenheit mit neuen Augen betrachtest, wird sie sich verändern.

Übernimm Verantwortung für Deine Gefühle.

Gefühle sind die Sprache, die das Universum versteht.

Fokussiere Dich mehr und mehr auf schöne Gefühle in Deinem Leben.

Jetzt ist der richtige Augenblick:
Sieh und fühle die Freude, wenn Deine Arbeiten fertig sind.

Singe von Freude, von Trauer und von Liebe.
Aber vor allem: Singe von Dankbarkeit.

KREATIVKONTEMPLATION: SINGE DEIN LEBEN

Nimm Dir vor, viel mehr zu singen, zu pfeifen oder zu summen. Wenn Du ein Instrument spielst, dann spiele – denn die Welt ist Klang. Du kannst mit Deinen Tönen berühren, erschaffen und bewegen.

In den Schöpfungsmythen der Hopi-Indianer wird erzählt, dass die Welt durch Klang entstand. Wir können viel von diesem Volk lernen, dessen Name *»Hopi«* das Wort *»Frieden«* bedeutet. Die Hopi-Indianer bewahren in ihren Mythen einen Großteil des alten Wissens der Menschheit. Sie gelten auch als die Bewahrer der indianischen Geheimnisse. Die Schöpfungsmythen erzählen:

Als der große Geist *»Taiowa«* die Welt erschuf, hatte er eine liebevolle Helferin, Spinnweib genannt. Großmutter Spinne war es, welche die ersten Wesen aus ihrem Speichel und Staub formte und über ihnen das Lied der Schöpfung sang. So zum Leben erweckt, erhielten die Zwillinge zwei besondere Aufgaben: Der rechte Zwilling sollte die Ordnung aller Dinge bewahren und die Erde im Innersten festigen und zusammenhalten. Zum zweiten, dem linken Zwilling, sagte sie: »Gehe über die ganze Welt und sende einen Ton aus, sodass er durch das ganze Land gehört wird. Wenn dies gehört wird, dann wirst Du auch ›Echo‹ genannt, weil alle Töne Echos des Schöpfers sind.« Darauf machte er sich auf den Weg und reiste um die ganze Erde und ließ seinen Ruf erklingen, wie ihm geheißen war. All die Schwingungszentren von Pol zu Pol, entlang der Erdachse, ließen seinen Ruf wieder ertönen. Die ganze Erde zitterte, das Universum erbebte im Gleichklang. So machte er aus der ganzen Welt ein Instrument der Klänge, aus den Klängen ein Instrument zum Überbringen der Botschaften, aus denen das Lob für den Schöpfer aller Dinge widerhallte. Daraufhin sagte der linke Zwilling zu Taiowa: »Dies ist Deine Stimme, Oheim. Alles ist auf Deinen Klang eingestimmt.« Und Taiowa antwortet: »Es ist sehr gut.«[41]

41 Frank Waters (1996), S. 20, 21

Aus dem Schöpfungslied der Hopis:

»Der Vollkommene entwarf den vollkommenen Plan,
er gab uns eine lange Lebensspanne
und schuf das Lied, um Freude in
unser Leben zu pflanzen.

Auf diesem Pfad des Glücks
erfüllen wir, die Schmetterlingsmädchen,
seine Wünsche, indem wir unseren Vater,
die Sonne, grüßen.

Das Lied hallt mit Freude
von unserem Schöpfer zurück,
und wir von der Erde
wiederholen es vor unserem Schöpfer.«[42]

42 Frank Waters (1996), S. 20, 21

Das 7. Geheimnis: Dein Geist formt Dein Leben

DIE KREATIVE KRAFT DER KONSTRUKTIVEN GEDANKEN

POLLY BLEIBT AUF DEM BODEN

»Auf eigenen Füßen stehen! Und in den eigenen Schuhen! Genau da beginnt Deine Freiheit«, weiß Polly. Das ist nicht immer leicht – aber der Weg aller Kreativen führt zu mehr Freiheit des Geistes. Du kannst nur dann kreativ authentisch arbeiten, wenn Deine Gedanken klar und frei sind. Diese Muse kennt sich in Bodenständigkeit aus, denn sie ist auch die Schutzpatronin der Landwirtschaft. *»Füße auf dem Boden – Kopf im Himmel«*, daran erinnert Dich Polly: Du bist ein Teil der Natur, ob Du willst oder nicht. Verstehe die natürlichen Gesetze, respektiere ihre Rhythmen und arbeite im Einklang mit der Natur. Die Muse flüstert Dir in beide Ohren: *»Nutze Deinen kreativen Geist. Erkenne die Kraft der Saat Deiner Gedanken. Denke so, dass Gutes wächst und Schönes gedeiht. Habe den Mut, Dich selbst als glückliches und erfülltes Wesen zu denken.«*

Polly liebt es, wenn kreative Bewegungen hohe Wellen schlagen. Ihr Motto ist: Nicht kleckern, sondern klotzen! Erlaube Deinem Schaffen, großartig zu sein. Du kannst es – also mache es hervorragend!

Pollys antiken Musennamen muss man sich auf der Zunge zergehen lassen: *»Polyhymnia«*, was so viel wie die *»die Hymnenreiche«* bedeutet. Und hier ist sie in ihrem Element: Lange Hymnen und Lobgesänge kann es nicht genug geben. Richtige Lobgesänge sind eine hohe Kunst! Sie sind für Helden und Lebenskünstler in gleicher Weise lebenswichtig. Das gilt auch für Dich: Lass Dich loben und lobe Dich selbst! Das bringt Deinen inneren Kreativhelden wieder auf die Beine.

Wenn Polly ihre Hymnen auf die großen Helden singt, dann sind das wundervolle und spannende Geschichten. Sie besingt den Mut der Helden, die ihr Leben einer Sache geweiht haben, die größer ist als sie selbst. Und Polly wird nicht müde, die Lehrmeister der Helden zu loben und zu preisen. Sie singt auch Dir ins Ohr: *»Ehre, wem Ehre gebührt: Achte Deine Lehrmeister, Eltern und Erzieher. Sei ihnen dankbar und gib ihnen die Liebe, die sie verdienen. Ehre sie, nicht indem Du ihr Leben kopierst, sondern indem Du sie übertriffst! Verlass den Weg, den sie für Dich erdachten. Habe den Mut, sie in Liebe zurückzulassen. Und dann gehe den Weg, der nur für Dich bestimmt ist. Der Weg, der so einmalig ist wie Du selbst.«*

FARBE BEKENNEN: ZEIGE DICH DER WELT!

Blau, gold und weiß. Ein stolzer Ritter reitet in die Schranken. Die Sonne lässt seine kostbare Rüstung aufblitzen. Ein Herold kündigt den Recken laut mit dem Ausrufen seiner vielen Namen an. Als der Ritter in die Schranken einreitet, begrüßt ihn ein tosendes und jubelndes Meer aus blauen Fahnen von den Tribünen herab. Der Ritter kann sein nervöses Ross kaum zügeln. Schauen wir uns den Mann und seine Turnierkleidung etwas genauer an: Ritter und Ross sind in den Farben und Motiven seines Hauswappens geschmückt. Auf dem Turnierhelm des Ritters prangt ein Adlerkopf mit schwarzem Federbusch. Über der Rüstung trägt der stolze Reiter noch einen ärmellosen Überwurf aus blauem Tuch mit seinem Wappentier: dem Weißkopfseeadler. Auf der Tartsche, dem Turnierschild, prangt das vollständige, prächtige Hauswappen des Ritters: drei Adlerköpfe mit

goldenen Schnäbeln auf blauem Grund. Für alle großen Stars der Ritterturniere des Mittelalters gilt: Nicht kleckern, sondern klotzen. Denn der Auftritt ist kurz, und jeder soll sich genau die Farben dieses Ritters merken. So ist fast das ganze Pferd in eine wertvolle, bestickte Decke gehüllt. Die Schmuckdecke zeigt wieder die Hausfarben des Ritters, Blau und Gelb. Ritter nehmen Aufstellung, senken die Lanzen, und das Turnier beginnt.

Wer im Mittelalter Farbe bekannte, also seine Wappenfarben zeigte, der offenbarte, wer er wirklich war. Er exponierte sich selbst und machte sich so auch angreifbar. Denn schnell war klar, wen man hier vor sich hatte: Freund oder Feind. Nur wer ein kampferprobter Ritter war, konnte es sich leisten, überall seine Farben zu zeigen. Aus dieser Zeit stammen Begriffe wie »Farbe bekennen« und »Ross und Reiter beim Namen nennen«. Wir können davon ausgehen, dass im Mittelalter jedes Kind die Wappenfarben seiner regionalen Helden auf dem Turnierplatz kannte. Ähnliche Farbenmeere finden sich heute bei großen Fußballspielen. Die begeisterten Fans kleiden sich in den Farben ihrer Mannschaft, besonders beliebt sind die Schals. Bei Fußballspielen findet sich zudem eine Fülle von allen möglichen detailverliebten Fanartikeln, die Farben, Wappen, Motto und Namen der Mannschaft zeigen. Die großen Fußballmannschaften haben eigene Fanshops. Hier kann von der Teetasse bis zur Bettwäsche auch privat das Leben farblich passend zur Lieblingsmannschaft gestaltet werden.

Die Menschen haben kein Problem, sich in den Farben der Fußballmannschaft zu kleiden. Wenn es aber darum geht zu zeigen, wer sie selbst sind – werden sie oft schüchtern und verlegen.

Wenn Du anfängst, kreativ zu arbeiten, dann wird es Zeit, Farbe zu bekennen. Wer töpfert, schneidert, Autos restauriert oder tischlert, der erschafft Neues. Und das möchte auch gesehen werden. Die Aufforderung, Farbe zu bekennen, steht symbolisch dafür, dass Du jetzt den Platz einnimmst, der bereits auf Dich wartet.

Zeige, wer Du bist! Zeige der Welt Deine Farben! Verabschiede Dich davon, ein farbloser Niemand zu sein. Erlaube Dir, Deine eigene Wahrheit zu finden und zu leben. Dahin führt die Reise, wenn wir uns aufmachen, Kreativität im Großen wie im Kleinen für sich neu zu entdecken. Wenn Du diese Geschenke nicht lebst, wird es niemand anders für Dich tun. Lebe die Gaben, die das Leben Dir mit auf den Weg gab. Jetzt!

ÜBUNG

Das Leben ist bunt!

Farben und Farbkontraste sind seit jeher Macht- und Repräsentationsmittel. Noch bevor wir eine Form erfasst haben, haben wir die Farbe eingeordnet, denn 40 Prozent unserer Umgebungswahrnehmung geschieht über Farben.

Was aber sind Deine individuellen Farben? Kennst Du sie?

Erinnere Dich, welches früher Deine Lieblingsfarben waren und heute sind. Farben sind ähnlich wie bestimmte Gerüche machtvolle Erinnerungshilfen. Wer wieder mehr Farbe in sein Leben holt und es bunter gestaltet, der erlebt den Alltag intensiver.

TRAGE DEINE LIEBLINGSFARBEN EIN:

Vor der Schule: ______________________

In der Grundschule: ______________________

Als Teenager: ______________________

Mitte 20: ______________________

Mitte 30: ______________________

Anfang 40: ______________________

Anfang 50: ______________________

Anfang 60: ______________________

Heute: ______________________

Male nun mit bunten Stiften Deine Lieblingsfarben auf die Malerpalette. Dies sind die kraftvollen Farben Deines jetzigen Lebens. Gib ihnen überall Raum, wo Du gehst und stehst.

VERSUCHE NICHT MEHR EIN ANDERER ZU SEIN!

Wenn wir versuchen, jemand anders zu sein, als wir sind, werden wir erst unglücklich und dann seelisch und körperlich krank. Wir stehen im wahrsten Sinne des Wortes neben uns. Hieraus kann sich eine abgrundtiefe Hoffnungslosigkeit entwickeln. Der Arzt Dr. med. O. Carl Simonton untersuchte dieses Phänomen: *»Wenn wir gegen unsere Natur gehen, läuft das Leben nicht glatt. Unsere Reaktion wird dann oft sein, dass wir uns noch mehr anstrengen. Aber je mehr wir uns anstrengen, desto weiter entfernen wir uns von dem, was wir eigentlich wollen und brauchen.«*[43]

Oft sind es die großen Lebenskrisen, die uns wachrütteln. Sie können uns vor Augen führen, wo wir uns selbst im Leben aufgegeben haben oder in zu großen Kompromissen leben. Überall dort, wo wir unfrei agieren und unsere Lebensgestaltung nach fremden Vorstellungen ausgerichtet haben, ticken kleine Zeitbomben. Als Pionier der Immunologieforschung untersuchte O. Carl Simonton, wie wir das Immunsystem in großen Lebenskrisen stärken können. Simonton zufolge sei die Botschaft jeder großen Krise oder Krankheit in unserem Leben folgende: *»Hören Sie mit all dem auf, was Ihnen Leiden bringt, ... Sie sollten vermehrt Dinge tun, die Ihnen Freude machen, Dinge, die im Einklang mit Ihrer Persönlichkeit stehen und mit dem Leben, das Sie gerne führen möchten.«*[44]

Kreativität ist so gesund, dass Simonton sie als festen Bestandteil in sein Stärkungsprogramm für das Immunsystem integrierte. Kreativität kann offenbar wie eine Art »Reset-Knopf« für unseren Körper-Gefühl-Geist funktionieren. Wir starten innerlich neu. Kreatives Arbeiten erweckt auch unser inneres Kind, das sich dann aufmacht, die Welt neugierig und unbelastet zu entdecken. Sobald wir beginnen, uns schöpferisch mit Dingen zu beschäftigen, tauchen wir ganz in die Gegenwart ein. Und hier, ganz im JETZT des Augenblicks, tanken wir Kraft.

INSPIRATION

Ein Vertrag mit mir selbst!

ICH ____________________ (NAME)
BESCHLIESSE AM __________ (DATUM),
MEINE KREATIVITÄT ZU LEBEN.
ICH TUE ALLES DAFÜR,
WAS GETAN WERDEN MUSS.
ICH MACHE MIR BEWUSST,
DASS MICH MEINE KREATIVITÄT
WEG VOM SCHMERZ ZU
MEHR FREUDE FÜHREN WIRD.

43 O. Carl Simonton (2001), S. 70 f.

44 Ebenda, S. 72

DIE VERGANGENHEIT IN NEUEN FARBEN SEHEN!

Glaubst Du heute noch an den Nikolaus? Wohl kaum! So richtig geheuer war uns das mit dem Mann im roten Mantel und mit weißem Bart doch nie. Der Auftritt vom Nikolaus war immer etwas Besonderes. Vielleicht hast Du als Kind schon gespürt, dass die Eltern und Erzieher ebenfalls verunsichert waren, ob das auch alles gut über die Bühne gehen würde.

Schon bald lerntest Du, den schwitzenden Onkel Kurt im Nikolauskostüm zu entdecken. Vielleicht hast Du heute selbst Kinder und überlegst, ob und wie lange Du ihnen vom Nikolaus erzählen solltest. Vielleicht hast Du mit Deinen Kindern Nikolauslieder gesungen und Gedichte auswendig gelernt. Du hast ihnen die alte Legende von dem Bischof Nikolaus im türkischen Myra erzählt, der den Armen half und Seeleute und Segelschiffe in Stürmen beschützte. Das Bild des guten alten Nikolaus hat sich verändert, und er ist mit der Figur des Santa Claus zu einem etwas anderen Wesen verwachsen. Der Nikolaus als Exportmotiv ist zu neuen Mischformen mutiert. So steht er in Indien an der Seite des großen Glücksgottes Ganesha, dem elefantenköpfigen Helfer. Hier gilt: Doppelt hält besser. Gemeinsam ist beiden der große Bauch, Symbol für Wohlstand und Fülle. Solidarisch vereint verteilen sie in der Vorweihnachtszeit Geschenke. Mit dem Nikolaus sind wir erwachsen geworden. Wir haben uns über die Nikolausgeschichten unserer Eltern eine eigene Meinung gebildet.

Nicht so mit anderen Menschen, die uns wesentlich mehr geformt haben. So können bestimmte Lehrer, Trainer oder andere Vorbilder still – mal bewusst mal unbewusst – unser Leben weiterhin prägen. In allen Lebenszeiten des Lernens, der Schule und der Ausbildungen haben sie uns begleitet. Oft haben wir uns ein bestimmtes Bild eingeprägt, wie was zu sein hat, gesehen werden sollte oder nur funktionieren kann.

> *»Es ist nie zu spät, so zu sein, wie man gerne gewesen wäre.«*
> George Eliot (1829–1880)

Diese damalige Meinung wurde dann gespeichert und einfach nicht mehr hinterfragt.

So betrachtet, erscheint unsere Biografie im Rückblick oft unfrei. Wir sehen die Dinge manchmal noch mit den Augen eines Kindes, das den Nikolaus sieht. Vielleicht gab es beispielsweise einen sogenannten Traumpartner oder einen Traumjob, von denen wir heute eigentlich längst wissen sollten, wie ungeeignet sie für uns waren. Diese Information weigert sich aber hartnäckig, in allen Unterabteilungen unseres Denkens anzukommen. Stattdessen träumt ein Teil weiter vom Traumpartner oder Traumjob und blockiert so immer wieder die klaren Denkstrukturen. Genauso wie unser Handy und Computer öfter ein Update benötigt, so dürfen wir uns regelmäßig ein Update hinsichtlich unserer Sichtweise auf unsere Lebensbereiche verordnen. Wir sollten uns erlauben, die Vergangenheit neutraler, ohne festgeschriebene Bildungsprofile zu sehen. Indem wir eine alte Situation neu interpretieren, kann sie ihren Schrecken verlieren.

INSPIRATION

Frage Dich: »Welche heimlichen, nicht hinterfragten Nikoläuse spuken ohne mein Wissen in meinem Kopf herum? Welche alten Meinungen und Regeln meiner Lehrmeister, Dozenten, Ausbilder und Eltern könnte ich mir mal genauer anschauen und auf ihren aktuellen Wert überprüfen?«

DIE HÜTER DER SCHWELLE

»Tritt ein – bring Glück hinein!«

Alter Türsegen

Die Hausschwelle und die Haustür werden seit Urzeiten in allen Kulturen auf besondere Weise geschützt und gesegnet. In der indischen Kultur ist es der Gott Ganesha, dessen kleine Figuren die Haustüren bewachen. Bei den Römern schützte der doppelköpfige Janus die Eingangstür.

Heute noch gibt es in der türkischen Tradition den Brauch, die Türschwellen in einem großen Schritt zu übertreten. Auf keinen Fall sollte man hier auf die Schwelle treten, das gilt als schlechtes Omen für den Besuch. Denn die Türschwelle ist ein besonders gefährlicher Ort. Hier auf der Schwelle, dem Übergang zwischen dem Außen der Straße und dem Inneren des Wohnhauses, liegt das geheimnisvolle Reich der Dschinns. Diese launischen Geister hausen im Zwischenreich der Schwellen. Alte türkische Legenden wissen: Wer hier zaudert oder stolpert, kann von den unberechenbaren Dschinns ergriffen und in die Zwischenwelt ohne Wiederkehr entführt werden.

Wir alle treten auf unseren kreativen Lebenswegen über symbolische Schwellen und durch Türen in neue Lebensbereiche. Wer die Schwelle zum kreativen Erfolg überschreitet, kann ungewollt ins Stolpern geraten. Denn hier wachen die alten Hüter der Schwelle. Wer sind sie? Es sind all Deine alten Lehrer. Du magst sie bewundert oder gefürchtet haben. Je stärker ihr Eindruck auf Dich, umso schwieriger wird es, an ihnen vorbeizukommen. Sie können wie eine Sphinx sein, die es uns unmöglich macht, den Durchgang zu passieren.

AUTHENTISCHER AUSDRUCK – DEIN WEG IN DIE FREIHEIT

Authentizität ist der Schlüssel zu erfolgreicher Kreativität. Gelebte Authentizität hat eine so kraftvolle Energie, dass sie ein guter Magnet für Synchronizitäten aller Art sein kann. Doch wie können wir authentisch arbeiten, wenn ein innerer Chor fremder Stimmen uns sagen will, wo es langgeht?

Wirklich frei werden wir dann, wenn wir uns erlauben, in jeder Beziehung unsere Lehrer zu überholen. Wenn wir uns erlauben, einen eigenen Stil zu entwickeln und mit unserem kreativen Werk das zu tun, was uns gefällt. Dann treten wir über die Schwelle.

Denke an all die Lehrer Deiner Kindheit: an Deine Eltern, Deine Tanten, die Kindergärtnerinnen oder die Schullehrer, die Musiklehrer oder die Pfarrer. Später kamen in der Berufsausbildung weitere Lehrer wie Trainer, Handwerksmeister oder Professoren dazu. Sie alle gaben Dir bestimmte Orientierungshilfen und ganz praktische Anweisungen für Deine eigene Arbeit mit.

Menschen lernen durch Nachahmen und Kopieren. So lernen wir ganz besonders schnell. Viele Deiner Vorbilder haben Dir lebenswichtige Dinge in der Kindheit beigebracht. Auch in der Zeit der Berufsausbildungen lernen wir durch Nachahmen. Wir arbeiten nach, grenzen Bereiche ein und denken in die gleiche Richtung wie der Lehrer. Das Unterbewusstsein legt sich so ein Archiv an Techniken, Arbeitsvorgehen und Messlatten für Qualität an. Auch eine bestimmte Art des sozialen Umgangs bis hin zu einer bestimmten Sprache mit Sprüchen gehört dazu.

Auf diese Weise haben Dir die alten Autoritäten ihre Gebrauchsanweisungen, Qualitätsmaßstäbe, Geschmacksvorgaben und Umgangsformen aufgeprägt. Wer ein langes Hochschulstudium durchlaufen hat, weiß um die Fülle der Fremdideen, Vorgaben und oft falschen Bilder einer Berufsromantik, die wir gewissermaßen im Vorbeilaufen aufgenommen haben. Eine Zeit lang ist es gut, entlang der Vorgaben der erfahrenen Lehrmeister zu lernen. Der Anfang des selbstständigen Arbeitens ist durch die Phase gekennzeichnet, in der wir erst einmal alles »anders als der Meister machen« wollen. Mit dieser Einstellung bleibt der Lehrer immer noch eine Richtlinie, wenn auch in Form eines Gegenpols. Irgendwann sind wir dann aber aus den alten Paar Schuhen rausgewachsen und begeben uns auf eigene Wege.

»MEISTERSCHÜLER«

In den Kunstakademien und Musikhochschulen ist es im fortgeschrittenen Studium üblich, »Meisterklassen« zu belegen und ein »Meisterschüler« zu werden. Im Wort »Meisterschüler« steckt schon das Problem. Denn nur wenige der begabten Größen unserer Hochschulen sind auch wirklich gute Ausbilder. Und nicht alle Dozenten ertragen begabte Lehrlinge. Wer ausbildet, hat oft gerne auf seinen Lehrlingen den Daumen drauf. Wer ein Meisterschüler war, der musste sich häufig bis zur Selbstaufgabe unterordnen. In vielen Berufsfeldern wird gefordert, dem Ausbilder richtiggehend um den Bart zu gehen. Nur so besteht eine gewisse Aussicht auf eine weitere Förderung oder einen Arbeitsplatz. Ähnliches erlebt auch der Assistenzarzt, der angehende Anwalt oder der Kunstschmied durch einen erfolgreichen Chef. Sie stehen unter einem zusätzlichen Druck. Sie definieren den Erfolg nach dem erlebten Vorbild. Sie sagen sich: *»So muss der Erfolg also aussehen. Da musst Du auch hinkommen.«*

Überall dort, wo uns charismatische Lehrer und Dozenten besonders geprägt haben, bleiben kleine Spuren ihres Stiles zurück. Unsere Ausbilder haben einen ungemein großen Einfluss. Je nachdem, ob es ein sehr positiver oder eher schwieriger, dominanter Einfluss war, eine Weiche wurde in jedem Fall gestellt. Die Weiche heißt entweder: *»So soll es in meinem Arbeitsleben werden«*, oder *»Genau so soll es nicht werden.«*

Wenn ein Professor den Ruf eines Genies hat, umso mehr sind seine Studenten in der Pflicht. Man beginnt sich selbst ungemein viel abzufordern. Wer bei einem Genie in die Lehre geht, lernt unglaublich viel, hat später aber umso größere Schwierigkeiten, einen eigenen Stil zu entwickeln und selbst ein Meister zu werden. Der Balanceakt zwischen Anpassen und der individuellen Entwicklung ist groß. Eingezwängt in dessen Vorgaben entsteht ein Stress, sodass er die Flügel der eigenen Kreativität beschneiden kann. In der Berufswelt wird dann später gesagt: »Der kommt aus dem Stall von soundso. Der hat in der Kanzlei Müller gelernt. Das ist ein Schüler von Anselm Kiefer oder Gerhard Richter.«

»Zeit der Freiheit« oder die etwas andere biologische Uhr

Die Uhr Deines kreativen Lebens tickt etwas anders. Sie rechnet in Einheiten der Freiheit, Freude und Authentizität. Es gibt einen Zeitpunkt in unserem Leben, da ist die Zeit der faulen Kompromisse einfach vorbei. Da fordert uns unser Unterbewusstsein auf, den Schritt in die Freiheit zu wagen und unsere authentische Kreativität zu leben. Die alten Vorgaben der Lehrer sind dann nicht mehr notwendig. Alles, was nicht wirklich zu Dir passt, will gehen. Es ist so, als ob der Körper ein Implantat abstößt und es nicht mehr akzeptiert – nur dass es in diesem Falle um fremde Arbeitsstile, Ansichten, Techniken oder Lebensentwürfe geht.

Erfahrungsgemäß treten die »kreativen Authentizitätskrisen« dann auf, wenn äußerlich alles gut zu laufen scheint. Meist hat man schon ein gutes Stück erfolgreichen kreativen Schaffens hinter sich. Der Erfolg ist da – und die Krise auch. Plötzlich bleiben wir stecken, scheinbar ohne Grund, die Freude ist weg, und wir tappen im Dunkeln. Dein Unterbewusstsein versucht Dir hier etwas mitzuteilen.

Eine Ursache mag darin liegen, dass wir uns selbst nicht wirklich erlauben, anders als unsere Vorbilder zu werden. Es stellt sich die Frage:

Warum fällt es vielen begabten und kreativen Schülern, Studenten und Lehrlingen so schwer, ihre »Meister« zu überholen? Wieso scheint es eine Schwierigkeit zu sein, erfolgreicher als die Ausbilder zu werden? Die Antwort überrascht: In den meisten Fällen ist es eine Form von fehlgeleiteter Liebe, Loyalität und dem Pflichtgefühl einer Verbundenheit zum eigenen Stall. Auf diese Weise bleiben die Schüler mit ihrem Lehrer verbunden. Sie entfernen sich nur so weit, wie sie in ihrer Vorstellung ihr Lehrer von der Leine lässt. Wir wollen die Menschen, die wir lieben und bewundern, nicht verlassen. Wir wollen sie nicht vor den Kopf stoßen, indem wir anders werden und uns fachlich, technisch, inhaltlich von ihnen entfernen. Wir wollen weiter geliebt werden und dazugehören! So spricht unser inneres Künstlerkind, das einfach Anerkennung, Nähe und Liebe sucht.

Ein anderer Grund ist das Phänomen, das ich die andere »biologische Uhr« nenne. Bekannt und untersucht hat die Psychologie diese Reaktion in Bezug auf Kind-Eltern-Beziehungen. Kommt das eigene Kind in das entsprechende Alter, in dem ein Elternteil etwas Traumatisches erlebt hat, kann dies einen stillen Prozess auslösen. So erkrankt beispielsweise eine Tochter mit 13 an Magersucht, und bei Nachfragen, was die Mutter denn im gleichen Alter erlebt habe, kommt die Antwort, dass deren Mutter sich das Leben genommen habe, als sie 13 Jahre alt gewesen sei. Darüber werde aber in der Familie nicht gesprochen. Das stille Familiengedächtnis weiß dennoch Bescheid. Und die sensible Tochter hat das Schweigen auf ihre Art durchbrochen.

Kaum bekannt ist, dass es dasselbe Phänomen auch in Bezug auf unsere Schullehrer, Dozenten und Ausbilder gibt. Es taucht häufig in Zusammenhang mit kreativen Entwicklungsschüben auf. Alte Leitbilder unserer Lehrer können mit unseren Vorstellungen über ein Lebensalter gekoppelt sein. Oft haben wir uns in der Ausbildung mit der Lebensart unserer Dozenten, Meister und Ausbilder identifiziert. Sie hinterließen einen starken positiven Eindruck, und vielleicht haben wir uns damals gesagt: »Wenn ich so alt bin, werde ich so und so sein. Oder das und das machen.« Erreichen wir dann selbst diesen Lebensabschnitt, so vergleichen wir im Unterbewusstsein, ob das, was wir uns wünschten, auch eingetroffen ist. Ist das nicht der Fall, sind wir enttäuscht. Wir spüren, unsere Treue zum Vorbild hat uns nicht dahin geführt, wo wir hin wollten. Und erst jetzt ist der Zeitpunkt gekommen, an dem wir uns wirklich freischwimmen können. Die alten Leitbilder dürfen auf diese Weise neu hinterfragt werden. Bei Rüdiger war es ein etwas dominanter Kunstprofessor, der sein großes Vorbild war.

GESCHICHTEN

Geschichten, die das Leben schreibt: »Mit Beige und Braun kann man nichts versau'n.«

Mit Stolz berichtet Rüdiger, dass er in die Meisterklasse von Professor Frank gegangen war. Das sei seine Eintrittskarte in die große Kunstwelt gewesen. Danach folgten Stipendien in der ganzen Welt.

Rüdiger ist ein kleiner, drahtiger Mann, 44 Jahre alt, blasse Haut mit vielen roten Ringellocken, die er im Nacken mit einem Lederband zusammengebunden hat. Seine freundlichen grünen Augen schauen mich an: »Ich würde das jetzt nicht als Arbeitsblockade bezeichnen. Aber irgendwie stecke ich fest. Es geht zwar weiter, ich bin ein Gewohnheits-Arbeitstier. Aber ich bin nicht zufrieden und fühle keine Verbindung mehr zu meiner Arbeit.«

Um Geld zu verdienen, jobbt er in einer Galerie. Das macht es im Moment aber nur noch schlimmer. Ihn nervt die schlechte Malerei total, die dort ausgestellt wird. Wir sprechen über seine allgemeine Lebenssituation. Ich bitte ihn, zur nächsten Stunde den letzten Katalog seiner künstlerischen Arbeiten mitzubringen. Der Katalog ist ein sehr elegantes Buch, ganz in Grau-Schwarz gehalten. Er enthält eine Retrospektive über die letzten 15 Jahre seines Schaffens. Die Arbeiten zeigen ein breites Spektrum an Techniken von Gemälden, Zeichnungen und Collagen. Eines fällt mir auf: Während in der Frühzeit eine breite Farbpalette herrscht, zeigen die Arbeiten der letzten zehn Jahre vorzugsweise Schwarz-, Braun- und Gelbtöne. Es ist kaum noch Farbe zu sehen, nur ab zu blitzt ein Gelb neben einem Braun durch.

Ich frage Rüdiger, wie er seine Farben auswählt. »Darüber habe ich noch nie nachgedacht. Das mache ich intuitiv.« Ich frage genauer nach. Rüdiger beginnt zu lachen: »Mein Professor hatte den Spruch: ›Mit Beige und Braun kann man nichts versau'n.‹ Keiner von uns Studenten hatte sich der Farbe verschrieben. Dafür war das nicht die richtige Klasse. Da hätte man woanders hingehen müssen.«

Rüdiger lacht charmant, hält inne und schaut auf seinen Katalog. »Meinen Sie ...« In diesem Fall ist es ein so dummer Satz wie: »Mit Beige und Braun kann man nichts versau'n«, der die künstlerische Arbeit irgendwann beginnt still mitzubestimmen. Vielleicht war es einfach nur ein unüberlegter Spruch. Er war entstanden in den 70er-Jahren des 20. Jahrhunderts. Diese Zeit brachte eine sehr grelle Mode und Kunst hervor. Vielleicht war der Spruch ein Versuch des Professors, einen Gegenpol zum Grellen zu setzen. Aber für viele seiner Studenten wurde der Spruch zu einem Bekenntnis, ja fast zu einen Manifest gegen die Farbe in der Malerei.

Ich gebe Rüdiger mit auf den Weg, die Farben um ihn herum erst mal wahrzunehmen, die sinnästhetische Wahrnehmung zu schulen und die Farben zu schmecken, zu hören, zu fühlen und zu riechen. Ich sage Rüdiger, es geht nun darum, die eigene Farbsprache neu zu entdecken. Er soll sich die Farben möglichst frei anschauen. So, als ob er sie zum ersten Mal wahrnehmen würde. Und dann könne er frei auswählen, was die authentische Arbeit von ihm fordern würde. Gute Kunst benötigt die Freiheit, aus der ganze Farbpalette wechselnd wählen zu können. Viele Künstler haben im Laufe ihres Lebens Teile ihrer Freiheit fremden geschmacklichen Vorgaben untergeordnet. Welche Farbtöne Rüdiger dann wählt, ist seine künstlerische Entscheidung.

Ich teste mit ihm noch die ganze Farbpalette durch und tatsächlich: Er reagiert mit Stress im Körper, wenn er auf die Farben Rot, Grün, Blau, Orange, Rosa und Lila schaut. Es mag erstaunen, dass ein Künstler Stress mit gewissen Farben hat. Das kommt häufig vor.

Rüdiger ist sehr an den Hintergründen interessiert und fragt mich: »Warum passiert das mir und warum gerade jetzt?« »Erinnern Sie sich noch daran, wie alt Ihr Professor war, als Sie zu ihm in die Klasse kamen?«, frage ich zurück. »Warten Sie, daran kann ich mich gut erinnern, weil sein Geburtstag eine Schnapszahl war.« Er rechnet nach. »Na ja. Er war 44. Also im besten Alter. So wie ich auch.« Ich erkläre Rüdiger, dass ich das häufig beobachte. Wir treffen irgendwann im Leben eine sehr wichtige Person. Sie hatte ein bestimmtes Alter. Wenn wir dann selbst in dieses Alter kommen, fängt das Unterbewusstsein an, hier Vergleiche mit dieser prägenden Person anzustellen. Auf die eine oder andere Art tritt es mit uns in Kommunikation. Es möchte, dass wir über die Schwelle der begrenzenden Vorgaben des Vorbilds gehen.

Rüdiger wird eine wirkliche Überraschung. Er verlässt die Malerei ganz und wendet sich in seinen nächsten Arbeiten der medialen Technik der Lichtmalerei zu. Große Fotoarbeiten entstehen. Er beginnt mit Farblampen zu malen: Lichtstreifen in allen Farben, mal als Schrift, dann als große Farbexplosionen, kennzeichnen seine Arbeiten. Er hat sich neue Farbwelten erschlossen.

FREMDE HÄNDE SIND IM SPIEL

Wer beginnt, mit den Händen kreativ zu werkeln – sei es zu malen, zu schreiben, zu kochen oder zu gärtnern, kann dort, wo er Neuland betritt, plötzlich auf hartnäckige innere Widerstände stoßen. Diese stillen Widersacher können tiefe Wurzeln haben. Denn sie stammen meist aus unserer ganz frühen Kindheit. Sobald kleine Kinder beginnen, die Welt mit den Händen zu begreifen, zu formen und zu essen, sind helfende Hände da, die sie anleiten. Die Hände der Erwachsenen weisen die Kinder an, was ein »Pfui«, »Igitt« oder »Brav« und »Gut« ist.

Waren diese helfenden Hände und erklärenden Stimmen zu grob, dominant oder verwirrend, können sie uns auch heute noch unbemerkt beeinflussen. Vielleicht haben sie uns damals auf die Finger gehauen oder uns anders bestraft. Wer sich aufmacht, sein Leben anzupacken und in die eigenen Hände zu nehmen, bekommt es – ohne es zu ahnen – mit diesen lenkenden Fremdhänden zu tun.

Die Krux ist, dass Kreativarbeit unsere sinnliche Wahrnehmung in alle Richtungen öffnet. Wenn wir im Flow arbeiten, schaltet unser Gehirn auf erweiterte Wahrnehmung. Unser Gehirn kann im Arbeitszustand des Flow auf eine große Fülle von Erinnerungen zugreifen. Gleichzeitig können aber auch Türen aufspringen, mit denen wir nicht rechnen. Während unser Hirn noch fleißig das innere Archiv nach Ausdrucksmöglichkeiten durchscannt, um uns hier diverse Kombinationen von Lösungsmöglichkeiten vorzuschlagen, kann sich plötzlich aus dem Nichts eine vage Verunsicherung breitmachen. Ein ungutes Gefühl dringt in unser Bewusstsein. Das Störgefühl kann eine Erinnerung an jemanden sein, beispielsweise Tante Lulu, die Dir früher als Erziehungsmaßnahme auf die Finger geschlagen hat. Vielleicht hast Du im Alter von drei Jahren hoch konzentriert den schlecht schmeckenden Vanillepudding gleichmäßig auf Deinem Kinderstuhl verschmiert. Dafür hatte Tante Lulu kein Verständnis und schlug zu. Dieser alte Schreck sitzt tief und ist verdrängt.

Vielleicht arbeitest Du Jahrzehnte später mit Ton und honigfarbener Glasur. Du streichst die gelbe, zähe Flüssigkeit konzentriert mit dem Pinsel auf den Krug. Und während Du über Keramik und Dekoration nachsinnst und die Arbeit Deiner Hände verfolgst, steigt plötzlich aus den Tiefen ein beängstigendes Gefühl auf. Du kannst Dein Unwohlsein nicht zuordnen. Du hast die unsichtbare Tante Lulu, die Dir mit Schlägen droht, längst vergessen. Du weißt einfach nicht, was los ist. Du bemerkst nur ein bedrohliches Unwohlsein und denkst Dir vielleicht, dass mit Deiner Arbeit was nicht stimmt. Vielleicht brichst Du sogar diese Arbeit ab. Das wäre wirklich schade!

Wir können und müssen nicht alle Tante Lulus unserer Vergangenheit kennen. Aber wir sollten das Tante-Lulu-Gefühl kennen. Lerne, diese unbestimmten Gefühle zu beobachten. Es ist das zerbrechliche Gefühl einer vagen Verunsicherung. Es gleicht dem Gefühl, als ob man auf sehr dünnem Eis läuft.

Wann immer Du diese oder ähnliche Widerstände bemerkst, könnte es sein, dass Dich jemand aus der Vergangenheit grüßt. Was ist zu tun: Winke in die unbekannte Vergangenheit, den Unbekannten zu. Jemand versucht Dir mit seinen Begrenzungen auf ungeschickte Weise ein »Ich liebe Dich« zu vermitteln. Du bist aufgefordert, mit dem, was Du gerade tust, in jedem Fall weiterzumachen. Verabschiede Dich, wann immer notwendig, von dem Chor der gut gemeinten Stimmen der Vergangenheit. Sie können und werden Dich auf Deinem Weg als Kreativarbeiter nicht mehr ausbremsen.

GESCHICHTEN

Geschichten, die das Leben schreibt: »Die erste Geige«

Vor mir sitzt eine faszinierende Frau, Anfang 30, mit dunklem, schulterlangem Haar. Eva ist sichtlich angespannt: »Gerade jetzt passiert mir das. Ich bin verzweifelt. Ich kann im Moment die Geige nicht mehr halten! Ich habe aus dem Nichts Schulterprobleme bekommen – so schlimm, wie ich es noch nie kannte. Medizinisch habe ich alles abgeklärt. Der Arzt sagt, bis auf eine Verkrampfung sei alles in Ordnung. Und er hat Krankengymnastik und Massagen verschrieben.« Es sei bisher eigentlich alles sehr gut mit ihrer Karriere verlaufen. Vor einigen Wochen habe sie ihre Traumstelle angetreten. Die Stelle der ersten Geige in einem anspruchsvollen Orchester. »Ich bin so glücklich, die neuen Kollegen sind supernett, aber dann nach zwei Wochen bekam ich plötzlich diese Schmerzen. Solche Schmerzen hatte ich bisher nicht gekannt. Wie soll ich das meinen neuen Kollegen nur erklären.«

Ich beginne mit Eva zu arbeiten. Wir sprechen über die Umstände beim Wechsel der neuen Arbeitsstelle und ihren Umzug in die neue Stadt. Alles scheint zwar stressig, aber okay zu sein. Sie berichtet weiter über das Orchester. Zum ersten Mal spielt sie in der neuen Position der ersten Geige. Plötzlich wirkt sie sehr müde. Ich bitte sie an dieser Stelle, die Augen zu schließen und mit den Schmerzen in ihren Arm in einen Dialog zu treten. »Mein Arm will nicht, er ist wütend.« Ich bitte Eva, sich tiefer in den Schmerz hineinzufühlen. Sie beginnt zu erzählen: »Ich sehe mich in der Villa über dem Züricher See im Zimmer meiner Geigenlehrerin, Frau Gall, stehen. Es ist Spätsommer. Sie weist mich wieder mit dieser Verachtung zurecht. Nie konnte ich es ihr recht machen.« Eva öffnet die Augen. »Ich hatte damals, mit 22 Jahren, angefangen, Musik zu studieren. Ich hatte das große Glück, bei dieser weltberühmten Virtuosin Unterricht zu erhalten. Es war eine große Dame vom alten Schlag, die nur eins kannte: Disziplin. Der Unterricht war ein einziger Kampf. Sie war unglaublich streng. Ich musste mehr als sechs Stunden üben. Und immer kritisierte sie mich. Nie war ich gut genug. Nie die Haltung gut genug. Sie hatte die Angewohnheit, mich immer so zu packen.«

Sie zeigt genau auf den Bereich, der jetzt Schmerzen bereitet. Ich bitte Eva, ihre Hände auf die schmerzenden Stellen im Arm und Schulterbereich zu legen und tief in den Schmerz zu atmen. Sie erzählt weiter. »Ich wäre heute nicht dort, wo ich bin. Ich müsste ihr eigentlich nur dankbar sein. Aber der Unterricht war die Hölle. Es gab keine Grenze mehr zwischen ihr und mir. Ich habe sie geliebt und gehasst. Sie machte mir immer wieder klar, Du bist nichts, die Musik ist alles. Sie forderte von ihren Schülern, alles außer der Musik aufzugeben und abzutöten. Einige ihrer Schüler sind große Musiker geworden, andere depressiv.«

»Wissen Sie, die Leute sagen, ich spiele sehr ähnlich wie sie«, sagt sie leise. »Besonders streng war sie mit uns Frauen, von denen sie keine Schwäche duldete. Frau Gall hatte damals noch im Orchester erlebt, wie schwer es Frauen in einer Männerwelt haben. Obwohl sie die erste Geige spielte, musste sie versteckt in der zweiten Reihe hinter einem Mann spielen. Das hat sie sehr gekränkt. Aber so war das damals in den städtischen Orchestern. Frauen durften nicht in der ersten Reihe spielen.«

Eva hält inne. Ich sehe, dass sie beginnt zu verstehen. Jetzt, da sie zum ersten Mal selbst die erste Geige spielt – steigt eine Erinnerung hoch. So vage, dass sie kaum fassbar ist. Nur der Körper weiß genau Bescheid. Er meldet sich mit Schulterschmerzen. Genau dort, wo die Erinnerungen an die zupackenden Hände der Geigenprofessorin gespeichert sind.

Hier komme es zu einem Loyalitätskonflikt, erkläre ich ihr. Der Teil, der die Professorin liebt und verehrt, will nicht eine Stelle der ersten Geige in der ersten Reihe einnehmen, also die Position, die ihre Lehrerin nie erreicht hat. Der andere Teil ist hingegen durch die vielen Übergriffe der Professorin einfach noch tief verletzt. Ich bitte Eva, für die nächste Sitzung zwei Briefe an ihre Professorin zu schreiben und mitzubringen.

Einen Brief, in dem sie all das aufschreibt, was den Unterricht zur Hölle gemacht und wie das ihr Leben geprägt habe. Und einen Brief, in dem sie sich für den guten Unterricht bedankt. Sie kann darin aufzählen, was sie davon alles an Wertvollem in ihrem jetzigen Leben verwendet. Wenn sie mag, kann sie auch all die guten Eigenschaften ihrer Professorin darin aufschreiben.

In der nächsten Sitzung ist von Schulter- und Armschmerzen keine Rede mehr, dafür umso mehr über Zorn und Abhängigkeit. Eva hat bemerkt, wie viel Zorn ihre Professorin in sich hatte. Sie erzählt, dass Frau Gall schnell wütend wurde und ihre Anspannung oft an die Schüler weitergab. Sie sei aber auch ein verantwortungsvoller Mensch gewesen, der Begabungen und Fähigkeiten erkannt und gefördert habe. Ich motiviere Eva, noch stärker in ihrem Spiel einen eigenen Stil zu entwickeln.

LIEBEN UND LASSEN – DER HORIZONT DEINER ELTERN

Eltern können unsichtbare Grenzen im Leben ihrer Kinder ziehen. Wer über sie hinaus will, kann sich schnell hin- und hergerissen fühlen. Eltern wünschen sich vor allem Sicherheit für ihre Kinder. Wenn nun eine extrem kontrollierende Mutter oder ein ängstlicher Vater ein kreatives Kind haben, dann wird sie das beunruhigen. Denn Kreativität bedeutet Unruhe. Das macht Eltern schnell Angst. Eltern wünschen sich, dass ihre Kinder das Leben leben, das sie sich selbst vorstellen können. Die Kinder sollen »gut versorgt« sein. Kreative Kinder sind dagegen unberechenbar. Die Eltern fühlen, dass sie ihr Kind in mehrfacher Hinsicht verlieren können. Nämlich dann, wenn es beginnt, sein Leben ganz anders wahrzunehmen und selbstständig zu handeln.

So kann sich in dieser Situation bei dem kreativen Kind das Gefühl entwickeln, dass, sobald es schöpferisch ist, dies von den Eltern als bedrohlich erlebt wird. Kreative Aktionen werden auf diese Weise mit einem unbestimmten Gefühl der Gefahr verknüpft. Im späteren Leben kann dies zu einer Identitätskrise führen. Menschen mit einer solchen Kindheit erleben überall Widerstände. Sie haben oft mit dem Gefühl »die Welt ist gegen mich« zu kämpfen. Sie müssen viel mehr als andere um ihre innere Freiheit ringen.

Wenn sie sich ihren eigenen Weg erkämpft haben, geschieht oft das Paradoxe, dass sie sich nicht erlauben, wirklich erfolgreich zu sein. Es ist so, als ob sie sich an die Ängste der Eltern erinnern. Sie bestrafen sich unbewusst, weil das innere Kind nicht dem Rat der Eltern gefolgt ist. Sich selbst mit den Erlebnissen einer schwierigen Kindheit auszusöhnen erfordert Mut. Es ist aber ein lohnender Weg, denn wer sich selbst und den Eltern verzeihen kann, wird freier, das eigene Leben glücklich zu gestalten. Verzeihen setzt die bisher an die Eltern gebundenen Energien frei.

Warum fällt uns das Verzeihen so schwer? Ein Grund liegt in einem alten Missverständnis, einer verwirrenden Doppelbotschaft. Die meisten Menschen kämpfen mit der Vorstellung, mit ihrem Verzeihen sollten sie im Nachhinein akzeptieren, was ihnen angetan wurde. Verzeihen bedeutet jedoch etwas ganz anderes. Wer vergibt, unterscheidet zwischen der Person und der Tat. Wer verzeiht, entschuldigt oder akzeptiert das Verhalten des anderen nicht. Dieses Verhalten war objektiv falsch und ist es immer noch.

Wir Menschen sind geistige Wesen. Wir sind hier, um zu lernen und uns zu entwickeln. Aus der Perspektive der Seelenebene gelingt es viel einfacher zu verzeihen. Aus diesem Blickwinkel können wir sanft verstehen, was unsere Seele bei diesem Schicksalsschlag gelernt hat. So kann die gebundene Lebenskraft zurückkommen. Verzeihen rückt die Dinge ins richtige Licht und gibt dem Leben Leichtigkeit, Fluss und Zuversicht.

Die Alchemie der Liebe erlaubt es, einfache Lösungen für komplexe Probleme zu verwenden. Was die Eltern betrifft, heißt der Weg: lieben und lassen. Liebe Deine Eltern – aber gehe eigene Wege. Beende alle Versuche, ihnen Dein Leben erklären zu wollen. Erwarte kein Verständnis. Schenke ihnen alle Liebe und erlaube ihnen, so zu bleiben, wie sie sein wollen.

INSPIRATION

Lieben und lassen

Sage Dir in den nächsten Wochen, immer wenn Du an eine schwierige Situation mit Deinen Eltern denkst, einfach den Satz: »Lieben und lassen.«

Gib sie so innerlich in Liebe frei.

Die Technik, belastende Gedanken mit einem positiven Satz immer wieder zu neutralisieren, ist sehr wirkungsvoll. Sie funktioniert umso besser, je einfacher der neue Satz ist.

DER WEG IN DIE FREIHEIT

DIE GEDANKEN SIND FREI

Welche Gedanken denkst Du? Kreativarbeiter können lernen, die Kraft guter Gedanken für ihre Arbeit gezielt einzusetzen. Jeder kreative Mensch sollte ein gesunder Kopfwerker sein. Geistige Konzentration, Klarheit und fokussiertes Handeln gehört in den Werkzeugkasten aller Kreativarbeiter. Konzentration ist der Autopilot, der uns sicher durch die Wellen des Flows führt. Lerne bei Deinen kreativen Arbeiten, sei es beim Basteln, Werkeln, Kochen, Töpfern oder Malen, Deine mentalen Kräfte zu fokussieren.

Aufgrund von Forschungen wissen wir heute, dass gute, gesunde Gedanken sich sofort positiv auf unser Immunsystem auswirken. Unser Denken und Fühlen unter Stress haben einen unmittelbaren Einfluss auf unser Herz- und Kreislaufsystem. Der Physiologe Dr. med. Johann Caspar Rüegg kommt zu dem Schluss: »Gesundheit beginnt im Kopf.« Achtsamer Umgang mit den eigenen Gedanken und den gekoppelten Gefühlen sei eine notwendige Gesundheitsprävention. Es gibt hier kein Pardon: Einmal in Wut geraten, kann fünf Tage schlechte Blutwerte zur Folge haben. Gehörst Du zu den Menschen, die sich gerne mal im Verkehr, im Supermarkt oder sonst wo schnell aufregen? Dann weißt Du jetzt: Sich aufzuregen ist in den meisten Fällen einfach nur ungesund. Lerne, ruhig zu bleiben und, so oft es geht, Ruhe aufzunehmen. Alles wird leichter, wenn wir täglich mehr Gelassenheit, Achtsamkeit und Empathie trainieren.

> *»Alles, was wir sind, sind wir als Ergebnis dessen, was wir dachten.«*
> Gautama Buddha
> (563 v. Chr. – 483 v. Chr.)

DIE FARBEN DEINER GEDANKEN

Wenn Du Deine Welt in neuen Farben gestalten würdest, welche wären das? Ist Deine Welt bunt? Frage Dich auch: »Welche Farben haben meine Gedanken? Welche Gedanken unterstützen mich? Welche sind für meine Zukunft gut, welche eher ungesund? Sind diese Gedanken eigentlich meine? Was sind Fremdeinflüsse?«

Erlaube Dir bei Gedanken, die Dir wichtig sind, ihnen bewusst eine bestimmte Farbe zu geben. Fühle hin. Frage Dich, welche Farbe hat dieser Gedanke? Ist dieser Gedanke »goldrichtig«? Du kannst Deinen richtig guten Gedanken beispielsweise die Farbe Himmelblau, Gold oder Silbergrün geben! Unsere synästhetische Wahrnehmung liebt ein solches Training mit Farben. Sie wird Dich mit mehr Ideen und guten Gedanken belohnen. Eigentlich müssten wir von klein auf lernen, konstruktiv zu denken. So wie wir als Kinder Fahrrad fahren lernten und später einen Führerschein fürs Autofahren erwarben, wäre es für uns sehr wichtig, einen Führerschein fürs Denken zu erwerben. Negative Gedanken sind nie harmlos. Sie richten Schaden an. Wir sollten die Gedankenhygiene genau wie die Zahnhygiene selbstverständlich in unseren Tagesablauf integrieren. Fördere und verfolge beharrlich nur gute Gedanken. Es heißt: »Achte auf Deine Gedanken – denn sie gestalten Dein Leben.« Gedanken, die sich um Sorgen, Angst, Gewalt, Macht, Zweifel und Gier drehen, schaden uns und ziehen wiederum Sorgen, Angst, Gewalt, Macht, Zweifel und Gier an. Für einen konstruktiven Umgang mit unseren Gedanken sollten wir uns in einem ersten Schritt achtsam wahrnehmen. Was denke ich? Sind meine Gedanken konstruktiv? Sind es überhaupt meine Gedanken? Oder vielleicht doch eher die von anderen – von Freunden, Familie, Ahnen etc.? Hier ist Dein Unterscheidungsvermögen gefordert. Viele Gedanken sind nicht von uns. Sie kommen von außen: den Fernsehnachrichten oder aus der Werbung und wirken in uns quälend nach. Die Regel für Fremdeinflüsse heißt: Wenn jemand mit Dir sorgenvoll über Krankheit, Armut und Zweifel spricht, bleibe in der Ruhe. Übernimm nicht die negativen Gedanken des Gesprächspartners. Stattdessen kannst Du ganz bewusst gesunde Gedanken denken. Stelle Dir vor, dass dieser Mensch Kraft erhält, Hoffnung und Gesundheit erlebt.

> *»Farben sind das Lächeln der Natur, Blumen sind ihr Lachen.«*
> James Henry Leigh Hunt (1784–1859)

INSPIRATION

Erlaube Dir immer dann, wenn Menschen destruktive Gedanken denken, einen kreativen Weg zu finden, etwas Konstruktives zu denken. Setze dafür Dein Herz ein. Deinen Mitmenschen brauchst Du dies nicht mitzuteilen. Sie werden beginnen, sich bei Dir einfach wohlzufühlen. Das ist praktizierter »Umweltschutz« auf mentaler Ebene.

VOM EINFLUSS DEINER GEDANKEN

Gedanken verändern die Welt: *»Gedanken sind Kräfte, genau wie die Elektrizität oder die Schwerkraft«,* lehrte uns Paramahansa Yogananda.[45] Wir wissen noch mehr: Gedanken, formulierte Absichten und Ziele beeinflussen unser Umfeld.

Die Kraft unserer Gedanken kann beispielsweise Einfluss nehmen auf Versuchsverläufe im Labor. Die Ergebnisse entwickeln sich nach den Erwartungen der Wissenschaftler. Deshalb hat sich hier das Doppelblindverfahren etabliert – aber auch das hilft nicht wirklich. Die Ergebnisse zeigen, dass der einmal vom Wissenschaftler vorgegebene Weg alle weiteren Versuchsreihen beeinflusst.

Auch die Arbeit der Ärzte oder der Schullehrer wird unmittelbar von ihrer Erwartungshaltung beeinflusst. Rupert Sheldrake fordert uns auf, diese Erkenntnisse der Naturwissenschaften und Physik endlich auch im Alltag, in der Politik und in unserer Gesellschaft zu nutzen.[46]

45 Siehe Paramahansa Yogananda (1946)
46 Rupert Sheldrake (2012)

Interessant im Hinblick auf die Kraft unserer Gedanken ist, dass Wissen im Feld des Bewusstseins (Matrix) nicht verloren geht. Der Physiker Gregg Braden beschreibt das folgende Phänomen: Es zeigt sich, dass ein bestimmter Versuchsablauf, der mehrmals nachgestellt wird, in der Folge schneller und leichter gelingt. Irgendetwas im Wissensfeld (Matrix) scheint diesen Versuchsablauf zu erinnern. Unsere Logik mag und kann das noch nicht begreifen. Dennoch dürfen wir beginnen, dieses Wissen im Alltag für uns zu nutzen. Kein Gedanke, der einmal gedacht wurde, kann rückgängig gemacht werden. Deshalb tragen wir auch für unser Denken Verantwortung. Gedanken und Intentionen sollten wir aus diesem Grunde klar, freundlich und friedlich formulieren.

MERKE

Es heißt: »Think big« – denke groß!« Ich würde dem hier ein: »Think good!« – »Denke positiv!« anfügen.

GEDANKEN BEOBACHTEN

Lerne die Natur Deiner Gedanken kennen. Gedanken sind immer da, sie kreisen, laufen und fließen. Ähnlich wie der Strom unseres Blutes sind sie ständig in Bewegung. Du kannst lernen, im Herzbewusstsein zu leben und sie von hier aus zu beobachten. Ein Großteil unserer Gedanken kreist zudem unbemerkt im Kopf herum. Wir bekommen überhaupt nicht mit, dass wir denken, und oft auch nicht, was wir denken. Hier solltest Du die Regie für Deine Gedanken übernehmen. Aber wie soll das gehen?

Gedanken sind ein wenig wie eine Horde wilder Affen. Einige kannst Du mit Bananen ablenken, andere machen einfach nur Blödsinn.

> »Gott gab Dir das Geschenk, denken zu können – was Du denkst, ist Dein Geschenk an Dich selbst.«
> Prem Rawat
> (geboren 1957)

»Leiste Deinen Gedanken nie Widerstand! Durch Widerstand erschaffst Du Gedanken, denen Du wirklich widerstehen musst, weil Du ihnen Deine Aufmerksamkeit schenkst«, rät der Energie-Coach Michael Roads. Besser ist, sie einfach zu ignorieren. *»Lenke Deine Aufmerksamkeit von ihnen weg. Beschäftige Dich einfach nicht mit ihnen.«*[47] Wenn Gedanken die Energiequellen entzogen würden, verlieren sie ihre Kraft. Glaube niemandem, der Dir erzählt, er könne die Gedanken beherrschen. Das ist so, als wolle man den Fluss des Blutes beherrschen. Bestimmt gibt es einige wenige Yogis im fernen Indien, die das können. Aber das sind die Ausnahmen.

Kreative Menschen leiden besonders, wenn sie von einer Flut negativer Gedanken überrollt werden. Die hoch trainierten Gedankenabläufe im Kopf können ein dynamisches Eigenleben entwickeln und uns in Hoffnungslosigkeit stürzen. Unsere inneren Kritiker haben ein umfangreiches Gedankenrepertoire an selbstzerstörerischen Gedanken in petto. Diese negativen Gedanken sind Saboteure, Bombenleger und Zyniker. Auf Krawall gebürstet warten sie nur darauf, dass Deine geistige Abwehr schwächelt. Wenn Du auf sie hörst, werden sie Deine Ideen und Träume in Einzelteile zerlegen. So wie unser Körper, unser Immunsystem tagtäglich mit Viren, Bakterien und Pilzen zu kämpfen hat, setzt sich unser Geist auf ähnliche Weise mit Angriffen dieser Art auseinander. Wir können unser geistiges Immunsystem stärken, indem wir immer bewusster denken. Das Prinzip für ein neues Denkbewusstsein heißt: Denke konstruktiv!

Immer, wenn Du etwas Schönes siehst, würdige es mit einem schönen Gedanken mit tief empfundener Dankbarkeit. Und nimm es dann in Dein positives Gedankenrepertoire auf. So können wir die Farbe unserer Gedanken von dunklen zu hellen, glänzenden und bunten Farben verändern.

GLAUBE NICHT ALLES, WAS DU DENKST!

Nicht alles, was Du denkst, ist bare Münze. Erinnere Dich: Gedanken sind nur Gedanken. Seien es die eigenen, fremden oder recycelten Gedanken. Eine gute Art, unsere Gedanken zu beobachten, ist, Tagebuch zu schreiben. Immer, wenn sich Gedanken in ihrer Formulierung wiederholen, dann kannst Du davon ausgehen, dass hier ausgemistet werden muss. Ich habe in meiner Praxis beobachtet, dass Gedanken, die einen mechanischen Charakter mit sinnlosem Wiederholungsmuster aufweisen, eher alte Ge-

47 Michael Roads (2011), S. 189

dankenformen sind. Diese Gedankenstrukturen stammen aus der Kindheit. Gedanken dieser Art besitzen keine lebendige, konstruktive Kraft. Sie gleichen einer Endlosschleife eines sinnentleerten Films. Gedanken dieser Art heißen oft: »Ich schaffe es nicht!«, »Ich bin müde und kann nicht mehr!«, »Es hat ja keinen Sinn!« oder so ähnlich.

Oft gibt es auch ganze Gedankenketten. Erst kommt beispielsweise ein Gefühl von Traurigkeit. Anstatt das Gefühl neutral zu beobachten, folgen wir einer langen Kette von Gedanken über Einsamkeit und Versagen. Und schon sind wir beim Thema Hoffnungslosigkeit gelandet. Steigst Du auf negative Gedankenketten ein, wirst Du gnadenlos die ganze Runde einer beängstigten Achterbahn fahren. Zwischendurch Aussteigen geht nicht.

ÜBUNG

Hallo, wer spricht da?

Wenn Gedanken seltsam anmuten, frage mit gutem Humor: »Hallo? Halt! Wer spricht da? Das bin nicht ich!« Und: »Das nehme ich nicht ernst. Annahme verweigert! Ich schicke diese Gedanken gleich weiter.«

NEUES DENKEN IST MÖGLICH – ABER MIT ARBEIT VERBUNDEN

Wirklich Neues in unsere laufenden Gedankengänge einzuschleusen erfordert Kreativität und Spontaneität. Es ist, als ob wir auf eine überfüllte Autobahn fahren wollen. Irgendwie wollen wir von der Autobahnauffahrt rüber auf die Fahrbahn kommen. Hier herrscht aber dichter Verkehr, und keiner der Fahrer will uns reinlassen. Alte Gedankenabläufe besitzen ein großes Ego und sind unfreundliche Zeitgenossen. Sie interessieren sich nicht für das Einfädeln nach dem Reißverschlussverfahren.

Mache Dir klar, dass 95 Prozent Deiner täglichen Gedanken dieselben sind. Den meisten Gedanken hören wir nicht einmal mehr zu. Wir haben uns so an sie gewöhnt. Sie laufen einfach über unseren Äther. Wir sind in ein Netz von Denkgewohnheiten verstrickt. Deshalb fühlen sich viele Menschen müde, abwesend und unkonzentriert. Eine Heilung für festgefahrene Denkstrukturen ist Kreativität. Hier, bei produktivem Basteln, Malen, Häkeln, Jonglieren und Schreiben aller Art, wird neues Denken fein in alte Bahnen eingeschleust.

RICHTE DEINEN GEIST NEU AUS

Kreatives Arbeiten fasziniert so unser Denken, dass sich viele positive Gedanken neu bilden. Unsere Gedankenströme werden in eine Richtung gelenkt, und wir bleiben bei guter Laune. Während sich der Kopf mit einem gesunden, kreativen Denken beschäftigt, kann sich unser Körper entspannen. Der Philosoph und Yogalehrer Paramahansa Yogananda (1893–1952) nennt neben der Meditationspraxis kreatives Denken als ein wichtiges Training, um die Gedankenkraft positiv zu fokussieren. Jeder Mensch solle diese Fähigkeit entwickeln. *»Irrtümlicherweise halten viele Leute schöpferische Leistung für eine Strapaze* *und gehen deshalb mit einer gespannten, nervösen Haltung an sie heran.«*[48] Tatsächlich hält sie den Geist gesund und auf Trab. Somit beginnen wir nicht zu grübeln oder schlechte Laune zu entwickeln.

> »Richte Dich auf die Sonne aus und die Schatten fallen hinter Dich.«
> Indisches Sprichwort

Die Kraft der fokussierten Gedanken und der Konzentration ist sehr groß. Hast Du früher vielleicht auch mal so zum Spaß das Licht der Sonnenstrahlen durch eine Lupe eingefangen? In dieser Weise konzentriert, kann Sonnenlicht ein Blatt Papier in Brand setzen. Im übertragenen Sinn ist die Kraft fokussierter Gedanken ähnlich stark. Wenn Du Deine Gedanken ausreichend lange auf einen Punkt ausrichtest und fixierst, dann wirst Du – symbolisch ausgedrückt – Deine Kreativprojekte entflammen können.

Im beruflichen Kontext ist die Konzentration eine der wichtigsten Fähigkeiten. Chirurgen, Goldschmiede, Graveure und Akrobaten wissen das sehr gut. Sie arbeiten hoch konzentriert und vermeiden, wenn möglich, ungeschickte Bewegungen, die sich katastrophal auswirken können. Auch in anderen Berufen, so beispielsweise beim Tischlern oder Schmieden, ist Konzentration gefragt, damit sich die Handwerker nicht im Umgang mit den Maschinen verletzen. Fehlende Konzentration ist ein häufiger Grund für Arbeitsunfälle. Konzentration ist eine wichtige Basis für Sicherheit und Erfolg.

48 Paramahansa Yogananda (1995), S. 242

ÜBUNG

Der freundliche Denker

Jedes Mal, wenn Du einen negativen Gedanken bemerkst, beende den Kontakt mit ihm. Ignoriere ihn und konzentriere Dich stattdessen auf eine gute, positive und freundvolle Absicht. So lenkst Du die neuronalen Leitungen um. Dein Leben wird leichter, wenn Du ein freundlicher und dem Leben zugewandter Denker bist. Bei wiederkehrenden, hartnäckigen Gedanken kann es hilfreich sein, sie bewusst in die Mülltrennung zu geben.

Mülltrennung: Stell Dir vor, da stehen fünf Mülltonnen.

Hier kannst Du negative Gedanken einwerfen. Du sortierst quasi den Müll Tonne für Tonne.

Wenn ein negativer Gedanke kommt, packst Du ihn beim Schopf und wirfst ihn in die für Dich richtige Tonne.

Die Tonnen können heißen: Altes Familiengemüse | Traurige Erinnerungen | Sabotage-Sondermüll | Destruktiver Gedanken-Restmüll | Gemischter Unfrieden aller Art.

ÜBUNG

Dein Sonnenaufgang

Eine der besten Konzentrationsübungen ist eine Meditations- und Achtsamkeitsübung beim Sonnenaufgang. Wenn die Sonne aufgeht, dann stell Dich mit geöffneten Händen (Handflächen nach oben) und mit parallel stehenden Füßen hin. Gib in Deiner Vorstellung alles, was Dir Sorgen und Kummer bereitet, durch Deine Fußsohlen an die Erde ab. Richte nun Deine ganze Konzentration auf die Sonne (nicht direkt in die Sonne schauen). Atme das Sonnenlicht in alle Deine Körperzellen, Deine Gedanken und Deine Gefühle ein. Wenn Du ein müdes oder krankes Organ hast, kannst Du seinen Zustand erheblich verbessern, indem Du in dieses Organ, in seine Zellen Sonnenstrahlen sendest. Konzentriere Dich auf die Lebenskraft der Sonne und schicke dann das Licht mit Deinem Atem dorthin, wo besondere Kraft gebraucht wird. Kräftige Dich mit diesem Licht der Liebe, der Güte, des Friedens, der Vitalität und der Freude. Nutze so oft wie möglich diese wunderbare Form der heilenden Sonnenkräfte.

Die Kreativschlüssel des siebten Geheimnisses:

Zeige Dich der Welt in Deinen Farben.

Nimm Deine alten Lehrer und Leitbilder unter die Lupe:
Sie dürfen neu gesehen werden.

Verabschiede Dich von dem Chor der gut gemeinten
Stimmen der Vergangenheit.

Gehe in Deinem kreativen Leben eigene Wege.

Von viel kommt viel:
Oft zu verzeihen schenkt Dir freie Kreativität.

Die Alchemie der Liebe erlaubt es,
einfache Lösungen für komplexe Probleme zu finden.

Für Deine Eltern gilt: lieben und lassen.

Übe jeden Tag geistige Gedankenhygiene.

Stärke Dein geistiges Immunsystem
durch ein ausgerichtetes Denken.

Wähle schöne, konstruktive und kraftvolle Gedanken.

Nutze die Kraft der Konzentration für Dein Lebensglück.

KREATIVKONTEMPLATION: SONNENGESÄNGE

Seit Menschengedenken wird die Sonne als Kraftquelle verehrt und angebetet. Die Sonne wurde in den alten Hochkulturen und bei den Naturvölkern als Ausdruck und Symbol der Kraft des großen Geistes, der Natur und des Göttlichen gesehen. Der Ritus der morgendlichen Begrüßung der aufgehenden Sonne in Form von Gebeten, Gesängen und Verbeugungen ist uralt. In den archaischen Kulturen in Afrika, in Australien und in Amerika finden sich Gebetsrituale, die sich an dem Lauf der Sonne orientieren. Die Ureinwohner Australiens, die Aborigines, begrüßen den Aufgang der Sonne und den neuen Tag mit betenden Gesängen. Sie richten ihr Wesen auf die Sonne aus. Ähnliches ist von einigen afrikanischen Stämmen bekannt. Die Gruppen beten auch hier mit erhobenen Händen. Sie befeuchten die Handflächen mit Speichel und streckten diese der aufgehenden Sonne entgegen. Es ist ein uraltes Ritual: *»Hier bin ich – da bist Du. Ich bin Dein Kind, sorge Du für mich und führe mich.«* Im alten Ägypten erfuhr der Sonnengott als Schöpfer und Erhalter der Welt zentrale Verehrung. Eine ähnlich wichtige Bedeutung hatte der Sonnengott bei den Inkas.

In Indien wird bis heute jeden Tag das »*Gayatri-Mantra*«, das Sonnengebet, rezitiert. Es lobpreist die Sonne, die hier Sinnbild der Allmacht des spirituellen Lichts ist. Das täglich wiederkehrende Licht der Sonne wird als Symbol der Erleuchtung der Menschen gesehen. Das Gayatri-Mantra wird kurz vor Sonnenaufgang gebetet. Diesem Mantra wird eine große Heilkraft und Reinigung des Geistes nachgesagt. *»Om – lass in der Sonne unsere wissende Intuition erwachen.«*

In unserer westlichen Kultur kennen wir vor allem den wunderschönen »Sonnengesang« des heiligen Franziskus von Assisi, in dem Gott als Schöpfer verehrt wird. Auszug:

»Gelobt seiest Du, mein Herr,
mit allen Deinen Geschöpfen,
zumal dem Herrn Bruder Sonne;

er ist der Tag, und Du spendest uns
das Licht durch ihn.

Und schön ist er und strahlend
in großem Glanz,
Dein Sinnbild, o Höchster.«

Das 8. Geheimnis: Geduld wagen

DIE KREATIVE KRAFT DER GEDULD

EUTERPE MACHT GLÜCKLICH

»Geduld ist keine Spaßbremse. Ganz im Gegenteil: Geduld macht glücklich. Das Ganze ist nur langfristig zu sehen.« Euterpe erklärt alles mit viel Humor und großer Geduld. Sie weiß: Sie hat alle Zeit der Welt. Sie mag ihren Namen, und zwar in seiner ganzen Länge. *Euterpe,* das heißt: *»die Erfreuende«.* Und genau das tut sie überall, wo sie auftaucht. Sie bringt die beglückende Kraft der Freude, die jede unserer Arbeiten den speziellen Glanz gibt und so zu etwas ganz Besonderem macht.

Diese Muse verzaubert alle mit ihrer Doppelflöte, der Aulos. Sie ist die Muse der Musik und der harmonischen Klänge. Alle Menschen, die ihre Melodien hören, halten inne, vergessen ihre Sorgen und finden ihren eigenen Flow. Sanft beflügelt von neuen Ideen, kehrt die Lebensfreude zu ihnen zurück. Euterpes Flötenspiel lässt uns inmitten der unruhigen Eile des Alltags haltmachen. Sie zieht den Schleier weg, und wir erkennen, dass alle Unrast dieser Welt eine Illusion ist.

Euterpe schenkt den Künstlern die Kraft der heiteren Geduld. Denn Geduld ist eine der wichtigsten Grundlagen allen kreativen Schaffens. Sie tanzt zwischen schnellen Tempi und stillen Pausen hin und her. Das Auf- und Abschwellen der Klänge ist Teil eines großen Liedes, das Leben heißt. Ihre Doppelflöte symbolisiert den Dualismus dieser Welt, der überwunden werden muss. In dem Moment, in dem wir beginnen, unser eigenes Lied zu spielen, werden die Polaritäten aufgehoben. Flow happens, wir erleben das Gefühl der Harmonie und wir sind im Einklang mit der Welt. Wir werden mit unserem kreativen Sein und Tun ein stimmiger Klang im großen Lied der Schöpfung.

Die Muse der Musik kennt das uralte Geheimnis: Unsere Welt ist Klang! Töne, Klänge und Worte sind machtvolle kreative Werkzeuge. Wer ein Schöpfer werden möchte, sollte die Geheimnisse der Musik durchdringen. Euterpe stellt Dir die Frage: *»Was willst Du sein? Schöpfer oder Opfer?«*

Für heute wähle die Kraft der glücklich-erwartungsvollen Geduld.

WERDE GLÜCKLICH GEDULDIG

Geduld ist das Wellness-Gefühl aller Kreativarbeiter. Jeder noch so ungeduldig zappelnde Kreative sollte die Kraft der Geduld in großen Portionen löffeln. Geduld ist keine passive Eigenschaft. Es ist eine Bewegung, die so langsam ist, dass wir zwischenzeitlich vergessen haben, dass es eine Bewegung ist. Sie ist eine der wichtigsten Eigenschaft des Gärtners, der seinen Garten bepflanzt und warten kann, bis nach Monaten sich die kleinen Köpfchen der Sprösslinge zeigen. Jede Phase des Wachstumsprozesses hat naturgegeben ihre eigene Zeit und ihr Aussehen. Geduld zu haben ist für den Gärtner kein Extra, sondern ein ganz natürlicher Teil des Kreislaufs von Aussaat und Ernte.

Geduld ist somit eine eigene Zeiteinheit. Sie bemisst sich an dem jeweiligen Prozess und nicht an den herkömmlichen Uhren. In allen Kreativprozessen gibt es Phasen, in denen Geduld gefragt ist. Das Wort Geduld hat seine Entsprechung im altdeutschen Wort Langmut. Die Eigenschaft, einen langen Mut zu haben, beschreibt die besondere Kraft der Geduld noch besser. Denn Mut ist bei aller kreativen Tätigkeit gefragt. Es ist eine Kraft des Herzens. Unsere Schöpferkraft hat hier eine ihrer Quellen. Geduld kann in schwierigen Situationen des Schaffensprozesses die notwendige Ruhe hereinbringen, um einen gesunden Überblick zu behalten und am Ball zu bleiben.

»Die Belohnung von Geduld ist Geduld.«
Augustinus Arelius
(354–430)

Wenn mal wieder Schneckentempo angesagt ist, werde nicht unruhig. In diesen Phasen frage Dich: »Wie kann ich meine kreativen Kräfte in dieser Zwischenzeit sinnvoll nutzen?« Anstatt zu warten, bis es endlich möglich ist, lebe im großen JETZT. Erlaube Dir, die kleinen Freiräume, die durch Zwangspausen entstehen, so angenehm wie möglich zu gestalten. Geduld stellt im Schaffensprozess eine krafterhaltende Charaktereigenschaft dar. Sie entschleunigt uns vom rastlosen Alltag und schenkt uns innere Gelassenheit. Geduld stärkt ein gesundes Selbstvertrauen. Geduldige Menschen haben die Gewissheit, dass sie ihr Ziel mit Sicherheit erreichen werden.

In dem Kinderbuch »Alice im Wunderland« ist dies die wichtigste Lektion der Raupe: *»Komm zurück!«*, rief die Raupe ihr nach. *»Ich muss Dir etwas Wichtiges sagen!«* Das klang vielversprechend. Alice kehrte also um und ging zurück. *»Verliere nie die Geduld!«*, sagte die Raupe.[49]

49 Lewis Carroll (2013), S. 34

ÜBUNG

Dein Wunschtopf »Ein jedes Ding hat seine Zeit«

»Das Gras wächst nicht schneller, wenn man dran zieht.«
Afrikanische Volksweisheit

Diese Übung der Wunschtöpfe trainiert vor allem unser Unterbewusstsein. Sie erschließt das vergessene Wissen um die Zyklen von Aussaat und Ernte. Sie fördert so unsere Geduld.

So wird's gemacht:

Für diese Übung benötigst Du einen Blumentopf, Blumenerde und Samen. Alternativ kannst Du auch etwas Freiraum in einem Balkonkasten schaffen, falls Du einen Balkon hast. Kaufe Dir nun Blumen- oder Sprossensamen.

Überlege, welche drei Deiner großen Kreativprojekte oder Herzenswünsche Dir im Moment am wichtigsten sind. Schreibe diese auf drei kleine Papierstreifen. Fülle den Topf circa drei viertel mit Erde und drücke diese sanft an. Lege dann die Papierstreifen auf die Erde. Streue die Samen darauf und bedecke sie ungefähr zwei Finger hoch mit Erde. Stelle den Topf an einen kühlen Ort. Gieße ihn regelmäßig. Halte ihn leicht feucht, ohne dass die Erde zu nass wird.

Merke: Sprossen sind für die Ungeduldigen unter uns, die Geduld lernen wollen, am besten. Sie keimen gut zu jeder Jahreszeit. Für die Aussaat von Blumensamen eignen sich eher die Sommermonate. Allerdings lieben Kreative Experimente, und so kannst Du auch einfach ausprobieren, was Dir Freude macht: Ich habe einmal bei Koriandersamen aus dem Asiashop über zwei Monate gewartet, bis sie sich endlich entschieden haben zu keimen. Vermutlich brauchte ihr indonesisches Erbgut etwas Anpassungszeit an die Berliner Blumenerde. Sie wurden umso prächtiger.

GEDULD WAGEN

Wir leben in einer verkehrten Welt: Positiver Tatendrang und guter Willen werden heute manchmal verwechselt mit negativen Verhaltensmustern, die von Ungeduld und Unruhe geprägt sind. Das Idealbild des erfolgreichen Mitarbeiters oder Chefs ist das eines eiligen Menschen. Denn wer hetzt, scheint ein gefragter Mensch zu sein. Sich busy zeigen gehört einfach zum guten Ton erfolgreicher Menschen. Jeder, der sich in Bürogebäuden bewegt, kennt das Phänomen. Sobald das Büro verlassen wird, eilen die Menschen die Flure entlang. Denn wer langsam läuft, gerät schnell in den Verdacht, er arbeite zu wenig. Unsere Arbeitszeit und unsere Arbeitsstrukturen werden von dem Rahmen unseres Wirtschaftssystems bestimmt. Dieses ist dominiert von den längst überholten Vorstellungen der Effizienz und steten Steigerung des Wachstums. Mit anderen Worten, unserer Wirtschaftssystem setzt auf die Logik

> *»Mit Ungeduld bestraft sich zehnfach Ungeduld; man will das Ziel heranziehen und entfernt es nur.«*
> Johann Wolfgang von Goethe (1749–1832)

der Beschleunigung. Der Mensch wird als produktive Maschine gesehen. Controller aller Art evaluieren die Arbeitsprozesse, um die Effizienz zu steigern. Sie vergessen den Faktor Mensch. Der tickt ganz anders. Der Mensch ist und bleibt ein Wesen der Natur. In seinem Gehirn wandert er zwischen den Elefantenherden der afrikanischen Savanne und erlegt eine Gazelle pro Woche. Oder er bestellt den Acker, sucht Wasser, träumt Fischen und Vögeln hinterher und spielt gerne. Sein natürlicher Rhythmus von Ruhe, Essen, Spielen, Schlafen und Wandern wird im Alltag auf extreme Weise reduziert. Dieses »Schneller-Besser-Weiter« macht uns krank. Es führt außerdem zu einer Entfremdung der eigenen Körperwahrnehmung und einem zu schnellen Denken. Und genau hier verbirgt sich eine der großen Kreativbremsen. Wissenschaftler der Harvard Universität belegten in ihren Studien, dass Stress und großer Zeitdruck alle kreativen Prozesse unterdrückt. Wer sich über Jahre gehetzte Arbeitsgewohnheiten zulegt, wird unproduktiv. Die Motivation und die Fähigkeit für kreative und innovative Denkprozesse sind kaum noch vorhanden, so die Harvard-Studie.[50] Da es nur wenig Angebote von außen gibt, langsamer im Alltag zu leben, sind wir selbst aufgefordert, hier die Verantwortung zu übernehmen. Wir sind für unser »Runterkühlen« des zu heiß gefahrenen Motors selbst verantwortlich.

50 Siehe hierzu: Hartmut Rosa (2013) und: Jean-Carl Honoré (2007)

Ungeduldige Menschen sind oft anstrengend für ihre Umwelt. Sie verlieren ihr Zeitgefühl und warten Prozesse nicht ab. Ungeduldige Menschen fühlen sich überverantwortlich und sind deshalb nicht so teamfähig wie geduldige.

GEDULD ALS KRAFTQUELLE

Der Kreativarbeiter kann sich die Geduld zu eigen machen. Sie bildet eine große Kraftquelle. Die Fähigkeit der Geduld geht Hand in Hand mit Empathie: Beim geduldigen Zuhören erlauben wir uns, den anderen dort abzuholen, wo er innerlich gerade ist. Geduld öffnet im Miteinander der Menschen einen respektvollen Raum und damit wieder die Fähigkeit, berührbar zu sein und mit allen Sinnen zu fühlen. Wer sich und seinem Umfeld Geduld schenkt, der wird Geduld und Vertrauen ernten. Geduld sollte gefühlt und ausgestrahlt werden. Dieses Geheimnis von Saat und Ernte bestätigt auch die Hirnforscherin Tania Singer. Sie untersuchte in ihren neurowissenschaftlichen Studien das soziale Miteinander. Sie plädiert: *»Wir müssen wieder mehr fühlen ... wenn Sie einem anderen Vertrauen entgegenbringen, (werden) Sie auch eher Vertrauen und Großzügigkeit zurückerhalten.«*[51]

Wir haben die ursprüngliche Bedeutung des Wortes Geduld vergessen. Früher war Geduld eine der positiven Charaktereigenschaften weiser Menschen mit reicher Lebenserfahrung. Sie strahlten Ruhe, Klarheit und Zuversicht aus. Heute wird im Sprachgebrauch das Wort

51 Heuser, Interview mit Singer in: DIE ZEIT (2013)

Geduld schnell mit erdulden im Sinne von ertragen und erleiden müssen verwendet. Geduld wird nicht mehr als positive Kraft gewertet, sondern als Zustand, den es zu ertragen gilt.

So wird die Fähigkeit der Geduld oft fälschlicherweise als ein hilfloses Abwarten bei Schwierigkeiten verstanden. So als ob wir gezwungen sind, wie gelähmt abzuwarten, bis die Umstände sich wieder verbessert hätten. Irrtümlich wird angenommen, dass Geduld einen Mangel ausgleichen solle. Das stimmt in diesem Sinne so nicht.

Es sind die Gefühle der Ungeduld, die im Mangel wurzeln. Die Geduld steht dagegen stets auf dem Fundament der Fülle. Geduld ist ein bejahendes Gefühl. Sie ist ein aktiver Zustand, der sanft begleitet und Teil des kreativen Prozesses ist. Wer Schachspieler beobachtet, kann viel über Geduld lernen: Die Kraft der Geduld ist der Zwischenraum, in dem die Spieler die Strategien für ihre Züge entwickeln.

DIE KUNST DER ENTSCHLEUNIGUNG

Eile ist ansteckend. Wer hetzt, drängt und eilt, der handelt unfrei. Wir lassen uns automatisch von einem gehetzten Umfeld beeinflussen. Das liegt daran, dass hier ein alter Teil unseres Gehirns unterbewusst reagiert, der früher für das Überleben notwendig war. Im Sinne des Herdentriebes haben wir damals die Fluchtimpulse unseres Umfeldes automatisch mit gespürt. Das heißt, wir rannten sofort los, um erst später zu überprüfen, ob überhaupt ernsthaft Gefahr gedroht hatte.

Es braucht eine Portion Extra-Achtsamkeit, um sich nicht von einem gehetzten Umfeld »anstecken« zu lassen. Die Kunst der Entschleunigung fordert uns auf, mehr Pausen zu machen. Viele Kreativarbeiter und Kulturschaffende setzen sich selbst immens unter Druck. Sie denken, wenn sie noch mehr arbeiten, mehr Projekte anschieben und organisieren, dann könnten sie sich später, wenn sich endlich die Erfolge einstellen, eine Auszeit der Ruhe und Entspannung gönnen. Das ist aber ein Irrtum. Pausen sind zwischendurch immer notwendig. Haben wir Erfolg, dann kommt die nächste Stufe, und es gibt praktisch gesehen noch mehr zu tun. Menschen, die sich selbst über Jahre ein ziemliches Arbeitstempo antrainiert haben, stehen unter Daueranspannung. Wer hier das Tempo eine Zeit lang steigert, hat Schwierigkeiten, wieder herunterzuschalten. Es gilt die Regel: Nach Zeiten größerer Anspannung sollten wir uns bewusst Zeiten der Entspannung nehmen. Das erfordert ein tiefes Loslassen-Können.

> *»Es gibt Wichtigeres im Leben, als nur sein Tempo zu beschleunigen.«*
> Mahatma Gandhi (1869–1948)

Jeder Bogenschütze weiß um dieses Geheimnis: Du solltest den Pfeil von der Bogensehne schnellen lassen. Nur im Loslassen erreichst Du Deine Ziele! Wenn Du den Bogen spannst, zielst und dann nicht loslassen kannst, wirst Du

müde, oder der Bogen bricht durch Überspannung. Über Menschen, die sich beispielsweise überarbeiten, sagen wir: »Der hat den Bogen überspannt!« Es gilt zu lernen, im Laufe des Tages Mikromomente zu finden, die ganz der Ruhe, Achtsamkeit und dem inneren Frieden gewidmet sind. In diesen Augenblicken kannst Du einfach in den Himmel schauen oder das Wiegen der Bäume betrachten. Das entspannt Augen, Seele und Gemüt. Die Natur birgt eine besondere Heilkraft für gestresste Menschen. Sie lehrt uns, die Kraft der Gegenwart zu leben.

ÜBUNG

Übung: Ein Mikromoment Pause

Die Kunst der kleinen Pause kann Wunder wirken. Mikropausen zu machen, ist so einfach.

Schaue aus dem Fenster, auf eine Pflanze und lass Deinen Blick ohne Wertung schweifen. Wenn Du kannst, schaue ins Grüne – ohne die Augen scharf zu stellen. Erlaube ihnen einfach zu wandern. Du kannst auch die Augen schließen und an Deinen Lieblingsort in der Natur denken. Stelle Dir vor, Du sitzt auf einem Berg oder gehst am Strand spazieren.

Erlaube Dir diese kurzen Momente achtsamen Tagträumens. Beende diese Momente dann auch wieder ganz bewusst. Erinnere Dich: Tagträumen ist gesund. Es macht kreativ. Es sind meist die ehemaligen »Tagträumer« aus der Schule, die kreative Karrieren machen. Ein kurzes »Wegträumen« – das ist die Nahrung, die Kreativarbeiter brauchen. Für alle größeren Pausen gilt: Gestatte Dir auch einfach, mal nichts zu tun – gar nichts.

»ATMET TIEF – LEBT IM JETZT!«

Im Jahr 1959 rief der Schweizer Künstler Jean Tinguely (1925–1991) auf, in der Hetze der Großstadt innezuhalten und sich zu besinnen. Sein Statement *»Stillstand gibt es nicht«* ist ein kluges Bekenntnis zum Erleben der Gegenwart. Tinguely warf aus einem Flugzeug Flugblätter über der Stadt Düsseldorf ab. In seinem Manifest war über die Zeit zu lesen: *»Lasst Euch nicht von überlebten Zeitbegriffen beherrschen. Fort mit den Stunden, Sekunden und Minuten. ... Seid frei, lebt! Hört auf, die Zeit zu ›malen‹.« Dann fährt er fort: »... Atmet tief, lebt im Jetzt, lebt auf und in der Zeit. Für eine schöne und absolute Wirklichkeit!«*[52]

Die Schöpferkraft des Menschen verschwindet dort, wo er nicht tief genug atmen kann. Der Atem ist der große Rhythmus unseres Lebens. Im Einatmen nehmen wir die Impulse und die Kraft auf, und mit unserem Ausatmen

52 Jean Tinguely ist einer der Wegbereiter der kinetischen Kunst. Siehe: Jean Tinguely (1995)

erschaffen wir Neues. Wer hetzt, atmet schnell und flach und suggeriert seinem Unterbewusstsein einen Zustand permanenter Angst und Gefahr. Denn eine flache Zwerchfellatmung vermittelt unserem Gehirn, wir seien in Gefahr. Dieser Automatismus stammt aus frühester Vorzeit. Wenn ein Raubtier in der Nähe war, haben wir die Luft angehalten, damit es uns nicht bemerkt.

Eile bedingt somit einen Teufelskreis: Sie führt dazu, dass wir uns viel zu oft in stressige Zustände von Angst und Schrecken hineinbegeben. Das Leben ist ja kein Notfall, bei dem rasend schnell gehandelt werden muss – so sieht es auch der Kreativcoach Klaus Bernd Vollmer in seinem Buch über Kreativität. Nervosität ist einfach ungesund. Es ist unproduktiv, die ganze Zeit zu hetzen. Immer wieder begegne ich Menschen, die hochkreativ sind, aber gleichzeitig unter einem solchen Zeit- und Leistungsdruck stehen, dass ihr gehetztes Leben eigentlich einer Selbstsabotage gleicht. Es stagniert – trotz Tempo und Rennereien.

Wenn jemand in einem solch unruhigen und geladenen Zustand zu mir in die Praxis kommt, stelle ich zuallererst zwei Fragen:

»Wo sind Sie zu schnell für Ihre Umwelt geworden?«

»Wo werfen Sie Mitmenschen vor, nicht schnell genug zu sein?«

Meist bekomme ich sofort eine schnelle Antwort, gefolgt von einem Schwall von Erläuterungen. Im Zustand einer überschnellen Lebensführung kann im eigenen Kopf alles so übereilt ablaufen, dass wir die Umwelt als sehr langsam erleben. Der innere Druck zeigt sich oft in einer schnellen Sprache. »Wenn Du es eilig hast, setze Dich«, sagt ein chinesisches Sprichwort. Es bringt auf den Punkt, dass unser eiliger Kopf oft den Kontakt zum Körper verloren hat. Erst wenn Körper, Gefühl und Gedanken sich wieder abstimmen, kann wirklicher Flow entstehen.

GESCHICHTEN

Geschichten, die das Leben schreibt: Slow Art

Ein kleiner, drahtiger Mann, Mitte 50 mit freundlichem Gesicht und einer Halbglatze, sitzt vor mir. Björn ist Künstler. Unruhig dreht und wendet er sich auf dem Stuhl: »Jetzt sind Semesterferien. Eigentlich sollte ich jetzt endlich meine eigene Kunst machen und nicht hier sein. Aber ich finde keine Ruhe.« Björn arbeitet als Dozent für Kunst an einer Fachhochschule. Mit dieser Arbeit verdient er sein Geld, das er benötige, um seine Kunst machen zu können. Allerdings hielte ihn der Job so sehr auf Trab, dass er keine Zeit für seine eigene Kunst findet.

»Wenn es nur die Arbeit mit den Studenten wäre, wäre alles nur halb so schlimm. Aber die ganze Verwaltungsarbeit und der Organisationskrimskrams. Eigentlich wollte ich in den Semesterferien endlich meine eigene Kunst machen. Ich habe im Herbst zwei Ausstellungen im Ausland, für die ich neue Arbeiten geplant habe, aber ich finde keinen ruhigen Freiraum.«

Björn berichtet, dass er am liebsten gleich in den Semesterferien losgelegt hätte. Einfach im gleichen Tempo weitermachen – dann aber in eigener Sache. Ich gebe zu bedenken, dass man nicht im Galopp von einem Pferd aufs andere wechseln sollte. Gutes Kunstschaffen bedient sich feiner Kanäle. Das Umschalten kann dauern. Hier ist Geduld vonnöten. Erst wenn Körper und Sinne zur Ruhe gekommen sind, können wir wieder die feine Stimme unserer Muse hören.

Wie können wir Abstand zu unserem Brotjob bekommen? Björn sieht mich fragend an und stöhnt: »Die Kollegen rufen ständig zu Hause an. Ich fühle mich verpflichtet, mit ihnen zu sprechen. Das lenkt mich sehr ab. Ich bin doch vor allem Künstler. Ich habe noch einen anderen Job als die Uni!« Er sieht traurig aus.

Ich spreche mit Björn über die Macht der Gewohnheit. Sein »innerer Bereitschaftsdienst« für die Arbeit an der Hochschule sei noch voll in Aktion. Es könne helfen, einen neuen »Dienstplan« für die Semesterferien auszuarbeiten. Ich frage Björn, was seine Lieblingsarbeitszeit sei. »Eigentlich abends, so ab 17.00 Uhr. Ich mache meist vorher ein kleines, spätes Mittagsschläfchen und dann kann ich bis in die Nacht gut arbeiten.« Wir erstellen gemeinsam einen Arbeitsplan für die nächsten Wochen. Björns produktive Qualitätszeit ab 16 Uhr (inklusive Schläfchen) wird für sein Kunstschaffen geblockt. Alle paar Tage gibt es eine streng begrenzte Bürozeit, in der die Unisachen abgearbeitet werden. Wann immer sich der »innerer Sekretär« melde, schreibt Björn eine kurze Notiz auf eine To-do-Liste. Dann könne er sich wieder – ohne Unterbrechung – ganz seiner Kunst widmen.

Ich rate Björn zur Langsamkeit in seinem Ferienalltag, auch wenn es sich erst einmal leer und fremd anfühlt. »In dieser Zeit sollten Sie ganz langsam werden. Slow Art – ähnlich wie Slow Food. Beginnen Sie wieder zu fühlen und zu genießen. Es ist wichtig, dass Sie alles, was Sie planen, zuerst fühlen: Fühlen Sie die fertigen Arbeiten, wie diese im Ausstellungsraum wirken, wie die Besucher sie ausführlich betrachten und Sie den Punkt getroffen haben, der für diese Ausstellung von Bedeutung ist.«

Björn ruft am Ende der Semesterferien noch einmal an: »Mit dem Ziel der Ausstellung vor Augen und zugleich dem Wissen, dass ich mir viel Zeit lassen sollte, habe ich erst einmal fünf Tage rumgetrödelt, Dinge geordnet und meinen Dachgarten neu bepflanzt. Und dann war der Arbeitsfluss plötzlich da: Ich konnte nicht mehr aufhören zu arbeiten. Ich habe eigentlich alles in zehn Tagen hinter mich gebracht und war dann fertig. Das war für mich das Wichtigste, dieses Gefühl, ganz aus mir zu arbeiten. Ganz ich selbst zu sein.«

»Anfangs wird es für Sie (wahrscheinlich) interessant sein – später wird es langweilig – aushalten! Es wird (wahrscheinlich) wieder interessant – dann wird es wieder langweilig – aushalten!«

Nam June Paik (1932–2006)

DAS AUF UND AB DES SCHAFFENSPROZESSES AUSHALTEN

Der Künstler Nam June Paik, der Pionier der Videokunst des 20. Jahrhunderts, schildert dieses Auf und Ab: Wer Paiks Videokunst verstehen möchte, setzt sich dem Wechsel von angespannten Gefühlen der Unruhe und Enge sowie der darauf folgenden Entspannung und Langweile aus.

Auch in kreativen Schaffensprozessen ist das Auf und Ab ein ganz natürlicher Vorgang. Er gleicht dem Rhythmus der Wellen. Einer hohen Welle folgt auf ein tiefes Wellental – beides gehört einfach zusammen. So sind Anspannung und Langeweile in gleicher Weise Teile des Schaffensprozesses. Beobachte bei all Deinem kreativen Arbeiten dieses Auf und Ab, ohne Dich mit dem Leid der »Abs« zu identifizieren. Gleich, ob Du ein kleines Bild malst, Deine Geburtstagsfeier planst oder ein großes Konzert gibst. Je näher das Ereignis rückt, umso mehr werden sich die eigenen Energien bündeln. Wir sind aufgeregt – aber auch sehr leistungsfähig. Ist dann alles vorbei, baut sich die Leistungsfähigkeit nur langsam ab. Und wir haben das Gefühl, in ein Loch zu fallen. Wer das Gefühl dieser Form von angespannter Langeweile, des In-ein-Loch-Fallens gerade durchlebt, dem kann es die ganze Lust an der Arbeit nehmen. Dieses Gefühl der Leere ist nur schwer auszuhalten, weil es eine Mischung aus innerem Druck und Haltlosigkeit darstellt. In solchen Momenten können uns negative Gedanken überfallen.

Die Regel für die Phasen der Wellentäler lautet: Höre wieder auf Deine Grundbedürfnisse. Gut essen, viel schlafen, die Sinne in der Natur nähren und sich Zeit zum Träumen und Ausruhen nehmen. Denn die Welle wird wieder ansteigen und sich hoch auftürmen.

LANGEWEILE KULTIVIEREN

Die langen Weilen sind gefühlte Freiräume. Auf diesen freien Flächen kann in unserem Unterbewusstsein der Same des Neuen keimen. Lange Weilen, Aus- und Ruhezeiten sind für unser Gehirn superwichtig. Genau in diesen Ruhe- und Freiräumen startet unser Gehirn dann durch. Der Wissenschaftler Andrew Smart erklärt, weshalb viel faulenzen superschlau macht. Es ist wichtig, öfter in einen Modus von einfachen Arbeiten, so beispielsweise Geschirr spülen, Buntstifte anspitzen und Blumen einpflanzen, umzuschalten. Bei diesen Tätigkeiten kann sich unser Gehirn gut erholen. Denn die neuesten neurowissenschaftlichen Erkenntnisse zeigen, dass *»Unser Gehirn viel Ruhe braucht«,* sagt Andrew Smart.[53]

> *»Langeweile, Du bist die Mutter der Musen.«*
> Johann Wolfgang von Goethe (1749–1832)

DEINE AUSDAUER MACHT ES MÖGLICH

Humorvoll heißt es, kreatives Arbeiten bestehe aus 1 Prozent Inspiration und 99 Prozent Transpiration. Wer kreativ arbeitet, sollte sich also mit großer Ausdauer wappnen. Denn die Dinge dauern ihre Zeit. Nur wer sich mit Ausdauer an seine Arbeit macht, kann seine Projekte auf ein sicheres Fundament stellen. Das Wort Ausdauer entstammt dem lateinischen Wort »durare«, das bedeutet »bleiben, währen, Bestand haben und sich ausstrecken«.

> *»Ausdauer wird früher oder später belohnt. Meistens später.«*
> Wilhelm Busch (1832–1908)

Ein Steinmetz weiß um die Kraft der Ausdauer. Will er, dass ein Stein an einer bestimmten Stelle bricht, so muss er unzählige

53 Andrew Smart (2014)

Male den Hammer dort ansetzen. Beharrlich setzt er Schlag auf Schlag. Plötzlich bricht der Stein genau dort, wo er es sollte. Für den Außenstehenden sieht es so aus, als ob nur dieser letzte Schlag von Bedeutung war. Der Steinmetz weiß aber, dass es anders ist: Jeder Schlag war wichtig.

Mihaly Csikszentmihalyi benennt die Fähigkeit zur Ausdauer als eine der wichtigsten Eigenschaften der schöpferischen Arbeit. Diese Eigenschaft haben alle hochkreativen Menschen gemein. Sie zeichnen sich in ihrer Arbeit durch hartnäckige Ausdauer aus, die mit einer fast zwanghaften Beharrlichkeit einhergeht.

MERKE

Jedes Deiner kreativen Projekte benötigt Deine Ausdauer. Die Devise lautet: dran bleiben, dran glauben und beständig dran arbeiten.

WEITERMACHEN MIT DEM WEITERMACHEN

Es gibt eine Phase in allen kreativen Prozessen, in der geht es einfach darum, weiterzumachen. Es geht nicht ums Wie oder Was. Es geht nur ums Weitermachen.

Alle Kreativarbeiter kennen dieses Gefühl: Trotz großer Kraftanstrengungen scheint äußerlich alles unverändert zu sein. Man hat den Eindruck, dass sich nichts, aber auch gar nichts zu bewegen scheint.

Dies sind die Phasen der Aufarbeitung des bereits Erreichten. Jetzt ist – mit den Augen eines Gärtners betrachtet – die Zeit der Pflege, des Düngens und Jätens. Diese langsamen Schaffenszeiten können durch Ausdauer überbrückt werden. Regelmäßigkeit ist das Stichwort, auch wenn im Moment keine frischen Ideen da sind. Du solltest jeden Tag ein bisschen für das Projekt tun, auf diese Weise bleibst Du mit Deiner kreativen Arbeit in Kontakt. Auch wenn wir nichts Neues zustande bringen, ist es hilfreich, am Alten weiterzuarbeiten, riet der Schriftsteller Henry Miller. Das können Kleinigkeiten sein, die mit der Organisation der Arbeitsvorgänge zu tun haben. Durch dieses Ausdauertraining entsteht eine gute Kreativkondition. Das Gehirn, der Körper und die Gefühle gewöhnen sich an die regelmäßige Tätigkeit für Dein Projekt. Du bleibst innerlich und äußerlich geschmeidig. Oft sind diese Phasen der »Stillepunkt« vor dem Umschwung. Wenn irgendwann der große Flow zurückkommt, bist Du fit und stark, um loszulegen.

»Nicht das Beginnen wird belohnt, sondern einzig und allein das Durchhalten.«
Katharina von Siena (1347–1380)

Einmal sprach ich mit einem Berliner Künstler, der gerade von einem Galeristen eine Absage zu einer schon zugesagten Ausstellung erhalten hatte. Ich dachte, er wäre jetzt sehr enttäuscht und wollte ihn ermutigen. Das war aber gar nicht notwendig. Denn als ich ihn fragte, was er nun tun wolle, kam eine kraftvolle Antwort: *»Weitermachen mit dem Weitermachen.«* Damit hatte er genau den Punkt getroffen. Aus ihm sprach ein unerschütterliches Wissen, mit seiner Kunst genau das Richtige zu tun.

WÄHLE ZU WÄHLEN!

Wer viele Ideen hat, sollte in der Lage sein, schnelle Entscheidungen zu fällen. Im Zeitalter der Informationsflut sind die Menschen klar im Vorteil, die aus der Fülle die Perlen rauspicken. Das erfordert zum einen den Mut sich zu entscheiden. »Die Guten ins Töpfchen, die schlechten ins Kröpfchen«, so gurren die Tauben in Grimms Märchen »Aschenbrödel«, als sie die Erbsen aus der Asche lesen.

Unterscheidungsvermögen ist somit eine der wichtigsten Qualitäten unserer Zeit. Die Wahl zu haben, wählen zu können, ist eine der größten Kräfte unseres Geistes. Nutze sie! Entscheide Dich: *»Was ist wichtig für mich, für das Team, für das Projekt? Und was kann ich gut beiseitelassen?«* Erlaube Dir, Fehler bei der Wahl zu machen. Fehler sind Lernschritte. Lerne aus den alten Fehlern und übe, bei den nächsten Entscheidungen sicherer zu wählen.

Beobachte Dich bei Deinen Entscheidungen mit freundlichem Wohlwollen. Lerne schneller, die anderen Möglichkeiten loszulassen. Wenn Du Dich entschieden hast, dann nimm genau die Möglichkeit, mache aus ihr das Beste. Übung macht auch hier den Meister!

Wähle auch, Dich beschränken zu können. Frage Dich bei all Deinen kreativen Vorhaben: Was kann ich gut weglassen? Menschen, die sich auf das Wichtige fokussieren können, sind zögerlichen Mitmenschen gegenüber überlegen. Vor allem in Phasen der Fertigstellung ist der Mut, Ideen wegzulassen, sich von zu komplexen Konstrukten zu verabschieden, der entscheidende Schritt, der den Abschluss möglich macht.

MERKE

Kreative Köpfe sind gerne in alle Richtungen aktiv. Sie spielen gerne die unterschiedlichsten Szenarien durch. Einiges ist brillant, vieles ist aber einfach »Kolateralkreativität«. Deshalb gilt: Wähle mit Bedacht aus, was Du zum Besten gibst und was Du besser schmunzelnd verschweigst. Der Volksmund rät weise: »Reden ist Silber – Schweigen ist Gold«. Wir müssen nicht über alles sprechen, was uns durch den Kopf kurvt.

»Dein Herz soll im Einklang mit dem Herzen der Erde schlagen. Du sollst fühlen, dass Du ein Teil des Ganzen bist, das Dich umgibt.«
Segensspruch der Cheyenne Indianer

GEDULD VERBINDET

Geduld öffnet die Türen des Herzens. Mit dem Gefühl, sich Zeit zu lassen, synchronisieren wir uns wieder. Erlaube Dir, bei allen Begegnungen mit anderen Menschen Geduld zu haben. Dann ist kreatives Arbeiten auf allen Ebenen möglich. Kreativen Hochleistungsköpfen sei hier gesagt: Manchmal ist es besser, im Umgang mit anderen das eigene Tempo zu drosseln. Eine brillante Ideenflut kann andere Menschen überfordern, so genial diese auch sein mag.

DIE PANORAMA-PERSÖNLICHKEIT

Viele kreative Hochbegabte gehören zu einer Gruppe, die ich die »Panoramapersönlichkeit« genannt habe. Sie sind auf mehreren Gleisen auf ganz eigene Art parallel kreativ unterwegs. Diese Menschen leben mit offenen Sinnen. Sie besitzen ein überdurchschnittlich hohes Verantwortungsgefühl. Ihre flexible Kreativität lässt sie überall Möglichkeiten der Verbesserung sehen. Ihre kreativen Werkzeuge sind munter im Dauereinsatz. Sie kombinieren Dinge ihrer Umwelt in wechselnden Variationen rauf und runter. Wo auch immer man diese Menschen hinstellt, sofort ist ihr Unterbewusstsein kreativ auf Hochtouren. Sie sitzen in einem Restaurant? Dann haben sie schnell die Speisekarte schöner gestaltet, den Raum neu arrangiert und renoviert und nebenbei das Leben ihrer Tischgesellschaft neu auf die Beine gestellt.

Solche Menschen können sehr anstrengend für sich und andere sein. Vor allem, wenn sie in Führungspositionen arbeiten. Dabei gehören sie eigentlich genau dort hin, denn sie bringen die idealen Voraussetzungen für leitende Positionen mit. Menschen mit einer Panoramawahrnehmung sollten zuallererst Geduld lernen – vor allem Geduld mit sich selbst und der eigenen Ideenflut.

Menschen mit Panoramablick dürfen ihre besondere Begabung als ein Geschenk ansehen. Sie sollten verstehen lernen, dass sie gleichzeitig mehr wahrnehmen als ihre Mitmenschen. In den meisten Fällen sind diese Persönlichkeiten zudem sehr soziale Wesen, die ein tiefes Bedürfnis haben dazuzugehören. Oft weigern sie sich anzunehmen, dass sie mehr Informationen als ihre Mitmenschen gleichzeitig wahrnehmen. Ihr Harmoniewunsch wehrt sich gegen ihre erweiterte Wahrnehmung.

Menschen mit einer Panoramawahrnehmung sollten lernen, ihre kreativen Ideen häppchenweise ihrer Umwelt mitzuteilen. Weniger ist mehr. Oft spielt das Timing eine große Rolle: »Wann wird über welches Thema gesprochen? Welche Fragen kann ich vertagen, weil der Sinnzusammenhang hier für andere nicht gleich offensichtlich ist?« Denn wer zu geistreich und humorvoll ist, kann Mitarbeiter eher verunsichern, als sie gut zu unterhalten. Im Geist thematisch zu springen und humorvoll die Dinge von allen Seiten zu beleuchten kann Zuhörer überfordern. Für solche kreativen Feuerwerke können wir uns einen Freundeskreis zulegen, der hier mithalten kann. So wie Musiker sich privat zum Quartettspielen treffen, können sich die Panoramapersönlichkeiten in kleiner Runde zum kreativen Tennis verabreden.

GESCHICHTEN

Geschichten, die das Leben schreibt: Kreative Köpfe

»Die sind so wahnsinnig langsam.« Martha, eine bildhübsche Frau mit dunkelroten lockigen schulterlangen Haaren, Ende 20, blitzgescheit, schaut mich mit großen, offenen Augen an. Sie ist eine erfolgreiche Quereinsteigerin, hat mehrere Ausbildungen unter anderem als Pädagogin absolviert, die ihr dann alle zu langweilig wurden. Inzwischen ist sie Managerin einer kleinen Hotelkette. Hier hat sie eigentlich beruflich ihr Zuhause gefunden. Dieser Ort erlaubt ihr, ihre vielen Talente einzubringen.

Martha wirkt nervös. Sie denkt darüber nach zu kündigen. Sie träumt davon, zurück in den Schuldienst zu gehen und hier wieder als Lehrerin zu arbeiten. Eine leichte Arbeit, ohne all die Verantwortung, schwebt ihr vor. »Ich fühle mich im Hotel einsam und abgeschnitten auf meinem Posten. Keiner scheint mitzudenken.« Sie stöhnt vor allem über ihre Mitarbeiter im Hotel, die kaum über den Tellerrand ihrer Arbeitsbereiche schauen. »Sie sehen einfach nicht, was getan werden muss.« Ich lasse mir etwas von Marthas Arbeitsalltag erzählen.

Schnell wird deutlich, dass sie zum Typus »kreativer Mensch mit Panoramablick« gehört. Ich erkläre Martha, dass sie einfach ein sehr kreativer Mensch ist. Und das bleibt sie auch weiterhin, gleich, in welchen Beruf sie plant zu wechseln. Außerdem gibt es keine Garantie, dass sie als Lehrerin ein ruhigeres Leben führen würde. Es sei eher wahrscheinlich, dass sie mit ihrer kreativen Begabung innerhalb kürzester Zeit die ganze Schule aufmische. Ich gebe ihr zu bedenken, dass in den öffentlichen Dienst zu gehen auch bedeute, in sehr geregelten Bahnen zu arbeiten. »Jetzt können Sie als Chefin wirklich Dinge bewegen. In Schulen tickt die Uhr anders. Erfahrungsgemäß lässt sich in diesen Institutionen mit viel Kraft nur wenig erreichen. Wenn Sie wechseln wollen, dann vielleicht doch lieber in eine Selbstständigkeit oder in eine andere leitende Position. Das passt eher zu Ihrem Temperament.«

»Es scheint wohl keinen Ausweg aus dieser Situation zu geben.« Martha lächelt mich ziemlich zufrieden an. »Es heißt jetzt wohl ausgerechnet für mich, teamfähig zu werden! Dann werde ich wohl mal etwas langsamer mit den Mitarbeitern sprechen. Ich erzähle in Meetings weniger, dafür aber der Struktur angepasster?« Sie legt ihren Kopf schief und grinst. Ich musste über ihren schnellen Humor schmunzeln.

Bis zur nächsten Sitzung gebe ich ihr mit auf den Weg, eine Kreativdatei in der Diktierfunktion des Handys anzulegen. Hier solle sie all die Ideen sammeln, die ihr tagsüber in den Sinn kommen. Wir wissen nie, ob nicht eine »unwichtige Idee« der Samen der nächsten ist. Für sie kann es hilfreich sein, ihre Fantasie stärker zu beobachten und wertzuschätzen. »Beobachten Sie mit Humor, wenn Ihr innerer Künstler, Designer oder Erfinder sich plötzlich aus dem Off meldet und abenteuerliche Vorschläge macht.«

DIE STRATEGIE DER GEDULD

Die indianische Mythologie verrät uns noch das Geheimnis der Ameisen-Medizin. Die Ameisen gelten als die Krafttiere für die sogenannte Strategie der Geduld. Menschen mit diesem Krafttier sind aktive, gruppenorientierte Mitglieder des Stammes, die verantwortungsbewusst im Interesse des Wohlergehens aller handeln. Menschen mit Ameisen-Medizin haben stets das Gesamtbild vor Augen. Sie wissen um die großen Ziele des Stammes.

Und sie besitzen Geduld: Sie freuen sich über jeden einzelnen Schritt der Umsetzung. Jeder noch so kleine Erfolg wird gesehen. Sie wissen: Ein kleiner Schritt auf dem richtigen Weg verändert alles. Menschen mit Ameisenkraft fühlen, dass ihr Handeln gleichzeitig Verantwortung und Bewusstsein erfordert. Das alte Indianerwissen erinnert uns daran, dass wir ein Teil von allem sind. Menschen mit Ameisen-Medizin leben mit dem Wissen, dass am Ende der Wegstrecke gut für sie gesorgt wird. Sie müssen sich keine Sorgen machen. Sie besitzen das feste Vertrauen, dass die große Mutter Erde ihnen all das zukommen lässt, was sie benötigen.

Die Kreativschlüssel des achten Geheimnisses:

Gib der Kraft der Geduld neuen Raum in Deiner Arbeit.

Lebe bewusste Zeiten der Langsamkeit.

Deine Wahrnehmung ist einzigartig. Wertschätze sie.

Kreatives Schaffen gleicht dem Rhythmus der Wellen. Einer hohen Welle folgt ein tiefes Wellental – beides gehört zusammen.

Deine Fähigkeit zur Ausdauer ist eine der wichtigsten Eigenschaften der schöpferischen Arbeit.

Trainiere Ausdauer in all Deinen Kreativobjekten. So entsteht eine gute Kreativkondition.

Weitermachen: Wenn alles stagniert und Dir nichts Neues einfällt, dann arbeite trotzdem am Projekt weiter. Es gibt »drum herum« immer genug zu tun.

Wähle zu wählen! Habe den Mut, schnell auszuwählen. Die Wahl zu haben ist eine der größten Kräfte unseres Geistes, die Du nutzen solltest.

Selbstgeduld erlaubt Dir, Dich mit Deiner Umwelt zu synchronisieren. So kann Flow entstehen.

Wenn Geduld und Vertrauen Hand in Hand gehen – dann werden Wunder möglich.

Kreativkontemplation: Im Garten Deines Lebens

»Wie der Gärtner, so der Garten.«
Redensart

Du bist der Gärtner im Garten Deines Lebens. Betritt Deinen Garten und schaue Dich um! Frage Dich: Wie habe ich meinen Garten bisher bestellt? Wie habe ich ihn gepflegt und gehegt? Wie habe ich ihn gestaltet? Sehe ich lauschige Ecken zum Träumen? Habe ich duftende Rosengärten und bunte Wildblumenbeete angelegt? Gibt es kleine Teiche mit Seerosen oder gar Springbrunnen? Finde ich nährende Gemüsebeete, schattige Laubengänge und blühende Wiesen vor?

Das uralte, symbolische Bild des Gartens des Lebens fordert Dich auf, Dir Dein Leben bewusst als Paradiesgärtlein zu gestalten. Das Leben mag Dir Samen in die Hand drücken. Du aber wählst aus, was Du anbauen möchtest. Du wählst, welche Pflänzlein fortan von Dir liebevoll gedüngt und gewässert werden sollen! Was immer Du säst, hegst und pflegst, wird Dir reiche Ernte, Freude, Frucht und Blüten schenken, oder es sticht, stinkt und ist giftig.

Es gibt den Samen der Geduld und es gibt den Samen der Unruhe. Es gibt den Samen des Verstehens und den der wildwüchsigen Zweifel. Wähle Sämlinge des Mitgefühls, der Freiheit und Schönheit, die Dich als beständige Stauden ein Leben lang begleiten können. Säe den Samen der Freundlichkeit und Du wirst mit

Freundlichkeit belohnt werden. Säe den Samen der Liebe und Du erlebst das Geheimnis: Die Welt liebt die Liebenden.

Mache Dir klar, wie viele Entscheidungen Deines Lebensweges bisher von anderen bestimmt wurden. Deine Eltern und andere Menschen haben Deinen Garten bepflanzt. Jetzt bist Du dran! Wähle, Dich frei zu entscheiden. Sage Dir: Ich wähle heute, diese guten Gefühle zu fühlen, und dieser konstruktive Gedanke darf mich weiter begleiten. Dagegen rupfe das Unkraut fremder Ideen, negativer Gedanken und falscher Ziele gründlich aus. Schon kleine Veränderungen in Deinen täglichen Entscheidungen verändern alles. Dann wirst Du Dich in Deinem Leben immer wohler fühlen. Nutze Deine kreative Macht des Erschaffens, um ein kleines Stück Himmel auf Erden für Dich und Deine Liebsten zu verwirklichen.

Das 9. Geheimnis: Werde außergewöhnlich!

DIE KREATIVE KRAFT DER BALANCE

URANIA HOLT DIE STERNE VOM HIMMEL!

»Werde außergewöhnlich!« Urania weiß es: *»So bist Du erschaffen.«* Und genau auf diese Weise und nicht anders sollte ein Mensch leben. Urania muss es wissen, denn sie ist die Muse der Sternenkunde. Immer dabei hat die Muse der Astronomie ihren Himmelsglobus. Sie kennt die innersten Zusammenhänge des Kosmos. Sie nimmt uns mit durch die Weiten der Universen – und wieder zurück, direkt ins Herz der Milchstraße, um dann auf dem Blauen Planeten Erde zu landen.

Urania erklärt uns: *»Du lebst auf diesem wunderschönen Planeten Erde. Einzigartig und Lichtjahre entfernt gibt es nichts Vergleichbares«.* Sie erinnert Dich daran, dass Du ein Sternenkind bist. *»Schaue genau hin: Du und alles, was Du um Dich herum siehst, ist aus uraltem Sternenstaub. Aber was ist Prächtiges aus dem Staub geworden! Er lebt, läuft und liebt – Du bist wahrhaft ein Wunder!«*

Werde ein bewusstes Sternenkind. Nutze Deine positiven kreativen Kräfte und erfülle Deinen wirklichen Lebensplan. Die meisten Menschen sind träge. Sie haben vergessen, dass sie hier im großen Gewebe der Schöpfung eine Aufgabe haben. *»Aufwachen!«* ruft Urania. Alles ist immer überall in Bewegung. Unsere Erde dreht sich mit einer für uns nicht erfassbaren Geschwindigkeit. Schneller als eine Patronenkugel fliegt sie durchs All. Nichts ist, wie es scheint. Alles dreht und wendet sich. Du brauchst keine Angst vor Veränderungen zu haben. Menschen sind von Natur aus anpassungsfähig und flexibel. Urania flüstert Dir zu: *»Du vereinst als Mensch die größten vorstellbaren Gegensätze in Dir. Du erschaffst* *und zerstörst. Du liebst und hasst zugleich. Du trägst das Wissen der Ewigkeit in Dir, in der vergänglichen Hülle Deines Körpers. Mit diesen Kräften ist es dir möglich, die Sterne vom Himmel zu holen.«*

AUF DEM HOCHSEIL DES LEBENS

Als der berühmte Hochseilartist Karl Wallenda von den »Flying Wallendas« in einem Interview gefragt wurde, warum er jeden Tag sein Leben auf dem Hochseil riskiere, gab er die bemerkenswerte Antwort: *»Auf dem Seil balancieren bedeutet, dass man lebt, alles andere ist Warten.«*[54] Kreatives Arbeiten und das Balancieren auf einem Hochseil haben viel gemeinsam: Jeder Schritt erfordert Deine ganze absolute Präsenz. Hier gibt es keine Kompromisse, kein Abschweifen, kein Zweifeln und Ängstigen. Selten können wir die Kraft der Gegenwart körperlich so intensiv erfahren wie beim Gang auf einem Hochseil.

Im Flow arbeiten ist eine ähnlich starke Erfahrung und ein besonderer Gefühlszustand. Diese absolute Faszination auf den Moment des kreativen Entstehens, des »während man es tut«, teilen Kreativarbeiter aller Couleur mit Schachspielern, Chirurgen, Kletterern und Drachenfliegern. Mihaly Csikszentmihalyi kommt in seinen Untersuchungen zu

54 Karl Wallenda zit in: Paul E. Dennison (2006), S. 12

hochkreativen Menschen und ihrer besonderen Arbeitsweise zu dem Ergebnis: *»Sie konzentrieren ihre Aufmerksamkeit auf ein eingeschränktes Stimulusfeld, vergessen persönliche Probleme, verlieren den Sinn für Zeit und für sich selbst, fühlen sich kompetent, beherrschen die Situation und empfinden Harmonie und Einheit mit ihrer Umwelt. Im selben Ausmaße, wie diese Erlebniselemente vorhanden sind, kann eine Aktivität Freude bereiten und hört die betreffende Person auf, sich Gedanken darüber zu machen, ob ihr Tun produktiv ist oder belohnt werden wird.«*[55]

Im kreativen Flow arbeiten heißt mit Risiken leben. Die Welt ist voller Gegensätze. Sie fordert beständig, die eigene Balance neu zu finden. Denn alles, was wir neu in die Hand nehmen, bewegt unser ganzes Leben. Jedes neue Vorhaben, das wir anpacken, fordert seinen eigenen Balanceakt. Jede neue Idee unseres inneren Künstlers und seine Aufforderungen

55 Mihaly Csikszentmihalyi: (2010), S. 72 und 206

»Das sollte ich unbedingt tun« folgt eine Neuorientierung und Neuausrichtung unserer inneren Balance. Das Geheimnis liegt in einer dynamischen Balance, die sich beständig an die neu formierenden Gegensätze anpasst.

Kreatives Arbeiten im Flow vollbringt das Wunder, zwei scheinbar nicht vereinbare Gegensätze in idealer Weise zur Zusammenarbeit zu bringen: Einerseits wird von uns eine stringente Tatkraft, ein aktiver Verwirklichungswille mit starkem Vorwärtsdrang verlangt. Auf der anderen Seite ist eine offene Empfänglichkeit notwendig, die Raum für Träume und eine fast kindliche Erwartungshaltung lässt. Zwischen diesen beiden Polen entsteht ein Spannungsfeld, in dem der Mensch seine neuen Ideen bestens schöpferisch entwickeln kann.

Die Lebenserfahrung lehrt, dass wir eigentlich nie wissen, was kommt. Unsere Kreativität ist der perfekte Balancestab, der uns ein hohes flexibles Reaktionsvermögen auf die wechselnden Umstände erlaubt. Kreativität erlaubt uns, in noch so verzwickten Situationen neue Lösungen zu entwickeln. Unser Körper, aber auch unser Geist und unsere Gefühle sind von Natur aus für jegliche Veränderung gut ausgerüstet: Unser Körper kennt die kreative Unruhe. Fürchte Dich nicht länger, wenn Du die Spannung der Gegensätze fühlst. Sieh es sportlich. Vertraue Deiner Kreativkondition – Du hast die Kraft, die Spannung zu halten.

MERKE

Kreative Menschen kämpfen nicht mit Veränderungen – sie gestalten sie.

INSPIRATION

Sich von Neuem berühren lassen

»Die Zukunft hängt von dem ab, was wir heute tun.«
Mahatma Gandhi (1869–1948)

Fülle ist ein natürliches Prinzip und stimuliert unsere kreativen Aktionen. Erlaube Dir heute, ein Buch oder eine Fachzeitschrift zu einem Themenbereich zu kaufen, mit dem Du Dich noch nie beschäftigt hast. Es sollte Dich beim Durchblättern auf irgendeine Art berühren, schöne Bilder oder Skizzen besitzen.

Blättere in den Seiten, ohne die Dinge, die Du siehst, schnell einordnen zu wollen. Neue Bilder, Informationen, Wortkombinationen oder eigene Hobby- oder Reisewelten inspirieren unser Gehirn. Markiere die Stellen bunt, die Dich interessieren. Lege die neue Zeitschrift oder das neue Buch an einen schönen Ort in Deiner Wohnung, der für Dich gut sichtbar ist.

»L'ART POUR L'ART« – DIE KUNST UM DER KUNST WILLEN

Der Schweizer Drahtseilartist Philippe Petit machte das Motto »L'art pour l'art« (Kunst um der Kunst willen) zu seiner Lebensphilosophie. Für den berühmten Hochseilartisten ist sein Leitspruch »L'art pour l'art« ein Symbol der Freiheit. Auf diesem Weg folgen wir dem tiefen Gefühl, das zu tun, was getan werden möchte und somit getan werden muss! Der Seiltänzer Philippe Petit hat viele spektakuläre Coups durchgeführt. So haben er und sein Team frühmorgens in einer heimlichen Aktion – unbeobachtet – mit einer Armbrust ein Seil von einem Turm des New York World Trade Center zum anderen geschossen und anschließend das Drahtseil am dünnen Seil hinüberübergezogen und gespannt. Obwohl die Wetterbedingungen nicht ideal waren, entschloss sich Petit den Gang über das Hochseil um 7.50 Uhr zu wagen.

Warum er solch eine lebensgefährliche Aktion durchgeführt habe, wurde er bei seiner anschließenden Verhaftung von der Polizei gefragt. »*Wenn ich drei Apfelsinen sehe, muss ich jonglieren, und wenn ich zwei Türme sehe, muss ich gehen.*« So Petits einfache Antwort, die er den verdutzten Polizisten gab.[56]

Wenn ein neues Projekt bei Dir zart innerlich anklopft und sich meldet, dann sollest Du auf diesen Ruf hören. Tue das, was getan werden möchte und sollte. Dein Innerstes weiß genau, was als Nächstes zu tun ist. Dieses innere »Müssen«, das Dich drängt, Deine Ideen umzusetzen, sollte nicht hinterfragt werden. Denn Dein innerer Ruf trägt die Antwort des »Warum eigentlich?« bereits in sich. Erst dann, wenn Du bereits auf dem Weg bist, die Ideen umzusetzen, werden sich die Schätze zeigen.

56 Zu Petit siehe: Henri J. M. Nouwen (2010), S. 44

ÜBUNG

Luftmalen – Integration von Gegensätzen

Simultanzeichnen: »Double Doodle«[57]

So wird's gemacht: Nimm ein großes Blatt Papier. Ideal ist auch ein großes Blatt an der Wand. Nimm dann zwei weiche bunte Stifte. Breite Wachsmalstifte sind besonders geeignet. Beginne gleichzeitig mit beiden Händen rechts und links auf dem Blatt einfache Linien zu malen. Dabei kannst Du schwungvoll ganz nach Lust und Laune Schlangenlinien, Kreisformen oder verschlungene Linien malen. Beim Simultanzeichnen ist es hilfreich, den ganzen Arm bis in die Schultern zu bewegen. Erlaube Dir Experimentierfreude und Erfindergeist.

Der Abschluss: Lege die Stifte beiseite. Fühle noch einmal in Deinen Armen nach: Wie fühlte sich dieses doppelte Malen an? Erlaube dir einige tiefe Atemzüge.

57 Inspiriert von der Technik des doppelten Luftmalens. Siehe Paul E. Dennison (2006), S. 143

WERDE EIN AUSSERGEWÖHNLICHER MENSCH!

Habe den Mut, anders als andere Menschen zu sein! Kreative Menschen wirken in ihrer Begeisterung oft »verrückt«, und das sind sie auch. Sie sind ver-rückt im Sinne von weg- und rausgerückt aus den üblichen ausgetretenen Pfaden des Alltags. Von hier aus gestalten sie im Kleinen und Großen die Veränderungen der Menschheit. Und das ist gut so! Kreative Menschen überleben die Stürme des Lebens besser. Deshalb ist Kreativität bei allen Menschen natürlicherweise angelegt. Erlaube Dir, Deine Kreativität zu leben. Sie sichert unser Überleben. Das Leben verläuft nicht geradlinig. Vielmehr ist es oft wild, voller Risiken, undurchsichtig, verworren und reich an Paradoxien. Es sind die Kreativen, die sich schnell anpassen und so gut überleben.

> »Was wir brauchen, sind ein paar ›verrückte‹ Leute. Seht an, wohin uns die ›Vernünftigen‹ gebracht haben!«
> George Bernhard Shaw (1856–1950)

Es gibt erstaunlich viele Parallelen zwischen hochkreativen Menschen und Menschen, die extreme Lebenssituationen überlebt haben. Beide Gruppen besitzen eine lange Reihe identischer Charaktereigenschaften. Zusammengefasst ist festzuhalten: Kreativität ist eine lebenserhaltende Eigenschaft. Sie findet sich im hohen Maße überall dort, wo Menschen extreme Belastungen gut überlebten.

Der Psychologe Al Siebert spricht von der »immun-kompetenten Persönlichkeit«. Siebert erforschte über 40 Jahre lang das Phänomen des Überlebens. In seinem Buch »Die Persönlichkeit des Überlebenden« beschreibt er die besonderen Eigenschaften dieser Menschen. Er sprach mit Überlebenden der Konzentrationslager der Nazis, Menschen, die die Gefangenschaft der Japaner auf den Philippinen überlebt hatten, und den Überlebenden der Todesmärsche des Zweiten Weltkriegs. Sie alle hinterließen uns großartige Lektionen. Ihre Überlebensqualitäten können wir erlernen. Al Siebert kommt zu dem Schluss: *»Überlebensqualitäten und ein Überlebensgeist entwickelt sich aus den alltäglichen Lebensgewohnheiten heraus.«* [58]

Auch Wayne W. Dyer war immer wieder fasziniert von außergewöhnlichen Menschen und ihren Fähigkeiten. Dyer beschrieb, wie wichtig die Fähigkeiten außergewöhnlicher Menschen für uns alle sind. Das Beispiel eines italienischen Einwanderers, Zamperini, der sowohl einen Flugzeugabsturz im Zweiten Weltkrieg als auch die Irrfahrt im Schlauchboot im Pazifik überlebte und grausamste Gefangenschaft durchstand, fordere uns auf, *»eine Welt außergewöhnlicher Menschen zu erschaffen, die über unsere gewöhnlichen Programmierungen … hinausblicken und Wege finden, wie wir expandieren und wirklich etwas verändern können. Das*

58 Al Siebert (1996), S. 134

kann einen tief greifenden Wandel des gesamten Bewusstseins auf diesem Planeten bewirken.«[59]

Die typische »Überlebenspersönlichkeit« vereint – gleich den Hochkreativen – scheinbar gegensätzliche Eigenschaften: Sie ist logisch und intuitiv, ernsthaft und verspielt. Sie ist fleißiger Arbeiter und Faulpelz, sie ist mutig und ängstlich – so stehen ihr im Notfall ein breites Repertoire vielseitiger Hilfsmittel zur Verfügung. Außergewöhnliche Menschen besitzen ein hohes Maß an gesunder Verantwortung. Sie leben nach dem Wunsch, dass die Dinge für einen selbst und für andere gut laufen. Sie denken für ihre Umwelt fein mit und bringen Dinge für ihre Gruppen ins Lot. Außergewöhnliche Menschen sind freigiebig und sie hinterlassen die Welt etwas besser, als sie sie vorgefunden haben. Es gibt mehrere klinische Studien zu außergewöhnlichen Menschen, die zeigen, dass sie ein besonders gut funktionierendes Immunsystem besitzen. Sie beweisen: Diese Menschen sind wahre Überlebenskünstler!

Diese besonderen Fähigkeiten der Überlebenspersönlichkeit gehören in den Werkzeugkoffer aller Kreativarbeiter:

- Mache Dich nützlich! Arbeite immer so, dass von Deiner Arbeit auch andere Menschen profitieren.
- Entwickele noch mehr Sinn für Humor.
- Stelle viele Fragen.
- Beschließe, dass Veränderungen, Unsicherheit und Zweideutigkeit von jetzt an zum Leben dazugehören.
- Zeige eine spielerische Neugier. Gewöhne Dir an, überall mit einer kindlichen Neugierde herauszufinden, wie die Dinge funktionieren.
- Verbessere Deine geistige und emotionale Beweglichkeit.
- Erlaube Dir, Deine gegensätzlichen Gefühle – ohne Wertung – wahrzunehmen.
- Trainiere und entwickle Einfühlungsvermögen.
- Übe, Dich in die Sichtweise von schwierigen Zeitgenossen hineinzuversetzen. Siehe es als ein Training, die Welt kurz aus ihrer Perspektive zu sehen. Das hilft, sich weniger aufzuregen, und stärkt Dein emotionales Selbstbewusstsein.
- Entwickle die Angewohnheit, Veränderungen, neuen Entwicklungen, Bedrohungen, Verwirrrungen oder Kritik neu zu begegnen: Anstelle einer emotionalen Angstreaktion erlaube Dir, neugierig zu fragen: »Was passiert hier gerade?«
- Schenke Dir selbst Lob und Anerkennung, wenn kleine Dinge geklappt haben. Erkenne Deine Leistung ausreichend an. Das erhöht die Chance, etwas Wichtiges zu lernen, falls Du kritisiert wirst oder etwas sich anders entwickelt als geplant.
- Werde ein Meister der Flexibilität und Anpassungsfähigkeit.

Es sind diese Fähigkeiten, die eine Überlebenspersönlichkeit ausmachen. Al Siebert empfiehlt uns, all jene Fähigkeiten stärker zu trainieren, die uns erlauben, flexibler zur handeln. Je leichter wir mit Veränderungen,

59 Wayne W. Dyer in: Eckhart Tolle (DVD, 2014)

mit unerwarteten Herausforderungen und störenden Krisen umgehen können, umso besser. Viele Überlebende beschrieben den besonderen Mix aus unterschiedlichen Fähigkeiten von egoistischem Handeln neben gleichzeitiger tiefer Empathie. Diese doppeldeutigen Persönlichkeitsstrukturen haben den Psychiatern und Psychologen etwas Kopfzerbrechen bereitet. Denn die Medizin liebt Ordnung und Einteilung. Extreme gegensätzliche Charaktereigenschaften in der Persönlichkeitsstruktur werden gerne pathologisiert.

Hochkreative haben ähnlich komplexe Persönlichkeitsstrukturen. Der Schweizer Psychoanalytiker Carl Gustav Jung definierte diesen Typus emotionaler Bandbreite als »reife Persönlichkeit«. Die Studien des Professors für Psychologie, Mihaly Csikszentmihalyi, belegen, dass es genau diese gegensätzlichen Fähigkeiten sind, die es hochkreativen Menschen ermöglichen, herausragende Leistungen zu erbringen.

DIE ILLUSION DER GOLDENEN MITTE

Was können wir von diesen komplexen Strukturen der hochkreativen »Genies« für unsere kleine Alltagskreativität lernen? Zum Beispiel: Die goldene Mitte ist fließend. Fühle Dich wohl zwischen den Extremen dieses Lebens. Bleibe locker. Erlaube Dir, fest fokussiert ein Ziel im Auge zu haben, Dich gleichzeitig an fast jede Situation anzupassen und Dich mit dem zu behelfen, das gerade zur Verfügung steht. Wichtig ist Geschmeidigkeit im Wechsel zwischen den Extremen. Vertraue dem Wissen, dass Du mit kleinen Kreativvorhaben gar nicht so viel verkehrt machen kannst. Es wäre vor allem ein Fehler, nichts zu tun.

GUT ZU WISSEN

Zwischen Feuer und Eis

Kreative Arbeit erfordert beides: den Mut eines größenwahnsinnigen Helden und die Geduld und Umsichtigkeit eines Gärtners. Kreative Menschen kennen die Extreme beider Seiten. Sie sind fähig, wenn es die Situation erfordert, von einem Extrem ins andere zu wechseln. Sie bewegen sich zwischen Feuer und Eis und erleben beides mit derselben Intensität.

Mihaly Csikszentmihalyi benennt in seiner Kreativitätsstudie die zehn wesentlichen gegensätzlichen Pole, die sogenannten paradoxen Eigenschaftskombinationen, die eine kreative Persönlichkeit im Besonderen auszeichnen.[60] Lies die einzelnen Punkte und überlege, in welchen Du Dich wiedererkennst und welche Du ausbauen könntest.

1. Kreative Menschen verfügen über große physische Energie (Energie-Entspannung). Das bedeutet nicht, dass sie sehr nervös und ungeduldig sind. Sie können gleichzeitig hochgradig aktiv und entspannt sein. Bedeutsam ist ein Wechsel zwischen dem Arbeitsrhythmus und der Möglichkeit, sich anschließend zu entspannen und alles zu reflektieren.
2. Kreative sehen sich selbst als naiv und gleichzeitig weltklug (Weisheit und Kindlichkeit). Dabei werden die Gedankengänge eher verspielt beobachtet. So kann schnell unterschieden werden, welche der Ideen weiterverfolgt werden sollte.
3. Eine weitere paradoxe Eigenschaftskombination ist die Verbindung von Disziplin und dem Spielerischen. Neben der spielerischen Haltung ist eine gewisse Dickköpfigkeit gepaart mit Ausdauer vorhanden. »Es ist eine Kombination von wundervollen, wilden Ideen und sehr viel harter Arbeit.« Zudem findet sich ein Verantwortungsgefühl neben dem Gefühl von Ungebundenheit.

60 Mihaly Csikszentmihalyi (2007), S. 95

4. Hochkreativen gelingt es leicht, zwischen Fantasie, imaginierten Möglichkeiten und einem bodenständigen Pragmatismus hin und her zu wechseln (Fantasie-Realitätssinn). »Kreative Menschen sind offenbar originell, ohne bizarr zu sein. Das Neue, das sie erkennen, ist in der Realität verankert.«
5. Kreative Individuen vereinen gegensätzliche Tendenzen zwischen Extraversion und Introversion (Distanz-Nähe). Sie benötigen Ruhe und Distanz zu den Mitmenschen und besitzen gleichzeitig die Fähigkeit zu großer Nähe.
6. Ein weiteres Paar gegensätzlicher Eigenschaften ist die scheinbar widersprüchliche Mischung von Demut und Stolz.
7. Als heranwachsende Kinder und Jugendliche entziehen sich kreative Individuen gerne der klassischen Rollenverteilung von Jungen und Mädchen. Sie sind friedlich und aggressiv zugleich. Mädchen spielen mit Waffen und Jungen mit Puppen (Rollen werden flexibel gesehen). Es wurde beobachtet, dass kreative Jungen sensibler und weniger aggressiv sind als ihre männlichen Altersgenossen.
8. Kreative Menschen sind oft wider Erwarten konservativ und traditionell eingestellt. Auf der anderen Seite gelten sie als rebellisch, bildstürmerisch und unabhängig (konservativ-revolutionär). Beides ist für kreatives Schaffen notwendig, vor allem »die Bereitschaft, Risiken einzugehen, mit der Sicherheit der Traditionen zu brechen.«
9. Die meisten kreativen Menschen sind mit Leidenschaft bei der Arbeit, erlauben sich aber auch genug Abstand, um eine objektive Betrachtungsebene einzunehmen (Leidenschaft – Objektivität).
10. Kreative Personen erleben durch ihre offene Sensibilität (Freude – Leid) häufig nebeneinander Leid, Schmerz, Trauer wie auch Freude, Lachen und Glück.

MERKE

Leben entspannt zwischen den Gegensätzen:

»Greife nach den Sternen und backe zugleich kleine Brötchen!«

BRÜCKEN BAUEN

DAS KRAFTWERK DER KREATIVITÄT

Wir wissen aus dem Schulunterricht, dass die elektrische Energie zwischen den Plus- und Minuspolen fließt. Im Spiel dieser Gegensätze kann man auch einen Motor der Kreativität entdecken: Im beständigen Abgleich zwischen Disziplin und Verspieltheit, Offenheit und Fokussiertheit, Schnelligkeit und Trägheit entwickelt sich pure Power. »Gegensätze ziehen sich an«, sagt der Volksmund. Anstatt mit den paradoxen Widersprüchen zu kämpfen, können wir die Kraft der Anziehung für unsere kreativen Projekte nutzen. Dann beginnen die scheinbaren Gegensätze wie eine Pumpe zu funktionieren. Im Hin und Her wird beständig kreative Energie generiert.

> *»Der Mensch steht in der Mitte der Schöpfung zwischen Stoff und Geist, zwischen Zeit und Ewigkeit.«*
> Isidor von Sevilla (560–636)

Mache also besser Deinen Frieden mit den scheinbaren Unvereinbarkeiten des Lebens. Sie gehören einfach dazu. Sie fordern Deine Kreativität. Gegensätze sind wie bunte Farben. Jeder gute Künstler weiß um die Kraft und Schönheit der Farben. Besonders wirkungsvoll ist es, mutig die Komplementärfarben direkt nebeneinander auf die Leinwand zu setzen. Das ist das Geheimnis der Schönheit farbstarker Bilder.

MERKE

Scheinbare Widersprüche und Paradoxien sollten als kreative Kraftwerke genutzt werden.

DAS KREATIVE GEHIRN: TIEFENENTSPANNT ZWISCHEN GEGENSÄTZEN

Unser Gehirn ist in idealer Weise für die Aufgabe eines Brückenbaus zwischen Gegensätzen ausgelegt. So, wie unsere beiden Augen nur zusammen räumlich sehen, so ähnlich arbeitet normalerweise ein integriertes Gehirn. Unsere beiden Gehirnhälften sind durch eine Art Nervenbrücke, das Corpus Callosum, miteinander verbunden. Hier schickt ein Bündel von zweihundert Millionen Nerven beständig Informationen zwischen den Gehirnhälften hin und her. In einer Sekunde können unglaubliche vier Milliarden Botschaften über diese Brücke übermittelt werden. Wie bedeutsam diese Brücke zwischen den beiden Gehirnteilen ist, hat die Wissenschaft lange Zeit nicht erkannt. Noch in der Mitte des letzten Jahrhunderts wurde angenommen, es handele sich eher um einen »Balken«, also eine Art »Barriere«, die die einzelnen Gehirnhälften trenne. Heute sehen die Neurowissenschaftler das Wunder des Corpus Callosum in anderem Licht.

Viele intellektuelle und emotionale Fehlfunktionen sind nur Symptome, die darauf hindeuten, dass das Gehirn einseitig ausgebildet ist. Erfahrungsgemäß verschwinden die Symptome, wenn der Mensch wieder lernt, sein gesamtes Gehirn zu benutzen. Durch ein intuitives, kreatives Schaffen trainieren wir unsere ganzheitlich wahrnehmende rechte Gehirnhälfte, sodass eine wirkliche Balance im Leben möglich ist. Kreativarbeitern geht es somit seelisch auch besser. Denn ein integriertes Gehirn ist zu mehr Empathie fähig und kann Liebe und Erfüllung erfahren.

Ein gut integriert arbeitendes Gehirn kann blitzschnell ein ganzheitliches Bild der Lage erstellen. Die Arbeit unseres Corpus Callosum können wir uns wie eine Schnittstelle vorstellen, in der die Filme von zwei unterschiedlichen Kameras ausgewertet werden. So gibt es eine Bodenkamera fürs Detail (linke Gehirnhälfte) und eine Panoramakamera für den Überblick (rechte Gehirnhälfte). Ein gut arbeitendes Corpus Callosum kombiniert die Informationen beider Gehirnhälften quasi zu einem ganz neuen Film.

Betrachten wir einmal zum besseren Verständnis die einzelnen Gehirnhälften. Unsere linke Gehirnhälfte hilft uns, Neues einzuordnen, indem sie die Informationen linear und zeitlich hintereinander anordnet. Um an einem einfacheren Beispiel die Funktionen der linken und rechten Gehirnhälften zu erklären: Stelle Dir einen Biologen vor, der ein Waldstück untersuchen möchte. Wäre unsere linke Gehirnhälfte dieser Biologe, dann würde er den Wald betreten und die Bäume einzeln untersuchen, klassifizieren (Laub-, Mischwald etc.), nummerieren, zählen und einordnen – bis zur letzten Tannennadel.

Wäre die rechte Gehirnhälfte der Biologe, so würde er erst einmal einen Helikopter besteigen. Dann würde er über das Gebiet fliegen, um sich einen guten Gesamteindruck des Baumbestands in der Landschaft zu machen. Dann würde er über Wasser, Bodenbeschaffenheit und Sonneneinstrahlung der Region nachdenken. Der ganze Wald würde als Einheit erfasst und verstanden werden. Unsere rechte Gehirnhälfte arbeitet also ganz anders. Sie ist eine Meisterin, wenn es darum geht, sich schnell einen Gesamteindruck zu verschaffen. Wenn die Informationen verarbeitet werden, werden sie ganzheitlich betrachtet. Hier kommen auch all die Informationen der Sinne, der Intuition und eines flexiblen Rundum-Reagierens zum Einsatz.

Gemeinsam sind rechte und linke Gehirnhälfte unschlagbar. Unser Gehirn wäre als gut funktionierende Einheit eigentlich beständig zu Höchstleistungen imstande. Bei kreativen Menschen ist dies der Fall. Allerdings gelten sie in einem eher linkshirnig-analytisch strukturierten Umfeld schnell als die bunten Vögel.

Uns wurde früh die ganzheitliche Wahrnehmung regelrecht abtrainiert. Denn unsere Kultur, unser Schul- und Rechtssystem fußen auf einem analytischen, linkshirnigen Denken. Jeder, der auf einer Behörde Fragebogen ausfüllen muss, wird mit diesen extrem linkshirnig ausgerichteten Strukturen konfrontiert.

Unsere ganze Umwelt empfindet es als »normal«, komplexe Strukturen auf diese Art eingeschränkt zu analysieren. Das Wort »Analyse« entstammt dem griechischen Wort für »auflösen«. Und genau das bewirkt das analytische Denken. Es zerlegt, spaltet und gliedert das Ganze in seine Bestandteile. Es entsteht ein kleiner Gänsemarsch von Scheinfakten, die schnurgerade auf einer Linie hintereinander analysiert werden.

Viele Menschen, die diese Schulsysteme durchlaufen haben, leben mit einem nicht integrierten Gehirn. Man könnte es so beschreiben, dass sie die Gesamtlage nicht als einen Film erfassen. Sie schauen auf zwei Bildschirme, oft auch nur auf einen. Sie interpretieren mühsam die eingehenden Informationen. Wer beginnt, seine bessere Gehirnintegration, beispielsweise durch Gehirngymnastik oder auch östliche weiche Kampfsporttechniken, zu trainieren, der kann in seinem Leben eine nachhaltige Verbesserung der Lebensgestaltung erfahren.

ÜBUNG

Den Überblick erneut bekommen

Diese Übung fördert die Integration der Gehirnhälften. Sie wird auch im Sehtraining eingesetzt und ist ein super Augenrefresher.

So wird's gemacht:

Strecke den rechten Arm nach vorne aus. Halte den Daumen hoch. Schaue nun auf Deinen Daumennagel. Bewege Deinen Daumen auf Augenhöhe langsam in Form einer großen liegenden Acht. Lass es eine aufsteigende Acht sein, das heißt, Du beginnst mit der aufsteigenden Linie des rechten Kreises. Langsam ist das Stichwort. Erlaube beiden Augen, langsam dem Daumen zu folgen. Die Linien überkreuzen sich dabei vor der Nasenspitze. Gut 20 Mal solltest Du mit Deinem Blick dem Daumen folgen.

»Du musst Dich mit aller Herzenskraft sammeln, auf eines konzentrieren, damit Du nicht Dein Herz an die Wechselhaftigkeit rastloser Gesinnungen gewöhnst.«
Hildegard von Bingen (1098–1179)

VERGISS MULTITASKING!

Unser Gehirn verändert sich mit den Aufgaben, die wir ihm stellen. Wir sind wirklich gut, wenn wir uns auf eine Arbeit konzentrieren. So kann sich Kreativität ideal entwickeln. Ein Fokus auf ein Ziel ist wie ein Anker, den man in der Ferne an der Stelle auswirft, an der man ankommen möchte. Und dann zieht man sich an der Ankerkette Stück für Stück seinem Ziel näher.

Wer seine Konzentration auf ein Ziel lenken kann, der formt sein Gehirn um. Im Gehirn werden die kognitiven Ressourcen dann an die Stelle geleitet, auf die wir die Aufmerksamkeit lenken. Ideal ist die Kombination Konzentration und gute Gefühle. Es ist wichtig, sich das bereits erreichte Ziel mit schönen Gefühlsbildern vorzustellen. Denn gute Sinneseindrücke und glückliche Gefühlsregungen begleiten und erhöhen unsere Konzentrationsfähigkeit. Daniel J. Siegel, Professor für Psychiatrie, betont die Bedeutung unserer vollen emotionalen Aufmerksamkeit für das, was wir gerade tun. So können sich im Gehirn leichter neue, unterstützende Strukturen entwickeln. *»Wenn wir emotional unbeteiligt sind, ist die Erfahrung weniger ›denkwürdig‹ und die Wahrscheinlichkeit, dass sich die Hirnstruktur verändert, geringer.«*[61]

Verwirrung, Beliebigkeit und Schusseligkeit können die Folge sein, wenn die Menschen zu viel auf einmal erledigen wollen. Es gibt eine Regel: Erledige nicht mehr als drei Dinge gleichzeitig. In seinen Studien über Charakteristika von Hochkreativen stellte Mihaly Csikszentmihalyi zu diesem Thema schlicht fest: Selbst hochbegabte Kreative machen meist nicht mehr als drei Dinge gleichzeitig.

Multitasking ist eines der großen Modeworte der letzten 20 Jahre geworden. Multitasking bedeutet: mehrere Dinge gleichzeitig erledigen. Frauen sollen es von Natur aus gut können. Männer hingegen nur manchmal. Die Tatsachen sehen jedoch anders aus. Multitasking können wir bedingt lernen, uns antrainieren und dann immer besser darin werden. Es ist ähnlich wie beim Jonglieren. Während wir zum Kopierer gehen, können wir schnell die Kaffeetasse wegstellen, eine SMS schreiben und noch das Wochenende planen. Aber irgendwann überdreht das Schneller-und-mehr-Karussell. Spätestens, wenn wir die Schlüssel in den Kühlschrank legen, sollten wir innehalten. Multitasking sollte immer ein Ausnahmezustand bleiben. Die Gewohnheit, oberflächlich mehrere Tätigkeiten abzuarbeiten, ist anstrengend für unser Körperbewusstsein. Es erschöpft uns in der Tiefe, beraubt uns unserer stillen Energiereserven und nimmt uns die Freude und unsere Kreativität.

Mehrere Dinge gleichzeitig zu jonglieren darf eine Zeit lang sein. Und dann ist wie-

61 Daniel J. Siegel (2010), S. 140

der ein bewusster Wechsel gefragt: ein Innehalten, das Tempo drosseln und bewusst mit großer Konzentration nur eine Tätigkeit verfolgen. So kann sich unser Gehirn später wieder mit seiner ganzen Kapazität einbringen.

Wer beispielsweise Auto fährt und mit dem Handy telefoniert, hat eine eingeschränkte Wahrnehmung. Wir wissen das von unzähligen Studien. Es besteht eine erhöhte Unfallgefahr – auch mit einer Freisprechanlage. Wenn der Fahrer sich zusätzlich erschreckt, weil jemand vorbeirast oder ihn schneidet, kann schnell viel schiefgehen. Wir denken zwar, wir haben alles im Griff, aber unser Handlungsspielraum ist nachweislich eingeschränkt. Wir dürfen also lernen, dass unsere Sinne nicht immer so reagieren, wie wir es denken. Sie sind vielmehr emotions- und körpergesteuert. Schnell schalten sie auf Flucht-, Erstarren- oder Angriffsmodus um, ohne dass es uns bewusst ist. Wir handeln keineswegs so frei, wie wir das denken. Unser Gehirn reagiert immer noch in Mustern aus der Steinzeit.

INSPIRATION

Gewöhne Dir an, öfter nur zu telefonieren – ohne dabei andere Tätigkeiten wie Abwasch, Laufen, Einkaufen, Autofahren u.s.w. auszuüben. Das ist eine schlechte Angewohnheit. Schenke Deinem Gegenüber bewusst Zeit und Mitgefühl. Höre mit einem geöffneten Herzen und Herzohren zu. Du wirst Erstaunliches erleben. Plötzlich bekommt das Gegenüber am Telefon gute Ideen, fühlt sich besser, und ein gesunder menschlicher Austausch an Kreativideen ist im Flow.

DIE BALANCE IN DEINEN KREATIVEN WELTEN

Unser Leben in der äußeren Welt braucht unsere Fürsorge. Hier im Alltag versorgen wir uns mit Schutz, Nahrung und einem Dach über dem Kopf. Wir Menschen brauchen bestimmte Lebensumstände, um zu überleben. Unsere konstante Körpertemperatur lässt nicht viel Spielraum zu, wie wir leben oder wohnen, denn wir haben kein Fell. Wir benötigen gutes Wasser und gesunde Nahrung, um zu überleben. Jeder Kreativarbeiter achtet dort, wo er werkelt, malt oder kocht, auch auf die Sicherheit seines Körpers.

So wie unser äußeres Leben bestimmte Bedingungen fordert, genauso benötigt unser Innenleben auch eine bestimmte Versorgung. Auch in der inneren Welt brauchen wir eine gesunde, tragfähige Balance. Unsere innere Welt braucht eine Ausrichtung auf unsere übergeordnete Herzintelligenz. Sie benötigt Fürsorge, Achtsamkeit, Mitgefühl und Konzentration auf den inneren Frieden. Hier kann durch tägliches Verbinden in Form von Meditation, Achtsamkeitstraining, Yoga und Naturerfahrungen die Kraft ausgerichtet und so mehr innerer Frieden erlebt werden.

»In uns selbst liegen die Sterne unseres Glücks!«
Heinrich Heine
(1797–1856)

INSPIRATION

Unser äußeres Leben und unser Innenleben brauchen unabhängig voneinander getrennt unsere Fürsorge und unsere Ausrichtung. Nur so können sich diese Lebensbereiche gegenseitig unterstützen.

DEINE AUTHENTISCHE BALANCE ZWISCHEN SCHEIN UND SEIN

Deine Kreativität ermutigt Dich, Dich der Welt, wie Du bist, zu zeigen. Dein Leben gleicht einer wunderschönen Sternschnuppe. Du bist schon erglüht und bereits dabei zu verbrennen. Deshalb ziehe in Deiner Lebenszeit den schönsten und prächtigsten Lichtschweif, der möglich ist. Mache den Sternenhimmel durch Dein Sein ein wenig prächtiger! Eine Sternschnuppe sagt nicht: »Ich darf nicht zu hell sein, sonst nehme ich anderen das Licht weg.« Sie ist. So einfach.

»Und es kam der Tag, da das Risiko, in der Knospe zu verharren, schmerzlicher wurde als das Risiko zu blühen.«
Anaïs Nin (1871–1951)

Was hält uns davon ab, in unsere volle kreative Kraft einzusteigen? Viele Menschen haben ein großes Ego. Es flüstert uns ein, »ganz wichtig« oder »ganz unwichtig« zu sein. Beides ist von der geistigen Ebene her gesehen gleich schlimm. Auch wenn uns in der Kindheit eingetrichtert wurde: »Bescheidenheit ist eine Zier.« Bescheidenheit an der falschen Stelle kann lebensbedrohlich sein. Interessanterweise haben sehr viele Menschen größere Schwierigkeiten, ihre wirklichen, authentischen Fähigkeiten zu zeigen. Sie verlaufen sich im kreativen Schaffen in einem belanglosen, unauffälligen Mittelmaß. Ihr wirkliches Können ist dagegen ein gut gehütetes, fast intimes Geheimnis.

INSPIRATION

Wenn Du etwas zu sagen hast – dann sage es. Wenn Du fühlst, der Welt etwas Wichtiges von Deiner Berufung mitgeben zu wollen, dann tue es. Tue es gut, tue es am richtigen Ort und fange jetzt gleich an!

Unser Ego ist ein Weltmeister darin, uns jeden Tag davon abzuhalten, uns als kreativer Schöpfer einer besseren Welt einzubringen. Viele missverstehen, was das Ego eigentlich ist, und setzen es mit Stolz oder einem zu starken Ich-Gefühl gleich. Sie verwechseln das Wort »Egoismus« mit »Ego«. Tatsächlich handelt es sich beim Ego einfach um eine Illusion, die Dir vorspielt, Du selbst zu sein. Es ist eine Art Scheinpersönlichkeit, die aus all den Fantasiebildern zusammengesetzt ist, die Du bewusst oder unbewusst über Deine Persönlichkeit hast. Das Ego ist somit eine Art schlechter Alias von uns, die wir uns als Hilfsmittel zusammengebastelt haben. Es besteht aus all dem, was wir uns als Ersatz für die wahre Liebe ausgedacht haben.

Das Wort »Ego« lässt uns schnell vergessen, dass viele unserer persönlichen Fantasien von negativer Art sind: Sie täuschen uns vor, dass wir uns für unfähig und wertlos halten sollten. Zum Ego gehören Rollen unterschiedlichster Art wie »Ich bin beruflich erfolgreich« oder »Ich bin ein Versager«, Identifikationen wie »Ich bin besser als mein Chef« oder »Ich will nie so werden wie meine Mutter« und Trennungen wie »Ich will hier nicht sein« oder »Ich werde ungerecht behandelt«. Für das Ego ist es allein wichtig, dass es beständig Deine volle Aufmerksamkeit hat. Es macht uns das Leben schwer und beraubt uns fortwährend unserer wahren Kräfte.

Warum das alles? Eine Antwort ist, dass für unsere innere Welt ähnliche Gesetze gelten wie für unsere äußere Welt. So wie unser gesunder Körper, ohne dass wir es bemerken, beständig mit Viren, Bakterien und mutierenden Zellen zu kämpfen hat, so hat auf ähnliche Weise unsere innere Welt mit geistigen Schädlingen zu kämpfen. Die Kraft der Klarheit stärkt unser geistiges Immunsystem. Da Ego-Bilder ihrer Natur nach nur Illusionen sind, genügt oft ein Mikromoment an Klarheit und sie lösen sich auf.

»SAGE: DANKE!« TIEFE DANKBARKEIT ERLEBEN!

Dankbarkeit gehört in den Werkzeugkoffer aller Kreativarbeiter. Das Gefühl der Dankbarkeit kann eine Synthese zwischen dem Schöpferischen und dem Ungewissen schaffen.

Das Gefühl der Dankbarkeit ist einzigartig. Dankbarkeit kann Dich mit einer tiefen Erfahrung des Lebendigseins verbinden. Dankbarkeit bringt Dir das fließende Gefühl des Geliebtseins. Denn Dankbarkeit ist Liebe, die im Vertrauen ruht. Dankbarkeit ist wie eine Quelle, die in Deinem Inneren zu sprudeln beginnt, weil Du die Schönheit des Lebendigseins gespürt hast. Dieses Gefühl öffnet feine Kanäle, sodass Du die Stimmen Deiner Musen klarer hören kannst.

Wir haben verlernt, in Dankbarkeit zu leben. Dankbarkeit ist in unserem Alltag kein häufiges Lebensgefühl, sondern führt eher ein Nischendasein. Die Dankbarkeit ist in unserem täglichen Miteinander zu einem rituellen Belohnungssystem verkommen. Kinder werden früh mit einem »Sage danke!« regelrecht zu Unehrlichkeit erzogen. Oft herrscht der Irrtum, dass Dankbarkeit nur dann »angemessen« ist, wenn äußerlich alles richtig gut ist. Oder wenn ein bestimmtes Ziel erreicht wurde.

Viele Menschen fühlen sich auch unwohl, wenn ihre Mitmenschen ihnen herzlich für etwas danken. Sie beginnen sich zu winden. Sie können Dankbarkeit von anderen nicht annehmen und erleben so kaum Dankbarkeit in ihrem Leben. Das ist schade. Ein herzliches »Dankeschön« möchte genauso angenommen werden wie ein »Ich liebe Dich«.

ÜBUNG

Dankbarkeit als Lebensprinzip

Entscheide Dich heute dafür, das Gefühl der Dankbarkeit zu Deinem Lebensfundament zu machen:

Sage Dir heute immer wieder: »Ich bin grundsätzlich dankbar für mein Leben.« Auch wenn Du es noch nicht ganz fühlst oder tausend Argumente hast, warum Du in Deinem Leben im Moment nicht dankbar sein kannst. Es ist eine innere Entscheidung: Gleich, was Dir gerade in Deinem Leben geschieht. Egal, mit welchen Widrigkeiten Du Dich herumschlägst, grundsätzlich gilt die neue Entscheidung: »Ich bin dankbar für mein Leben.«

Je mehr äußere Belastungen Du zu durchkämpfen hast, umso wichtiger ist es, Dankbarkeit zu trainieren. Diese Übung gleicht ein wenig guten Vitamintabletten, die wir bei Grippewellen schlucken: Du kannst Dir sagen: »Dennoch weiß ich in der Tiefe: Ich bin dankbar für mein Leben.« Halte Dir das Bild vor Augen: Auch wenn auf dem Ozean meines Lebens sich meterhohe Sturmwellen bedrohlich auftürmen, tief unten empfinde ich Urvertrauen und ruhige Dankbarkeit für mein Leben. Wenn wir uns dies über mehrere Wochen in schwierigen, verzweifelten Situationen immer wieder sagen, entwickelt unser Unterbewusstsein erneut Urvertrauen.

Es gibt immer einen Grund, dankbar zu sein. Beginne Dankbarkeit für die Menschen zu fühlen, die Dich lieben, für die guten Kleinigkeiten, die Dich unterstützend umgeben. Je mehr Gründe Du findest, dankbar zu sein, umso mehr werden sich zeigen. Auch hier gilt die Regel: Von viel kommt viel. Es ist das große Geheimnis der Dankbarkeit: Sie macht Dich unendlich glücklich. Sie schließt Dich an das kosmische Glücksgefühl an, das die Schöpfung durchpulst. Du bist dankbar, dann passieren mehr Dinge, die Dich dankbar werden lassen. Du beginnst die Wunder der Schöpfung wieder wahrzunehmen, zu sehen, und Dankbarkeit erfüllt Dich. Du bist dann Teil des Flusses der Fülle, und in diesem Flow ist die Kreativität zu Hause.

Medizinische Studien ermutigen uns, ein Leben in Dankbarkeit zu führen. Dieses Gefühl hebt die Lebensenergie und ist überaus gesund. Menschen, die Dankbarkeit als Lebensgefühl über mehrere Jahre pflegen, erkranken weitaus seltener an Herz-Kreislauf-Beschwerden als der normale Durchschnitt.

ÜBUNG

Der Atem der Schöpfung!

»Ein einziger bewusster Atemzug kann der erfüllende Sinn eines Erdenlebens sein.«
Indische Weisheit

In Indien gibt es das schöne Bild des göttlichen Liebespaares Krishna und Radha auf einer Schaukel. Das heitere Liebespaar ist ein Symbol des Göttlichen. Ihr glückseliges und liebendes Hin- und Herschaukeln ist ein Sinnbild für den menschlichen Atem. Das Göttliche schaukelt und wiegt uns Menschen. Jedes Mal, wenn es uns berührt, dann erfahren wir seinen Segen. Der Atem sagt uns: Segen-Segen-Segen. Es ist fast wie ein feines Streicheln. Du wirst einfach geatmet. Deine Umwelt pumpt mit einem feinen Überdruck von zwei Bar Luft in Deine Lungen. Mit jedem Ein- und Ausatmen folgen wir dem feinen Grundrhythmus der Natur. Wir werden bewegt in einer bewegten Umwelt. Alles in der Natur, jede Pflanze, jede Meereswelle, der Tag-und-Nacht-Wechsel, die Jahreszeitenabfolge bestehen aus diesem rhythmischen Wechsel zwischen Anspannung und Entspannung, Aktivität und Ruhe, dem Tun und Sein.

Symbolisch gesehen bedeutet Einatmen, das Geschenk des Lebens annehmen. Ausatmen ist das, was Du der Mutter Erde und der Welt zurückgibst. Du kannst Dir auch bildlich vorstellen, dass Du Deine kreativen Ideen mit einem sanften Auspusten zum Leben erweckst und mit einem weiteren Pusten Gestalt verleihst. Folgende uralte Meditation der Dankbarkeit integriert Dich in Deinem jetzigen Augenblick:

So wird's gemacht:

Erlaube Dir, Dich an das gute Gefühl der Dankbarkeit zu erinnern. Du kannst Dich auch an eine bestimmte Situation in der Vergangenheit erinnern, in der Du eine glückliche Dankbarkeit erlebt hast. Atme nun das Gefühl der Dankbarkeit in Dein ganzes Körperbewusstsein ein. Atme es auch bewusst durch all Deine Gefühle und Gedanken.

Beobachte einige Deiner Atemzüge. Folge dem Steigen und Fallen des Atems. Lass Gedanken und Gefühle weiter und weiter in der Ferne wie kleine Wolken an Dir vorbeiziehen. Sie berühren Dich nicht. Fühle nun Dankbarkeit. Dankbarkeit für diesen Atemzug. Für genau dieses nächste Ein- und genau dieses Ausatmen.

Gib Dich voller Vertrauen Deinem Atem hin. Erlaube Dir, Gefühle der Freude zu empfinden. Beobachte das Steigen und Fallen Deines Atems. Du kannst jetzt ganz Deinem Dasein vertrauen. Fühle die Schönheit. Fühle diese Energie. Fühle den inneren Frieden.

Atme ein und sage Dir: »Ich empfange.« Atme aus und sage: »Ich schenke der Welt meine Gaben.« Mache diese Übung sieben Mal oder öfter.

DIE BALANCE VON ANNEHMEN UND LOSLASSEN

Der Atem kann einer unserer großen Lehrmeister sein: Das Beobachten unseres Atems zeigt, es kann ganz leicht gehen, auf der einen Seite festzuhalten und dann auf der anderen Seite immer wieder loszulassen. So können wir lernen, uns bewusst zwischen diesen Dualitäten des Lebens zu bewegen und wahrhafte Schöpfer zu werden.

»Vertraue in Gott, aber binde Dein Kamel gut an.«
Nomadische Weisheit

Der Zen-Buddhismus lehrt, wie wir den beständigen Wechsel von Festhalten und Loslassen üben können. Die Pionierin der Erforschung der kulturellen DNA, Hazel Henderson, beschreibt diesen Zustand: *»Es gibt ein Yin/Yang Kontinuum, das wir mit unserer westlichen Logik nicht begreifen, weil wir dieses ›Entweder-oder-Denken‹ haben. Aber es ist eine ›Sowohl-als-auch-Logik‹, und sie besagt, dass wir ständig auf dem Kontinuum zwischen Bindung und Loslösung hin- und hertanzen, zwischen der weiten Sicht, dem unendlichen Sein und dem inkarnierten Sein, wo wir alles über Begrenztheit, Endlichkeit und Handeln lernen müssen.«*[62]

Hazel Henderson wählt als Bild der Bewegung zwischen den Gegensätzen den Tanz. Hier begegnet uns wieder der alte Mythos des tanzenden Gottes Shiva. Sein Tanz ist Symbol des gleichzeitigen Erschaffens und Loslassens, das unser Menschsein von uns stetig fordert. Die Ikone des »Feuertänzers« ist auch ein Sinnbild für jeden, der ein kreatives schöpferisches Leben führt. Jeder Kreative muss diese Gegenkräfte verschmelzen können: Er lebt zwischen Feuer und Eis. Er ist Narr und gleichzeitig Alchimist, der den Stein der Weisen wieder und wieder berührt. Ein ganzheitlich arbeitender Kreativarbeiter erlebt in seinem Werk ein Stück der mystischen Hochzeit, die eine Verschmelzung der Gegensätze symbolisiert. Diese Vorstellung der Verschmelzung von Gegensätzen findet sich in jeder Kultur. Wir finden es im Bild Mann/Frau, Yin/Yang, Licht/Dunkelheit oder Erde/Himmel. Jedes gelungene Werk, sei es ganz klein oder in aller Öffentlichkeit sichtbar, trägt diese verschmolzene Kraft der Gegensätze in sich. Das macht die große Kunst in jeder menschlichen Aktivität aus.

62 Hazel Henderson zit. in: Mihaly Csikszentmihalyi (2007), S. 432

IN BALANCE MIT DEINER AUTHENTISCHEN KREATIVITÄT

Kreative Menschen haben häufig Probleme im Halsbereich. Deshalb lohnt es sich, ein wenig dieses Thema zu betrachten. Viele Redensarten beschäftigen sich mit dem Hals. So sagt man, »Der kriegt den Hals nicht voll«, wenn ein Mensch gierig ist, oder »Einen dicken Hals haben«, wenn wir uns ärgern. Bei einem Zuviel an Betroffenheit heißt es: »Ich habe einen Kloß im Hals.«

Unser Hals spielt eine zentrale Rolle beim Atmen, Sprechen und Schlucken. Der Hals steht symbolisch für unseren authentischen Ausdruck. Hier sitzen viele Organe, die mit Ausdruck zu tun haben, z.B. unser Zungenbein. Unser Hals ist im Verhältnis zu unserem Körper sehr schmal und verletzlich. Bei Angst und Angriffen jeder Art schützen wir ihn automatisch, indem wir die Schultern hochziehen.

Der Hals steht körpersymbolisch für die Verbindung zwischen Herz und Kopf. Hier sollten die Energien zwischen der Eigenliebe und des »Ich bin frei« fließen. Unser Kopf symbolisiert in der Verschmelzung der gegensätzlichen Aktionen seiner Gehirnhälften unser »Ich bin«. Unser Herz verkörpert unsere Selbstliebe und Liebesfähigkeit im Allgemeinen. Kopf und Herz gemeinsam initiieren unsere Kreativität.

Wenn die Verbindung zwischen Herz und Kopf seelisch belastet ist, kann es zu Kreativblockaden kommen, die sich auch in körperlichen Symptomen ausdrücken. Wenn kreative Menschen zu mir kommen, die unter Arbeitsblockaden leiden und gleichzeitig Probleme mit dem Halsbereich haben, stelle ich die Frage: »Gibt es alte Ziele oder alte Entscheidungen, die angepasst werden sollten?« Die häufigste Körperstelle, an der diese Informationen gespeichert sind, ist interessanterweise der Hals. Oft sitzen im Zellgedächtnis im Hals kleinere Blockaden, die durch Wut, Ungerechtigkeit und Unterdrückung ausgelöst wurden. Oft hat einem jemand oder etwas im übertragenen Sinne »am Hals gepackt«, »zurechtgestaucht« oder »etwas uns die Luft abgeschnürt«. Halsblockaden gleichen oft einer inneren Kündigung, und die Glaubenssätze heißen meist: »Ich werde so nicht mehr arbeiten. Es ist zu viel. Ich habe Angst« oder »Ich darf nicht arbeiten, es ist zu gefährlich«.

Dein Hals möchte sich frei bewegen. Hast Du öfter Halsprobleme, dann bist Du aufgefordert, in Liebe zu akzeptieren, dass Du Dich kreativ ausdrücken möchtest und Dir dies auch erlaubst. Deine Kreativität wird sich in dem Maße entwickeln können, in dem Du Dir erlaubst, Deinen authentischen Ausdruck zu leben. Lerne, mehr und mehr Deine Kreativität und all die Ideen, die Du entwickelst, in Liebe anzunehmen. Erlaube Dir, über Deine Schöpfungen zu staunen. Richte Dein Leben mehr nach Deinen Bedürfnissen und Wünschen aus, und die Kreativität wird sich einstellen. Mache Dir keine Gedanken mehr darüber, was andere Menschen über Dich denken. So kannst Du zu Deiner wahren Individualität gelangen.

ÜBUNG

Die Herz-Kopf-Verbindung

Diese sehr einfache, aber effektive Übung aktiviert Deinen Willen. Sie befreit den kreativen Fluss. Diese Übung befreit, lockert und löst ganz besonders den Halsbereich.

So wird's gemacht:

Lege Deine linke Hand flach auf Dein emotionales Herz auf die Mitte deiner Brust. Lege dann Deine rechte Hand flach auf den Scheitel Deines Kopfes. Denke an ein Projekt, an einen Wunsch oder ein Vorhaben, an dem Du gerade arbeitest. Beobachte Deine Körpergefühle. Wird eine der Hände wärmer? Wie fühlt sich Dein Hals an, wenn Du an Dein Projekt denkst?

Sage laut: »Ich bin das und das bin ich.« Dann atme bewusst durch die Nase ein und schicke beim Ausatmen die Kraft des Atems in den vorderen Halsbereich. Stelle Dir vor, dass Dein Hals freier wird. Stelle Dir weiter vor, dass Du viel Raum um Dich herum fühlen kannst. Erlaube, dass sich Dein ganzer vorderer Hals mehr und mehr entspannt, weiter wird und sich freier anfühlt. Wenn es noch weitere gefühlte Blockaden im Halsbereich gibt, dann kannst Du Dir auch vorstellen, dass Du dorthin feines, hellblaues Licht mit Deinem Atem schickst. Du kannst Dir vorstellen, dass dieses Licht sich wie ein weicher, schützender Schal um Deinen Hals legt. Atme so lange, bis Du Dich entspannter fühlst, gähnst oder einen Speichelfluss bekommst.

DER STEIN DER WEISEN – LEBE FURCHTLOS!

»Lache, damit das Grauen in Deinem Geist keinen Platz einnimmt.«

Buddhistische Weisheit

Kurz bevor ein Projekt erfolgreich auf die Zielgerade geht und alles gut ist, kann es sein, dass sich ein dominantes Gefühl der Unzufriedenheit einstellt. Eigentlich ist alles gut. Du bist kurz vor Deinem Ziel. Dein Umfeld ist mit Dir zufrieden, und Deine Arbeit wird gelobt, alles ist in guter Vorbereitung und scheint bestens. Nur Du leidest plötzlich. Anfälle von Unzufriedenheit packen und schütteln Dich. Auf der Reise des kreativen Helden lauern kurz vor der Zielgraden die besonders gefährlichen Herausforderungen: Es sind die Sümpfe der Unzufriedenheit.

Hier ist nun von Dir eine neue Form der Balance gefragt. Auf der Zielgeraden sind beständige Neuanpassungen Deines inneren Gleichgewichts und Deiner Flexibilität erforderlich. In dieser Phase sind Unzufriedenheit und Selbstkritik Gift. Es kann auch sein, dass Du an einer Stelle zu schnell geworden bist und ein innerer Teil von Dir mit Deinem Tempo nicht mitkommt. Du hast vielleicht einfach den Überblick verloren, und der aktuelle Nebel dieser Phase erlaubt keine schnelle Weitsicht. Jetzt heißt es: Widerstand umarmen! Kurz vor Abschluss der Arbeit ist es typisch, dass belastende Gedanken auftreten. Du fragst Dich vielleicht: »Warum mache ich das überhaupt? Was ist eigentlich der Sinn? Ich möchte es am liebsten hinschmeißen! Und nichts, aber auch gar nichts scheint zu funktionieren.«

Und gerade jetzt heißt die Devise für Deine Gedanken und Gefühlswelten: Mut-Vertrauen-Mut-Vertrauen-Mut-Vertrauen. Ermutige Dich, die negativen Gefühle einfach zu ignorieren. Trockne den Sumpf der Unzufriedenheit aus. Diese Zeit des Zweifelns in der Schlussphase will einfach irgendwie durchlaufen und überbrückt werden. Auch wenn die Umstände alles andere als vertrauenswürdig erscheinen, ist es sehr wichtig, einfach stoisch zu vertrauen.

Hat Dich in den Sümpfen der Unzufriedenheit die große Mutlosigkeit gepackt und schüttelt Dich, erinnere Dich an das Geheimnis der Klaviatur der schöpferischen Matrix: »Vertraue und glaube!« Fühle tiefes Vertrauen. Einfach so. Unser Gehirn und unser Herz funktionieren so. Wer im heißen Sommer an kühles Eis denkt, dem wird es etwas leichter. Wenn Vertrauen und Zutrauen in Dein Werk zu fehlen scheinen, ermuntere Dich selbst. Der Philosoph Omraam Mikhaël Aïvanhov beschreibt den notwendigen Weg der Seele als eine geistige Ertüchtigung, der wir nicht ausweichen können. Wir sind aufgefordert, durch die scheinbaren Widerstände, die »Angst, Verzagtheit und Entmutigung« heißen, immer wieder durchzugehen: *»Wenn ihr entmutigt seid, müsst ihr noch mehr Mut aufbringen als sonst, um die Mutlosigkeit zu überwinden. Dies ist die wahre Alchemie des Steins der Weisen.«*[63]

63 Omraam Mikhaël Aïvanhov (2008), S. 200

DIE KREATIVSCHLÜSSEL DES NEUNTEN GEHEIMNISSES:

Erlaube Dir, ein außergewöhnlicher Mensch zu sein.

Stelle viele Fragen, trainiere Mitgefühl und spielerische Neugierde.

Kreative Menschen kämpfen nicht mit Veränderungen – sie gestalten sie.

Beschließe, dass Veränderungen, Unsicherheit und Zweideutigkeit von jetzt an zu Deinem Leben dazugehören.

Gegensätze erzeugen kreative Energie, die Du nutzen solltest.

Mache nicht mehr als drei Tätigkeiten gleichzeitig.

Erinnere: Dein äußeres Leben und Dein Innenleben brauchen jeweils getrennt voneinander Deine Fürsorge.

Wenn Du etwas zu sagen hast – dann sage es jetzt.

Was immer Du tun möchtest: Fange jetzt gleich an, tue es gut und tue es am richtigen Ort.

Das Gefühl der Dankbarkeit schafft die Synthese zwischen dem Schöpferischen und dem Ungewissen.

Ersetze Gefühle der Unzufriedenheit durch Vertrauen.

Für die Phasen kurz vor dem Abschluss Deiner Arbeiten gilt: Widerstand umarmen!

Kreativkontemplation: Das Märchen vom hässlichen Entlein von H. Chr. Andersen

Das Märchen »Vom hässlichen Entlein« gehört vom Themenkreis zu den uralten Erzählungen der Menschheit. In fast allen Kulturen finden sich Versionen. Immer wächst ein königliches Tier allein unter fremden Geschöpfen auf. Das Märchen gibt es in der Variante »Der Adler im Hühnerhof« oder der »Löwe in der Schafherde«. Hier werden die Jungtiere lange für ihr Anderssein von allen gequält, und erst nach einem langen Leidensweg kommt die Erkenntnis: »Ich bin wirklich anders, und das ist gut so! Ich bin keine Ente – ich bin ein Schwan. Ich bin kein Huhn – ich bin ein Adler. Ich bin kein Schaf – ich bin ein Löwe.«

Dieses Märchen lehrt uns die uralte Lektion: Du bist, wer Du bist. Es ermuntert uns, gleich, wie unsere Kindheit war, gleich, was uns eingebläut wurde und was wir glaubten, selbst herauszufinden, wer wir sind. Deine wahre Gestalt lässt sich nicht immer verbergen. Du kannst Dich verstecken, Dein Licht unter den Scheffel stellen und immer in der zweiten Reihe stehen wollen. Irgendwann ist es damit vorbei. Es kommt die Zeit, da unser authentisches Selbst unsere Tarnungen und unsere Scheinwelt durchbrechen und sich zeigen wird. Lebe Deine Gaben gern mit einem gesunden Stolz, der von einem liebenden Bewusstsein um Deinen Platz im großen Weltgefüge getragen ist.

Das Märchen vom hässlichen Entlein beginnt damit, dass ein Schwanenei in einem Entennest ausgebrütet wird. Die Frage, wie kommt das fremde Ei überhaupt dorthin, spielt in den meisten Märchenvarianten keine Rolle. Das Ei gehört hier nicht hin. Tiersymbolisch steht der Schwan für die menschliche Seele. Im Märchen kann das kleine Schwanenküken nicht lange bei seiner Entenmutter bleiben, denn niemand will den grauen Außenseiter. Alle quälen das kleine Küken, weil es so hässlich ist:

»... Das arme Entlein wurde von allen gejagt. Und die Mutter sagte: ›Wenn Du nur weit fort wärst!‹ Und die Enten bissen es und die Hühner schlugen es und das Mädchen, welches die Tiere füttern sollte, stieß mit den Füßen nach ihm.« Es sollte ein langer Leidensweg für den kleinen Schwan werden. Er überlebte knapp den Winter, um dann im Frühling endlich ein neues, prächtiges Gefieder zu bekommen. Am Ende des Märchens wagt sich der junge Schwan in seinem neuen weißen Federkleid auf den Teich:

»Es fühlte sich ordentlich erfreut (nach) all der Not und Drangsal, welche es erduldet. Nun erkannte es erst recht sein Glück an all der Herzlichkeit, die es begrüßte. Und die großen Schwäne umschwammen es und streichelten es mit dem Schnabel. In den Garten kamen einige kleine Kinder, die warfen Brot und Korn in das Wasser. Und das kleinste rief: ›Da ist ein neuer!‹ Und die andern Kinder jubelten mit: ›Ja, es ist ein neuer angekommen!‹ Und sie klatschten mit den Händen und tanzten umher, liefen zu dem Vater und der Mutter, und es wurde Brot und Kuchen in das Wasser geworfen, und sie sagten alle: ›Der neue ist der Schönste: So jung und so prächtig!‹ Und die alten Schwäne verneigten sich vor ihm.

Da fühlte er sich so beschämt und steckte den Kopf unter seine Flügel. Er wusste selbst nicht, was er beginnen sollte. Er war allzu glücklich, aber durchaus nicht stolz, denn ein gutes Herz wird nie stolz! Er dachte daran, wie er verfolgt und verhöhnt worden war, und hörte nun alle sagen, dass er der schönste aller schönen Vögel sei. Selbst der Flieder bog sich mit den Zweigen gerade zu ihm in das Wasser hinunter, und die Sonne schien so warm und so mild! Da brausten seine Federn, der schlanke Hals hob sich, und aus vollem Herzen jubelte er: ›So viel Glück habe ich mir nicht träumen lassen, als ich noch das hässliche Entlein war!‹«

»Es schadet nichts, in einem Entenhof geboren zu sein, wenn man nur in einem Schwanenei gelegen hat!«
Hans Christian Andersen (1805–1875)

Das 10. Geheimnis: Folge der Freude

DIE KREATIVE KRAFT DER FREUDE

APOLLO LÄSST DIE SONNE AUFGEHEN

»Here comes the sun!« Dort, wo der schöne Apollo auftaucht, geht die Sonne auf, die Musen beginnen zu tanzen, und die Party kann losgehen. Apollo ist das kreative Multitalent im Götterhimmel. Er ist ein Gott aller Künste und der beste Freund der Musen. Meist wird gefeiert, denn *»das Leben ist ein Fest«*, weiß der Gott. Apollo spielt dazu auf seiner Harfe und passt auf, dass ihre Party ungestört bleibt.

Der bildhübsche Gott tanzt, singt und spielt fast alle Instrumente rauf und runter. Zudem ist er auch Künstler und Heilgott. Ihm war die wichtigste Tempelstätte der Antike, das Orakel von Delphi, geweiht.

»Mit Sonne im Herzen geht alles leichter«, weiß Apollo. Er muss es wissen, denn er ist auch der Gott der Sonne und des Lichts. Alle Musen lieben ihn leidenschaftlich und nennen ihn zärtlich »sunny boy«. Bei Anbruch des Winters geht es ab ins Winterquartier. Dann reist Apollo auf einem von Schwänen gezogenen Wagen in »das Land jenseits des Nordwindes«. Kaum ist er abgereist, wird es Winter. Erst wenn Apollo wieder gegen Süden reist, kommt auch die Wärme zurück und mit ihr die ganze Kraft und Lust des Frühlings. Die Musen sind dann überglücklich und feiern ihren »Sonnenkönig« mit vielen Küssen. So bekommt im Frühling mancher Kreative mehr Musenküsse ab als sonst und macht sich freudig beschwingt an die Arbeit.

»Ohne Wenn und Aber. Immer direkt ins Schwarze. Und immer auf den Ton genau.« Apollo ist ein Meister der Präzision. Gleich, ob er seinen großen Bogen spannt oder in die Saiten seiner Harfe, der »Kithara«, greift.

Er trifft Ziel oder Ton genau. Im Heldenepos der Illias heißt es, Apollo schenke den Menschen den »zielsicheren Pfeil« sowie das »treffende Lied«. Wenn es ernst wird wie im Trojanischen Krieg, kann Apollo den Helden schon mal unter die Arme greifen und beim Zielen helfen. Dem unsicheren Musiker hält er gerne fein die Stimmgabel ans Ohr. Und Apollo verrät uns ein Geheimnis der Sonne. Sie verbindet uns mit der Feuerkraft unseres inneren Künstlers. Sonnenkraft hebt die Gegensätze und Trennungen auf. Sie macht uns beschwingt, steigert unsere Schöpferkraft und manifestiert visionäre Ideen. Als Gott des Orakels von Delphi flüstert er Dir zu: »Tue, was Du willst! Tue es gut! Folge dem Weg der Freude. Lass Dich durch nichts und niemanden von diesem Weg abbringen.«

»FREUDE, SCHÖNER GÖTTERFUNKEN...«

Erkläre die Freude zu Deinem Lebensprinzip. Denn ein bedingungsloser Diener der Freude ist Kreativität. Wenn Du in Freude lebst, liebst und arbeitest, wird Dein Leben überall heitere Blüten der Kreativität wachsen lassen. Freude nährt Dich.

Mit Freude lockst Du die kreativen Einfälle an – so wie der Honig die Bienen und Bären. Freude ist der »schöne Götterfunken«. Sie ist unsere höhere Inspiration. Freude öffnet unsere grobe Alltagswahrnehmung für die feineren Kanäle, dem Flüstern der Musen. So kann sich das gewisse Extra durch unsere Kreativität ausdrücken.

Denn Freude ist der Motor kreativen Schaffens. Hierin stimmen alle erfolgreichen Hochkreativen überein: Sie arbeiten in erster Linie, weil es ihnen Spaß macht. Für Mihaly Csikszentmihalyi ist die Freude an der Arbeit der springende Punkt hochkreativer Menschen: Sie sind glücklich, wenn sie ganz im Tun aufgehen können. Die Arbeit, die sie lieben, zählt mehr als die Ergebnisse: *»Kreative Menschen unterscheiden sich in vielfacher Hinsicht voneinander, aber in einem Punkt sind sie sich alle einig. Sie alle lieben ihre Arbeit. Was sie antreibt ist nicht die Hoffnung auf Ruhm oder Geld, sondern die Möglichkeit, einer Arbeit nachgehen zu können, die sie mit Freude erfüllt.«*[64]

DER FREUDE FOLGEN

Geballte Freude ist pure Lebenskraft. Hier finden wir die tiefe Erfahrung des Lebendigseins. Wirkliche Freude ist! Sie wird nicht erzeugt! Darin gleicht sie der Liebe, die in ihrer wahren Form einfach ist.

Natürlich gibt es auch eine Form der Wenn-dann-Freude. Sie kann sich nach glücklichen Umständen und Ereignissen einstellen und vergeht rasch. Diese Form von Freude gehört mehr in das Reich der Gefühle, die uns im Alltag begleiten, und ist an unser Belohnungssystem im Gehirn gekoppelt.

64 Mihaly Csikszentmihalyi (2007), S. 159

Wenn uns die Lust etwas zu tun, packt, dann sollten wir unbedingt aktiv werden. Die Freude ist ein Indikator, dass hier etwas schlummert, das entwickelt werden möchte. Freude bringt die Schöpferkraft in Schwung. Freude ist einer der Motoren der erfolgreichen Evolution des Menschen. Mihaly Csikszentmihalyi räumt der Freude einen zentralen Punkt für das Überleben der Menschheit ein: *»Aber nur, wenn genügend Menschen durch Freude motiviert werden, die ... aus der Entdeckung neuer Seins- und Handlungsweisen (erwächst), kann es zu einer kulturellen Evolution, zu Fortschritten im menschlichen Fühlen und Denken kommen. Deshalb ist es von großer Bedeutung, dass wir besser verstehen, woraus diese Freude besteht und wie die Kreativität dazu beitragen kann«.*[65]

INSPIRATION

Streue Freude darauf – die richtige Würze des Lebens

Stelle Dir vor, dass Du heute alle Deine Tätigkeiten mit Freude würzt. Es reicht, wenn Du Dir vorstellst, dass Du einen Salzstreuer oder – wenn Du es lieber magst – einen Gewürz- oder Zuckerstreuer hast. Er ist randvoll angefüllt mit Freude. Bei allem, was Du heute tust, streue eine extragroße Portion Freude drauf!

Freude ist das besondere Gewürz, das alle Deine Tätigkeiten schmackhaft macht!

65 Mihaly Csikszentmihaly (2007), S.162

DER WEG DER FREUDE

Du kannst lernen, mit Deinen Kreativprojekten den Weg der Freude zu gehen. Es ist ein feiner Übungsprozess, mehr auf Deine kleinen Eingebungen zu hören. Frage Dich: Wann empfinde ich Freude? Wann immer Gefühle von wahrer Herzensfreude, innerem Frieden und beglücktem Dasein wahrgenommen werden, bist Du auf dem richtigen Weg. Der Mythenforscher Joseph Campbell wird an dieser Stelle deutlich: *»Gehen Sie dahin, wo Ihr Körper und Ihre Seele hin wollen. Wenn Sie das richtige Gefühl haben, dann bleiben Sie dabei und lassen sich von keinem Menschen davon abbringen.«*[66]

Wir alle benötigen Training, um uns für die Freude zu entscheiden. Und es ist meist mehr als ein einfaches Umtrainieren. Denn wir sind Hochleistungspferde darin, Sachen abzuarbeiten, die uns keinen Spaß machen. Wir haben uns selbst darauf konditioniert, Dinge ohne Freude zu erledigen, und nennen das Disziplin. Eine Folge ist, dass unsere kindliche Freude, der große Kreativ- und Liebesmotor, auf der Strecke bleibt. Das geht sogar so weit, dass uns Tätigkeiten, die uns eigentlich Freude bereiten sollten wie beispielsweise Familienzeit, Freunde, Sport, Basteln oder Kochen, uns nicht mehr in Freude berühren können.

Wenn Du beginnst, Dein Herz bei Deinen Tätigkeiten wieder mehr zu öffnen, dann geht es allen in Deinem Umfeld gleich besser. Auch hier gilt: »Freude ist ansteckend!«. Um mehr

66 Joseph Campbell (2007), S. 145 f.

Freude zu erleben, mehr unserer Intuition zu vertrauen und wirklich der Freude zu folgen, helfen ganz praktische Übungen. Hierzu gehört, bewusst und achtsam schnell auswählen zu können. Deine Zusammenarbeit mit Deiner Intuition kann bewusst gestärkt werden, wenn Du Dir erlaubst, aus den Trampelpfaden des Alltags auszusteigen.

ÜBUNG

Wege wählen

»Alle Wege bahnen sich vor mir, weil ich in Demut wandele.«
Johann Wolfgang von Goethe (1749–1832)

Die Regel für Deine Alltagsrouten darf zukünftig lauten: Öfter mal andere Wege und neue Wege beschreiten. Das hält den Geist frisch und jung. Keine Angst vor längeren Wegen. Wie der Volksmund so schön sagt: »Umwege erhöhen die Ortskenntnis.«

Und los: Wenn Du heute im Park spazieren gehst, zum Einkaufen gehst oder sonst Routinewege benutzt, kannst Du an der Kreuzung oder Weggabelung kurz innehalten. Frage nun Dein Herz: »Welcher Weg ist jetzt der richtige für mich? Bei welchem Weg fühle ich mehr Freude?« Und dann gilt: Der erste Impuls ist immer der richtige. Du kannst ihm einfach vertrauensvoll folgen. Hier brauchst Du ein wenig Übung. Der Impuls wird am Anfang oft von überlauten Zweifeln oder anderen verwirrenden Denkgewohnheiten überstimmt. Um zu lernen, dem ersten Impuls zu folgen, braucht es Übung-Übung-Übung.

Eine andere Art, Wege zu wählen, ist folgende: Wenn Du an einer Kreuzung stehst, schließt Du kurz Deine Augen: Wenn Du sie öffnest, kann einer der Wege heller aussehen. Oder er kann sich im Bauch einfach besser anfühlen. Gehe dann genau diesen Weg. Probiere es aus! Jahrelang habe ich diese Techniken geübt. Neugierig bin ich dann gezielt die Wege gegangen und gefahren, die sich nicht so gut anfühlten. Ich wollte einfach wissen, warum mein Unterbewusstsein sagte: »Heute mit dem Fahrrad nicht da lang fahren.« Und mein Kopf wollte meiner Intuition nicht vertrauen. Es war wirklich interessant. Die Erkenntnisse waren eindeutig und denkbar unspektakulär: Es standen Baukräne oder Möbelwagen herum, Wasserleitungen wurden repariert oder im Park Bäume gefällt. Ich habe daraus gelernt: Nicht im Kopf grübeln, sondern der Intuition folgen. Heute vertraue ich meinem inneren Lotsen. Ich weiß, er meint es gut mit mir. Das Ganze sollte ein Spiel bleiben. Ein häufiges Training im Wege wählen stärkt Dein Selbstvertrauen.

Übrigens: Diese Art, Wege zu wählen, ist jahrtausendealt. Unsere Vorfahren bewegten sich auf diese Art auf ihren Jagd- und Streifzügen durch die Natur.

LÖWENHERZEN: DER MUT DER KREATIVEN

Es verlangt von allen Kreativschaffenden großen Mut, ja ein wahres Löwenherz, den Weg der Freude zu gehen. Hierfür sind die Unerschrockenheit eines wahren Helden und das Glück eines Narren notwendig. Mit der Freude, mit der Du beginnst Deine Kreativpläne anzupacken, stellen sich kleine Veränderungen ein. Veränderungen verlangen Deinen Mut. Dieser Mut kommt, wenn Du weißt, dass Du das Richtige tust. Mut geht Hand in Hand mit

> *»Was wäre das Leben, hätten wir nicht den Mut, etwas zu riskieren?«*
> Vincent van Gogh (1853–1890)

den Gefühlen der Liebe, der Dankbarkeit, des Vertrauens und des Glaubens. Der lateinische Ursprung des Wortes Mut bzw. »Courage« beinhaltet das Wort »cor« = Herz. Hier im Herzen ist aller Mut, den Du brauchst. Ein Geheimnis ist, dass jedes Kreativprojekt, das bei Dir in Herz und Kopf landet, seinen eigenen Mut mitbringt. Es heißt: »Harre des Herrn; sei guten Mutes und er wird Dein Herz stärken« (Psalm 27:14). Wer Vertrauen ausstrahlt, zieht wiederum Vertrauen an. Er kann so leichter andere Menschen für seine Ideen begeistern.

FREUDE IST DEIN NAVIGATOR IM KREATIVDSCHUNGEL

Wer sich mehr auf seine Schaffenslust einlässt, wird Teil eines größeren Schöpfungsfeldes. Er beginnt dann, das kollektive Unbewusste anzuzapfen. Hier fließt und fließt es ohne Zensur. Von den vielen Ideen, die sich bei Deinen diversen kreativen Tätigkeiten einstellen, werden Dich einige sehr beglücken. Sie führen auf den Weg der Freude. Andere sind vielleicht geistreich, aber im Kern negativ ironisch oder gar zynisch. Sie fallen mehr in den Bereich »Kollateralkreativität«. Sie dürfen aussortiert werden.

In der Fülle der Ideen gibt es richtig gute. Um diese Joker aus der Masse herauszuziehen, können wir Freude als Indikator nutzen. Wenn Dich etwas beglückt kitzelt, Du leicht freudig nervös wirst oder sich ganz viele Möglichkeiten auftun, dann bist Du auf dem richtigen Weg. In Freude kreativ zu arbeiten verbindet Dich mit dem richtigen Flow-Kanal. Dann beginnt ein Stück Deines höheren Bewusstseins durch Dich zu wirken. Man darf die Kontrolle an dieser Stelle ruhig abgeben. Die Designer Thomas und Martin Poschauko beschrieben es so: *»Vielmehr erschien es so, als entstünden die Ideen gar nicht in unserem Kopf, sondern würden von außen geradewegs durch uns hindurchfließen. Wir erlebten uns selbst mehr als ›Medium‹… als Kanal, nahmen einfach auf und ließen hindurch, was uns ganz wie von selbst zuzufliegen schien. … Diese Momente erlebten wir so, als würden wir von ›etwas Höherem‹ geführt und mit Ideen gefüttert.«*[67]

> *»Die Position des Künstlers ist bescheiden, er ist im Wesentlichen ein Kanal!«*
> Piet Mondrian (1872–1944)

Die universelle Energie hat Dich als Schöpfer erdacht. Du trägst einen göttlichen Funken in Dir. Freude, der »schöne Götterfunken«, ist Dein Zugangscode zu Deinem großen Schaffenspotenzial. Deshalb verwirkliche Deine Ideen mit freudiger Hingabe.

---

67 Martin und Thomas Poschauke (2013), S. 198

ÜBUNG

Lass die Sonne in Dein Haus!

Nimm Dir vor, die nächsten sieben Tage bewusst Freude in Dein Leben einzuladen.

Stelle Dir vor: Du öffnest eine neue Tür. Vor der Tür steht Deine Lebensfreude. Mit ihr kommt strahlendes Sonnenlicht in Deine Wohnung. Du freust Dich sofort, sie zu sehen. Sie ist wie ein sehr liebevoller und guter Freund von Dir.

Stelle Dir die Aufgabe, Dich in den nächsten Tagen immer für das gute Gefühl der Freude zu entscheiden. Wenn Du aufwachst – gleich, was Du denkst – suche und finde Freude und richte sofort Deinen Fokus auf sie. Finde Freude in allen Situationen, die Dir während des Tages begegnen. Genieße mit allen Sinnen und fühle bewusst die Freude in Deiner Wahrnehmung.

Sage Dir immer wieder: »Ich messe meinen Erfolg daran, wie viel Freude er mir bereitet.«

»HERZLICH GERNE!« – HERZENSDIPLOMATIE

Das Herz kann das Unmögliche möglich machen und ist somit der Partner aller Kreativen. Das Herz ist seiner Natur nach flexibel – es bewegt sich geschmeidig zwischen den Widersprüchen des Lebens. Das Herz ist ein perfekter Diplomat. Es kennt Geheimnisse, verhandelt ganz in unserem Sinne und beruhigt die aufgebrachten Gemüter. Es kann Widersprüche in Harmonie bringen. Während der Kopf noch das »Nein!« abwägt, ist Dein Herz schon dabei, »Ja, gerne!« zu sagen.

Rudolf Steiner nannte das Herz die Schaltstelle zwischen oben und unten, innen und außen. Unser physisches Herz bildet den pulsierenden, rhythmischen Ausgleich zwischen diesen

Polen. Überall hat unser Herz ausgleichende Funktionen. Es gleicht auch zwischen dem Atmungsprozess und dem Verdauungsprozess aus.

Körpersymbolisch können wir das so ausdrücken: Unser Herz vereint die organische Triebnatur (Körper) mit dem bewussten Geist (Seele). Pegasus, das Musenross, verkörpert bildlich diese Verschmelzung der Gegensätze: Auch wenn wir uns als Menschen erdenschwer in unserem Körper bewegen: Unserem Herzen und Geist sind olympisch-himmlische Flügel verliehen worden. Der Pferdekörper des Pegasus repräsentiert unsere Gefühle wie Liebe, Treue, Kraft, Schnelligkeit, Feinfühligkeit, Verletzlichkeit und Schönheit. Pegasus' Flügel sind Zeichen, dass der Mensch sich im Geist über die Fesseln des Körpers erheben kann. Sein Flügelschlag ist auch unser Herzschlag. Unser Herz bewahrt unsere Sehnsucht und pocht fein darauf, dass wir immer wieder Pegasus reiten und uns mit ihm zu unseren Träumen aufschwingen.

HÖRE AUF DEIN HERZ!

»Höre auf Dein Herz!« Das ist hier in diesem Falle ganz praktisch gemeint. Hier sitzt die Power, die jeden wirklichen Kreativschub begleitet. *»Zuhören!«* heißt die Devise, denn dieses außergewöhnliche Organ hat viel zu erzählen.

Das Herz verfügt über nicht sichtbare Informationen. Es erfasst unsere wahren Gefühle inmitten unseres unachtsamen Alltags. Das Herz kennt Zusammenhänge, die Du bewusst nicht erahnst. Es erfasst intuitiv Deine Beziehungen. Es weiß, was zu tun ist. Diese harmonische und spielerische Intelligenz hat das Wissen um die innere Ordnung. Das Herz weiß, wozu Dinge gut sind, wohin sie gehören und wohin sie führen. Es kommuniziert direkt mit uns über unsere Intuition.

> *»Kreativität ist lebenswichtig, und Zugang zu ihr finde ich nur über mein Herz.«*
> Isabel Allende
> (geboren 1942)

Wenn wir lernen, wieder mehr auf unser Herz zu hören, dann gewinnen wir genau das, was überall in unserem Leben zu fehlen scheint. Wir erleben Flow, Synchronizitäten und achtsame, freundliche Beziehungen. Wir sind da, wo der Mensch natürlicherweise hingehört. Wir sind liebende Wesen, die ihre Kreativität positiv für sich und andere einsetzen.

ACHTSAME KOMMUNIKATION: ANDEREN ZUHÖREN!

In der menschlichen Kommunikation erfolgt mehr als 90 Prozent unserer eigentlichen Verständigung nonverbal. Wir sprechen miteinander und tauschen Informationen aus. Bei jedem zwischenmenschlichen Kontakt, scheinbar nebenbei und unmerklich, sind unser Körper und unsere Gefühle schon lange auf Hochtouren. Sie haben die Atemfrequenz und die Geschwindigkeit des Herzschlages des Gegenübers notiert, den Stresslevel über die chemischen Ausdünstungen eingelesen sowie die Mimik und Körpersprache interpretiert. Ohne es bewusst zu registrieren, nutzen wir diese Informationen dann im Gespräch. Gleichzeitig stimmt unser Körper noch die Bewegungen auf unseren Gesprächspartner ab und auch die Art und Geschwindigkeit, wie wir sprechen. Vielleicht passen wir uns dem Gegenüber auch im Dialekt oder anderen stimmlichen Intonationen an.

> *»Solange Du Dein Herz nicht öffnest, wirst Du nie Dein volles Potenzial erreichen.«*
> Paulo Coelho
> (geboren 1947)

Und genau hier arbeitet unsere unbewusste Herzintelligenz auf großartige Weise. Denn der intuitive Herzverstand kann nonverbale

Informationen superschnell verstehen und kombinieren. Das Herz kann uns das Beste in einer Situation durch ein stilles, intuitives Gefühl vorschlagen oder mit einem leichten Herzklopfen aufzeigen. Unsere Herzintelligenz bildet somit die ordnende Instanz. Es ist das alles fein abstimmende, ordnende Prinzip in der Flut der auf uns einprasselnden Informationen.

Diese Fähigkeiten einer achtsamen Kommunikation haben alle Menschen. Viele haben sie jedoch verlernt, sind einfach abgestumpft oder hören nicht mehr richtig zu. Es ist überaus lohnend, das empathische Zuhören im Alltag mehr zuzulassen. Denn hier schlummert ein Riesenpotenzial. Die nonverbale Sprache unseres Herzens ist direkt mit unseren kreativen Zentren verbunden. Wer intuitiver kommuniziert, lebt kreativer. Er lernt, überall kreative Möglichkeiten zu sehen und bei sich bietenden Gelegenheiten sofort zuzupacken. Kreative Menschen, die auf dem Herzkanal funken, erkennen sich untereinander intuitiv. Sie vertrauen einander schneller, und so wird es möglich, dass ein effektiver Kreativaustausch entsteht. Zwischenmenschliche Kontakte bieten dem achtsamen Kreativen die Möglichkeit, aus dem breiten Informationsfluss dicke Fische zu fischen.

INSPIRATION

Gehe immer davon aus, dass Dein Gegenüber irgendwelche wichtigen und inspirierenden Informationen für Dich hat.

DIE SPRACHE DES HERZENS: NEUES AUS DER WISSENSCHAFT

Unser Herz ist gefragt. Das Denken ist als Werkzeug für geniale Ideen »denkbar« ungeeignet. Es ist zu grobmotorig, zu linear, zu einfach gestrickt und agiert nicht lebendig vernetzt. Unser Herz dagegen ist ein Allrounder. Das Herz ist weit mehr als eine leistungsfähige Pumpe. Kein anderes Organ in unserem Körper hat einen so großen Einfluss auf unseren Intellekt, auf alle unsere Körpersysteme, unseren Gesundheitszustand und unser Wohlbefinden. Das Herz ist ein sensibles Organ und unser Denken, unser Fühlen und auch der Stress, unter dem wir stehen, können Herz und Kreislauf direkt beeinflussen.

> *»Die bedeutenden Probleme, denen wir heute gegenüberstehen, können nicht auf der Ebene des Denkens gelöst werden, die sie hervorgerufen hat.«*
> Albert Einstein (1879–1955)

Wie weit spricht unser Herz wirklich mit uns? Die Forschungen der Psycho(neuro-)kardiologie können mit interessanten Fakten aufwarten. Gefühle können uns im wahrsten

Sinne des Wortes »zu Herzen« gehen. Der renommierte Kardiologe Prof. Johann Caspar Rüegg beschreibt in seinem Buch einige äußere seelische Umstände, die ein gesundes Herz beeinträchtigen können. So kann es einen Zusammenhang von Depression und Herzinsuffizienz geben. Schwere Trauer kann das sogenannte »Broken-Heart-Syndrom« hervorrufen. Negative Gefühle, wie Wut und Angst können sich auf den Blutdruck auswirken.[68]

Das Herz interagiert auf vielfältige Weise mit dem Gesamtorganismus und seiner Umwelt. Das »*HeartMath-Institute*«, das in der Erforschung des Herzens und der Auswirkungen, die es für unser Leben hat, führend ist, brachte interessante Neuigkeiten über das Herz ans Licht. Hier untersuchen Kardiologen und andere Ärzte das Herz und dessen Kommunikationswege mit dem Körper. Doc Childre, der Gründer des Instituts, beschreibt in seinem Buch »Die Herzintelligenz-Methode«, dass sich unser Herz mit dem Gehirn über mindestens drei Wege austauscht: Neurologisch durch Übertragung von Nervenimpulsen, biochemisch durch Hormone und Neurotransmitter, biophysikalisch durch Druckwellen und möglicherweise auch energetisch durch Interaktionen eines elektromagnetischen Feldes.[69]

68 Johann Caspar Rüegg (2013), S. 83 ff.
69 Doc Childre, Howard Martin (2000), S. 48, 178

DAS HERZGEHIRN

Unser Herz bestimmt unsere Entscheidungen aktiv mit. Die alte Vorstellung, dass unser Gehirn die wichtige Schaltzentrale ist, ist längst überholt. Wir wissen heute: Unser Herz befindet sich im ständigen Dialog mit dem Gehirn. Es sendet uns emotionale und intuitive Signale, die helfen, unser Leben zu lenken. Die Reihenfolge, erst »auf sein Herz zu hören« und dann auf den Kopf, scheint beim Menschen als Grundmuster angelegt zu sein: So beginnt im ungeborenen Fötus das Herz zu schlagen, lange bevor sich überhaupt das Gehirn gebildet hat. Die Wissenschaft ist sich noch nicht sicher, was genau den Herzschlag in Gang setzt. Es beginnt einfach zu schlagen. Ohne Gehirn. Es braucht am Anfang keine Verbindung zum Gehirn, um weiterzuschlagen.

»Der Verstand kann uns sagen, was wir unterlassen sollten. Aber das Herz sagt uns, was wir tun müssen.«
Joseph Joubert (1754–1824)

Aus neurobiologischer Sicht ist unser Herz auf seine eigene Weise intelligent. Denn das Herz besitzt ein eigenes Nervensystem, das sogenannte Gehirn im Herzen. Dieses auch physiologisch bestimmbare Gehirn besteht aus über 40 000 Nervenzellen. Die Neurowissenschaftler haben herausgefunden, dass die Strukturen der Nervenzellen denen bestimmter subkortikaler Bereiche des Gehirns gleichen.

So finden sich die im Gehirn agierenden Neurotransmitter (= die verschiedenen Botenstoffe, die neuronale Informationen übermitteln) auch im Herzen.

Am HeartMath-Institute wurde die direkte Verbindung zwischen unserem Herzschlag und dem emotionalen Zustand untersucht. Wenn wir im Flow arbeiten, aber auch wenn wir Liebe, Fürsorge und Wertschätzung erfahren, zeigt unser Herzrhythmus ein harmonischeres Muster. Die Wissenschaftler des HeartMath-Institute gaben diesem Zustand das Fachwort »Herzkohärenz«.

In diesem sanften und ruhigen Zustand der Herzkohärenz ist die Leistungsfähigkeit unseres Gehirns in Höchstform. Wir sind in unserem Bewusstsein ganz im JETZT.

Wenn wir dagegen Gefühle der Angst, Traurigkeit und des gebrochenen Vertrauens erleben, schlägt das Herz unruhig und unregelmäßig. Anders ausgedrückt: Unser Herzschlag richtet sich nach unserem Bewusstseinszustand aus. Das bedeutet für alle Kreativen: Es ist wichtig, sich noch mehr Achtsamkeit in allen Gefühls- und Herzensangelegenheiten anzugewöhnen. Es gilt hier: Verstärke die positiven Gefühle im Alltag.

Ein freudiges Leben ist mehr als ein kreatives Leben. Es ist ein gesundes Leben! Wer häufig den Zustand des achtsamen Flows erlebt, dessen Körper produziert mehr wichtige Immunverstärker, die vor Infektionen schützen. Und im Zustand der Herzkohärenz baut der Körper mehr Stresshormone ab.

DEIN HERZ: DER PERFEKTE BODYGUARD

Wie kann es sein, dass unser Herz oft klüger ist als unser einfaches Körperreaktionsvermögen? Das Herz reagiert nicht einfach reflexartig, wenn es einen Befehl vom Gehirn erhält. Vielmehr wägt es ab. Seine Reaktionen sind je nach Situation unterschiedlich. Oft gibt es keine Übereinstimmung zwischen Herz und Hirn. Das Herz scheint das einzige Organ im Körper zu sein, das für sich alleine Entscheidungen treffen kann. Unser Herz tauscht beständig Signale mit der sogenannten Amygdala (Mandelkern) im Gehirn aus. Die Amygdala ist eines der Alarmsysteme im Körper. Sie steuert alle reaktiven emotionalen Vorgänge. Die Amygdala stimuliert die Produktion des Stresshormons Kortisol sowie die Adrenalinproduktion und unseren Blutzucker. Die Amygdala bewertet die eingehenden Informationen mit gespeicherten emotionalen Erinnerungen und löst, wenn sie es für nötig hält, eine Kampf- oder Fluchtreaktion aus.

Stelle Dir folgende Situation vor: Du gehst allein eine dunkle, verlassene Straße entlang. Plötzlich kommt Dir eine Gruppe Jugendlicher entgegen. Sie machen Dir Angst. Du denkst, dass diese eine der berüchtigten Jugendbanden ist. Vielleicht überlegst Du, wie Du handeln sollst. Solltest Du die Straßenseite wechseln, davonrennen? All diese Überlegungen und der Druck sind ein Ergebnis einer komplexen Serie von Interaktionen, die zwischen dem Herzen und der Amygdala hin- und hersausen.

Dein Herz hat das Steuer in der Hand, denn es gehen mehr Signale vom Herzen zum Gehirn als umgekehrt. Es hat Deiner Amygdala die Botschaft übermittelt: »Relax. Alles in Ordnung!« Es hat schon lange die Information richtig eingelesen, die der Körper und die Gefühle noch nicht kennen. Die Kampf- oder Flucht-Reaktion ist abgeklungen, Du atmest tief durch und Du fühlst Dich wieder sicher. Als die Jugendlichen näher kommen, erkennst Du, dass es sich hier um eine Gruppe von freundlichen Fußballfans handelt. Sie sind auf dem Weg zu einem Spiel. Du beobachtest ihren heiteren Umgang miteinander. Sie scheinen sich auf das Spiel zu freuen.

MERKE

Dein Herz ist Dein Verbündeter. Über unsere Intuition, nicht über unseren Verstand, kann es Dich in die Freude führen. Es kennt Deine Herzenswünsche und wird Dich auf großartige kreative Wege führen.

WAS DAS HERZ ERFREUT: KREATIVE HERZSTÄRKUNG

Wer sich positive Gefühlsgewohnheiten im Alltag zulegt, stärkt sein Wohlbefinden und wird kreativer.

Stärkend hat sich eine bewusste Konzentration auf gute Emotionen wie Wertschätzung, Mitgefühl, Zufriedenheit, Anteilnahme und Liebe erwiesen. Das fördert eine größere Ordnung und ein besseres Gleichgewicht im vegetativen Nervensystem. Zugleich arbeitet das Immunsystem besser. Wir wissen schon lange aus Studien: Unsere Emotionen beeinflussen unsere Biochemie. Wer seine Gefühle öfter beruhigt und auf Sonnenschein ausrichtet, dessen Hormonhaushalt ist ausgewogener, und sein Gehirn arbeitet effizienter.

Beginne einfach: Rücke heute einer energieraubenden mentalen oder emotionalen Gewohnheit zu Leibe. So stoppst Du selbstzerstörerisches Verhalten, und Dein Leben wird harmonischer sein. Wenn sich innere Kritik meldet, konzentriere Dich sofort auf einen Alternativgedanken, den Du schon positiv neu formuliert hast.

Ärger und Unruhe lohnen sich nie: Es macht für Deine Körperreaktionen keinerlei Unterschied, ob Dein Ärger gerechtfertigt ist oder nicht. Dein Körper beurteilt Gefühle nicht von einem moralischen Standpunkt aus. Er reagiert rein physiologisch mit allen Konsequenzen. Dein Körper antwortet mit einem Cocktail biochemischer Stresssymptome. Und das ist auf die Dauer anstrengend. Merke: Sich ärgern lohnt sich also nicht! Einmal aufgeregt: fünf Tage lang schlechte Blutwerte und Müdigkeit.

Das Gute beim anderen finden: In schwierigen und kräftezehrenden Gesprächen versuche Dich zu entspannen und gehe bewusst in Dein Herz. Suche irgendetwas an Deinem Gegenüber, das Du wertschätzen kannst, und begegne ihm/ihr mit freundlicher Empathie. Das hilft, Deinen Verstand klar zu halten und Deinen nächsten Gesprächsbeitrag gut zu formulieren. Dies ist eine Form von praktisch angewandter Energieeffizienz.

Zu bewerten schadet immer – zuallererst Dir selbst: Unglaublich, aber wahr. Unsere deutsche Kultur der Kritik, des Be- und Verurteilens, des Evaluierens und Sortierens ist für unser Herz ungesund, raubt uns die Freude und ist fast immer eine Kreativbremse. Unsere Gesellschaft hat uns früh auf das Bewerten aller Art konditioniert. Wer sich in seinem persönlichen Leben von alten Kritikgewohnheiten verabschiedet, trifft meist auf ein entrüstendes Unverständnis seiner Umwelt. Denn wie kann unser Miteinander ohne das Beurteilen sicher funktionieren? Es geht – und zwar sehr gut! Wir wissen aus den Forschungen der Neurokardiologie: Bewertungen aller Art erzeugen Stress und schränken die ganze Bandbreite unserer Intelligenz ein.

Die wissenschaftlichen Hintergründe zum Nicht-Urteilen beweisen, dass es gut möglich ist, diese Eigenschaft zu verändern. Das Nicht-Bewerten sollte ein wichtiger Schritt auf dem Weg des Überlebens und der Evolution der Menschheit werden. Einer der gravierendsten Nachteile des Bewertens besteht darin, dass es der bewertenden Person selbst am meisten schadet. Zudem hat unsere Bewertung meistens nichts mit der Person, ihrer Wahrheit zu tun. Sie ist lediglich unsere Idee, unser Kopfkinofilm über den Menschen, der uns gegenübersitzt.

INSPIRATION

Heute urteile ich nicht!

Immer wenn Du Dich bei einer Bewertung ertappst, sage Dir: »Heute beurteile ich nicht. Ich bemerke schneller, wenn ich andere beurteile. Ich erinnere mich selbst daran, dass dies nicht meine Aufgabe ist.«

FEUER DES HERZENS

KREATIVITÄT FOLGT DER FREUDE DES HERZENS

Nutze die Kraft der Liebe. Das Wie, wie Du die Dinge anpackst, ist von großer Bedeutung. Wirkliche Liebe und tiefes Mitgefühl sind die großen Gefühle, mit denen wir weitreichende Veränderungen gut auf den Weg bringen können. Das bedeutet: Habe den Mut, mehr Liebe zu fühlen. Wenn Du Liebe fühlst, nimm diese als Aufforderung, noch mehr Liebe zu fühlen. Lass Liebe ein Klang in Deinem kreativen Arbeitsmodus werden. Überall dort, wo mit Herzblut gearbeitet wird, entstehen kraftvolle, authentische Arbeiten.

Dort, wo unser Herz in der Gleichung fehlt, werden unser schöpferischer Ausdruck und unser Leben freudlos, langweilig und fantasielos. Der Mystiker Khalil Gibran schrieb über die richtige Einstellung zum Arbeiten: »Alle Arbeit ist leer, wenn die Liebe fehlt. Und wenn ihr mit Liebe arbeitet, bindet Ihr Euch an Euch selber und aneinander und an Gott.«

Die Kraft des Feuers der Liebe kann anderen Menschen, die in Kontakt mit Deinen Schöpfungen kommen, Wärme geben. Der Künstler Vincent van Gogh beschrieb das Feuer der Liebe: »Mancher Mensch hat ein großes Feuer in seiner Seele, und niemand kommt, um sich daran zu wärmen.« Du aber bist aufgefordert, andere Menschen einzuladen und sie an Deinem kreativen Arbeiten teilhaben zu lassen.

»Wenn wir Herr über Winde, Wellen, Gezeiten und Schwerkraft sind, werden wir uns die Energien der Liebe nutzbar machen. … Dann wird der Mensch zum zweiten Mal in der Weltgeschichte das Feuer entdeckt haben.«

Pierre Teilhard de Chardin (1881–1955)

VOM FUNKEN ZUR FLAMME

Lass Deine Funken und Deine Schöpferkraft Teil von etwas Größerem werden. Wir alle tragen einen Funken im Herzen. Wayne W. Dyer formulierte es im legendären Dialog mit Eckhart Tolle »Warum es wichtig ist, anders zu sein«, so: *»Der Schöpfer legt in jede seiner Schöpfungen einen Funken seiner selbst hinein, also gibt es auch in jedem Menschen einen göttlichen Funken. Aber meine Erfahrung, ... in meinem eigenen Leben ist die, dass dieser Funke wachsen kann ... zu einem Segment, zu etwas Größerem werden kann.«*[70]

> »Verbinden wir unsere Funken, unsere Flammen und lasst uns eine große Sonne sein.«
> Josip Grbavac (geboren 1967)

Erwachte Kreativität ist ein wunderschöner Bewusstseinszustand. Du weißt, Du bist Teil von etwas Größerem. Du dienst im guten Sinne, wie es Sri Chinmoy besingt: *»Liebe, diene und werde. Liebe das Leben Gottes im Menschen, diene dem Licht Gottes im Menschen und werde zu Gottes vollkommener Vollkommenheit hier auf der Erde.«*[71]

Wenn Du Dir erlaubst, eine erwachte Kreativität zu leben, wirst Du erfahren, dass die Welt nicht mehr gegen Dich, sondern für Dich arbeitet. Synchronizitäten sind dann an der Tagesordnung. Carl Gustav Jung beschrieb den Fluss der Synchronizitäten als Situationen, in denen etwas wie ein »Zufall« erscheint. In Wahrheit stecken aber Lebenssinn und Kraft dahinter. Das Auftreten von Synchronizität ist ein gutes Zeichen. Es bedeutet, dass wir aus unserer kleinen, persönlichen Kreativwelt ausgestiegen sind und uns an das kollektive Flow-Bewusstsein unserer Mitwelt angeschlossen haben. Wir handeln ganzheitlicher.

INSPIRATION

Ergreife die Zufälle, die als eine wunderbare Begegnung oder angenehme Überraschung in Dein Leben treten. Wenn sich aus heiterem Himmel neue, aufregende Wege eröffnen – gehe sie.

SCHRITT FÜR SCHRITT: KREATIVITÄT UND LEBENSAUFGABE

Berufung und Kreativität sind ein so wunderbares, sich perfekt ergänzendes Paar, dass oft der Irrtum entsteht, nur die typischen »Kreativberufe« brächten die erhoffte Erfüllung. Das kann so sein, ist aber in den meisten Fällen nicht so.

Eine Berufung lässt sich nicht – wie irrtümlicherweise oft gewünscht – in vorhandene Berufsbilder zwängen. Deine Berufung sollte Dich überall, auch im Beruf, begleiten. Eine Lebensaufgabe ist umfassender als persönliche Ziele.

70 Eckhart Tolle (2014), S. 29, 30
71 Sri Chinmoy (1994), S. 87

»Schreite fort, auch wenn es kein Ziel gibt. Versuche nicht, die Entfernung zu überblicken. Das ist nichts für Menschen. Gehe nach innen, aber bewege Dich nicht so, wie es Dir die Angst gebietet.«
Rumi (1207–1273)

Bei den Wörtern »Berufung« oder »Lebensaufgabe« gehen die meisten erfahrungsgemäß innerlich in die Knie. Zu groß scheint dieses Thema zu sein. Es ist vielen unheimlich, es scheint ein dunkles, gut gehütetes Geheimnis zu sein. Wir fürchten, dass wir vielleicht alles verändern müssen, wenn wir unsere Lebensaufgabe erfahren. Die Lebensaufgabe scheint immer etwas Dramatisches zu sein: Wir müssen mindestens allein mit dem Segelboot um die Welt segeln, Helfer im Katastrophengebiet werden, Forscher für giftige Reptilien oder Missionar im Dschungel für eine schwer vermittelbare Glaubensrichtung werden.

Dabei ist alles eigentlich ganz einfach. Deine Berufung muss nicht gefunden werden. Sie ist die ganze Zeit schon da. Nimm Dir einfach die Zeit, innezuhalten und sie Stück für Stück bewusst zu erfassen. Deine Lebensaufgabe ist mit Dir geboren worden. Deine besondere Berufung ist so einzigartig wie Dein ganzes Sein.

In den meisten Fällen leben die Menschen schon ihre Berufung. Nur ist es ihnen nicht wirklich bewusst. Das, was Du wirklich gerne tust, das, was Du richtig gut kannst, und das, was Dich richtig glücklich macht, zeigt Dir Deine Berufung. Eine Berufung drückt sich überall aus. Wenn ein Mensch beispielsweise die Berufung hat, Freude in die Welt zu bringen, tut er das vielleicht, indem er wunderbar kocht, mit seinen Kindern Indianer spielt, seinen guten Humor überall in die Welt verstreut, Konzerte organisiert und dabei ein wunderbarer Gartenarchitekt ist. In jedem seiner Lebensbereiche kann, darf und sollte Freude eingebracht werden. Er muss kein Berufsclown werden. Wenn dieser Mensch um seine Aufgabe weiß, kann er eine eventuell vorhandene Scheu ablegen. Er kann es dann bewusster genießen, gemeinsam mehr zu lachen oder zu tanzen oder freudvolle Events zu organisieren. Ein »Zuviel« an Freude gibt es dann für ihn nicht mehr. Freude ist dann nicht mehr mit der Angst aufzufallen, mit Scham oder gar Peinlichkeit verbunden. Mehr Freude zu bringen darf endlich der coole Lebensjob sein.

Alles wird einfacher, wenn Du im bewussten Kontakt mit Deiner Berufung lebst. Du weißt dann, dass es okay ist, über Schönheit, Mitgefühl, Ordnung, Nachhaltigkeit, Naturkräfte, Freiheit, Spielen, Gesundheit, Friedensarbeit oder Ähnliches zu sprechen. Viele Naturvölker gehen auf eine sogenannte Visionssuche. Hier kommen sie im Rahmen von besonderen Zeremonien wie Fasten, Einsamkeit oder Schmerz mit der Kraft ihrer Berufung in Kontakt.

Auch wir dürfen uns erlauben, uns mehr mit unserer Lebensaufgabe zu beschäftigen. Denn nur dann, wenn wir unserer Bestimmung folgen und tun, was uns wirklich wichtig ist, können wir Erfüllung finden. Es ist unsere wahre Verpflichtung, unseren inneren Lebensplan zu erfüllen.

INSPIRATION

Frage Dich heute: »An welcher Stelle bringt mein Tun anderen Menschen Freude?« Konzentriere Dich heute darauf, bewusst ein wenig mehr davon zu tun.

TUE, WAS DU WILLST!

»Tue, was Du willst« kann Deine Richtschnur werden, Deiner Berufung zu folgen. »Wie geht das?«, magst Du Dich fragen. Es geht ganz einfach. Finde unter all Deinen Tätigkeiten diejenigen, die Du wirklich gut kannst und die Dir Freude bereiten. Und dann schenke diesen Arbeiten mehr Zeit und Aufmerksamkeit. Mache das, was Du gerne machst, richtig gut. Das können ganz kleine Dinge sein, wie kreatives Putzen mit neuen Duftölen oder größere Dinge, wie eine eigene Konzertreihe gestalten. Gib in all Dein Tun Dein Herzblut hinein. Und dann teile es mit Deiner Umwelt.

Teilen heißt: Mache es öffentlich! Erlaube, dass Deine kreativen Kinder den Schutz des Elternhauses verlassen und gesehen werden! Musengeschenke erlauben keine falsche Bescheidenheit. Deine kreativen Kinder sind wie alle Kinder: Sie wollen ihr eigenes Leben führen! Deine Aufgabe ist es, sie erst in einen Kindergarten, dann in die Schule zu bringen und ihnen später eine Weiterbildung zu ermöglichen. Bei jedem Schritt wollen sie mit Liebe, Achtsamkeit und Respekt begleitet werden, und später bist Du aufgefordert, sie loszulassen.

Öffentlichkeit heißt in diesem Fall: Sprich über Deine Projekte. Teile sie im Internet oder gib sie an Deinem Arbeitsplatz weiter. Teile sie mit Deinen Freunden und Deiner Familie. Es ist wichtig, dass Deine Ideen in Umlauf kommen.

Es gibt dafür ein paar Regeln:

Teile – aber gib nicht alles aus der Hand.

Fürs Internet gilt die sogenannte Häppchenstrategie: Hier werden nur kleine, appetitliche Portiönchen verteilt. Deren Aufgabe ist es, den Appetit anzuregen.

Nutze den Rücklauf eines positiven und gesunden Feedbacks für Deine Arbeit. Er kann zu mehr Wachstum und Qualität verhelfen.

»Tue, was Du willst« motiviert Dich, immer wieder Deine Wünsche humorvoll zu prüfen. Wir verwechseln oft unsere materiellen Bedürftigkeiten mit den Wünschen, die einer tiefen Herzsehnsucht entspringen. Deshalb ist es wichtig, das Durcheinander unserer Wünsche immer wieder neu zu ordnen.

> *»Wer in einer Kunst zum Meister geworden ist, braucht keine Regeln mehr.«*
> Arturo Graf (1848–1913)

»Tue, was Du willst« und öffne Dich für die Geschenke des Lebens. Dann können Dir Wünsche erfüllt werden, von denen Du nicht zu träumen wagtest. Du wirst dann sagen: »Das war nicht mein Wunsch!« Doch – nur dass es ein stiller Wunsch Deines Herzens war. Die Freude, die diesen Weg begleitet, verknüpft Dich mit dem Schöpfungsfeld oder dem

»tieferen Feld«, wie es der Wissenschaftler Ervin Laszlo, der Begründer der System-Philosophie, ausdrückte. *»Das Leben entwickelt sich, genauso wie das Universum, in einem heiligen Tanz mit einem tieferen Feld.«*[72]

WAHRE SCHÖPFERISCHE FREIHEIT: NUR FLIEGEN IST SCHÖNER!

Wenn ein Heißluftballon startet, dann halten Ankerseile den Ballon so lange am Boden, bis wir dann losfliegen wollen. Es kommt der Zeitpunkt, da gibt es kein Halten mehr. Jeder Ballonpilot hat ein Messer dabei. Wenn es schnell gehen muss, kann er zur Not die Seile kappen.

Dein Zeitpunkt, mit Deinem Lebensflow zu schwimmen, ist jetzt gekommen! Beginne, die alten Seile zu kappen. Schneide die Stricke alter Vorstellungen los. Befreie Dich von den Fesseln fremder Ideale. Löse die Bänder, die Dich davor zurückhalten, Dein Dir ureigenes Leben zu führen. Erlaube Dir, eigene Wege zu gehen. Wege, die vor Dir nie jemand betreten hat. Wege, die Dich glücklich machen.

DER PFAD DER FREUDE

»Oh, Schönheit vor mir,
Schönheit hinter mir,
Schönheit über mir,
Schönheit unter mir,
ich bin auf dem Pollenpfad.«
Segen und Gebet der Navajo-Indianer

Wer sich auf den »Weg der Freude« begibt, der findet einen kostbaren Navigator. Die Freude des Herzens gleicht einer feinen Spur, die im Inneren immer schon da war und auf uns wartet. Wir fangen an, das Leben zu leben, das wir führen sollen. Du fragst Dich vielleicht: »Wie finde ich meine Bestimmung im Leben? Wie kann ich meinen Platz finden? Was ist mein nächster Entwicklungsschritt?« Die Antwort ist einfach: Folge der Freude!

> *»Erkenne, wer Du im Kern Deines Wesens bist, und dann werde es.«*
> Pindar (522–445 v. Chr.)

Im Bild des »Pollenpfades« der Navajo-Indianer finden wir das starke Kraftsymbol für »den Weg der Freude« wieder. Das Gebet und die Anrufung um »Schönheit« ist mit der Bitte um die richtige Führung auf dem Lebensweg verknüpft. Das Wort »Schönheit« beschreibt hier die höchste

72 Ervin Laszlo zit. in: Gregg Braden (2009), S. 138 f.

Verzückung, die den Menschen angesichts der Schöpfung ergreifen kann – mit anderen Worten, Glückseligkeit.

Das Wort »Pollenpfad« ist vielschichtig. Die Blütenpollen sind für die Indianer Symbol für die Essenz aller Blüten. Die Blüten ihrer »Geschwister«, der Bäume und Pflanzen, erfreuen alle. Sie dienen in vielfacher Weise der Schöpfung. In ihrer Schönheit sind sie Ausdruck der Liebe von Mutter Erde. Für die Indianer sind sie auch Nahrung und Quelle der Heilung. So wie die Blüten, so habe auch der Mensch seinen festen Platz und seine Aufgabe im großen Reigen der Natur. Der Blütenpollen symbolisiert den Lebensquell des Lebens. In dem feinen, süßen Staub der Blütenpollen zeigt sich die Lebenskraft und Schönheit der ganzen Schöpfung in Hochpotenz. Der Pollenpfad symbolisiert reine Freude, Glückseligkeit und Liebe.

Der Mensch kann wählen, in seinem Leben auf dem Pollenpfad zu gehen. Es ist die Wahl, sich von dem Guten in uns beeinflussen zu lassen und in Verbindung mit der inneren Quelle der Freude zu leben. Freude ist einer der Schlüssel, um auf der Klaviatur der Matrix zu spielen. Wer auf dem Pollenpfad durchs Leben geht, der zeigt sein authentisches Ich in der ganzen Schönheit seiner Seele. Auf dem Pollenpfad leben wir im Bewusstsein der reinen Energie der Freude. Wir begegnen allen Mitgeschöpfen mit einem offenen Herzen und können ihnen Freude und Liebe schenken. Hier finden wir Harmonie mit Mutter Erde. Im Bewusstsein der Navajo-Indianer bleibt der Mensch immer ein Teil der Schöpfung der großen Mutter. Er lebt nicht von ihr getrennt, so wie der Mensch der Industrienationen.

Für uns gilt es, uns an dieses Bewusstsein wieder zu erinnern. Ein physikalisches Gesetz unserer Erde lautet: »Alles ist mit allem verbunden.« Für den Quantenphysiker Gregg Braden bildet diese Verbundenheit das erste Prinzip. Auch der buddhistische Mönch und Molekularbiologe Matthieu Ricard bringt es in ähnlicher Weise auf den Punkt: *»Wir übersehen eines gern: Wir sind keine autonomen Einzelwesen, sondern alle miteinander verbunden. Selbst, wenn wir uns als Mittelpunkt der Welt fühlen, bleibt diese Welt immer auch die der anderen.«*[73]

Ein Leben im Bewusstsein dieser Verbundenheit bringt auch die Freude wieder zurück. Trennung machte uns früher einsam, traurig und krank. Heute kann uns das Bewusstsein der Verbundenheit in Freude ein aktives, kreatives Leben schenken. Erlaube Dir, ein »Träger der Freude« zu werden.

SCHRITTE AUF DEM WEG DER GLÜCKSELIGKEIT

Der Weg der Freude bringt Dich in die erfüllende Kreativität. Ja, Du darfst Deine Freude teilen. Es ist Deine gelebte innere Schönheit, die andere Wesen berührt. Fange heute an, andere glücklich zu machen. Du kannst es einfach angehen lassen: Zuallererst kannst Du damit anfangen, andere nicht mehr unglücklich zu machen. Das gilt auch für Dich. Baue gute Gemütszustände aus. Alles, was Dein

73 Matthieu Ricard (2009), S. 67

Wohlbefinden und das Deiner Mitmenschen trübt, wird nicht mehr beachtet.

Schon im alten Ägypten fragten die Wächter die Seele nach dem Übergang am Ende des Lebens die alles entscheidende Frage: »Wie viele Menschen hast Du in Freude berührt?« Das ist das wahre Gewicht der Seele in der Waagschale.

Denn Deine Talente allein machen Dich nicht zu einem besseren Menschen. Die Schatzkarte für Dein Leben hält Dein Herz. Es gibt Dir alle Orientierung, die Du Dir wünschst. Die feine Stimme des Herzens weiß genau, was zu tun ist. »Wisse um die Kraft Deiner Lebensfreude« und »Werde ein erfrischender Quell der Freude für Dich und andere Menschen!« Der große Mythenforscher Joseph Campbell beschrieb diesen Weg so: *»Jede Inkarnation, könnte man sagen, hat eine Entwicklungsmöglichkeit, und die Bestimmung des Lebens ist es, diese Möglichkeit zu leben. Wie macht man das? Meine Antwort lautet: Folgen Sie der Freude! Es ist etwas in Ihnen, das weiß, wann Sie in Ihrer Mitte sind, das weiß, wann Sie auf dem richtigen und wann Sie auf dem falschen Weg sind. Und wenn Sie vom rechten Weg abgehen, um Geld zu machen, haben Sie Ihr Leben verloren. Und wenn Sie in Ihrer Mitte bleiben und kein Geld verdienen, haben Sie immer noch Ihre Freude.«*[74]

In Indien gibt es eine alte Überlieferung. Wer wahre Freude findet, der kann auch den Weg zum »Himmel auf Erden« finden. Freude ist die geheime Schatzkarte. Jeder kann auf dem Weg der Freude Erleuchtung finden. In der alten indischen Schrift Sanskrit, der großen geistigen Sprache der Welt, gibt es drei Kraftworte. Freude ist eines dieser uralten Kraftworte. Die Worte symbolisieren den richtigen Lebensweg der Seele. Sie heißen: »Sat-Chit-Ananda«. Das Wort Sat heißt »Wahrheit« – es steht auch für die Unendlichkeit und das Sein. Chit bedeutet »Bewusstsein«. Wir können es auch mit dem Wort »Achtsamkeit« übersetzen. Das Wort Ananda bedeutet die »höchste Freude«, die wir erleben, wenn wir uns in Liebe mit allem verbunden fühlen. Es ist der erlebte Zustand himmlischer »Glückseligkeit«. Diese Worte sind drei mögliche Wege, die eine suchende Seele wählen kann. Folgt der Mensch auch nur einem dieser drei Trittsteine, dann ist er bereits auf dem rechten Weg. Während dem Suchenden das Streben nach »Wahrheit« langjährige Studien der alten Schriften abverlangt, das Streben nach »Bewusstsein« eine lange Meditationspraxis erfordert, so ist das Finden von tiefer Freude viel einfacher. Der Weg der Freude ist leicht und steht allen Wesen offen.

Halte Dich also bei wichtigen Entscheidungen an Dein Gefühl der Freude und höre weniger auf Deinen Verstand. Die Freude führt Dich zielsicher zum »Himmel auf Erden«. Wenn Du auf dem Weg der Freude gehst, wirst Du Menschen begegnen, die auch diesem Weg folgen. Begrüße sie mit einem »Jai sat chit anand!«, dem indischen »Grüß Gott«. Dieser wunderschöne Gruß heißt »Ich sehe Dich« und wird direkt übersetzt mit »Wahres Wissen ist Bewusstsein von Glückseligkeit«.

»Wer andere glücklich macht, wird glücklich.«
André Gide (1869–1951)

74 Joseph Campbell (2007), S. 146.

DIE KREATIVSCHLÜSSEL DES ZEHNTEN GEHEIMNISSES:

Freude ist der Motor allen kreativen Schaffens.

Erkläre die Freude zu Deinem Lebensprinzip.

Folge der Freude. So kannst Du leichter Deine Wege wählen.

Höre auf Dein Herz. Unterstütze es mit liebevollen Gefühlen und guten Gedanken.

Vertraue Deinem Herzen.

Fühle Liebe in allen Bereichen Deines Lebens: Liebe-Liebe-Liebe.

Verbinde Dich mit der Kraft Deiner Berufung. Das ist eine Entscheidung.

Folge der Freude Deines Herzens – sie ist Dein bester Navigator.

KREATIVKONTEMPLATION: ODE AN DIE FREUDE

»Freude, schöner Götterfunken.« Wenn einen Menschen tiefe Freude ergreift, dann sind die Musen und Götter nicht fern. Seit jeher galt Glückseligkeit als ein heiliger Zustand. Freude wird hier als »Tochter aus Elysium« beschrieben. Das »Elysion« ist in der griechischen Mythologie jene »Insel der Seligen«, ein Paradies und Himmel auf Erden. Hier herrschte nur Glückseligkeit.

»Freude, schöner Götterfunken.« Dieses Werk berührt die Welt. Gleich, ob bei der 25-Jahr-Feier des Falls der Berliner Mauer oder der Hochzeit im dänischen Königshaus. Dieses Stück berührt unsere Herzen. Die Zuhörer werden ergriffen und haben Tränen in den Augen. Diese Musik und der Text erinnern uns daran, dass wir Teil von etwas Größerem sind, für das uns die Worte fehlen. Lass Dich immer wieder von Freude ergreifen.

»FREUDE! FREUDE!

Freude, schöner Götterfunken,
Tochter aus Elysium,
Wir betreten feuertrunken,
Himmlische, Dein Heiligthum!
Deine Zauber binden wieder
Was die Mode streng geteilt;
Alle Menschen werden Brüder,
Wo Dein sanfter Flügel weilt.

...

Freude trinken alle Wesen
An den Brüsten der Natur;
Alle Guten, alle Bösen
Folgen ihrer Rosenspur.

...

Froh, wie seine Sonnen fliegen
Durch des Himmels prächt'gen Plan,
Laufet, Brüder, eure Bahn,
Freudig, wie ein Held zum Siegen.

...

Seid umschlungen, Millionen!
Diesen Kuss der ganzen Welt!
Brüder, überm Sternenzelt
Muss ein lieber Vater wohnen.

...

Freude, schöner Götterfunken,
Tochter aus Elysium,
Freude, schöner Götterfunken,
Götterfunken.«

Danksagung

Mein Dank gilt in erster Linie allen kreativen Freunden. Allen voran danke ich meinem Freund Prem Rawat für seine kraftvollen, kreativen Impulse und für die Erinnerung, das Leben jeden Tag zu feiern!

Herzensdank an die Weggefährten dieses Buches, besonders für Eure Inspiration und fachkundige Fülle an Information: Volker Thies, Vinja Bauer, Prof. Andrea Sunder-Plassmann, Ina Lindemann, Dr. Heinrich Piening, Ute Richter, Christian Seeger, Prof. Johannes Fried, Inka Drohn.

Dieses Buch fußt auf den Forschungen vieler wunderbarer Wissenschaftler. Zu großem Dank bin ich insbesondere Prof. Mihály Csikszentmihályi, Dr. Jorgos Canacakis, Prof. Joseph Campbell, Prof. Robert Suckale und Dr. O. Carl Simonton verpflichtet.

Meine Kollegin und Kinesiologin Christiane Wolfes hat fachkundig und klug das Entstehen dieses Buches begleitet. Der Künstler Ulrich Fleischhauer hat einige Ideen von mir im Buch, u.a. den »Freudenstreuer«, gezeichnet. Stella Lindemann hat mir einige sehr schöne Fotos zur Verfügung gestellt. Und Ihr habt dieses Buch kraftvoll im Hintergrund begleitet: Martina und Jörn Saggau-Meyer, Karola Holovaty, Beate Escher, Sven Heldt und Rosi Kostbar. Meinen ganz besonderen Dank Euch allen!

Meine Familie hat mich ebenfalls sehr unterstützt: Meine große Schwester Eva Griesinger hat mich ermutigt, mich mit ihrem Humor aufgebaut und mir ihre Lebensweisheiten, u.a. die »Teetassenstrategie«, geschenkt. Meine Nichte Verena hat Fotos beigesteuert und mit mir lange Gespräche geführt. Mein Bruder Dr. med. Wolfram Arends hat mir immer wieder sanft und geduldig Fachliches aus den Bereichen Medizin, Psychologie und Musik erläutert. Wenn es mal wieder in Berlin zu laut zum Schreiben wurde, stellte er mir in Tutzing ein Zimmer mit wunderschöner und zugleich beruhigender Aussicht zur Verfügung. Meine Mutter, Ingrid Sloman-Nowak, hat meine Fantasie schon als Kind sehr gefördert und liebevoll alle meine Bilder und Basteleien ausführlich bewundert. Somit durfte ich früh lernen, mir und meinen kreativen Ideen zu vertrauen. Dafür danke ich Euch allen von Herzen.

Ein kreatives Buch braucht einen kreativen Verlag und einen kreativen Verleger. Ich danke dem L·E·O Verlag und ganz besonders Michael Görden. Er ist ein kreatives Feuerwerk und hat mit seinen Impulsen und Anregungen dieses Buch wunderbar begleitet. Torge Niemann sei herzlichst gedankt für das schöne Design und Layout. Er hat es verstanden, Rhythmus, Bildsprache und Inhalt mit Feingefühl zusammenzuführen. Für ein Lektorat mit guter Intuition danke ich Angela Schneider-Bodien. Für ein Klarheit schaffendes Lektorat, die Unterstützung und den gelungenen Abschluss auf der Zielgeraden danke ich im Münchener Verlagshaus Angela Hermann-Heene, Rita Krajicek und Robert Gigler.

Dr. Isabel Arends
Berlin, den 15. August 2016

Ausgewählte Literaturhinweise

Aïvanhov, Omraam Mikhaël: *Die Kraft der Gedanken.* Prosveta 2008

Arés, Isabel: *Das Orakel der indischen Götter. Bewusstseinskarten für Deinen Weg der Freud*e. Allegria 2013

Bergson, Henri: *Schöpferische Entwicklung.* Adamant Media Corporation 2001

Berzbach, Frank: *Die Kunst ein kreatives Leben zu führen. Anregungen zur Achtsamkeit.* Hermann Schmidt, 2. Aufl. 2013

Beuys, Eva (Hrsg.): *Das Geheimnis der Knospe zarter Hülle. Texte 1941-1986. Schriftblätter aus dem Nachlass.* Schirmer & Mosel 2002

Bourbeau, Lise: *Höre auf Deinen besten Freund – auf Deinen Körper. Spirituelle Ursachen von Konflikten, Krankheiten und Unfällen.* Windpferd, 7. Aufl. 1999

Braden, Gregg: *Im Einklang mit der göttlichen Matrix. Wie wir mit Allem verbunden sind.* Koha, 5. Aufl. 2009

Brück, Michael von: *Einführung in den Buddhismus.* Insel 2007

Cagan, Andrea: *Frieden ist möglich – Prem Rawat. Sein Leben, sein Weg.* Albatros 2007

Cameron, Julia: *Der Weg des Künstlers. Ein spiritueller Pfad zur Aktivierung unserer Kreativität.* Knaur MensSana 2009

Campbell, Joseph: *Die Kraft der Mythen.* Patmos 2007

Canacakis, Jorgos: *Ich sehe deine Tränen. Lebendigkeit in der Trauer.* Kreuz, Neuausg. 2006

Caroll, Lewis: *Alice im Wunderland.* Deutscher Taschenbuchverlag, 14. Aufl. 2013

Childre, Doc / Martin, Howard: *Die Herz-Intelligenz Methode. Grundlagen, Anwendung, Perspektiven.* VAK 2000

Chinmoy, Sri: *Veden, Upanishaden, Bhagavagita. Die drei Äste am Lebensbaum Indiens.* Diederichs 1994

Cook, Francis Harold: *Hua-yen Buddhism: The jewel net of Indra.* Pennsylvania State University Press 1977

Csikszentmihalyi, Mihaly: *Das flow-Erlebnis. Jenseits von Angst und Langeweile: im Tun aufgehen.* Klett-Cotta 1985

Ders.: *Flow – der Weg zum Glück.* Herder 2012

Ders.: *Kreativität. Wie Sie das Unmögliche schaffen und Ihre Grenzen überwinden.* Klett-Cotta, 7. Aufl. 2007

Dalai Lama / Ekman, Paul: *Gefühl und Mitgefühl. Emotionale Achtsamkeit und der Weg zum seelischen Gleichgewicht.* Spektrum 2009

Dennison, Paul: *Brain-Gym® – Mein Weg. Lernen mit Lust und Leichtigkeit.* VAK, 1. Aufl. 2006

Diamond, John: *Die heilende Kraft der Emotionen.*. VAK, 18. Aufl. 2014

Doidge, Norman: *Neustart im Kopf: Wie sich unser Gehirn selbst repariert.* Campus, 2. Aufl. 2014

Ende, Michael: *Momo.* Schulausgabe. Thienemann 2013

Fried, Johannes: *Karl der Große: Gewalt und Glaube. Eine Biographie.* C. H. Beck 2014

Gibran, Khalil: *Der Prophet.* Olten 1973

Glasenapp, Helmuth von: *Upanishaden. Die Geheimlehre der Inder.* Diederichs, Neuausg. 2003

Grünbaum, Ole (Hrsg.): *Etwas ganz Besonderes. Prem Rawat im O-Ton, 20 Vorträge aus aller Welt.* Amsterdam 2013

Hạnh, Thích Nhất: *Heute achtsam leben.* Herder 2003

Ders.: *Schritte der Achtsamkeit. Eine Reise an den Ursprung des Buddhismus.* Herder spektrum 1998

Harlan, Volker: *Was ist Kunst? Werkstattgespräch mit Beuys.* Urachhaus, 6. Aufl. 2001

Hemenway, Priya: *Hindu Gods: The spirit of the divine.* Taschen 2007

Hesse, Hermann: *Siddharta.* Suhrkamp, 67. Aufl. 1974

Heuser, Uwe Jean, *»Wir müssen mehr fühlen«*, Interview mit Tania Singer in: DIE ZEIT 23 (12. Juni 2013)

Hillenbrand, Laura: *Unbroken: Die unfassbare Lebensgeschichte des Louis Zamperini.* Klett-Cotta 2011

Honoré, Jean-Carl: *Slow Life. Warum wir mit Gelassenheit oft schneller ans Ziel kommen.* Goldmann 2007

Huizinga, Johan: *Homo Ludens. Vom Ursprung der Kultur im Spiel.* Rowohlts Enzyklopädie, Rowohlt, 24. Aufl. 2004

Hunger, Herbert: *Lexikon der griechischen und römischen Mythologie.* Rowohlt, 6. Aufl. 1974

Jung, Carl Gustav: *Der Mensch und sein Symbole.* Olten 1968

Kabat-Zinn, Jon: *Gesund durch Meditation.* Fischer, 9. Aufl. 2006

Kabir: *Kabir fand sich im Gesang. Verse des Indischen Dichters und Mystikers.* YinYang Media 2006

Kinsley, David: *Indische Göttinnen – Weibliche Gottheiten im Hinduismus.* Insel 1999

Kris, Ernst / Kurz, Otto: *Die Legende vom Künstler: Ein geschichtlicher Versuch.* Suhrkamp, 1 Aufl. 1995

Langer, Ellen: *On becoming an artist: Reinventing yourself through mindful creativity.* Ballantine Books 2005

Lipton, Bruce H.: *Intelligente Zellen. Wie Erfahrungen unsere Gene steuern*. KOHA 2006

Lown, Bernard: *Die verlorene Kunst des Heilens. Anleitung zum Umdenken*. Suhrkamp, 13. Aufl. 2004

Ludvik, Catherine: *Hanuman*. Motilal Banarsidass Publ. 1994

McTaggert, Lynne: *Intention. Mit Gedankenkraft die Welt verändern*. VAK 2013

Nouwen, Henri J. M.: *Ich hörte auf die Stille. Sieben Monate im Kloster.* Herder 2010

Ott, Ulrich: *Meditation für Skeptiker.* O.W. Barth 2010

Pattanaik, Devdutt: *Frauen in indischen Mythen. Die fünf Gesichter der ewigen Weiblichkeit*. Arun 2001

Poschauko, Martin / Thomas: *Nea Machina. Die Kreativmaschine*. Hermann Schmidt 2013

Pricken, Mario: V*isuelle Kreativität. Kreativitätstechniken für neue Bildwelten in Werbung, 3-D-Animation und Computergames*. Hermann Schmidt 2003

Ramayana: *Die Geschichte vom Prinzen Rama, der schönen Sita und dem Großem Affen Hanuman*. Hugendubel 2004

Reddemann, Luise: *Überlebenskunst. Was uns stärker macht.* Klett-Cotta Leben 2006

Ricard, Matthieu: *Glück.* Knaur 2009

Roads, Michael: *Durch die Augen der Liebe*. Schirner, 2. Aufl. 2011

Röhr, Heinz-Peter: *Wege aus der Abhängigkeit. Destruktive Beziehungen überwinden.* Walter 2003

Rösing, Ina: *Intelligenz und Dummheit. Wissenschaftliche Konzepte, Alltagskonzepte, fremdkulturelle Konzepte. Ein Denk- und Werk – Buch*. Asanger 2004

Rosa, Hartmut: *Beschleunigung und Entfremdung: Entwurf einer kritischen Theorie spätmoderner Zeitlichkeit.* Suhrkamp 2013

Roy, Biren: *Das Mahabharata. Ein altindisches Epos*. Diederichs 1967

Rüegg, Johann Caspar: *Die Herz-Hirn-Connection. Wie Emotionen, Denken und Stress unser Herz beeinflussen.* Schattauer 2013

Ders.: *Gehirn, Psyche und Körper. Neurobiologie von Psychosomatik und Psychotherapie.* Schattauer, 5. Aufl. 2011

Ders.: *Mind & Body. Wie unser Gehirn die Gesundheit beeinflusst.* Schattauer 2010

Schenda, Rudolf (Hrsg).: *Enzyklopädie des Märchens, Band 2*. Walter de Gruyter 1979

Schirmer, Lothar: *Joseph Beuys, eine Werkübersicht*. Schirmer & Mosel 2001

Schöpf, Alois: *Glücklich durch Gehen. Über die Heilkraft des Bergwanderns*. Limbus 2012

Schumann, Hans Wolfgang: *Die großen Götter Indiens. Grundzüge von Hinduismus und Buddhismus.* Diederichs Neuausg. 2006

Shapiro, Shauna / Carlson, Linda: *Die Kunst und Wissenschaft der Achtsamkeit. Die Integration von Achtsamkeit in Psychologie und Heilberufen.* Arbor 2011

Sheldrake, Rupert: *Der Wissenschaftswahn. Warum der Materialismus ausgedient hat.* O.W. Bart 2012

Siebert, Al: *The Survivor Personality.* The Berkley Publishing Group. 1996

Siegel, Bernie: *Prognose Hoffnung. Liebe, Medizin und Wunder.* Econ, 10. Aufl. 2011

Siegel, J. Daniel: *Das achtsame Gehirn.* Arbor, Neuaufl. 2007

Ders.: *Die Alchemie der Gefühle.* Kailash 2010

Simontion, O. Carl: *Auf dem Weg der Besserung. Schritte zur körperlichen und spirituellen Heilung.* Rowohlt, 6. Aufl., 2001

Smart, Andrew: *Öfter mal auf Autopilot. Warum Nichtstun so wichtig ist.* Goldmann 2014

Storl, Wolf-Dieter: *Das Herz und seine heilenden Pflanzen.* AT 2009

Ders.: *Shiva. Der wilde, gütige Gott.* KOHA 2012

Tinguely, Jean: *Für Statik.* Düsseldorf 1995

Tolle, Eckhart: *Warum es wichtig ist, anders zu sein. Der legendäre Dialog mit Wayne W. Dyer.* L.E.O. 2014

Vollmar, Klausbernd: *Sprungbrett zur Kreativität. Verwirklichen Sie Ihren Lebenstraum.* Ludwig 2000

Waters, Frank: *Das Buch der Hopi.* Diederichs, 9. Aufl. 1996

Williams, Mark / Kabat-Zinn u.a.: *Der achtsame Weg durch die Depression.* Arbor 2009

Wilson, Frank: *Die Hand – Geniestreich der Evolution. Ihr Einfluss auf Gehirn, Sprache und Kultur des Menschen.* Rowohlt 2002

Woolf, Virginia: *Ein eignes Zimmer. Drei Guineen. Zwei Essays.* S. Fischer 2001

Yogananda, Paramahansa: *Autobiographie eines Yogi.* Self-Realization Fellowship 1998

Ders.: *Die ewige Suche des Menschen. Gesammelte Vorträge und Essays – Gott im täglichen Leben verwirklichen, Band 1.* Self-Realization Fellowship 1995

Ders.: *Die Gesetze des Erfolges.* Self-Realization Fellowship, 1. deutsche Leinenausg. 1999

Ders.: *Erfolg im Leben.* Self-Realization Fellowship 2002

Ders.: *Flüstern aus der Ewigkeit.* Self-Realization Fellowship, 3. Aufl. 2012

Zimmer, Heinrich: *Indische Mythen und Symbole.* Diederichs, Neuausg. 1972

Bildnachweis

Alle Fotos in diesem Buch stammen von: Archiv Arends, Berlin, mit Ausnahme von S. 3: Fotolia/Mayamy; S. 18: Fotolia/Famveldman; S. 21 oben: Fotolia/Asferico; S. 23: Fotolia/Erica Guilane-Nachez; S. 32: Torge Niemann; S. 34: Fotolia/Denis_333; S. 35: Fotolia/Dip; S. 37: Fotolia/Danmir12; S. 54: Fotolia/Smileus; S. 55: Fotolia/Lilya; S. 61: Fotolia/Floydine; S. 62: Fotolia/Alexander Raths; S. 71: Torge Niemann; S. 73: Fotolia/Aboard; S. 78: Fotolia/Bertold Werkmann; S. 83: Fotolia/Tanycya; S. 101: Fotolia/Eyetronic; S. 117: Fotolia/Daniela Stärk; S. 120: Fotolia/Henryk Sadura; S. 123 oben: Fotolia/Dip; S. 123 (Blümchen): Fotolia/Elenamedvedeva; S. 138: Fotolia/Volkovslava; S. 143: Fotolia/DeshaCAM; S. 149: Fotolia/EpicStockMedia; S. 152: Fotolia/Sumire8; S. 154: Fotolia/Rob Hyrons; S. 163: Fotolia/Marina Gorskaya; S. 167: Fotolia/Didecs; S. 184: Fotolia/Konstantin Yuganov; S. 186: Fotolia/Jankovoy; S. 190: Fotolia/Beachfront; S. 193 links: Fotolia/Todor Rusinov; S. 200: Fotolia/Chaoss; S. 202: Torge Niemann; S. 205: Fotolia/Lassedesignen; S. 206: Fotolia/Petra Reischl-Zehent; S. 229: Fotolia/Pixelmeister; S. 236: Fotolia/Beaubelle; S. 238: Fotolia/Zffoto; S. 242: Fotolia: Mariusz Blach; S. 246: Fotolia/Smileus; S. 247: Fotolia/Karma

Wiederkehrende Elemente: Pegasus: Fotolia/Mayamy; div. Elemente (Stifte, Lineal etc.): Fotolia/Digiselector; Medaillons, Kapitelanfänge: Fotolia/Vasejustin; Papierstruktur: Fotolia/Fotomaton; Pfeil: Fotolia/Bluelela; Bordüre: Fotolia/Comotomo

Umschlag: Cover: Fotolia/Mayamy (Pegasus) und Fotolia/Jane Lane (Hintergrund); Rückseite: Fotolia/Mayamy (Pegasus), Fotolia/Digiselector (Illustrationen) und Fotolia/Fotomaton (Papierstruktur)

Flow kommen

Ganzheitlich entspannt durch meditatives Ausmalen

ISBN9 78-3-95550-200-3

ISBN 9 78-3-95550-201-0

Der neue Trend:
erst Linien nachzeichnen, dann ausmalen

ISBN 978-3-95736-074-8

Von der beliebtesten Engelautorin weltweit

ISBN 9 78-3-95736-065-6

Louise Hays schönste Affirmationen

ISBN 978-3-95736-078-6

44 zauberhafte Feen und ihre Botschaften

ERSCHEINT
MÄRZ 2017

Kreativität für die Seele

L·E·O

TRINITY KREATIV

www.leoverlag.de www.trinity-kreativ.de